ACCESO GRATIS *a la Lectura en la Nube*

Para visualizar el libro electrónico en la nube de lectura envíe junto a su nombre y apellidos una fotografía del código de barras situado en la contraportada del libro y otra del ticket de compra a la dirección:

ebooktirant@tirant.com

En un máximo de 72 horas [illegible] enviaremos el código de acceso con sus instruc[illegible]

La visualización del libro en **NUBE DE LECTURA** excluye los usos bibliotecarios y públicos que puedan poner el archivo electrónico a disposición de una comunidad de lectores. Se permite tan solo un uso individual y privado.

DERECHO PENAL ECONÓMICO, LEGAL TECH Y TEORÍA DEL DELITO

DERECHO PENAL ECONÓMICO, LEGAL TECH Y TEORÍA DEL DELITO

Directores
Eduardo Demetrio Crespo
Ágata M.ª Sanz Hermida

Coordinadores
Mónica de la Cuerda Martín
Faustino García de la Torre García

tirant lo blanch
Valencia, 2025

En caso de erratas y actualizaciones, la Editorial Tirant lo Blanch publicará la pertinente corrección en la página web www.tirant.com.

La presente obra ha sido sometida a la revisión de pares ciegos según el protocolo de publicación de la editorial a efectos de ofrecer el rigor y calidad correspondiente tanto en su contenido como en su forma, aplicándose los criterios específicos aprobados por la Comisión Nacional E 016 (BOE num. 286, de 26 de noviembre de 2016).

Esta publicación es parte del proyecto de I+D+i "Neuro-Derechos Humanos y Derecho Penal" (PID2023-149978NB-I00), financiado por MICIU/AEI/10.13039/501100011033 y por FEDER/ UE

EDITA: TIRANT LO BLANCH
C/ Artes Gráficas, 14 - 46010 - Valencia
TELFS.: 96/361 00 48 - 50
FAX: 96/369 41 51
Email: tlb@tirant.com
www.tirant.com
Librería virtual: www.tirant.es
DEPÓSITO LEGAL: V-4224-2025
ISBN: 979-13-7010-455-9

Si tiene alguna queja o sugerencia, envíenos un mail a: *atencioncliente@tirant.com*. En caso de no ser atendida su sugerencia, por favor, lea en *www.tirant.net/index.php/empresa/politicas-de-empresa* nuestro procedimiento de quejas.

Responsabilidad Social Corporativa: http://www.tirant.net/Docs/RSCTirant.pdf

Índice

Nota Preliminar

EDUARDO DEMETRIO CRESPO
Catedrática de Derecho Procesal
Universidad de Castilla-La Mancha
ÁGATA M.ª SANZ HERMIDA
Catedrática de Derecho Procesal
Universidad de Castilla-La Mancha

La obra colectiva que tenemos el placer de presentar tiene su origen en el curso de postgrado homónimo celebrado entre el 08 y el 25 de enero de 2024 en Toledo dentro del marco de la XXIV edición de los Cursos de Postgrado en Derecho de la Universidad de Castilla-La Mancha.

Continuando con la tradición de organizar un curso especializado en Derecho penal económico, en esta ocasión nos decantamos por la vertiente tecnológica o *Legal Tech* debido la transformación que esta supone del sector legal por cuanto introduce herramientas para la automatización de documentos, análisis predictivo y minería de datos, plataformas de gestión de casos, asesoría legal y resolución de conflictos en línea, *blockchain* y contratos inteligentes, cumplimiento normativo y gestión del riesgo, acceso a la justicia, etc. En este terrero se presentan amplios desafíos regulatorios y de carácter ético, que deberán ser abordados con carácter urgente tanto a nivel académico como por los diferentes operadores jurídicos.

Sin embargo, este libro comprende tanto problemas clásicos como contemporáneos. De este modo, junto con una introducción acerca de los retos actuales del *Legal Tech* y la transformación del sector jurídico, figuran en la primera parte contribuciones específicas sobre la inteligencia artificial en la prevención y represión del blanqueo de capitales, los neuroderechos, o la dimensión penal de la Directiva de diligencia debida y sostenibilidad en el ámbito europeo.

Además, el lector hallará en este volumen una perspectiva innovadora sobre temas tradicionales del Derecho penal económico y de la empresa. Así, la segunda parte incluye toda una serie de artículos que abordan aspectos, igualmente relevantes y siempre actuales en este campo, que requieren de estudios doctrinales continuos. Aunque, la responsabilidad penal corporativa ocupa con claridad el primer plano, todos ellos se ven abocados a integrar los conocimientos de que ahora disponemos provenientes de otras ciencias.

Cabe destacar asimismo que este estudio coral lo es también desde el punto de vista de la siempre poco aconsejable "barrera imaginaria" entre el Derecho penal sustantivo y procesal, de modo que en la tercera parte se encuentran un buen número de aportes sobre justicia digital y algorítmica, el uso procesal del reconocimiento de emociones mediante neurotecnologías y otras relacionadas con los delitos de corrupción.

Estamos convencidos de la trascendencia que obras como esta están llamadas a tener en el debate jurídico, cada vez más complejo, de nuestras "sociedades tecnológicas", precisamente porque, más allá de las máquinas, persiste la necesidad de debatir como se ha hecho siempre en nuestro campo, confrontando argumentos y tratando de arrojar algo de luz en medio de tantas incertidumbres y desafíos epistémicos. Eso es precisamente lo que hacen los autores, todos del máximo prestigio, en sus artículos, cuya redacción, caracterizada por un rigor ejemplar, agradecemos profundamente.

Asimismo, manifestamos nuestro sincero agradecimiento a los coordinadores del curso de postgrado y de esta obra, los Drs. Faustino García de la Torre García y Mónica de la Cuerda Martín quienes, como siempre, han colaborado "codo con codo", con nosotros a fin de que todo llegara a buen puerto, demostrando, una vez más, su generosidad y empeño. Además, esta publicación no hubiera sido posible sin el esfuerzo de los responsables de los cursos arriba mencionados en un contexto cada vez más precario. Finalmente, pero no menos importante, le damos las gracias a la Editorial Tirant lo Blanch, por aceptar nuestra propuesta.

Retos Actuales de la Legal Tech: la Transformación del Sector Jurídico

ALFONSO NAVAS APARICIO
Doctor en Derecho Penal
Abogado y CEO de Click Legal

Resumen: El Derecho Penal Económico y de la Empresa, así como el Compliance, exigen un enfoque tecnológico con el objeto de maximizar su capacidad de rendimiento. La *Legal Tech*, en ese contexto, ofrece soluciones tecnológicas novedosas y disruptivas, que permiten optimizar los procesos, la toma de decisiones y la eficiencia; reducir costos y márgenes de error; controlar grandes volúmenes de información y datos; y automatizar tareas repetitivas.

Palabras clave: *Legal Tech*, Sector Jurídico, Transformación, Competencias Profesionales, Innovación, Cumplimiento.

Abstract: Economic and Corporate Criminal Law, as well as Compliance, require a technological approach to maximize its performance capability. In this context, *Legal Tech* offers innovative and disruptive technological solutions that allow optimization of processes, decision-making and efficiency; costs and margins of errors reductions; large volumes of information and data control; and automatization of repetitive tasks.

Keywords: *Legal Tech*, Legal Sector, Transformation, Professional Competencies, Innovation, Compliance.

1. ¿LA EDAD DE ORO DE LA *LEGAL TECH*?

"This year, I believe we are entering the Golden Age of Legal Tech". Con esta frase Cheryl Wilson Griffin, en *The 2024 Legal Tech Trends Report*, describía, precisamente, las tendencias de la *Legal Tech* para el año 2024. Lo justificaba en cuatro factores. El primero, la inversión de capital que ha permitido incorporar a

personas talentosas procedentes de industrias avanzadas en el sector de la tecnología legal. En segundo lugar, el incremento en el uso de tecnologías basadas en la nube. Tercero, el cambio de actitud en torno al trabajo, su valor y cómo desarrollarlo, que conduce a desempeñarse de forma diferente a como por costumbre siempre se había hecho. Y, finalmente, los avances y desarrollos tecnológicos de la inteligencia artificial. A partir de ello, sostiene que en tanto los datos son el futuro de la tecnología legal, las organizaciones deben caracterizarse por resguardar, gestionar y administrar sus datos y documentos de manera estructurada (Wilson Griffin et al., 2024, pp. 4-5).

Actualmente cualquier profesional que incursione en el Derecho Penal Económico y de la Empresa, debe poseer sólidas competencias no solo en la disciplina jurídica, sino en *Legal Tech*, Inteligencia Artificial Generativa (GenAI), Gobierno Corporativo, Compliance, Neurociencias, Big Data, Blockchain, Smart Contracts y Algoritmos aplicados en el Derecho, entre otros. La gestión del Cumplimiento Normativo, a partir de la regulación sobre la responsabilidad penal de las personas jurídicas y de la Norma ISO 37301:2021 (Sistemas de Gestión del Compliance: Requisitos con Orientación para su Uso), requiere un enfoque tecnológico.

El informe *2023 Future Ready Lawyer Survey Report: Embracing Innovation, Adapting to Change* elaborado por la compañía Wolters Kluwer, dedicada al desarrollo de gestión, información, servicios y formación para el sector jurídico, señala un grupo de tendencias clave que tendrán un impacto significativo en las organizaciones legales para los próximos tres años (p.2), como lo son:

- la creciente complejidad de áreas de cumplimiento (Compliance);
- el aumento de la relevancia de la Tecnología Jurídica (*Legal Tech*);

- la habilidad para reclutar y retener el talento humano;
- la mayor demanda de especialización profesional, con el respectivo declive del trabajo generalista;
- la internalización de departamentos jurídicos (servicios in-house);
- la mayor competencia de precios, estructuras de tarifas nuevas y alternativas, con contención de costos;
- el impacto de la Inteligencia Artificial Generativa y del ChatGPT;
- las competencias para enfrentar el aumento y complejidad de la información;
- la capacidad para responder a las nuevas demandas y necesidades de los clientes y a las expectativas de liderazgo de la organización;
- la mejora de la eficiencia y productividad; y,
- el crecimiento de los Proveedores de Servicios Jurídicos Alternativos (ALSP: Alternative Legal Service Providers).

Por su lado, el cumplimiento normativo o *Compliance* y la observancia de las regulaciones en cualquier tipo de organización se vincula con los llamados criterios ESG (Environmental, Social and Governance), exigentes de la implementación de correctas prácticas en tres áreas. Uno, la medioambiental, con el objeto de reducir los efectos negativos del actual cambio climático y de los residuos peligrosos, así como con el fin de implementar tecnologías limpias y sostenibles. Dos, el social, dirigido a una adecuada gestión del capital humano, a la responsabilidad por los productos, a la verificación de la legalidad en la cadena de suministro de los proveedores, y al impacto positivo en el entorno comunitario. Y, tres, la gobernanza, centrada en la transparencia, ética, prevención de prácticas corruptas y, en general, el cumplimiento de la legalidad en todas sus manifestaciones.

Los ALSP han venido a constituir una novedosa opción en respuesta a los cambios y evolución del mercado y del entorno. Están dirigidos a ofrecer servicios a un menor costo que el de la firma o despacho legal tradicional, de manera especializada, con una estructura eficiente apoyada en la tecnología, sin descartar la integración de otros profesionales ajenos al Derecho. Las firmas o despachos tradicionales suelen tener una estructura piramidal, jerárquica. Con una estructura más horizontal y flexible, los ALSP pueden ser aliados de una firma o de un departamento legal de alguna organización, para brindar sus servicios en proyectos o asuntos específicos dando soporte a la carga de trabajo de la firma o del departamento legal; o accediendo a profesionales muy especializados de los que aquellos carecen. Estos ALSP pueden formar parte de una firma legal o ser independientes.

De hecho, el mercado de los ALSP ha tenido una aceleración significativa en los últimos años, con un incremento en su tasa de crecimiento anual compuesta del 20% para los años fiscales 2020-2021, en comparación al 15% de los previos años fiscales 2018-2019. Así lo concluye el informe *Alternative Legal Services Providers 2023. Accelerating Growth & Expanding Services Categories* (p.2), a cargo del Thomson Reuters Institute, en conjunto con The Center on Ethics and The Legal Profession de la Georgetown University, y la Säid Business School de la University of Oxford. Su estudio se basó en los mercados legales de Estados Unidos de América, Reino Unido, Canadá, Australia y la Unión Europea.

Por su parte, la consultora KPMG, en su informe de noviembre de 2023 denominado *Estado de Innovación y Digitalización del Sector Legal en España,* cita varios hallazgos que confirman el contexto, en un mundo globalizado, al que se enfrenta en la actualidad la función legal, especialmente, en términos de innovación y digitalización, exigente de una adaptabilidad para ofrecer servicios eficientes, efectivos y accesibles. Señala como prioridades estratégicas de los departamentos legales de una empresa, en orden de preferencia: el asesoramiento legal proactivo; la gestión de iguales cargas de trabajo con los mismos recursos humanos; la optimización de procesos y flujos de trabajo; la optimización, reducción y transparencia de costos; la automatización de procesos; la mayor internacionalización de las funciones legales; la implementación de Tecnología Jurídica (*Legal Tech*); el apoyo a proyectos innovadores y digitales de la empresa; la gestión de las habilidades y formación; la reducción de costes externos y optimización de modelos retributivos; y la gestión activa del conocimiento e intercambio de experiencia (pp.5 y 25).

Este informe, apunta otros datos de interés (p.5). De una parte, que dentro de los principales desafíos se encuentran el uso correcto de herramientas tecnológicas; la nueva regulación especializada en el sector digital y tecnológico; la gestión de la carga legal y obtención de métricas e Indicadores Clave de Desempeño (KPIs: Key Performance Indicators); la gestión del cambio; y la retención del talento. Además, que para impulsar la transformación resulta necesario realizar acciones tales como invertir en mejoras de las experiencias y conocimientos del personal; modernizar el control y la eficiencia de los procesos de trabajo; implementar tecnología para conseguir automatizar procesos; aumentar el personal especializado en Tecnología Jurídica (*Legal Tech*); y aumentar el personal especializado en Operaciones Legales (Legal Ops: Legal Operations). Estas últimas se vinculan con actividades multidisciplinares que no requieren necesariamente un grado académico de Derecho, realizadas por un grupo de personas que, con un enfoque empresarial, se dirigen a maximizar la eficiencia de una firma o departamento legal como, por ejemplo, planificación estratégica, gestión tecnológica, gestión financiera y análisis de datos. Y que, mayormente, la función legal tiene un papel necesario en la gestión de la innovación como factor de competitividad empresarial; así como que los KPIs de más relevancia son la calidad del trabajo realizado; el compromiso y satisfacción del cliente interno dentro de la empresa; el compromiso de las personas del equipo; la experiencia del cliente interno; el gasto total y coste conforme al tamaño de la empresa; y los plazos de entrega.

Este informe también señala el aumento de la relevancia de la *Legal Tech* en tres áreas (pp.29, 30 y 32). Para el cumplimiento normativo (Compliance), con el objeto de controlar el riesgo regulatorio de una organización que le podría suponer multas, litigios y daños a la reputación. Para la consecución de los objetivos medioambientales, sociales y de gobierno corporativo (estándares ESG). Y para la cooperación entre despachos de abogados y el uso de los ALSP cuyo objetivo, señala el informe (p.34), *"es ofrecer soluciones innovadoras y tecnológicas para satisfacer las necesidades legales de las organizaciones..."*, pues *"ofrecen servicios legales eficientes y rentables, complementando o reemplazando en algunos casos los servicios tradicionales de los despachos de abogados"*. Finalmente, en dicho documento (p.39) se apunta que para un 56% de empresas que fueron objeto de la investigación el departamento o área legal *"es sin duda un aliado estratégico de negocio"*, mientras que para el 44% *"además de ser un aliado estratégico de negocio, también es un centro de costes"*.

Bajo este exigente panorama, se comprende que la *Legal Tech*, en tanto conjunto de soluciones tecnológicas novedosas y disruptivas, incluyendo el uso de la GenAI, lejos de constituir una amenaza para los profesionales en Derecho, permite optimizar sus procesos y toma de decisiones, trabajar de forma más eficiente, reducir costos y márgenes de error, controlar con agilidad grandes volúmenes de información y datos, y automatizar aquellas tareas repetitivas que aportan poco valor profesional con el objeto dedicar más tiempo a trabajos de mayor valía. El contexto actual al que se enfrenta el profesional en Derecho se caracteriza por la cada vez mayor complejidad de la regulación legal nacional e internacional en las diferentes disciplinas, por la necesidad de incorporar la tecnología como herramienta de apoyo al sector jurídico para alcanzar elevados índices de eficiencia, por la considerable demanda de la especialización en el ejercicio profesional, por nuevos modelos de negocio y por la necesidad de incorporar y retener en el sector legal, sea privado o público, un talento humano que cumpla las expectativas de competencias personales y profesionales (habilidades blandas y duras) ajustadas a la realidad del mercado.

2. EL VALOR DE LA TRANSFORMACIÓN

La transformación del sector jurídico, sea público o privado, no equivale a la mera digitalización de documentos. El *Mapa LegalTech en España, 2023*, a cargo de PwC y de la Fundación Mutualidad Abogacía, determinó que las áreas con mayor número de soluciones de *Legal Tech* son: a) la gestión de documentos y contratos; b) la gestión del conocimiento; y, c) la gestión del riesgo (p.17). Esto es, por un lado, la automatización de tareas repetitivas como la revisión de documentos legales y seguimiento de contratos. Por otro lado, las aplicaciones de investigación jurídica o bases de datos sobre la normativa y su entendimiento que reducen el tiempo de búsqueda de información útil para anticipar eventuales resultados y definir estrategias –sin desmeritar el componente de democratización que involucra (Navas Aparicio, 2022)–. Y, por último, las plataformas que permiten detectar y monitorear las actividades identificadas en los mapas de riesgos, muy útil en los programas de Compliance para monitorear prospectos, proveedores, clientes y empleados, así como dar seguimiento a casos y expedientes concretos abiertos en las empresas por cumplimiento normativo.

Por supuesto, la *Legal Tech* no se limita a aquellas tres principales soluciones. Abarca también otras como la resolución de conflictos, gestión y administración jurídica, asistentes virtuales, cloud computing para no almacenar información sensible en dispositivos, organización y diseño de los flujos de trabajo, control de horas laboradas en un caso, gestión de notificaciones, seguimiento de casos, facturación, y marketplaces de la Abogacía, entre otros. Se trata de un proceso inacabado e inacabable, pues la innovación tecnológica en el sector jurídico conlleva el reto de descubrir nuevos modelos de servicios para los profesionales en Derecho.

Ya no vale justificarse en que *"no necesito algo más, mientras tenga los mismos insumos con los que siempre he contado para salir adelante en mi profesión"*.

El informe *The 2020 Wolters Kluwer Future Ready Lawyer: Performance Drivers* arrojaba datos que merecen una seria reflexión. Incluyó información de 700 profesionales en Derecho de Estados Unidos de América y nueve países europeos (Reino Unido, Alemania, Países Bajos, Italia, Francia, España, Polonia, Bélgica y Hungría). En ese año 2020, se determinó que el 76% de ellos concordaba con el aumento de un impacto significativo de la *Legal Tech* para una firma o despacho, o para el departamento legal de una organización; sin embargo, tan solo el 28% consideraba estar debidamente preparado para ello (p.6). Además, dentro de las razones de mayor peso que justificaban la resistencia a la incorporación de nuevas tecnologías se señalaban, principalmente, problemas de la organización como la ausencia de una estrategia general tecnológica, la cultura de temor al cambio, la falta de procesos de gestión de la innovación, la dificultad para modificar los flujos de trabajo y la falta de liderazgo frente a los cambios; en segundo lugar, la ausencia de conocimientos, comprensión y habilidades tecnológicas; y, en menor medida, aspectos financieros (pp.13 y 16).

Este reto también lo evidencia el citado *Mapa LegalTech en España, 2023* (p.37): "*El sector jurídico cuenta con suficiente madurez para adoptar la mayoría de las soluciones LegalTech, tales como bases de datos, firma electrónica o marketplaces de abogados. Sin embargo, perdura en los abogados cierta ausencia de confianza debido a las barreras culturales y al desconocimiento de la aplicabilidad de estas soluciones en el sector. Soluciones LegalTech que hoy podrían ya haber revolucionado el sector jurídico, son aún mejor aceptadas por empresas de otras industrias, más abiertas a la adopción de la tecnología, la transformación digital y la innovación. Los profesionales jurídicos de hoy sufren la consecuencia de una educación poco o nada tecnológica, que apenas ha cambiado hasta la fecha, y cierto miedo al cambio o a enfrentarse a algo nuevo".*

Por su lado, en el ya mencionado informe *2023 Future Ready Lawyer Survey Report*, se concluye (pp.3 y 5) que el 73% de los profesionales integrarían la GenAI a su trabajo en el plazo de un año; así como que no existe un consenso sobre si esta constituye una oportunidad o una amenaza, ya que para el 43% es una oportunidad, para el 25% una amenaza, y para el 26% tanto una oportunidad como una amenaza. Además, advierte (p.3) que casi todos los abogados (87%) consideran haber mejorado su trabajo con la tecnología, que el 46% cree estar aprovechándola plenamente, que el 50% está en transición, y que el 4% siente que no la utilizan tanto como deberían. El examen de grandes bases de datos y el análisis predictivo constituyen las dos principales áreas en las que la GenAI tendría un impacto significativo en el trabajo (77% de los profesionales), sin descartar algunos obstáculos para ello como la falta de autoridad, inconsistencia, falta de explicación y posible sesgo (pp.4-5).

El reto hacia la transformación exige también un giro en la enseñanza del Derecho, tanto a nivel de grado como de posgrado.

Como lo explica Smathers (2014), la formación tradicional en el sector jurídico se ancla en un Modelo "I" ("I-Shaped Lawyer"), que involucra solo profundos conocimientos y destrezas legales. Sin embargo, continúa explicando la autora, el entorno actual en el que se desarrolla el Derecho, exige pasar a un Modelo "T" ("T-Shaped Lawyer"). Este suma al anterior la habilidad para colaborar en varias y diversas disciplinas como, en lo fundamental, la tecnología, los negocios, el análisis de datos y la seguridad de la información. La característica principal de los profesionales en Derecho formados bajo un Modelo "T" reside en las vastas competencias en una disciplina (la jurídica), que se corresponde con el trazo vertical de la "T" y, a la vez, en una amplia gama de competencias en diferentes disciplinas que facilitan el desempeño del sector legal y promueven el trabajo colaborativo, idea que se relaciona con la barra horizontal de la "T", lo cual les convierte en "innovadores adaptables".

La necesidad de una formación y, por lo tanto, de un ejercicio profesional más integral se observa en ulteriores desarrollos como el propuesto por Runyon y Carrel (2019), basado en lo que denominan un Modelo "Delta" de competencias profesionales ("Delta-Shaped Lawyers"). Este se fundamenta en la exigencia de habilidades en tres áreas claves: Derecho, Negocios y Operaciones, y Efectividad Personal. Así, proponen una triada: a) conocimientos y habilidades jurídicas (entendimiento de la disciplina, investigación jurídica, análisis jurídico y redacción legal); b) negocios y operaciones (fundamentos de los negocios, gestión de procesos y análisis de datos); y, c) efectividad personal (gestión de relaciones, comunicación de ideas, inteligencia emocional, mentalidad emprendedora y carácter). El nombre de este modelo alude, precisamente, a la forma triangular de la letra mayúscula Delta, del alfabeto griego.

Por su lado, de forma más reciente, Kayne (2020) ha formulado el Modelo "O" de competencias profesionales ("O-Shaped Lawyers"). Su denominación responde a las letras iniciales de las habilidades blandas que, en idioma inglés, lo componen: optimismo ("optimistic") –como primer ingrediente del progreso–, mentalidad abierta ("open mindset"), oportunismo ("opportunistic"), creatividad ("original") y responsabilidad ("ownership"). Sostiene que los profesionales formados bajo este modelo, por un lado, se concentran no sólo en qué se hace, sino en cómo se trabaja; y, por otro, contribuyen a superar la cultura del miedo y de la inercia que inhiben el progreso en el ecosistema legal: firmas y despachos legales, asesores y consultores legales, analistas, reclutadores, universidades, facultades de Derecho y comentaristas legales.

CONCLUSIÓN

Innovar de la mano de la tecnológica no puede suponer una actividad alejada del respeto y garantía de los Derechos Humanos, ni de las necesidades reales que tiene, en lo que acá interesa, el sector jurídico, sea privado o público, a nivel individual o corporativo, para hacer más eficiente el trabajo de los profesionales en Derecho, incrementar su rendimiento, facilitar la toma de decisiones, reducir costos, tiempo y márgenes de error; y mejorar la calidad de vida. La innovación tecnológica no puede ser neutral o indiferente, debe tener un propósito social y estar dirigido a beneficiar el entorno humano, centrado en el mismo ser humano. Ello cobra interés a partir del enfoque personalista sobre los bienes jurídicos penalmente tutelados y del enfoque tecnológico que caracteriza tanto al Derecho Penal Económico y de la Empresa, como al Compliance. Por ello, el desarrollo, la comercialización y el uso de la GenAI, tal cual lo define el Reglamento Europeo de Inteligencia Artificial aprobado en marzo de 2024, están dirigidos a promover la innovación y, a la vez, a garantizar la protección de los Derechos Humanos frente a potenciales riesgos e injerencias que pueda comportar su uso.

Es cierto que la profesión legal, todavía hoy, se caracteriza en gran medida por la reverencia a la tradición y a la resistencia al cambio. Este contexto, más que una amenaza debe entenderse como una oportunidad. En un entorno tan competitivo como el legal, tanto en el sector privado como en el público, la *Legal Tech* se constituye en un aliado determinante para implementar una estrategia de "océano azul". No es el adversario al que algunos todavía temen, sino una herramienta de apoyo, que obliga a aprender a la misma velocidad a la que el entorno cambia. Posiblemente quien no incorpore la *Legal Tech* no desaparezca de inmediato, pero perderá su posición dentro del mercado ante sus principales competidores. Ello explica que el *Future of Jobs Report 2023*, del World Economic Forum, integra dentro de las habilidades esenciales para el desempeño laboral la alfabetización tecnológica, la inteligencia artificial y el análisis en entornos masivos de datos (Big Data).

En definitiva, la innovación tecnológica es algo natural en toda organización. En el ámbito de la Innovación y Tecnología, en el marco de un ejercicio profesional maduro, cambiante, retador y exigente, en un entorno ineludible de transformación, un problema resuelto con soluciones tecnológicas innovadoras para el sector jurídico no es el fin, sino solo el inicio de un nuevo reto.

BIBLIOGRAFÍA

Kayne, D. (2020). "The Lawyer of the Future is O Shaped". Disponible en: https://uk.practicallaw.thomsonreuters.com/w-023-9499?transitionType=Default&contextData=(sc.Default)&firstPage=true#:~:text=O%20Shaped%20Lawyers%20are%20the,lawyers%20entering%20the%20legal%20profession (Consultado: 11 de septiembre de 2024).

KPMG (2023). "Estado de Innovación y Digitalización del Sector Legal en España". Disponible en: https://assets.kpmg.com/content/dam/kpmg/es/pdf/2024/01/informe-lots.pdf (Consultado: 11 de septiembre de 2024).

Navas Aparicio, A. (2022). "*Legal Tech* y Democratización del Derecho". Disponible en: https://clicklegalapp.com/legal-tech-y-democratizacion-del-derecho/ (Consultado: 11 de septiembre de 2024).

PwC y Fundación Mutualidad Abogacía (2023). "Mapa LegalTech en España, 2023". Disponible en: https://www.pwc.es/es/fundacion/

assets/informe-legaltech-2023.pdf (Consultado: 11 de septiembre de 2024).

Runyon, N. y Carrel, A. (2019). "Adapting for 21st Century Success: The Delta Lawyer Competency Model". Disponible en: https://legal.thomsonreuters.com/en/insights/white-papers/delta-model?form=thankyou&gatedContent=%252Fcontent%252Fewp-marketing-websites%252Flegal%252Fgl%252Fen%252Finsights%252Fwhite-papers%252Fdelta-model (Consultado: 11 de septiembre de 2024).

Smathers, R.A. (2014-2015). "The 21st-Century T-Shaped Lawyer", *Connecticut Lawyer*, 25(5), p24-27. Disponible en: https://www.ctbar.org/docs/default-source/publications/connecticut-lawyer/5-_dec_14_jan_15_ct_lawyer.pdf (Consultado: 11 de septiembre de 2024).

Thomson Reuters Institute / The Center on Ethics and The Legal Profession, Georgetown University / Säid Business School, University of Oxford (2023). "Alternative Legal Services Providers 2023. Accelerating Growth & Expanding Services Categories". Disponible en: https://legal.thomsonreuters.com/content/dam/ewp-m/documents/legal/en/pdf/reports/alternative-legal-services-providers-2023.pdf (Consultado: 11 de septiembre de 2024).

Wilson Griffin, C. et al. (2024). "The 2024 *Legal Tech* Trends Report". Disponible en: https://henchman.io/reports (Consultado: 11 de septiembre de 2024).

Wolters Kluwer (2023). "2023 Future Ready Lawyer Survey Report: Embracing Innovation, Adapting to Change". Disponible en: https://images.go.wolterskluwerlr.com/Web/WoltersKluwerLRSUS/%7B0d5f497f-68b8-4d60-9dc4-6013e0528a9f%7D_FRL_LR_white_paper_FINAL_10-25-23_single.pdf (Consultado: 11 de septiembre de 2024).

Wolters Kluwer (2020). "The 2020 Wolters Kluwer Future Ready Lawyer: Performance Drivers" Disponible en: https://img.en25.com/Web/WoltersKluwerLRSUS/%7Bde3a3f01-91ed-4f24-8243-29545a31f2e8%7D_FRL2020_WP.pdf?elqTrackId=9648361C9C870EF599D746890A9C4D19&elqaid=2112&elqat=2&elqak=8AF5705A31C3880D47881BAF96D61B0342413C713341262CF56D9BB3CB4CD9737280 (Consultado: 11 de septiembre de 2024).

World Economic Forum (2023). *"Future of Jobs Report 2023"*. Disponible en https://www3.weforum.org/docs/WEF_Future_of_Jobs_2023.pdf (Consultado: 11 de septiembre de 2024).

Inteligencia artificial en la prevención y represión del blanqueo de dinero[1]

PROF. DR. DR. H. C. MULT. MIGUEL ABEL SOUTO

Presidente de la Asociación Iberoamericana de Derecho Penal Económico y de la Empresa.

CATEDRÁTICO DE DERECHO PENAL

Universidad de Santiago de Compostela

Resumen: Las herramientas de la inteligencia artificial pueden revolucionar la lucha contra el blanqueo de dinero, pero es necesario mantener un equilibrio entre eficiencia y salvaguarda de los derechos fundamentales.

Palabras clave: Blanqueo de dinero, inteligencia artificial.

Abstract: The tools of artificial intelligence can revolutionize the fight against money laundering, but it is necessary to maintain a balance between efficiency and safeguarding fundamental rights.

Key words: Money laundering, artificial intelligence.

En la sociedad poscovid la digitalización (Abel Souto, 2021a, pp. 23-50) ha alcanzado tal intensidad que incluso se ha dicho, hiperbólicamente, que "nada se mueve sin la intervención de las nuevas tecnologías. Las relaciones humanas, la economía, las compras. Todo se hace en internet" (Pan, 2023, p. 99). Indudablemente la historia del hombre se explica por profundas revoluciones, entre las que se encuentra la digital (Salazar Icaza, 2024, p. 557), que hasta se ha calificado de "una verdadera

1 Esta contribución se integra en el proyecto PID2021-126422OB-I00 (AEI/FEDER, UE), financiado por la Agencia Estatal de Investigación (Ministerio de Ciencia e Innovación) y la Unión Europea: Blanqueo de dinero, mundo digital, reformas de 2021 y la posibilidad de un Derecho penal europeo.

era" (*ibidem*) y "el fin del homo sapiens" (Caro Coria 2022, p. 634), al sustituirse la inteligencia de carbono por la de silicio (*ibidem*). Nos hallamos ante el "amanecer" (Pavlidis, 2023, p. 155) de la inteligencia artificial, con un desarrollo vertiginoso que da "miedo" (Troncoso Lora 2023, p. 29), la cual "no puede pensarse ni regularse con los conceptos que nos servían para otras máquinas triviales" (Innerarity Grau, 2023, p. 53).

Pero no se trata de "la panacea" (Navarro Cardoso, 2022, p. 691) o el tan buscado remedio que cura todos los males, pese a que para el foro económico mundial de Davos la tecnología *blockchain* cambiará radicalmente los negocios y se convertirá en el corazón del sistema financiero (*ibidem*), sino que la inteligencia artificial "es falible" (Caro Coria, 2022, p. 645), por los defectos de programación y falta de control de los algoritmos (*ibidem*), se le otorga un halo de infalibilidad que no se corresponde con la realidad, pues se trata de estadísticas y metodologías altamente manipulables, ya que toda inteligencia artificial necesita trabajo manual de corrección constante, así se denunció que en Florida si el sistema de predicción de la reincidencia para la puesta en libertad arrojaba respecto a los afroamericanos y latinos una posibilidad baja el juez entrenaba el sistema y subía la probabilidad, de manera que los algoritmos se adaptan a los prejuicios y sistemas de opresión (Jaume Palasí, 2023, pp. 75, 77, 79 y 80), resultan inseguros en su alcance y fiabilidad, carecen de transparencia y no son reproducibles (Demetrio Crespo, 2022, p. 26), por lo que se ha comparado el secretismo de los algoritmos con la antigua alquimia y criticado unos resultados a los que no se sabe cómo se llega (Martínez Garay, 2022, p. 498). Además, se denunció la catástrofe medioambiental[2] y energética[3] que provoca la inteligencia artificial, ya que, a modo de ejemplo, una conversación con ChatGPT consume medio litro de agua y diariamente se hacen decenas de millones (Jaume Palasí, 2023, pp. 76 y 77).

En definitiva, la digitalización posee un "efecto ambivalente" (Innerarity Grau 2023, p. 50): "ha levantado barreras y ha propiciado la distancia, pero también ha hecho posible interacciones de muy diverso tipo" (*ibidem*), facilita la vida, aunque igualmente crea nuevos riesgos (Muñoa Vidal, 2024, p. 553), que deben ser abordados en el marco del "conflicto seguridad-libertad" (Morón Pendás 2024, p. 604), pues aunque las herramientas de la inteligencia artificial puedan revolucionar la lucha contra el blanqueo de dinero es necesario mantener un equilibrio entre eficiencia y salvaguarda de los derechos fundamentales (Pavlidis 2023, p. 155), ya que una cosa son los conocimientos y otra su uso permitido (Demetrio Crespo, 2022, p. 18), la racionalidad valorativa del castigo que limita la intervención en los derechos fundamentales (*ibidem*).

Ciertamente la ausencia de riesgo crediticio, al existir normalmente un prepago, desincentiva que los proveedores de servicios obtengan una completa y precisa información sobre los clientes o la naturaleza de las relaciones comerciales (FATF 2010, p. 21, §§58 y 61), proveedores que suelen utilizar una "débil tecnología" (Gómez Iniesta, 2021, p. 656); se ha denunciado la "voracidad" de los mercados para acceder "a todo tipo

---

2 El Reglamento 2023/1114, de 31 de mayo, sobre mercados de criptoactivos, en su considerando 7, pone de manifiesto los posibles efectos adversos sobre el clima y el medioambiente de los mecanismos para validar las operaciones con criptoactivos.

3 La tecnología *blockchain* tiene un alto coste debido al consumo eléctrico necesario para la encriptación de la cadena de bloques, por los nodos que soportan el registro distribuido que garantizan la seguridad (Navarro Cardoso 2022: 679).

de datos para los más variados usos" y su obtención al margen de los interesados contra el Derecho a la intimidad (Morón Pendás, 2024, p. 604).

Además, se han detectado brechas de seguridad en la inteligencia artificial y asociado las herramientas *blockchain* al uso de criptomonedas para el blanqueo (Moreira Domingos, 2024, p. 549), hay *tumblers* o mezcladores de múltiples direcciones que garantizan el anonimato (Gómez Iniesta, 2021, p. 660), de hecho los servicios de mezcladores procesaron la mayoría de *bitcoins* blanqueados (Joffre Calasich 2022, pp. 190 y 195), el Reglamento 2023/1113, de 31 de mayo, sobre información de transferencias con fondos y criptoactivos, advierte del alto riesgo respecto al blanqueo de las tecnologías diseñadas para el anonimato, con cita de "los mezcladores de criptoactivos" (considerando 17) y el Reglamento 2023/1114, igualmente de 31 de mayo, o Reglamento MiCA, sobre mercados de criptoactivos, también añadió un apartado 6 al artículo 18 de la Directiva 2015/849[4] que obliga a la Autoridad Bancaria Europea a prestar especial atención, por favorecer el anonimato, a los servicios de mezclado.

Asimismo, hay *tokens* no fungibles, que constituyen "*smart contracts* gestionados en la *blockchain* y comercializados en un mercado digital". A diferencia de las criptomonedas no se utilizan como medio de pago, por eso se les califica de "no fungibles", aunque realmente son fungibles porque pueden intercambiarse como cualquier mercancía, prueba de ello son sus cotizaciones: 69,3 millones de dólares costó *Everydays* y 2,9

---

[4] Sobre las dos directivas de 2018 *vid.* Abel Souto 2021b: 41-75 y 301-334. Respecto al protagonismo español en la lucha contra el blanqueo *vid.* Abel Souto 2022a: 241-266. Sobre el SEPBLAC y su máxima calificación internacional *vid.* Lorenzo Salgado 2020: 460 y 461, n. 63. *Vid.* también Fatf, *Consolidatet assessment ratings,* http://www.fatf-gafi.org (febrero de 2021).

el primer *twitter* (Joffre Calasich 2022, p. 201, n. 44). Su *boom* se produjo en 2021 (FATF 2023b: 33) y en febrero de 2023 el GAFI advirtió que "los mercados de *tokens* no fungibles representan una vulnerabilidad emergente" (FATF 2023a, p. 41) en materia de blanqueo. Sirven como certificados de propiedad de obras de arte, vídeos, canciones, escrituras, acciones… y tanto su alta volatilidad como su fluctuación especulativa los convierten en idóneos para justificar ingresos delictivos, así 8000 millones de dólares han sido blanqueados por plataformas de *tokens* no fungibles de 2017 a 2021 (Joffre Calasich 2022, pp. 201 y 202) y en 2022 *Baller Ape* vendió *tokens* no fungibles en forma de dibujos, frecuentemente con un mono, y poco después eliminó el proyecto de inversión, quedándose con 2'6 millones de dólares mediante múltiples cadenas de bloques de activos virtuales (FATF 2023a: 53).

También plantean problemas con el blanqueo los intercambiadores descentralizados, contratos inteligentes que proporcionan servicios de intercambio de criptoactivos en la *blockchain* sin intermediarios, con lo que no están sometidos a las disposiciones de prevención del blanqueo; normalmente se convierte y fracciona el dinero sustraído en diferentes *tokens*, como ocurrió en las plataformas *AscenEx, Qubit Finance* y *Fortress Protocol* (Joffre Calasich 2022: 202-204).

Finalmente, en junio de 2023 el GAFI mostró su seria preocupación porque la mayoría de las jurisdicciones, tres cuartas partes, exactamente 73 de 98, no cumplían, en todo o en parte, las recomendaciones sobre activos virtuales y proveedores de sus servicios, incluso calificó de "vital" la necesidad de un rápido cumplimiento por los países (FATF 2023b, pp. 2 y 4).

En suma, para condenar los peligros que representan la inteligencia artificial y las nuevas tecnologías respecto al blanqueo se ha llegado a decir que el nombre del buscador elegido en *internet* permite abrir "las puertas del infierno de Dante Alighieri" (Salazar Icaza 2024, p. 558), por lo que antes de pulsar el botón debería recordarse lo escrito en el dintel de la puerta del averno: "*lasciate ogni speranza, voy che entrate*" (Dante Alighiei, 1870, p. 13, canto 3, verso 9).

Sin embargo, la inteligencia artificial y el desarrollo de las tecnologías, entre ellas *internet*, ha implicado incuestionables ventajas (Mata Barranco 2020: 16), la seguridad criptográfica, la trazabilidad de la cadena de bloques, la elaboración de perfiles de usuarios (Gómez Iniesta, 2021, pp. 652 y 663), la obtención de pruebas por la fiscalía mediante el rastreo de transacciones a través de *blockchain* (Moreira Domingos, 2024, p. 550) y la inteligencia artificial hasta facilita, mediante recursos *online*, la verificación de la identidad u otros deberes de diligencia para la prevención del blanqueo,[5] como en las empresas *Fintech* mediante sistemas *big data* y aplicaciones informáticas,[6] *v. gr.*, el *software* de investigación *Chainanalysis Reactor* se emplea judicialmente como evidencia pericial al identificar usuarios de transacciones y analizar flujos de movimientos, buscando direcciones de *bitcoin* para detectar delitos fiscales (Joffre Calasich 2022, p. 191, n. 20), con lo que los protocolos cifrados "sirven a los organismos de investigación y represión para rastrear las operaciones ilícitas e identificar sus responsables" (Ferré Olivé 2024, p. 253), y el Reglamento 2023/1113, de 31 de mayo, sobre información de transferencias de fondos y criptoactivos, alude al "uso de herramientas analíticas basadas en la tecnología de registro distribuido, para detectar el origen o el destino de los criptoactivos" (considerando 17) y con visión de futuro obliga a la Comisión a presentar, hasta el 30 de junio de 2027, un informe sobre las soluciones tecnológicas para el cumplimiento de las obligaciones impuestas a los proveedores de servicios de criptoactivos con los últimos avances y el uso

---

5 *Vid. The money laundering officer's practical handbook 2011, Compliance training products limited, Cambridge*, pp. 37-39 y 54.

6 *Cfr.* http://www.iebschool.com.

de herramientas analíticas de registro distribuido para identificar las transferencias así como sobre las tendencias de uso de direcciones autoalojadas para realizar transferencias sin intervención de terceros y sus riesgos para el blanqueo (art. 37.3, letras b) y e). Incluso se habla de *Regtech* o gestión tecnológica del cumplimiento con la regulación[7] a través de "la visualización de datos, la cadena en bloques y la inteligencia artificial" (Gómez Iniesta, 2020, p. 304, n. 24), pues las herramientas de aprendizaje automático, como los algoritmos, se adaptan para ayudar a detectar actividades anormales o sospechosas y generan alertas mediante la inteligencia artificial (Douglas Heaven, 2020, pp. 1, 3 y 4), que contribuye a "anticipar y neutralizar amenazas o gestionar incidencias de ciberseguridad" más rápida y eficazmente al analizar grandes cantidades de datos sin intervención humana especializada (Lledó Benito, 2022, p. 23): las nuevas tecnologías permiten captar y procesar ingentes volúmenes de datos, definir vertiginosamente patrones que anticipan conductas, identificar y gestionar los riesgos, "base de todo el mecanismo de prevención" (Morón Pendás, 2024, p. 603).

Respecto a los programas de cumplimiento, el potencial de la cadena de bloques "puede ser espectacular" (Navarro Cardoso, 2022, p. 679), al permitir la trazabilidad de las decisiones a través de la *blockchain* y su mecanización mediante contratos inteligentes, así el elevado riesgo para el blanqueo del uso de criptomonedas en el sector inmobiliario puede rebajarse con *smart contracts* para la resolución de las compraventas (Navarro Cardoso, 2022, p. 690). No se trata de que la inteligencia artificial sobre la base de *big data* decida la inocencia o culpabilidad, pues la justicia no es programable y necesita intervención humana, sino de un modelo colaborativo entre personas y máquinas que procesen una gran cantidad de información para

---

7 *Cfr.* http://www.ciberseguridad.com.

hacer predicciones (Caro Coria, 2022, pp. 638 y 639). Tampoco se trata solamente de que los *compliance programs* eximan o atenúen la responsabilidad criminal de las personas jurídicas y de que tengan una función probatoria, sino que la inteligencia artificial y las nuevas tecnologías incorporadas a los programas de cumplimiento deben aportar un valor añadido a la gestión empresarial y desempeñar un papel más proactivo o de prevención, advirtiendo los riesgos, que reactivo, reaccionando contra los peligros ya materializados (Navarro Cardoso, 2022, pp. 691 y 692).

Pese a conocidos casos, como *Silk Road,* en el que se condenó a cadena perpetua por blanqueo de dinero, tráfico de drogas y *hacking* en *internet,* con incautación de 379 millones de dólares en *bitcoins, Liberty Reserve,* intercambiadora cuyo director fue condenado a 20 años de prisión por blanquear dinero con criptomonedas, o *BTC-E, exchanger* de criptoactivos multado con 100 millones de dólares por incumplir la normativa antiblanqueo, el volumen de criptoactivos blanqueados todavía es muy bajo en comparación con los mecanismos tradicionales (Joffre Calasich, 2022, pp. 187, 189, n. 11, 192, 200 y 213), que mayoritariamente emplean el dinero en efectivo o moneda fiat (FATF 2023b, p. 28). Aunque el transporte físico de bienes constituye un método tradicional de blanqueo (Blanco Cordero, 2015, p. 73), también proliferan las nuevas "mulas de dinero", reclutadas por correo electrónico con oportunidades de trabajo en casa, que a veces el único pago que reciben es la persecución penal por blanqueo (Clough, 2010, pp. 187 y 188), ofertas laborales que se han incrementado durante la pandemia de la COVID-19 (Abel Souto, 2022b, p. 21), y que suelen acabar en una condena por estafa, y hasta se ha condenado por blanqueo imprudente como solución *deus ex machina* (González Uriel, 2023, pp. 3, 5 y 7-14), a modo de "cuestionable" tipo de recogida (Abel Souto, 2014, p. 139). Este recurso *ἀπὸ μηχανῆς θεός*, tan frecuente en el teatro griego de Eurípides, introduce con una grúa a una divinidad en la escena para resolver ilógicamente un problema en contra de la coherencia interna del sistema. Pero ya Aristóteles criticó en su Poética estas soluciones que no tienen en cuenta "lo necesario o lo verosímil" (Aristóteles, 1974, XV, 1454a, 34, pp. 178 y 183), pues se prescinde de las exigencias subjetivas y se trasladan funciones policiales a los ciudadanos sobre la base de unos deberes de cuidado que no se describen (González Uriel, 2023, pp. 12 y 13).

En definitiva, como se pone de manifiesto en la agenda estratégica de la Unión Europea[8] hasta 2024, aunque en los años venideros "la transformación digital se seguirá acelerando y tendrá repercusiones de gran alcance", la política europea debe continuar reflejando los valores de nuestra sociedad, fomentando la inclusión y respetando la forma de vida europea (Consejo Europeo, 2019. p. 4).

Por tanto, es necesaria una gran cautela, dado que la inteligencia artificial, como la energía nuclear, puede iluminarnos, pero también es capaz, incontrolada, de "destruir civilizaciones" (Salazar Icaza, 2024, p. 562). Así las cosas, pese a que el volumen de dinero blanqueado mediante inteligencia artificial y criptoactivos todavía no es muy elevado, hay que permanecer atentos, pues "las criptomonedas y el *blockchain* continuarán desafiando el sector financiero en los próximos años" (Wronka, 2022, p 93), porque la criptocriminalidad puede minar la credibilidad del sistema financiero y precisamente los ganadores del premio Nobel de economía en 2022 pusieron de manifiesto cómo los pánicos bancarios especulativos contribuyen a las crisis financieras (Joffre Calasich, 2022, p. 213, n. 79).

---

8 Sobre la construcción de un Derecho penal europeo *vid.* Ferré Olivé 2021: 781-804 y 971-973; Lorenzo Salgado 2021: 813-842, 977 y 978.

De otro lado, la inteligencia artificial está en manos de grandes empresas tecnológicas más poderosas que muchos estados, que sirviéndose "del secreto y la propiedad industrial" (Caro Coria, 2022, p. 633) pueden acabar vulnerando "los principios y derechos constitucionales más elementales, como la no discriminación o las libertades informativas" (*ibidem*). Obviamente la "innovación y el desarrollo son permanentes fuentes de tensión para el Derecho" (Navarro Cardoso, 2022, p. 692), obligándolo a "redefinir categorías o, incluso, a generar nuevas" (*ibidem*). Por consiguiente, los riesgos de la inteligencia artificial deben compensarse mediante una regulación que proteja, entre otras muchas cosas, del sesgo algorítmico (Caro Coria, 2022, pp. 651 y 652).

En este sentido la presidencia del Consejo y los negociadores del Parlamento Europeo alcanzaron en diciembre de 2023 un acuerdo sobre el Reglamento de inteligencia artificial para garantizar que su uso en Europa sea seguro y respete tanto los derechos fundamentales como los valores de la Unión (Consejo Europeo, 2023, p. 1). Después de dos sesiones maratonianas, de 22 y 14 horas, se consensuó un marco para que la innovación tecnológica se guíe por principios éticos y legales (Parra, 2023, pp. 4 y 6), con un enfoque basado en el riesgo que exige normas más estrictas para los casos de mayor peligro, evaluaciones de impacto en los derechos fundamentales previas a la puesta en marcha de sistemas de inteligencia artificial de alto riesgo y prohibiciones de usos de la inteligencia artificial que entrañen riesgos inaceptables, como la manipulación cognitiva conductual, el rastreo indiscriminado de imágenes faciales y algunos casos de vigilancia policial predictiva, aunque excepcionalmente se permiten a la policía procedimientos de emergencia para usar herramientas de inteligencia artificial sin evaluación o la identificación biométrica remota en determinados delitos y amenazas reales, como el terrorismo o los delitos más graves (Consejo Europeo, 2023, pp. 3-5). También incide el Reglamento en los modelos generativos de inteligencia artificial, como ChatGPT, con normas para garantizar la transparencia y gestión de riesgos, así como en los derechos de autor (Parra, 2023, p. 5), que ya han generado demandas a las compañías creadoras de ChatGPT y a otras plataformas populares de inteligencia artificial. (Grynbaum & Mac, 2023, pp. 1-4).

BIBLIOGRAFÍA

Abel Souto, M. (2014), "Jurisprudencia penal reciente sobre el blanqueo de dinero, volumen del fenómeno y evolución del delito en España", en Abel Souto, M./Sánchez Stewart, N. (Coords.), *IV congreso internacional sobre prevención y represión del blanqueo de dinero,* Tirant lo Blanch, Valencia.

Abel Souto, M. (2021a), "Money laundering, COVID-19 and new technologies", en Arlacchi, P./Sidoti, F. (Eds.), *Financial crime, money laundering and asset recovery,* Alma, Craiova, pp. 23-50.

Abel Souto. M. (2021b), "Blanqueo de dinero, responsabilidad criminal de las personas jurídicas y directivas de 2018", en Sanz Hermida, A.M. (Dir.), *La justicia penal del siglo XXI ante el desafío del blanqueo de dinero,* Tirant lo Blanch, Valencia, pp. 41-75. Existe una versión inglesa de este artículo bajo el título "Money laundering, criminal responsibility of legal persons and 2018 directives", en pp. 301-334 y en *Journal of Applied Bussiness & Economics,* vol. 22, 2020, pp. 205-222.

Abel Souto, M. (2022a), "FATF's most compliant countries. Spains's technical compliance and effectiveness: lessons for least compliant jurisdictions", *De Legibus.*

Abel Souto, M. (2022b), "COVID-19 y comisión del delito de blanqueo de dinero mediante las nuevas tecnologías", *Revista Electrónica de Ciencia Penal y Criminología.*

Abel Souto, M./Lorenzo Salgado, J.M./Sánchez Stewart, N. (2020) (Coords.), *VII congreso sobre prevención y represión del blanqueo de dinero,* Tirant lo Blanch, Valencia.

Abel Souto, M./Lorenzo Salgado, J.M./Sánchez Stewart, N. (2021) (Coords.), *VIII congreso internacional sobre prevención y represión del blanqueo de dinero,* Tirant lo Blanch, Valencia.

Abel Souto, M./Lorenzo Salgado, J.M./Sánchez Stewart, N. (2024) (Coords.), *IX congreso sobre prevención y represión del blanqueo de dinero*, Tirant lo Blanch, Valencia.

Aristóteles (1974), *La Poética*, edición trilingüe por Valentín García Yebra, Gredos, Madrid, 3ª ed.

Blanco Cordero, I. (2015), *El delito de blanqueo de capitales*, 4ª ed., Thomson Reuters/Aranzadi, Cizur Menor.

Caro Coria, D.C. (2022), "*Compliance*, neurociencias e inteligencia artificial", en Demetrio Crespo, E.

Clough, J. (2010), *Principles of cybercrime*, Cambridge University Press, Cambridge.

Consejo Europeo (2019), Una nueva agenda estratégica 2019-2024, Bruselas.

Consejo Europeo (2023), Reglamento de inteligencia artificial: el Consejo y el Parlamento alcanzan un acuerdo sobre las primeras normas del mundo en materia de inteligencia artificial, en http://www.consilium.europa.eu/es/press/press-releasses/2023/12/09.

Dante Alighieri (1870), *Divina Comedia*, traducida por Cayetano Rosell, ilustrada por Gustavo Doré, Montaner y Simón editores, Barcelona.

Demetrio Crespo, E. (2022), "El Derecho penal ante el desafío neurotecnológico y el algorítmico: reflexiones preliminares", en Demetrio Crespo, E., *Derecho penal y comportamiento humano. Avances desde la neurociencia y la inteligencia artificial*, Tirant lo Blanch, Valencia.

Douglas Heaven, W. (2020), "IA para perseguir el blanqueo de capitales en tiempos de coronavirus", https://technologyreview.es.

FATF (2010), Money laundering using new payment methods, october 2010, http://www.fatf-gafi.org.

FATF (2021), Consolidatet assessment ratings, http://www.fatf-gafi.org (febrero de 2021).

FATF (2023a), FATF report. Money laundering and terrorist financing in the art and antiquities market, february 2023, http://www.fatf.gafi.org.

FATF (2023b), Targeted update on implementation of the FATF standards on virtual assets and virtual asset service providers, june 2023, http://www.fatf.gafi.org.

Ferré Olivé, J.C. (2021), "El *Corpus Iuris* de normas penales para la tutela de los intereses financieros de la Unión Europea", en Abel Souto,

M./Lorenzo Salgado, J.M./Sánchez Stewart, N., pp. 781-804 y 971-973.

Ferré Olivé, J.C. (2024), "Los hechos previos del blanqueo, con especial consideración en la ciberdelincuencia y los delitos antecedentes en la Directiva 2018/1673", en Abel Souto, M./Lorenzo Salgado, J.M./Sánchez Stewart, N.

Gómez Iniesta, D.J. (2021), "El uso de las monedas virtuales y el dinero electrónico en el delito de blanqueo y la Directiva 843/2018", en Abel Souto, M./Lorenzo Salgado, J.M./Sánchez Stewart, N.

González Uriel, D. (2023), "Cibermulas y criptomulas", *Revista Aranzadi Doctrinal*, nº 6, junio de 2023.

Grynbaum, M.M./Mac, R. (2023), "*The New York Times* demanda a *OpenAI* y *Microsoft* por el uso de obras con derechos de autor en la IA", *The New York Times*, 27 de diciembre de 2023, pp. 1-4.

Innerarity Grau, D. (2023), "¿Vivimos en una sociedad más controlada y menos libre?", en Santalla Pulido, M. (2023a).

Jaume Palasí, L. (2023), "¿Ha impulsado la pandemia la digitalización?", en Santalla Pulido, M. (2023b).

Joffre Calasich, F. (2022), "Criptocriminalidad", en Meirovich, G.D./Berruezo, R. (Dirs.), *Ilícitos ecnómicos y evidencia digital*, Editores Fondo Editorial, Buenos Aires.

Lorenzo Salgado, J.M. (2020), "El blanqueo de dinero procedente de los delitos descritos en los artículos 368 a 372 del CP y las nuevas tendencias de financiación del terrorismo advertidas por las directivas de 2018", en Abel Souto, M./Lorenzo Salgado, J.M./Sánchez Stewart, N.

Lorenzo Salgado, J.M. (2021), "Consideraciones sobre el dogma legalista como principio básico en la construcción de un Derecho penal europeo", en Abel Souto, M./Lorenzo Salgado, J.M./Sánchez Stewart, N., pp. 813-842, 977 y 978.

Lledó Benito, I. (2022), *El Derecho penal, robots, IA y cibercriminalidad*, Dykinson, Madrid.

Martínez Garay, L. (2022), "¿Ciencia o alquimia? Algoritmos y transparencia en la valoración del riesgo de reincidencia", en Demetrio Crespo, E.

Mata Barranco, N.J. De La (2020), "Ilícitos vinculados al ámbito informático", en Cuesta Arzamendi, J.L. De La (Dir.), *Derecho penal informático*, Civitas/Thomson Reuters/Aranzadi, Cizur Menor, 2020.

Moreira Domingos, I. (2024), "Las nuevas tecnologías y el impacto del blanqueo de dinero procedente de la corrupción organizada en la democracia", en Abel Souto, M./Lorenzo Salgado, J.M./Sánchez Stewart, N.

Morón Pendás, I. (2024), "La utilidad de las nuevas tecnologías en la prevención del blanqueo de dinero", en Abel Souto, M./Lorenzo Salgado, J.M./Sánchez Stewart, N.

Muñoa Vidal, T. (2024), "Blanqueo de dinero y mundo digital", en Abel Souto, M./Lorenzo Salgado, J.M./Sánchez Stewart, N.

Navarro Cardoso, F. (2022), "*Blockchain, smart contract* y *compliance*: anotaciones para el Derecho penal y procesal de la persona jurídica", en Demetrio Crespo, E.

Pan, J.M. (2023), "Estamos seguros en la sociedad digital", en Santalla Pulido, M. (2023b).

Parra, S. (2023), "La UE pacta la primera ley sobre inteligencia artificial del mundo: usos prohibidos, multas y antecedentes", en http://www.nationalgeographic.com.es.

Pavlidis, I.G. (2023), "Deploying artificial intelligence for anti-money laundering and asset recovery: the dawn of a new era", en *Journal of Money Laundering Control*, vol. 26, nº 7.

Salazar Icaza, J.C. (2024), "Blanqueo de dinero y medios digitales", en Abel Souto, M./Lorenzo Salgado, J.M./Sánchez Stewart, N.

Santalla Pulido, M. (2023a) (Coord.), ¿En qué hemos cambiado?, La sociedad poscovid, 2, La Voz de Galicia, A Coruña.

Santalla Pulido, M. (2023b) (Coord.), ¿Estamos preparados para el mundo que viene? La sociedad poscovid, 3, La Voz de Galicia, A Coruña.

The money laundering officer's practical handbook 2011, Compliance training products limited, Cambridge.

Troncoso Lora, A. (2023), "Inteligencia artificial, ¿riesgo u oportunidad?", en Santalla Pulido, M. (2023b).

Wronka, C. (2022), "Money laundering through cryptocurrencies", *Journal of Money Laundering Control*, vol. 25, nº 1.

Sistemas de inteligencia artificial, Derecho penal y su incidencia en la información en la era digital[1]

CRISTINA GARCÍA ARROYO
Profesora Titular de Derecho Penal
Universidad de Sevilla

Resumen: En la sociedad de la información, la desinformación es un riesgo real que tiene consecuencias graves en la vida y en la sociedad casi en cualquier ámbito, como puede ser el turismo, la economía o la política entre otros. Los sistemas de inteligencia artificial que se presentan como grandes herramientas capaces de generar información a través del análisis de millones de datos pueden jugar a la contra ante la posibilidad de generar fake news, Deep fakes o simplemente verdades manipuladas que las personas que las reciben tomen como verdad; y ello es peligroso, porque condiciona el pensamiento y la forma de actuar de esa sociedad que las recibe. Plantear respuestas, al menos desde el prisma jurídico-penal, no es tarea fácil sin caer en posibles planteamientos autoritarios contrarios a las libertades propias de una democracia en la que rijan los valores y principios de un Derecho penal garantista.

Palabras claves: Desinformación, noticias falsas, inteligencia artificial, censura.

Abstract: In the information society, misinformation is a real risk that has serious consequences in life and society in almost any field, such as tourism, the economy, or politics, among others. Artificial intelligence systems, which are presented as powerful tools capable of generating information through the

---

[1] El presente artículo se ha realizado en el marco del Proyecto de Investigación I+D+I, PID2022-137466NB-100, "La desinformación como riesgo en el mundo digital: análisis interdisciplinar", del Ministerio de Ciencia e Innovación.

analysis of millions of data points, can backfire by generating fake news, deepfakes, or simply manipulated truths that people receiving them may take as fact. This is dangerous because it conditions the thinking and behavior of the society that receives them. Proposing responses, at least from a legal-criminal perspective, is not an easy task without falling into possible authoritarian approaches that contradict the freedoms inherent in a democracy governed by the values and principles of a protective criminal law.

Keywords: Misinformation, fake news, artificial intelligence, censorship.

1. CUESTIONES PREVIAS

La Inteligencia Artificial (IA) ha llegado a nuestras vidas sin posibilidad alguna de retroceso y huelga decir que no se apoya si quiera esa posibilidad, puesto que supone un gran avance y puede llegar a ser un instrumento útil y necesario en pro del avance social en la propia sociedad globalizada en la que vivimos.

El avance tecnológico que supone la inteligencia artificial afectará sin duda a todos los ámbitos de la vida y a todas las profesiones, incluido el área de conocimiento de las ciencias penales y la criminología, incluso también puede decirse que podrá afectar a la propia Administración Pública y como no a la Administración de Justicia y por ello de alguna forma se verán afectados los Derechos de los ciudadanos, o al menos podremos observar cómo se redefinen determinados derechos por la presencia imparable en nuestras vidas de los algoritmos que rigen los sistemas de inteligencia artificial. Hace escasamente pocos años ello hubiera parecido imposible, puesto que los Derechos básicos de un Estado Democrático de Derecho son absolutamente irrenunciables y gozaban, al menos en nuestro país, de una aceptación y definición más o menos unívoca. No obstante, no podemos negar que el Derecho debe también caminar hacia el futuro y adaptarse a los avances tecnológicos y por ello se presentan como retos precisamente esa redefinición de los derechos y las garantías sin caer en la vulneración de los derechos fundamentales so pena de destruir precisamente los cimientos que sostienen un Estado de Derecho.

Teniendo en cuenta que las cuestiones técnicas y tecnológicas del funcionamiento de los sistemas de inteligencia artificial son cuestiones que escapan a la capacidad de la autora y aceptamos por ello como posible definición que son sistemas que analizan grandes cantidades de datos y nos da la respuesta óptima a diferentes preguntas[2] como si de una mente humana se tratase pero verdaderamente sin la intervención de una persona, sino por aprendizaje de experiencias previas y procesando diferentes informaciones *a priori*, puesto que no existe aún si quiera una definición única o unívoca para definir dicho concepto, lo que verdaderamente preocupa a un penalista y una de las principales preguntas que debe hacerse es ¿hasta dónde estamos dispuestos a dejar que una máquina tome decisiones como una mente humana?, ¿supone esto verdaderamente un riesgo para los derechos y las garantías de las personas?, ¿son capaces esos sistemas de inteligencia artificial de intervenir en la toma de decisiones judiciales sin vulnerar los Derechos Fundamentales?, ¿es posible que el sistema pueda aprender y suponer de esta forma verdaderamente un avance para la investigación penal y criminológica o por el contrario, siempre se encontrará un paso por detrás porque ante un nuevo supuesto solo puede tomar como referencia la información que ya conoce pero nunca razonará con nuevos datos que aún no tiene entre sus algoritmos? Y quizás lo más importante, ¿pueden es-

---

2 https://www.iso.org/es/inteligencia-artificial#:~:text=En%20esencia%2C%20la%20IA%20se,guiados%20por%20los%20aportes%20humanos. Y https://planderecuperacion.gob.es/noticias/que-es-inteligencia-artificial-ia-prtr Consultado el 7 de septiembre de 2024.

tos sistemas apartar de la toma de decisiones al razonamiento humano?

Quizás, estas preguntas tuvieran una respuesta muy clara hace unos años, pero actualmente las interrogantes son muchas y probablemente nadie tenga una respuesta lo suficientemente fundamentada ni a favor ni en contra de estos sistemas de inteligencia artificial para la toma de decisiones en el mundo del Derecho. Sin embargo, lo que sí supone algo aceptado mayoritariamente es que estos sistemas deben ser regidos por unos principios de actuación o de ética (Bostrom & Yudkowsky, 2011, pp. 7 y ss)[3], distinto es que se acepten sin discusión cuáles deben ser.

De hecho, la subdirectora General de Ciencias Sociales y Humanas de la UNESCO, GABRIELA RAMOS ha declarado que: "En ninguna otra especialidad necesitamos más una "brújula ética" que en la inteligencia artificial. Estas tecnologías de utilidad general están remodelando nuestra forma de trabajar, interactuar y vivir. El mundo está a punto de cambiar a un ritmo que no se veía desde el despliegue de la imprenta hace más de seis siglos. La tecnología de inteligencia artificial aporta grandes beneficios en muchos ámbitos, pero sin unas barreras éticas corre el riesgo de reproducir los prejuicios y la discriminación del mundo real, alimentar las divisiones y amenazar los derechos humanos y las libertades fundamentales."[4] Y es precisamente por los riesgos a las desigualdades y la vulneración a los Derechos fundamentales por lo que los juristas debemos ser especialmente cautos al analizar los sistemas de éticas que deben regir los sistemas de IA. En cualquier caso, parece que

---

3 También https://www.unesco.org/es/artificial-intelligence/recommendation-ethics consultado por última vez el 8 de septiembre de 2024.

4 https://www.unesco.org/es/artificial-intelligence/recommendation-ethics consultado por última vez el 8 de septiembre de 2024.

las recomendaciones de la UNESCO basadas en cuatro valores fundamentales para que los sistemas de IA sean útiles a la humanidad pasan por desarrollar sistemas pensados en que sirvan para los Derechos humanos y la dignidad humana, para vivir en sociedades pacificas, que garanticen la diversidad y la inclusión y sirvan para el florecimiento del medio ambiente y los ecosistemas.

Cuestiones todas ellas que en principio podrían ser aceptadas y valoradas positivamente para el avance de la sociedad de la mano de los sistemas de IA, no obstante, venimos observando como la tecnología avanza a un ritmo vertiginoso que impide que el Derecho, y mucho más el Derecho penal, sea capaz de seguir ese ritmo de actualización. Y creo que este es un reto que nace con la batalla precisamente perdida, porque con la cantidad de datos que generamos constantemente y que los sistemas utilizan y de los que se sirven para ir aprendiendo se consigue que en cuestión de poco tiempo haya términos que varíen, o que se queden obsoletos y las respuestas que los sistemas de inteligencia artificial ofrecen quizás no siempre puedan ser acertadas y en ningún caso puedan sustituir al pensamiento y razonamiento humano.

El presente trabajo no pretende ser ambicioso y pocas serán las respuestas que pueda la autora dar por el estudio que requiere el propio tema y la propia extensión de este, pero sí poner de manifiesto los riesgos a los que desde el Derecho penal nos enfrentamos para intentar *ex ante* trabajar interdisciplinarmente en ellos para avanzar y dar mejores respuestas en futuros trabajos.

2. SISTEMAS DE INTELIGENCIA ARTIFICIAL Y POTENCIALES PROBLEMAS ANTE LA SOCIEDAD DE LA INFORMACIÓN/DESINFORMACIÓN

Como hemos podido adelantar, no dudamos en absoluto de los avances que supone para la investigación científica, el entretenimiento e incluso determinados aspectos que sirvan como avance para el conocimiento y la economía los sistemas de inteligencia artificial pero también suponen un riesgo real para los Derechos y las garantías de los ciudadanos[5].

En la sociedad globalizada en la que vivimos, la cesión, el tráfico y el uso de datos es un problema real y precisamente la información que se mueve en internet, que es imposible de cuantificar, son elementos de los que se sirve los sistemas de inteligencia artificial para ir avanzando y "aprendiendo". El análisis de múltiples datos que realiza un sistema de inteligencia artificial para aportar respuestas puede ser un avance que nos sirva para obtener información de manera rápida y que la misma sea óptima para lo que necesitamos saber, o por el contrario puede conllevar un riesgo importante porque los datos que la "máquina" está analizando y nos está sesgando pueden en ocasiones no ser correctos o incluso pueden ser tendenciados por el propio algoritmo, que en definitiva ha sido creado por una mente humana, dándole las instrucciones de qué y cómo aprender para el análisis de sus datos y aportar con ello respuestas.

Parece que esto que no debería suponer un problema para cualquier rama científica si los sistemas de inteligencia artificial estuvieran creados o mejor dicho "enseñados" por mentes expertas. Piénsese por ejemplo en una ciencia exacta como las

---

[5] En este sentido se manifiesta QUINTERO OLIVARES, G., https://almacendederecho.org/inteligencia-artificial-peligrosidad-y-derecho-penal consultado el 9 de septiembre de 2024.

matemáticas o la física, materias en las que verdaderamente si la mente humana que está detrás del aprendizaje del sistema de inteligencia artificial es experta en el análisis de millones de datos y consigue crear algoritmos que sean capaces de diferenciar los datos óptimos y que con ello aporte una mejor respuesta[6] obviamente nadie puede poner en duda el avance que supone dicho sistema. O, por ejemplo, cosas objetivas como querer saber datos históricos o la autoría de una determinada obra pictórica.

Pero, sin embargo, aunque para el entretenimiento, algunas ramas del conocimiento y para las empresas[7] estos sistemas supongan un verdadero avance como venimos diciendo tenemos ciertas dudas de lo que puede suponer para el Derecho penal, en parte porque en el fondo nos enfrentamos a nuevos retos, siendo el espacio cibernético un nuevo lugar para la comisión de delitos (Emaldi Cirión, 2023, pp. 101 y ss); (Romeo Casabona, 2023, pp. 3 y ss). Por otro lado, existe también preocupación sobre la utilización en la investigación criminal y si ello supone la pérdida de garantías en el proceso judicial o en la investigación policial (Alonso Salgado, 2021)[8]. Pero es que

---

6 https://www.sas.com/es_mx/insights/analytics/what-is-artificial-intelligence.html#:~:text=C%C3%B3mo%20funciona%20la%20inteligencia%20artificial,o%20caracter%C3%ADsticas%20en%20los%20datos. Consultado el 11 de septiembre de 2024.

7 Ya es común observar como cualquier tipo de empresa a través de sus páginas en internet o en sus propias aplicaciones disponen de chat para solucionar casi cualquier problema que antes requería de la asistencia de un operador. Por ejemplo, las entidades bancarias, o de telefonía. Por ello que las grandes empresas vean en los sistemas de inteligencia artificial una gran herramienta para abaratar por ejemplo sus costes de personal. https://www.impulsa-empresa.es/que-es-la-inteligencia-artificial/ Consultado el 11 de septiembre de 2024.

8 https://www.garrigues.com/es_ES/garrigues-digital/inteligencia-artificial-aplicada-investigacion-criminal-todo-reto-defensa consulta-

además y sin entrar en cuestiones más dogmáticas que pueden suponer futuros trabajos como la responsabilidad penal que se le pudiera exigir a estos sistemas teniendo en cuenta su falta de personalidad jurídica ni física[9] lo que es ya un problema serio queremos centrar nuestras reflexiones en otro aspecto que puede suponer grandes riesgos, como es la propia información que estos sistemas aportan a la sociedad (Marcos, 2020) y si esa información tiene capacidad o incidencia en el pensamiento de los usuarios y ello pueda suponer algún ilícito penal o por el contrario hay que aceptar el riesgo que pueda suponer.

Por todo lo que venimos diciendo cabe asumir que los sistemas de inteligencia artificial son tecnologías que pueden servir como avance, pero a la misma vez con la capacidad que tienen de crear imágenes, textos o incluso videos que no son reales, es decir que son falsos pero que parecen veraces, hacen muy difícil apreciar qué son *fake news* o *deepfakes*[10]. Y estas herramientas pueden por tanto ser utilizadas de manera malintencionada para automatizar y difundir esas *fake news* o *deepfakes* con determinadas intenciones, como pudiera ser aumentar campañas de desinformación y que las mismas tengan un mayor impacto[11].

En este punto puede pensarse por ejemplo en diferentes campañas de desprestigio con la intención de amañar las elec-

do el 11 de septiembre de 2024.

9 https://www.abogacia.es/actualidad/opinion-y-analisis/culpable-la-ia/ consultado el 2 de septiembre de 2024.

10 https://moodle202425.ua.es/moodle/pluginfile.php/151851/mod_resource/content/23/deep_fakes.html consultado el 25 de enero de 2025

11 https://es.weforum.org/agenda/2024/06/como-combatir-la-desinformacion-de-la-ia-y-proteger-la-verdad-en-el-mundo-digital/ consultado el 12 de septiembre de 2024.

ciones en Brasil[12], las teorías en contra de la vacunación del covid-19 (Carrasco Polaino & Villar Cirujano & Martín Cárdaba, 2021, pp. 309-321) o incluso sobre la propia existencia del virus[13] que provocó la pandemia que sufrió el mundo en el año 2020 que podía tener grandes consecuencias en la salud pública, o incluso campañas de desprestigio que se lanzan para modificar o incluso condicionar los desplazamientos turísticos a un determinado lugar bien alabando un determinado lugar o incluso modificando fotos distando de ser reales pero que generan en las personas que lo ven el interés de acudir, o bien volviendo a las *fakes,* afirmar noticias falsas para alarmar con que un determinado lugar es inseguro por determinados motivos[14].

Estos pueden ser unos ejemplos de los costos sociales que puede suponer la desinformación, que ya no solamente pueden provenir de los medios de comunicación que no contrastan noticias o las inducen de forma tendenciada, sino que puede ser incluso generada y amplificada por los sistemas de

---

12 https://elpais.com/especiales/2018/elecciones-brasil/conversaciones-whatsapp/ consultado el 12 de septiembre de 2024.

13 https://www.rtve.es/noticias/coronavirus-covid-19/bulos-fake-news/ consultado el 12 de septiembre de 2024.

14 Cuando el volcán Cumbre Vieja de La Palma, en las Islas Canarias erupcionó en septiembre de 2021 existieron diferentes fakes sobre ello condicionando los desplazamientos a las Islas https://www.eitb.eus/es/noticias/sociedad/detalle/8334172/desmentimos-varios-bulos-sobre-volcan-de-la-palma/ consultado el 12 de septiembre de 2024. De similar forma, para condicionar el turismo, los periódicos británicos alertaron de la posible erupción del Teide en Tenerife cuando lo cierto era que era una fake y las imágenes que se lanzaban en las redes y en internet era de un volcán Kilauea en Hawái y acudir a la Islas Canarias de viaje era absolutamente seguro, https://www.elplural.com/sociedad/los-periodicos-britanicos-mienten-el-teide-no-esta-en-riesgo-de-erupcion_127813102, consultado el 12 de septiembre de 2024.

inteligencia artificial y difundida por toda la red alcanzando un altavoz imposible de determinar en ocasiones.

De hecho, es una de las grandes preocupaciones y retos a los que nos enfrentamos en la actualidad en la sociedad digital y globalizada en la que vivimos que cuenta con información inmediata a través de internet y los sistemas de inteligencia artificial que en ocasiones no contrasta porque parece que sin cuestionarse lo que aparece en dichas herramientas cuentan con poder de veracidad. Y así lo ha puesto de manifiesto el Informe sobre Riesgos Globales del año 2024[15] del Foro Económico Mundial, alertando incluso que dichas herramientas pueden ser utilizadas como instrumentos que creen propaganda falsa de forma incluso institucional, lo que supone verdaderamente un riesgo para nuestras democracias y nuestros Estados, al menos tal y como los conocemos hasta ahora.

El uso o mal uso político (García Morán & Del Orbe Ayala, 2021, pp. 266-292) o incluso institucional, por tanto, que se puede realizar de la inteligencia artificial puede suponer la rápida propagación de noticias falsas, *fake news* o *deepfakes* y ello va a llevar irremediablemente a que los ciudadanos sean cada vez menos capaces de discernir las noticias veraces de las que no lo son y ello no sólo puede modificar el sentido del voto de muchas personas y cambiar por lo tanto el sentido del resultado de unas elecciones, sino que puede llegar incluso a conseguir que se pierda la confianza en el sistema generando crispa-

---

15 https://www3.weforum.org/docs/WEF_The_Global_Risks_Report_2024.pdf págs. 18-22.

ción y malestar social[16] con las consecuencias sociales que todo ello conlleva[17].

Huelga la discusión ya sobre la peligrosidad de la desinformación en la sociedad de la información, sólo hay que hacer un pequeño barrido del panorama actual y observamos como los sistemas de inteligencia artificial están siendo utilizados de

---

16 En el momento de la redacción del presente artículo hemos pasado un verano observando como La Audiencia Provincial de Madrid avaló la decisión del titular del Juzgado de Instrucción número 41 de Madrid, Juan Carlos Peinado, de abrir una causa contra Begoña Gómez, la mujer del presidente del Gobierno, Pedro Sánchez, al estimar la denuncia de Manos Limpias que dio inicio al procedimiento por la presunta comisión de los delitos de corrupción en el sector privado y tráfico de influencias de la mujer del presidente del gobierno. Hecho que fue negado por el presidente del Gobierno, alegando que se utilizaron noticias falsas para fundamentar la denuncia de Manos Limpias, pero que fue llamado incluso a declarar como testigo en la causa. Situación esta que provocó una querella del presidente del Gobierno contra el Juez Peinado por prevaricación por dictar resolución arbitraria o injusta (art. 446 CP), y la Fiscalía de Madrid pide al TSJ de Madrid que admita a trámite la querella para aclarar la posible prevaricación del Juez Peinado. Por lo que sin saber en este momento en qué quedará este caso, se puede ver como la utilización de unas posibles noticias falsas no es que solamente supongan que una persona se vea perseguida o investigada, que ya es grave, sino que además puede generar un grave panorama político que genera crispación, inseguridad y una inestabilidad que a veces puede incluso cambiar el sentido del Gobierno de un país es unas elecciones.

Vid. Sobre el caso: https://www.rtve.es/noticias/20240911/fiscalia-prevaricacion-juez-begona-gomez/16244256.shtml https://elpais.com/espana/2024-09-11/la-fiscalia-apoya-la-querella-de-pedro-sanchez-contra-el-juez-que-investiga-a-su-esposa.html consultado el 13 de septiembre de 2024.

17 https://es.weforum.org/agenda/2024/06/como-combatir-la-desinformacion-de-la-ia-y-proteger-la-verdad-en-el-mundo-digital/ consultado el 13 de septiembre de 2024.

manera malintencionada en diferentes países aprovechando las campañas electorales o lanzándose información falsa en momento previos a elecciones. Este es el caso de Eslovaquia, donde en 2023 en momento previo a las elecciones una campaña de desinformación puso en tela de juicio el proceso democrático, de esta forma "En una supuesta grabación de audio que apareció en Facebook, un candidato y un representante de los medios de comunicación supuestamente discutían planes para manipular las elecciones, incluida la compra de votos. Aunque el audio rápidamente se denunció como falso, el daño ya estaba hecho. Este incidente fue un escalofriante testimonio de la evolución del panorama electoral, en el que la inteligencia artificial (IA) se está convirtiendo en una poderosa herramienta de manipulación"[18].

Este y otros ejemplos ponen de manifiesto que las *fakes* que se utilizan en la sociedad de la información y en este caso en las elecciones (Hernández Echevarría, 2024, pp. 61-68) reafirman la peligrosidad que supone la inteligencia artificial mal utilizada en la democracia de nuestros países (Flores-Vivar & Botelho-Francisco & Vargas-Marín, 2021, pp. 247-265). La vulnerabilidad de los sistemas electorales que pueden ceder ante las *fakes* sobre todo tiene una explicación y es que la inmediatez de la información y la falta de comprobación de las noticias se ha impuesto en nuestras sociedades y de ello se está sacando rédito en uno y otro sentido, dependiendo de cuál sea la noticia falsa que analicemos y a quien beneficie.

---

18 https://es.weforum.org/agenda/2023/11/de-deepfakes-a-la-ingenieria-social-esto-es-lo-que-hay-que-saber-sobre-elecciones-ciberseguridad-e-ia/ consultado el 12 de septiembre de 2024. https://es.wired.com/articulos/deepfakes-en-elecciones-de-eslovaquia-reafirman-que-ia-es-peligro-para-democracia consultado el 13 de septiembre de 2024.

Para los agentes, políticos o no; institucionales o no, que de forma negativa utilizan los sistemas de inteligencia artificial para generar bulos y noticias falsas es fácil propagar las *fakes* puesto que en internet todo está conectado y automáticamente esa noticia saldrá en todas las redes sociales y en cualquier buscador de internet (Torrecillas Lacave & Fernández Martínez, 2023, pp. 100 y ss). Y a su vez, esa noticia estará en el ciberespacio y puede servir para que las herramientas de inteligencia artificial sigan aprendiendo y por lo tanto se nos antoja complejo la forma de evitar que esa información no sea propagada y conocida por la sociedad, a pesar de no ser veraz. Y este riesgo va más allá que algo a lo que siempre nos hemos enfrentado que es a las verdades mediáticas, porque efectivamente los juicios paralelos o la información difuminada o mediática siempre ha existido, pero este nuevo riesgo que es la apariencia de verdad que es capaz de dar la IA de algo que es absolutamente mentira hace plantear el debate sobre si es posible, o podría existir un control sobre la información (García Alfaraz, 2024, pp. 548 y ss). Y quizás esta es la gran incógnita a las que nos tenemos los penalistas que enfrentar.

3. UN VIAJE SIN VUELTA: SISTEMAS DE VERIFICACIÓN Y ALGORITMOS EN PREVENCIÓN DEL RIESGO

Aunque en el presente trabajo, por cuestiones de espacio en pocas líneas, hemos intentado poner de manifiesto los riesgos y nuevos retos a los que nos enfrentamos en la actualidad con los peligros que pueden generar los sistemas de inteligencia artificial en los derechos y garantías haciendo especial hincapié en los riesgos indiscutibles que existen con la desinformación precisamente en una sociedad que se encuentra permanentemente conectada buscando estar informada de forma inmediata y sin grandes esfuerzos, no podemos negar la realidad; que no es otra precisamente que los sistemas de inteligencia artificial han llegado para quedarse y aunque desde el campo de estudio del Derecho cuestionemos las posibles deficiencias de estas herramientas no podemos más que aceptar que este viaje es sin vuelta. No podemos quedarnos al margen del avance que supone estas tecnologías y lo que nos corresponde es articular en forma alguna las formas para si no evitar, sí contrarrestar los riesgos que hemos puesto de manifiesto *supra.*

Aunque la desinformación o *fake news*[19] podrían ser descritas como información que es mentira, no es clara o real, y desde luego ello no ha escapado a la preocupación de los Estados, si que es cierto que la mentira tradicionalmente ha sido utilizada como instrumento para la comisión de otros delitos como pudieran ser la calumnia (205 CP), la estafa (248 CP), mentir para alterar el valor de la cotización de un instrumento financiero en los delitos relativos al mercado y los consumidores, la alteración de los precios (284,1, 2º), la manipulación del mercado (285 CP) o la publicidad engañosa (282 CP), que tienen sus propios bienes jurídicos protegidos y se encuentran tipificados en nuestro texto penal. Pero, sin embargo, el principal problema de la desinformación es que poco acomodo para proteger la verdad encuentra en nuestro texto penal. Aunque si bien es cierto que nuestra Constitución a lo largo de su artículo 20 CE reconoce el Derecho a la información veraz y a que esta sea difundida y expresada por cualquier medio, la posibilidad de la tipificación de la mentira es mucho más compleja cuando se pretende castigar la desinformación en sí misma, que cuando la mentira es utilizada como instrumento para consumar el delito como son los ejemplos expuestos *supra.*

---

19 La propia Comisión Europea prefiere hablar de desinformación más que de fake news, definiendo el fenómeno como toda información falsa, imprecisa o engañosa presentada y promovida para obtener ingresos o causar daño público intencionadamente, https://ec.europa.eu/commission/presscorner/detail/es/IP_18_1746 Consultado el 14 de septiembre de 2024.

Por ello, la Secretaría técnica de la Fiscalía General del Estado emitió un informe/nota[20] sobre el tratamiento penal de las FAKE NEWS en delitos de odio, descubrimiento y revelación de secretos, delitos contra la integridad moral, desórdenes públicos, injurias y calumnias, delitos contra la salud pública, estafas, intrusismo y delitos relativos al mercado y los consumidores, declarando que las Fake News pueden alterar la percepción de la ciudadanía y atacar bienes jurídicos.

Por lo que verdaderamente, aunque todos los operados jurídicos parece que tienen claro los riesgos de la desinformación, la forma de interpretar los castigos que ello pudiera tener no es algo pacífico y *a priori* es difícil su armonía en el ordenamiento jurídico. Situación que se verá acrecentada como hemos dicho por la cantidad de información que se mueve en internet, en las redes sociales y que crea los propios sistemas de inteligencia artificial.

En la lucha contra ello, la Comisión Europea ha aprobado el reglamento (UE) 2024/1689 del Parlamento Europeo y del Consejo de 13 de junio de 2024 por el que se establecen normas armonizadas en materia de inteligencia artificial y por el que se modifican los Reglamentos (CE) n.º 300/2008, (UE) n.º 167/2013, (UE) n.º 168/2013, (UE) 2018/858, (UE) 2018/1139 y (UE) 2019/2144 y las Directivas 2014/90/UE, (UE) 2016/797 y (UE) 2020/1828 (Reglamento de Inteligen-

---

20 Vid. La nota en el siguiente enlace: https://diariolaley.laleynext.es/Content/DocumentoRelacionado.aspx?params=H4sIAAAAAAAEAEVQwU7DMAz9mxxRaGETh1y2CalSi9oxcUVeYrWRTFLFTqF_T8oEWPLB9vPzexa4sqkfFVjJQKdoTVVrZVwQtct1lMDtN-hNVpJFKAzstntqkrxFD9fYPEjiI_hAMlcUkblXdcOr0imw5D75I-P1M9B9_a7rMnOmedZb7PXD014tmLgsmzc_YhBUkx-ntqT-cuBgh2amHEU3rWaDcziTgIncgPQagOD5S1kqwBMIHoEwu-D8p3EIOdhoypvXWov9G40w7_PImGdaz5GKux_gHLm8I38UWU-04QoqZiyf9Dc-DDygxAQAAWKE

cia Artificial)[21], en el que se obliga a determinados requisitos de transparencia aquellos sistemas que puedan generar contenido de riesgo de suplantación o falsificación de identidad (Quirós-Fons, A. y García-Ull, 2022, 537-556).

Regulación que comienza a ser absolutamente necesaria, en tanto que la inteligencia artificial ha copado prácticamente todos los aspectos de la tecnología y los medios de comunicación[22] y debemos de contar con una normativa que regule los posibles riesgos y en esta lucha deberían estar todos los Estados como un problema con naturaleza globalizada.

Independientemente de que el tema tenga muchas aristas y merezca un estudio importante y en profundidad ante la posibilidad de regular el eventual castigo si se llegasen a cometer delitos por parte de estos sistemas, que carecen de personalidad jurídica, pero quizás se pueda contemplar la responsabilidad individual de la persona física que responda del propio sistema si fuera posible (Florencia Suarez, 2022).

Sin embargo, con el problema que hemos planteado en el presente trabajo, entendemos que resulta altamente complejo regular lo que se puede y no decir en internet con persona física identificable o por los sistemas de inteligencia artificial, so pena de caer en algo peligroso como es la censura.

---

21 https://eur-lex.europa.eu/legal-content/ES/TXT/PDF/?uri=OJ:L_202401689

22 Recientemente se ha conocido como mediante sistemas de inteligencia artificial se han creado incluso influencer o creadoras de contenido, también presentadoras, que tienen una apariencia absolutamente real pero que no lo son y que están generando información y contenido sin descanso, https://elpais.com/tecnologia/2023-12-13/la-nueva-industria-de-influencers-virtuales-celebridades-que-trabajan-sin-descanso-y-no-piden-un-aumento.html consultado el 15 de septiembre de 2024.

No cabe duda de que la desinformación es peligrosa y tiene consecuencias en la vida, la economía, el turismo o cualquier ámbito imaginable, pero que una institución decida cuál es la información que se puede o no se puede dar roza los límites de algo parecido a sistemas autoritarios que en nada se parecen a un Estado de derecho y a una democracia.

Ante esta tesitura no son pocas las voces que se elevan declarando la necesidad de utilizar los sistemas de inteligencia artificial en respuesta al problema que precisamente plantean, que no es otro, que sean usados con algoritmos que sean capaces de analizar los datos de forma que detecten qué información es verdad y cual sería una *fake*. Solución que en principio podría resultar buena, si no fuera porque de nuevo, ya sea el ojo humano o un sistema de inteligencia artificial depende del pensamiento propio de la persona que está detrás del aprendizaje del sistema de IA, de la misma forma que una persona pudiera filtrar las noticias que consideran veraces y deben ser expuestas y comunicadas, de aquellas otras que considerase que puede contener trazos de *fake* y que por ello deben ser filtrada.

Probablemente el único filtro admisible y válido en un Estado democrático de derecho es el propio, puesto que el pensamiento libre y la libertad de expresión debe regir como libertades fundamentales máximas en el mismo, precisamente porque es lo que fundamenta la propia democracia (Núñez Castaño, 2024), aunque con ello existan riesgos como los que hemos expuesto. La única forma para salvar precisamente los riesgos de la desinformación que se genera y expande rápidamente por la tecnología actual debe ser la formación en la materia de la sociedad, como casi siempre la prevención antes que la sanción es la mejor vía y la menos lesiva para los derechos fundamentales. Probablemente trabajar en que la sociedad fuera capaz de diferenciar las noticias falsas de las que no lo son y que se contrastara la información que nos bombardea en internet y en las redes sería una forma de prevención óptima para que los efectos o consecuencias de la desinformación no fuera tan peligrosa, en definitiva, concienciación digital para la era digital. Que existieran campañas en contra de la desinformación y que dicha información fuera contrarrestada con información veraz con la misma intensidad que se publicita las noticias falsas. Y por supuesto, que todo esto fuera una lucha internacional, puesto que el problema es global. Los sistemas de verificación o fact-checking en parte se presentan como solución al problema, aunque en aras de respetar lo dicho anteriormente dar indicadores de como verificar noticias parece lo más respetuoso a la libertad de pensamiento porque pueden caer en la misma peligrosidad de que alguien decida por todos que tipo de información merece ser cribada de la que no.

En definitiva, se abren nuevos horizontes, en el que reglamentos de ética y trasparencia en el uso de los sistemas artificial empiezan a cobrar protagonismo como reto para combatir los riesgos que genera la desinformación que puede crear los sistemas de IA, pero desde luego, por la naturaleza global del problema nos parece imposible frenar con el Derecho penal estos riesgos sin caer en una expansión contraria a la intervención mínima y la última ratio.

BIBLIOGRAFÍA

Alonso Salgado, C., Acerca de la inteligencia artificial en el ámbito penal: especial referencia a la actividad de las fuerzas y cuerpos de seguridad, *Ius Et Scientia* 2021 Vol. 7 Nº 1.

Bostrom, N., Yudkowsky, E., "The ethics of artificial intelligence", en Cambridge Handbook of Artificial Intelligence, de W. Ramsey y K. Frankish (eds.), Cambridge University Press, 2011.

Carrasco Polaino, R., Villar Cirujano, E., Martín Cárdaba, M.A., El pulso pro-vacunas vs antivacunas en Twitter redes, actores y "engagement", en *Oportunidades para la participación y la democratización de las organizaciones en el siglo XXI*, Ostos Mota, G. (coord.), Dykinson 2021.

Emaldi Cirión, A., El ciberespacio como nuevo escenario para vulnerar derechos fundamentales, en Derecho penal, ciberseguridad, ciberdelitos e inteligencia artificial. Volumen I, Romeo Casabona, C. (Dir.), Comares 2023.

Florencia Suarez, M., "Inteligencia Artificial y Derecho Penal. El Dilema del Tranvía. Cuarta Revolución Industrial. Ética del Algoritmo. IA en vehículos. Causas de Justificación", *Revista Pensamiento Penal*, octubre de 2022, N.°. 445.

Flores-Vivar, J.M., Botelho-Francisco, R., Vargas-Marín, D., Inteligencia artificial frente a la desinformación, en *Oportunidades para la participación y la democratización de las organizaciones en el siglo XXI*, Ostos Mota, G. (coord.), Dykinson 2021.

García Alfaraz, A.I., *Desinformación, inteligencia artificial y política criminal, en El derecho y la justicia ante la inteligencia artificial y otras tecnologías disruptivas*, VVAA., Aranzadi 2024.

García Morán, D., Del Orbe Ayala, K. R., El mensaje político en las redes sociales un enfoque práctico en campaña electoral, en Oportunidades para la participación y la democratización de las organizaciones en el siglo XXI, Ostos Mota, G. (coord.), Dykinson 2021.

Hernández-Echevarría, C., "Inteligencia artificial, elecciones, medios y desinformación", Cuadernos de periodistas: revista de la Asociación de la Prensa de Madrid, N°. 48, 2024.

Marcos, A., "Información e inteligencia artificial", *Ápeiron. Estudios de filosofía* — N.° 12 - Abril 2020.

Núñez Castaño, e., *Aproximación a la desinformación y su incidencia en el derecho penal*, Estudios penlaes y criminológicos *Vol. 45* 2024.

Quintero Olivares, G., https://almacendederecho.org/inteligencia-artificial-peligrosidad-y-derecho-penal

Quirós-Fons, A. y García-Ull, F. J., La inteligencia artificial como herramienta de la desinformación deepfakes y regulación europea, en *Los Derechos Humanos en la inteligencia artificial: su integración en los ODS de la Agenda 2030*, García-Antón Palacios, E. (dir.), Aranzadi 2022.

Romeo Casabona, C., El ciberespacio como lugar virtual y legal de comisión del delito. necesidades de nuevas respuestas jurídicas, en *Derecho penal, ciberseguridad, ciberdelitos e inteligencia artificial*. Volumen I, Romeo Casabona, C. (Dir.), Comares 2023.

Torrecillas Lacave, T. y Fernández Martínez, L.M., Inteligencia artificial y periodismo oportunidades para la lucha contra la desinformación en la red, en *Inteligencia artificial, periodismo y democracia*, Vázquez-Barrio, T. y Salazar García, I. (Coord.), Tirant lo Blanch, 2023.

Webgrafía

https://diariolaley.laleynext.es/Content/DocumentoRelacionado.aspx?params=H4sIAAAAAAAEAEVQwU7DMAz9mxxRaGETh1y2CalSi9oxcUVeYrWRTFLFTqF_T8oEWPLB9vPzexa4sqkfFVjJQKdoTVVr-ZVwQtct1lMDtNhNVpJFKAzstntqkrxFD9fYPEjiI_hAMlcUkblXdcO-r0imw5D75IP1M9B9_a7rMnOmedZb7PXD014tmLgsmzc_YhBUkx-ntqTcuBgh2amHEU3rWaDcziTgIncgPQagOD5S1kqwBMIHoEwu-D8p3EIOdhoypvXWov9G40w7_PImGdaz5GKux_gHLm8I38UWU-04QoqZiyf9Dc-DDygxAQAAWKE

https://ec.europa.eu/commission/presscorner/detail/es/IP_18_1746

https://elpais.com/espana/2024-09-11/la-fiscalia-apoya-la-querella-de-pedro-sanchez-contra-el-juez-que-investiga-a-su-esposa.html

https://elpais.com/especiales/2018/elecciones-brasil/conversaciones-whatsapp/

https://elpais.com/tecnologia/2023-12-13/la-nueva-industria-de-influencers-virtuales-celebridades-que-trabajan-sin-descanso-y-no-piden-un-aumento.html

https://es.weforum.org/agenda/2023/11/de-deepfakes-a-la-ingenieria-social-esto-es-lo-que-hay-que-saber-sobre-elecciones-ciberseguridad-e-ia/

https://es.wired.com/articulos/deepfakes-en-elecciones-de-eslovaquia-reafirman-que-ia-es-peligro-para-democracia

https://es.weforum.org/agenda/2024/06/como-combatir-la-desinformacion-de-la-ia-y-proteger-la-verdad-en-el-mundo-digital/

https://es.weforum.org/agenda/2024/06/como-combatir-la-desinformacion-de-la-ia-y-proteger-la-verdad-en-el-mundo-digital/

https://eur-lex.europa.eu/legal-content/ES/TXT/PDF/?uri=OJ:L_202401689

https://www.abogacia.es/actualidad/opinion-y-analisis/culpable-la-ia/

https://www.eitb.eus/es/noticias/sociedad/detalle/8334172/desmentimos-varios-bulos-sobre-volcan-de-la-palma/

https://www.elplural.com/sociedad/los-periodicos-britanicos-mienten-el-teide-no-esta-en-riesgo-de-erupcion_127813102

https://www.garrigues.com/es_ES/garrigues-digital/inteligencia-artificial-aplicada-investigacion-criminal-todo-reto-defensa

https://www.impulsa-empresa.es/que-es-la-inteligencia-artificial/

https://www.iso.org/es/inteligencia-artificial#:~:text=En%20esencia%2C%20la%20IA%20se,guiados%20por%20los%20aportes%20humanos.

https://planderecuperacion.gob.es/noticias/que-es-inteligencia-artificial-ia-prtr

https://www.rtve.es/noticias/20240911/fiscalia-prevaricacion-juez-begona-gomez/16244256.shtml

https://www.rtve.es/noticias/coronavirus-covid-19/bulos-fake-news/

https://www.sas.com/es_mx/insights/analytics/what-is-artificial-intelligence.html#:~:text=C%C3%B3mo%20funciona%20la%20inteligencia%20artificial,o%20caracter%C3%ADsticas%20en%20los%20datos

https://www.unesco.org/es/artificial-intelligence/recommendation-ethics

https://www3.weforum.org/docs/WEF_The_Global_Risks_Report_2024.pdf

Derechos y delincuencia en la era de las neurotecnologías: Hacia un nuevo modelo de seguridad

FAUSTINO GARCÍA DE LA TORRE GARCÍA
Profesor ayudante doctor de Derecho penal
Universidad de Castilla-La Mancha

Resumen: En este trabajo se expone el panorama que se presenta para el Derecho penal tras el desarrollo y aplicación de las tecnologías relacionadas con las neurociencias en varios ámbitos sociales, desde el punto de vista de la tutela penal de los intereses relacionados con el cerebro y la mente humana. El lector podrá encontrar una exposición de los riesgos que derivan del uso cada vez mayor de estas tecnologías, y el paradigma de la seguridad al que conduce el deseo de su neutralización. A ello se suma el descubrimiento de un nuevo grupo de bienes jurídicos homogéneos relacionados con el cerebro y la mente humana, que demandan tutela penal ante un uso malintencionado y lesivo de las tecnologías relacionadas con las neurociencias.

Palabras clave: Neurociencias, Tecnologías, Seguridad, Derechos Humanos, Derecho Penal.

Abstract: This study explores the evolving landscape of Criminal Law considering the development and application of neuroscience technologies across various social domains, focusing on the penal protection of the human brain and mind. It presents an analysis of the risks associated with the growing use of these technologies and outlines the security paradigm necessary to address these risks. Additionally, it identifies a new category of cohesive legal interests related to the human brain and mind that necessitate criminal protection against the malicious and harmful use of neuroscience technologies

Keywords: Neurosciences, Technologies, Security, Human Rights, Criminal Law.

INTRODUCCIÓN

La última década ha sido declarada la era "del cerebro" por la revolución en las tecnologías aplicadas a las neurociencias que estamos presenciando (Ligthart, y otros, 2023, p. 464)[1]. La exportación de estas tecnologías de la medicina a la educación, el trabajo, el ocio o la vida cotidiana presagia cambios significativos en nuestra vida privada y social. Estas transformaciones traerán numerosos beneficios, pero también generarán nuevas fricciones para las que no se ha previsto por el momento una respuesta legal adecuada (Pérez Manzano, 2024, p. 138 y ss).

Numerosos Estados y organizaciones internacionales y regionales están comenzando a responder al avance tecnológico que han seguido las neurociencias en la última década (Yuste, 2023, pág. 2871). En este contexto, varios grupos de especialistas de carácter interdisciplinar están poniendo de manifiesto los riesgos que acarrea el uso de neurotecnologías y las brechas en la seguridad que aparecen en consecuencia. La conclusión a la que se llega en estos foros es que el cerebro y la mente humana se encuentran desprotegidos por la normativa internacional y nacional, siendo urgente y necesario garantizar

---

1 Muñoz, Bernácer y Güell aclaran que, aunque George H. W. Bush hizo esta proclamación en los años 90, ha sido en los últimos diez o quince años cuando hemos asistido a los avances más destacados de la historia de la neurotecnología. Vid. (Muñoz, Bernácer, & Güell, 2023, pág. 2). Al respecto, Reche Tello señala que «se están desarrollando en la última década siete programas estatales a gran escala destinados al estudio del cerebro humano y a impulsar las tecnologías de intervención cerebral con un importante apoyo financiero de los respectivos gobiernos», y relaciona a continuación la iniciativa "Brain" en los Estados Unidos; el proyecto "Human Brain" en la Unión Europea); el proyecto China Brain en China; el proyecto Japan Brain en Japón; la iniciativa "Korean Brain" en Corea del Sur; la estrategia "Brain Research" en Canadá; y la alianza "Australian Brain" en Australia. Vid. (Reche Tello, 2024, p. 25).

jurídicamente su integridad ante los menoscabos que puedan sufrir (Yuste, et al., 2021, p. 158 y ss); (Ienca & Andorno, 2021, p. 152). Según denuncian, la percepción de que los intereses vinculados con el cerebro y la mente humana se consideran como "de segunda clase" en los ordenamientos jurídicos en comparación con los daños físicos está ampliamente extendida. En conclusión, estos grupos de especialistas de carácter interdisciplinar demandan un cambio significativo que supere las limitaciones actuales del marco jurídico en relación con los derechos de la mente (Bublitz & Reinhard, 2014, pp. 52, 53, 63, 64)[2].

Aunque el foco de atención se centra ahora en las declaraciones de Derechos Humanos, esta discusión se trasladará próximamente al ámbito del Derecho penal, dado que las autoridades de los Estados no son los únicos potenciales agresores de los intereses del cerebro y de la mente, tal y como se pone de manifiesto en estos foros interdisciplinares. Existe la posibilidad de que a menudo sean particulares o terceros agentes no estatales –como empresas multinacionales que desarrollan o utilizan tecnologías relacionadas con las neurociencias; o particulares que cuentan con amplios conocimientos en su aplicación– quienes lesionen o pongan en peligro de forma malintencionada el cerebro y la mente humana. De ahí, que también se afirme la necesidad de proteger estos intereses ante las agresiones entre sujetos privados incluso a través del Derecho penal, de igual forma que tratan de asegurarse frente a las injerencias del Estado por medio de los Derechos Humanos

---

2 Estos autores señalan que, «durante siglos, ha protegido la santidad del hogar. ¿No es hora de proteger también la santidad de la mente?». Más ampliamente, sobre la cuestión del surgimiento y desarrollo de las propuestas de Neuroderechos Vid. (Pérez Manzano, 2024, p. 143 y ss).

(Bublitz & Reinhard, 2014, p. 68); (Ienca, 2021, p. 6); (Ienca & Andorno, 2021, p. 169); (Reche Tello, 2021, p. 422 y ss).

El Derecho penal, en concreto, debe adaptarse a las formas que tienen los individuos de relacionarse en la sociedad, si quiere seguir manteniendo su vigencia como medio político de control social. Este sistema normativo se ha ido extendiendo a nuevas áreas con el paso del tiempo, respondiendo a los desafíos que plantea la evolución social y tecnológica. Como es lógico, cualquier alteración de la dinámica social suele verse reflejada en los textos legales punitivos, porque cada nueva forma de comportamiento humano exige al Derecho penal adaptarse para proteger los valores fundamentales de la sociedad.

Para comenzar a discutir la medida en que esos intereses se encuentran desprotegidos el ordenamiento jurídico nacional, también por la falta de tutela penal en algunos aspectos o ámbitos, y la respuesta legal que debería proporcionarse en un Estado democrático de Derecho constitucional para entender que se encuentran protegidos de forma adecuada, resulta oportuno conocer, en primer lugar, el escenario social que se presenta tras la irrupción de las tecnologías relacionadas con las neurociencias. Con dicho fin, este trabajo se dedica a señalar los riesgos que derivan del uso de las "neurotecnologías", lo que se aborda en el primer apartado; para seguir después con la cuestión de la "neuroseguridad", que se expone a continuación. A ello sigue un tercer apartado en el que se relaciona un conjunto homogéneo de nuevos bienes jurídicos relacionados con los "neuroderechos" humanos, que pueden ser merecedores de protección penal. Por último, se da cuenta en un cuarto apartado de una serie de conductas lesivas para estos bienes jurídicos derivadas de un uso malintencionado de las técnicas señaladas, lo que se conoce como "neurodelincuencia".

1. EL DOBLE FILO DE LAS NEUROTECNOLOGÍAS

Después años de investigación, se están perfeccionado una serie de técnicas que prometen a los seres humanos experimentar más libertad e independencia que nunca. Los avances de las tecnologías desarrolladas en el ámbito de la neurociencia permiten diseñar tratamientos novedosos y más efectivos para hacer frente a dolencias relacionadas con el cerebro humano, desde las más simples, como las migrañas, hasta las más complejas, como el párkinson, la depresión, la tetraplejia, o la esclerosis lateral amiotrófica, e incluso, hacer frente de modo efectivo al cáncer cerebral. Por otro lado, el estudio neurológico de aspectos mesurables de la vida cotidiana –el comportamiento humano, la cognición o la percepción– abre la posibilidad de que las personas puedan controlar remotamente dispositivos electrónicos relacionados con sus capacidades, como prótesis o sillas de ruedas; o de uso doméstico, sustituyendo gradualmente los teclados u aparatos de control por conexiones directas cerebro-ordenador (Ienca, 2015, p. 53); (Ienca & Andorno, 2021, pp. 143, 144); (Llamas & Marinaro, 2021, p. 88); (Yuste, 2023, p. 2873); (Yuste & de la Quadra-Salcedo, 2023, p. 21); (Muñoz, et al., 2023, p. 2); (Rathkopf, et al., 2023, p. 225); (Reche Tello, 2024, p. 24 y ss); (Pérez Manzano, 2024, p. 137 y ss).

Aunque las denominadas "neurotecnologías" surgieron en el ámbito de la medicina, se espera que puedan aplicarse en diferentes dimensiones de la sociedad. Reche Tello afirma, en este sentido, que «las neurotecnologías se desenvolverán a lo largo de los próximos años en, al menos, el sector de la salud y la investigación médica, el sector del bienestar y el cuidado de la salud, el deporte, el trabajo, el sector del entretenimiento y de los videojuegos, el sector del marketing, de la enseñanza, el sector militar y de defensa» (2024, p. 33 y ss). Definitivamente, las neurotecnologías estarán cada vez más presentes en nuestras vidas.

La categoría de las "neurotecnologías" (*Neurotechnologies*) no se encuentra completamente definida, ni tampoco categorizada. Por el momento, son un conjunto heterogéneo de métodos, sistemas e instrumentos (tecnologías) que establecen una vía de conexión directa con el cerebro humano, que permite visualizar y registrar la dinámica de cada una de sus áreas, e influir en su actividad mediante la estimulación neuronal. La única característica que parece definir a las neurotecnologías es que pueden acceder a la mente humana, producto de la actividad cerebral, y revelar en datos objetivos los estados subjetivos de las personas (Llamas & Marinaro, 2021, p. 84); (Wajnerman & López-Silva, 2022, p. 144); (Muñoz, Bernácer, & Güell, 2023, pág. 2); (Ligthart, et al., 2023, pp. 462, 463); (Yuste, 2023, p. 2869); (Reche Tello, 2024, p. 26 y ss). Algunos ejemplos son la electroencefalografía (EEG), la resonancia magnética funcional (fMRI) y las interfaces cerebro-ordenador (ICB), o las estimulaciones cerebrales profundas (DBS), los dispositivos de estimulación cerebral profunda (ECP), y magnética transcraneal (TMS).

Como cualquier producto de era postindustrial –que comenzó siendo la "sociedad del riesgo", se transformó después en la "sociedad del miedo", y es ahora una "sociedad de la vigilancia"– el desarrollo de las neurotecnologías está sujeto al "principio de conectividad", en cuya virtud, lo bueno y lo malo se entrelaza en la búsqueda de una seguridad que produce riesgos por sí misma (Wildavsky, 2017, p. 1 y ss). La expansión de las opciones de desarrollo coexiste problemáticamente en nuestro tiempo con la multiplicación de los riesgos (Beriain, 1996, p. 13). El desarrollo de estas técnicas permite alcanzar un conocimiento sin precedentes sobre el funcionamiento del cerebro y de la mente humana, que haga posible eliminar la depresión, la paraplejia, el párkinson, e incluso el cáncer cerebral; pero también pueden causar un daño que solamente cabe imaginar en la literatura de ciencia ficción, por ejemplo, si se produce el pirateo de un dispositivo neuronal para afectar a la toma de decisiones de una persona (Llamas & Marinaro, 2021, p. 91); (Gulyaeva & Farinella, 2022, pp. 283, 284); (Reche Tello, 2024, pp. 41, 42)[3].

El desarrollo y aplicación de las neurotecnologías supone asumir una fuente de riesgos derivados de las consecuencias imprevistas del acceso a los "neurodatos" (*neurodata*), que se generan de forma subconsciente y a menudo involuntaria en el cerebro[4]. Según afirman los especialistas, la posibilidad de preservar la identidad y la agencia, devolviendo a una persona

---

3 En este sentido, Yuste afirma que las neurotecnologías son una herramienta "neutra", que se puede utilizar para hacer el bien como para hacer el mal (2019, p. 48); (2023, p. 2870), apareciendo así ante los ojos de la sociedad como un "arma de doble filo". En este sentido, Goering y otros afirman que «si bien es cierto que las neurotecnologías pueden ayudar y mejorar las experiencias de las personas que pretenden utilizarlas, también pueden amenazar inadvertidamente características de la experiencia humana que la sociedad se preocupa por preservar» (2021, p. 366). También Ienca señala que «un mismo dispositivo neuronal tiene el potencial de utilizarse para fines positivos (por ejemplo, ayudar a la función cognitiva en pacientes neurológicos) y negativos (por ejemplo, robo de identidad y otras formas de pirateo cerebral)» (2015, p. 53 y ss).

4 Wajnerman & López-Silva afirman que ello podría conducir, por ejemplo, a la decodificación de intenciones encubiertas, la detección de memorias autobiográficas, la identificación de estados de dolor, la predicción de trastornos psiquiátricos y neurológicos, el seguimiento de procesos implicados en el juicio moral y la toma de decisiones, entre otras cosas. Estos autores subrayan la peligrosidad del acceso a la privacidad mental por medio de datos no neuronales, como las lecturas de las huellas digitales, de modo que, aunque están de acuerdo con el hecho de que la privacidad de la información mental está en peligro, entienden que las salvaguardias que se necesitan pueden no ser derechos que regulen la neurotecnología, sino derechos digitales. No obstante, Wajnerman & López-Silva concluyen que ello no es óbice para comenzar a interesarse por la regulación de esta cuestión. Vid. (2022, pp. 144, 145).

a un estado anterior a la aparición de una enfermedad, puede complicarse seriamente por la aparición de efectos secundarios (Brown, 2024, p. 8 y ss). Por ejemplo, Goering et al. afirman que el precio de eliminar los temblores parkinsonianos puede ser la pérdida de la modulación de la voz, un aumento del comportamiento impulsivo, o la confusión sobre el sentido fenomenológico de uno mismo (2021, p. 368 y ss).

Más allá de los riesgos derivados de las consecuencias imprevistas del desarrollo y uso de las neurotecnologías, existen otras tantas oportunidades de llevar a cabo actividades maliciosas con estas técnicas que repercutan en la salud y el bienestar de las personas. Y es que no se puede descartar la posibilidad de que los dispositivos neuronales puedan llegar a ser accesibles o manipulables por terceros mediante un pirateo informático, que altere el comportamiento de sus usuarios, su autoidentificación como personas, o les induzcan incluso sufrimiento y dolor. Según afirman varios especialistas, los experimentos en animales demuestran que la manipulación de conjuntos de neuronas puede llegar a generar percepciones falsas, similares a alucinaciones, difíciles de distinguir de las señales visuales reales (Kellmeyer, 2022, p. 419); (Yuste, 2023, p. 2870); (Muñoz, et al., 2023, p. 2). A partir de ello, Liv & Dov imaginan un escenario extremo, en el que un tercero activase subrepticiamente los sensores de placer y dolor de un usuario de una interfaz cerebro-máquina y, a través de parámetros de geolocalización, limitase los lugares a los que esta persona puede dirigirse, mediante la activación de regiones de dolor en el cerebro cada vez que el individuo se mueve más allá de un punto determinado (2023, pp. 239, 240).

2. EL NUEVO PARADIGMA DE LA NEUROSEGURIDAD

Los riesgos que plantea el desarrollo de neurotecnologías no van a frenar su ascenso emergente, porque los beneficios científicos, médicos y económicos que se esperan obtener de su explotación son mayores que los riesgos que aparecerán en el camino[5]. Si se ponen todos medios a nuestro alcance para neutralizar los posibles efectos negativos de las neurotecnologías y prevenir la comisión de conductas maliciosas, estableciendo una regulación adecuada para la fabricación y aplicación de estas técnicas, es posible que las opciones de desarrollo de las neurotecnologías generen una cantidad de riesgos asumible sin comprometer demasiado la estabilidad social[6].

En este sentido, el contrapunto del concepto de riesgo lo forma el término de seguridad, siendo esta su categoría relacional (Luhmann, 1996, p. 141)[7]. Si el riesgo es, en términos generales, la actuación en plena incertidumbre o indeterminación, la seguridad es la confianza que tienen los individuos en la continuidad de su identidad y de su entorno natural y social de acción (Beriain, 1996, p. 26). Uno está seguro si sabe que

---

5 Yuste pone de manifiesto tres razones por las cuales el uso de las neurotecnologías irá en aumento: «la primera, porque el cerebro es el órgano más importante del ser humano; la segunda, por su capacidad de tratar enfermedades psicológicas; y la tercera, tiene que ver con la economía y con el aprovechamiento del potencial de los algoritmos que ya están presentes en nuestro cerebro. Vid. (Yuste, 2023, p. 2869) (Yuste & de la Quadra-Salcedo, 2023, p. 21 y ss). En el mismo sentido, Ienca & Haselager afirman que «los beneficios producidos por el desarrollo de la ICB para los pacientes y la sociedad superan significativamente los riesgos asociados al hackeo cerebral y otros delitos neurológicos». Vid. (Ienca & Haselager, 2016, p. 124).

6 Como señalan Llamas & Marinaro «no sería correcto prohibir esta tecnología por sus posibles implicancias negativas», sino que "la salida es una correcta reglamentación". Vid. (Llamas & Marinaro, 2021, p. 91).

7 Según afirma Beck, «el discurso del riesgo empieza donde la confianza en nuestra seguridad termina». Vid. (Beck, 2000, p. 10). Para Pérez Cepeda, «la seguridad se transforma en la otra cara del riesgo». (Pérez Cepeda, 2007, p. 54).

está protegido y lo siente como una sensación tranquilizadora en su interior. La seguridad es, pues, prospectiva, es certeza de la inviolabilidad de la propia esfera, es ausencia de temor a ser perjudicado, es protección por las leyes, la legalidad misma (Kaufmann, 2012, p. 145).

Varios autores se refieren a la "Neuroseguridad" (*Neurosecurity*), cuando exponen la necesidad de garantizar por ley la capacidad de una persona de mantener su mente lejos de las miradas indiscretas de la neurotecnologías y de las agresiones a la autonomía e integridad cerebral que puedan sufrir. La neuroseguridad se refiere, en términos generales, a la protección legal de la confidencialidad, la integridad, y la disponibilidad de los dispositivos neuronales y sus datos frente a usos malintencionados de terceros de las neurotecnologías, lo que formaría en su conjunto el denominado "Neuroderecho" (*Neurolaw*) (Denning, 2009, p. 2); (Ienca & Andorno, 2021, p. 169); (Ienca, 2021, p. 6). (Yuste, et al., 2021, pp. 159, 160); (Liv & Dov, 2023, p. 234 y ss).

Un campo más específico de la neuroseguridad lo constituye la denominada "neuro-ciberseguridad", que es, a su vez, una parte de la "biociberseguridad", la rama más amplia que trata de asegurar la interfaz entre las biociencias y el ciberespacio de las intrusiones y de las actividades maliciosas y perjudiciales que pueden ocurrir. Aunque esta rama se originó en relación con las investigaciones sobre el genoma humano, ahora se enfoca a las neurotecnologías, cuyos riesgos considera quizás mayores. La ciberneuroseguridad no sólo se interesa por las cuestiones que surgen en la intersección de las interfaces cerebro-ordenador, sino también por los ataques en las futuras comunicaciones cerebro-cerebro, así como en la comunicación cerebro-Internet (Liv & Dov, 2023, pp. 234, 235).

Y es que la seguridad es el símbolo del estereotipo social de nuestro tiempo, al que la libertad cede el paso constantemente con cada nueva regulación que establece límites de tolerancia al ejercicio de actividades que resultan peligrosas (Silva Sánchez, 2006, p. 37). En la actualidad, se encuentra muy extendida la idea de que el silencio de la reglamentación con respecto al riesgo y sus posibles lagunas son manifestaciones peligrosas por sí mismas, tras haber comprobado cómo lo inofensivo se convierte en peligroso de la noche a la mañana, transformándose así la libertad en seguridad, cuando lo que ayer era posible hoy encuentra límites (Beck, 1998, p. 60).

Con respecto al desarrollo emergente de las neurotecnologías y los riesgos que plantea en ámbitos sociales como la medicina, la educación, la defensa, el entretenimiento, o la vida cotidiana, nos encontramos ante el "dilema de Collingrige", tal y como pone de manifiesto Reche Tello (2024, p. 56). Por un lado, parece exagerado tratar de regular el uso de unas técnicas que no se encuentran del todo desarrolladas ni disponibles para el público en general, lo que puede llegar a frustrar la innovación en lugar de promover su desarrollo (*neurohype*). Pero tampoco se debería posponer su regulación hasta que no se cuente con información más precisa sobre sus potenciales daños, porque la situación puede empeorar durante el periodo en el que no se haga nada, o llegar a arraigar culturalmente ciertas prácticas que no se puedan modificar con facilidad (Wajnerman & López-Silva, 2022, p. 146); (López-Silva, et al., 2024, pp. 8, 11); (Liv & Dov, 2023, p. 237).

Está claro que el Derecho penal no va a permanecer ajeno a la próxima regulación de las neurotecnologías. De hecho, ya se pronostica la necesidad de acudir al sistema normativo de *ultima ratio* para tipificar algunos riesgos que plantea el desarrollo y aplicación de estas técnicas en seres humanos (Reche Tello, 2021, p. 426). La expansión del Derecho penal «es un hecho que podremos criticar, pero que resulta prácticamente inevitable» cada vez que aparece un conjunto homogéneo de intereses dignos de protección legal –como puedan ser los relacionados con el cerebro y la mente humana– o tras el surgimiento de formas de ataque a estos u otros existentes –como son las que proporcionan las neurotecnologías a los perpetradores– (Corcoy Bidasolo, 2012, p. 46).

3. LOS NEURODERECHOS HUMANOS Y LOS BIENES JURÍDICOS RELACIONADOS CON EL CEREBRO Y LA MENTE HUMANA

Para optimizar los beneficios de las neurotecnologías se plantea su abordaje normativo desde una perspectiva multinivel, aunque el *hot topic* en los foros académicos y en las organizaciones regionales e internacionales se centra en las normas que conllevan la mayor responsabilidad política para las autoridades de los Estados: los Derechos Humanos. Varios grupos de especialistas de carácter interdisciplinar están poniendo de manifiesto –especialmente, tras el imparable auge de las tecnologías relacionadas con la inteligencia artificial– la necesidad de promulgar los denominados "Neuroderechos Humanos" (*Neurorights*) en tratados y convenios internacionales o, al menos, de reconocer formalmente su inclusión en algunos de los derechos existentes en los textos vigentes (Ienca, 2021b, p. 42); (Bublitz, 2022, p. 1); (Viega, 2022, p. 484); (De Asís, 2022, pp. 54, 55, 67); (Yuste, et al., 2021, p. 160); (López-Silva, et al., 2024, p. 3)[8].

Sin perjuicio de la transcendencia directa que tiene la declaración de los Neuroderechos para defender el cerebro y la mente humana *frente al* Derecho penal, merece subrayarse que las normas de los Derechos Humanos no resuelven de forma directa o definitiva conflictos jurídicos entre particulares, especialmente, cuando se trate de amenazar el uso malicioso de las neurotecnologías con la imposición de una pena, o de proteger los neuroderechos *a través* del Derecho penal. En los Esta-

---

[8] Con más detalle Vid. (Pérez Manzano, 2024, p. 147 y ss).

dos democráticos de Derecho constitucional resultará necesario, en todo caso, que intervenga un legislador parlamentario para limitar el ejercicio de la libertad e imponer unas consecuencias jurídicas tan graves. Ello no quiere decir que los Neuroderechos Humanos no señalen de alguna forma los bienes jurídicos que deberá proteger el legislador *a través del* Derecho penal, al contrario, pues representan el punto de partida obligatorio para que este comience a resolver la cuestión. Lo que pretende ponerse de manifiesto es que las declaraciones de los neuroderechos en el rango constitucional son necesarias, pero no suficientes para asegurar las propiedades del cerebro y de la mente humana ante los riesgos de las neurotecnologías.

Los especialistas afirman con respecto a ello que la privacidad e integridad mental y la libertad cognitiva son tres bienes jurídicos que surgen, por el momento, de las amenazas conocidas de las neurotecnologías. (Herz, 2023, p. 4); (Ligthart, et al., 2023, p. 465); (Reche Tello, 2024, p. 182). En opinión de Kellmeyer, existen razones éticas justificables y científicamente fundamentadas para afirmar que se trata de aspectos de nuestra existencia humana, "bienes antropológicos", que merecen ser protegidos por la ley, por las razones que se expone a continuación (2022, p. 420).

3.1. El bien jurídico de la privacidad mental

Las neurotecnologías pueden llegar a descodificar la actividad mental de las personas de una forma más profunda que ya lo hacen la mayoría de las tecnologías digitales. Los dispositivos neurotecnológicos pueden acceder a los estados subjetivos de las personas como nunca se ha hecho. Dicha actividad se conoce como "lectura neurológica de la mente" (*neurotechnological mind-reading*), y se refiere a «la descodificación de información sobre los estados mentales, procesos, rasgos, capacidades, etc. de un sujeto mediante el análisis de datos sobre la estructura, actividad y/o función neuronal» (López-Silva, et al., 2024, p. 9). Según afirman los especialistas, se han desarrollado métodos capaces de identificar las imágenes concretas que ha visto una persona a partir de un gran conjunto de otras completamente nuevas. Ello supone otorgar al ser humano la capacidad de acceder al contenido representacional de otra persona, aunque no se pueda todavía acceder directamente al estado de la conciencia de otros sujetos (López-Silva, et al., 2024, p. 5).

Hay una serie de estados mentales que nos gustaría mantener en privado, que a menudo intentamos ocultar de forma legítima debido a su carácter altamente subjetivo, especialmente cuando se generan en el subconsciente, como nuestras emociones, creencias, pensamientos, intenciones, etc. El acceso de terceros a estos "neurodatos" supone una invasión de la privacidad mental de las personas, que plantea una serie de riesgos que se deben neutralizar (Wajnerman & López-Silva, 2022, p. 149); (Yuste, 2023, p. 2871); (Yuste, 2023, p. 2871); (Brown, 2024, p. 5). Goering et al. enfatizan el hecho de que los datos cerebrales son uno de los pocos baluartes que quedan para evitar que se comprometa totalmente la privacidad en la vida moderna (2021, p. 371). Se trata de elementos personales y preciosos del individuo que se consideraban pragmáticamente inviolables (o casi inviolables), pero que ya son accesibles en distintos grados gracias a las neurotecnologías (Lavazza & Giorgi, 2023, p. 2).

La privacidad mental es así la capacidad de una persona de controlar la información que se alberga en su mente y de mantenerla fuera del acceso no deseado de terceras personas. Se trata del dominio personal de las experiencias subjetivas sobre cuándo, cómo y en qué medida comunicamos información a otros, así como de filtrar racionalmente y compartir selectivamente la información que tenemos sobre nosotros (Kellmeyer, 2022).

La protección de los neurodatos parece ser la cuestión más urgente a la hora de regular la fabricación y el acceso a las neurotecnologías, dado el reciente éxito de la descodificación con dispositivos no implantables de imágenes mentales, emociones, interpretación de historias y habla. El bien jurídico que puede verse afectado por un uso malicioso de estas técnicas es la "infoesfera", que alberga los datos del cerebro, la información "interna" de la persona (Ienca & Andorno, 2021, pp. 158, 162). Este bien jurídico se considera una parte importante de la individualidad humana, porque la mente y el cerebro constituyen las sedes últimas de la información personal. Los especialistas afirman que los neurodatos están más cerca del comportamiento que otros tipos de datos sensibles, como los genéticos, y exhiben una resolución temporal más clara para manipular el comportamiento que los conductuales (Ligthart, et al., 2023, pp. 465, 466); (López-Silva, et al., 2024, pp. 9, 10).

La infoesfera se viola con cada incursión en el *locus internus,* que implica el acceso a procesos como pensamientos, deseos, intenciones, recuerdos, preferencias o experiencias con el fin de usar los neurodatos, recopilarlos, o distribuirlos de forma no consentida (Brown, 2024, p. 5). Es por ello por lo que Wajnerman & López-Silva demandan una protección robusta del bien jurídico de la infoesfera, porque se trata del fundamento del ejercicio de las libertades, en sentido amplio y en sentido estricto (Wajnerman & López-Silva, 2022, pp. 149, 150).

3.2. El bien jurídico de la autodeterminación mental

La autodeterminación mental se refiere al dominio de una persona sobre sus procesos mentales sin interferencias u obstáculos, barreras o prohibiciones a la hora de tomar decisiones (Ligthart, et al., 2023, p. 468). Esta autonomía es «la capacidad de un individuo para autodeterminarse o autogobernarse», e incluye la autonomía moral, política, y personal, es decir, «la capacidad de decidir por uno mismo y seguir un curso de acción en la propia vida» (Muñoz, et al., 2023, p. 10). Se trata de la libertad de controlar los procesos mentales, la cognición y la conciencia propia, lo que incluye la posibilidad de utilizar o rechazar las neurotecnologías, así como evitar su uso coercitivo o sin consentimiento informado (Gulyaeva & Farinella, 2022, p. 284 y ss).

A menudo, también se denomina libertad cognitiva a la soberanía de las personas sobre sus propias mentes o estados de conciencia. Esta constituye la base del ejercicio del resto de las libertades, de expresión, opinión y religiosa[9], el sustento de la integridad y privacidad mental, y la parte de la dignidad humana que se relaciona con la condición de persona de rasgos individuales (Reche Tello, 2024, p. 182); (Pérez Manzano, 2024, p. 164 y ss). Este bien jurídico protege los estados mentales del lavado del cerebro, el adoctrinamiento y el condicionamiento (Bublitz & Reinhard, 2014, p. 61 y ss)[10].

Los especialistas abogan por una protección normativa específica a este bien jurídico contra posibles intervenciones habilitadas por la neurotecnología que implican la alteración de la computación neuronal de una persona (Ienca & Andorno, 2021, p. 169); (Ienca, 2021, p. 6). Aunque se debe exigir siempre el consentimiento de la persona afectada, Pérez Manza-

---

9 La autonomía también suele estar relacionada con otros valores importantes, como la identidad personal, la autenticidad, la agencia y la responsabilidad. Vid. (Pugh, et al., 2018, p. 222).

10 Muñoz et al. señalan que «proteger la libertad de pensamiento y la autonomía personal es proteger rasgos que nos definen como humanos. No es posible entender a los seres humanos y nuestra naturaleza sin comprender nuestra maravillosa capacidad de comportamiento abstracto, complejo y orientado a objetivos a largo plazo. Cualquier esfuerzo realizado en aras de la libertad merece sin duda la pena, ya que «los tesoros que encierra la tierra y esconde el mar no pueden compararse con ella». (2023, p. 11).

no advierte sobre los peligros de no poder mantener privados nuestros pensamientos, por muy cuidadosos que seamos, de forma que la identidad neuronal debería protegerse de forma absoluta, sin que sea posible el acceso a lo más recóndito del ser humano en ninguna circunstancia con el consentimiento del titular (Pérez Manzano, 2022, p. 344 y ss); (Pérez Manzano, 2024, p. 164 y ss)[11].

3.3. El bien jurídico de la integridad mental

La integridad mental es un bien jurídico que ha ido apareciendo a partir de los avances tecnológicos de las últimas décadas en el campo de las neurociencias y se refiere, a grandes rangos, a «la capacidad de formular pensamientos, juicios e intenciones, hacer planes y ponerlos en práctica sin interferencias externas directas de ningún tipo debidas a la neurotecnología». La integridad mental también consiste en el «dominio por parte del individuo de sus estados mentales y de sus datos cerebrales de forma que, sin su consentimiento, nadie pueda leer, difundir o alterar dichos estados y datos para condicionar al individuo de alguna manera». En consecuencia, la integridad mental se define como la protección y la no interferencia en determinados estados y procesos mentales y cerebrales que son fundamentales para la identidad, la autonomía y la valía de un individuo (Lavazza & Giorgi, 2023, p. 4).

Hay varias formas de interferir en la integridad mental que puede provocar graves trastornos psicológicos y, potencialmente, enfermedades mentales, manipular o borrar los recuerdos que proporcionan a los individuos su registro autobiográfico personal (Liv & Dov, 2023, p. 238). La integridad mental es una parte de la integridad corporal más minimalista que pro-

---

11 En el mismo sentido Vid. (Herz, 2023, p. 7).

tege contra estas formas de interferencia en la mente humana. Se trata de una libertad sobre una determinada parte del cuerpo, el cerebro, frente a las manipulaciones perjudiciales de la actividad neuronal, intrusiones forzadas, o la alteración de procesos neuronales (Gulyaeva & Farinella, 2022, pp. 290, 291); (Kellmeyer, 2022, p. 420); (Ligthart, et al., 2023).

4. LA NEURODELINCUENCIA Y LA PARTE ESPECIAL DEL NEURODERECHO PENAL

El estudio en profundidad del cerebro humano no solo ha revelado sus áreas funcionales en las que se puede actuar para tratar dolencias o enfermedades mentales, mejorar el sistema de aprendizaje, revolucionar el ocio, u otros aspectos para que los humanos seamos más libres e independientes que nunca. También ha dado a conocer los puntos débiles del cerebro para engañarlo o manipularlo con fines maliciosos. La posibilidad de que un tercero acceda al cerebro de otra persona para extraer o inyectar información es real y no pertenece al mundo de la fantasía. Aunque se trata de un riesgo pequeño y fuera del alcance del público en general, los especialistas afirman que resulta técnicamente factible que un tercero pueda interferir en los neurodispositivos que se instalan o utilizan en otras personas, tales como un software de generadores de impulsos implantables (GIP), estimuladores cerebrales profunda (ECP) o de corriente directa (TDCS), mediante un proceso denominado "secuestro cerebral" (brainjacking) (Pugh, et al., 2018, p. 2021); (Fernández-García, et al., 2023, p. 120).

El también denominado "hackeo cerebral" (*brain-hacking* o *brain-cracking*) consiste en el acceso no autorizado de terceros a los dispositivos neuronales implantados o utilizados en otra persona con el fin de obtener sus neurodatos, o controlar y manipular por estimulación algunas de sus funciones cerebrales, de una manera que se asemeja mucho a cómo se "piratean" los ordenadores (Ienca & Haselager, 2016, p. 117 y ss); (Pugh, et al., 2018, p. 226 y ss); (Liv & Dov, 2023, p. 239). Aunque el hackeo cerebral no persigue siempre fines maliciosos, abre una vía potencial sin precedentes para lesionar o poner en peligro grave los bienes jurídicos relacionados con el cerebro y la mente humana, de la privacidad e integridad mental y la autonomía cerebral (Ienca, 2015, p. 51 y ss).

Los especialistas en esta materia han documentado casos de creación de *software* capaces de infiltrarse en neurotecnologías que actualmente se utilizan en personas y extraer información relacionada con su privacidad mental, secuestrar protésicos y ortésicos, o programar terapias de neuroestimulación magnética transcraneal o por corriente continua, entre otras aplicaciones. Todos estos estudios, en los que se describen los modelos de secuestro cerebral, los diversos modos de ataque, y las posibles consecuencias que pueden acarrear para el cerebro y la mente humana, denuncian la escasez de investigaciones que abordan la seguridad de estas técnicas en relación con los riesgos reales que plantea su aplicación en la actualidad[12].

Aunque, por el momento, los investigadores afirman que los secuestros o hackeos de neurotecnologías no llegan a ser letales, sin embargo, no descartan que puedan causar daños graves a los bienes jurídicos relacionados con el cerebro y la mente humana (Pycroft, et al., 2016, p. 455). Por un lado, la alteración de la actividad cerebral puede lesionar la integridad mental de los usuarios de neurotecnologías al estimular en ellos movimientos no deseados, causarles dolor adicional y desórdenes en el control de sus impulsos, o alterar su estado emocional. Por otro, la extracción de información sensible mediante la estimulación visual y el análisis de las respuestas potenciales puede comprometer el disfrute de la privacidad men-

---

12 Vid. (López Bernal, et al., 2020); (Pazouki, et al., 2022); (Armengol-Urpi, et al., 2023); (Liv & Dov, 2023).

tal de las personas que acceden a estos dispositivos. También, se puede afectar su autodeterminación mental, entrenando estos sistemas para que los usuarios lleven a cabo ciertos comportamientos, que quizás se consideren socialmente inaceptables, menoscabando así la dimensión práctica de la autonomía de decisión[13].

Mucho antes de que se publicasen los estudios anteriores, que confirman la existencia de modelos de secuestro o hackeo cerebral y explican su potencial desarrollo y lesividad, Ienca ya denominaba "neurodelincuencia" (*Neurocrimes*) a los «ataques dirigidos e intencionados contra la información neuronal, aprovechando la vulnerabilidad de las neurotecnologías». Según este autor, la neurodelincuencia puede dirigirse contra la información neuronal de forma indirecta, si el objetivo del ataque es limitar, modificar o interrumpir el funcionamiento de los dispositivos que interactúan con la información cerebral, sin que el atacante acceda o manipule de forma significativa el cálculo neuronal del cerebro de los usuarios de neurotecnologías; o de forma directa, cuando el ataque lleva a cabo una fisura en el cálculo neuronal de las personas para acceder y/o manipular información neuronal con fines claramente maliciosos (Ienca, 2015, p. 53 y ss).

Más recientemente, Castro ha definido la neurodelincuencia como el resultado de una o varias acciones, procedimientos o circunstancias concretas en las que se producen de forma directa o indirecta consecuencias negativas en los procesos neuronales de las personas. Según este autor, se trata de una forma de ciberdelincuencia que debe abordarse en relación con todo su potencial, ya que no se trata tanto de acceder a datos biométricos, sino neuronales (Castro, 2024, p. 48 y ss).

---

13 Vid. (Pycroft, et al., 2016, p. 454) (Pugh, et al., 2018, pp. 221, 226); (López Bernal, et al., 2020, pp. 152205, 152206).

Aunque la neurodelincuencia es una expresión acertada desde el punto de vista de la criminología, como fue en su momento el término de "ciberdelincuencia", todavía no se ha planteado en la política criminal, ni por ende en la dogmática penal, las conductas concretas que se consideran como tal. Las potenciales lesiones de bienes jurídicos relacionados con el cerebro y la mente humana, u otros prexistentes, por medio de neurotecnologías no tendrán consecuencias jurídico-penales hasta que los legisladores parlamentarios de los Estados nacionales no criminalicen su comisión en normas con rango de ley. En este sentido, los Neuroderechos Humanos pueden impulsar la aparición en las legislaciones nacionales de los "neurodelitos" por medio de obligaciones convencionales de tutela penal, que tengan como fin proteger dichos intereses contra ataques de particulares o terceros agentes no estatales, entre los que no se aplican directamente las normas de Derechos Humanos.

Ello merece una investigación adicional, que ponga de manifiesto la existencia de deberes estatales de protección del cerebro y la mente humana, y que demuestre que el establecimiento de otros recursos jurídicos no penales –como el Derecho administrativo o el privado– vulnera la prohibición de infraprotección. Por el momento, se ha manifestado que no se pueden derivar obligaciones estatales de tutela penal referidas al uso malicioso de las neurotecnologías del Convenio de Budapest (Ienca & Scheibner, 2020, p. 213 y ss), sin perjuicio de que estas puedan reconducirse fácilmente a derivadas de los Arts. 3 y 8 del Convenio Europeo de los Derechos Humanos, según la jurisprudencia del Tribunal garante de su cumplimiento (TEDH).

En la literatura académica, s. e. u. o., tan solo Bublitz & Merkel han defendido la tipificación de un nuevo delito para la protección de la autodeterminación mental, que castigue las intervenciones de terceros en las mentes ajenas, lo cual no está cubierto, en su opinión, por los delitos existentes de coacción, de acoso, de calumnias o de injurias. Estos autores proponen que constituya delito la intervención directa de un tercero en otras mentes a través de estímulos que operan directamente en el cerebro, ya sea mediante el uso de medios farmacológicos, quirúrgicos o neuro estimulantes, o por medio de ingeniería genética o de otros medios electromagnéticos, biológicos o químicos, siempre y cuando se lleve a cabo eludiendo conscientemente las capacidades de control mental del destinatario, y cause graves consecuencias mentales negativas graves, tales como lesiones mentales, la disminución de las capacidades mentales y los cambios de preferencias (2014, pp. 65, 66, 73, 74).

Únicamente la legislación francesa, s. e. u. o., contempla en el derecho comparado una especie de neurodelito desde agosto de 2021, refiriéndose a los datos "procedentes de técnicas de imagen cerebral" en el Art. 225.3 del Código Penal francés. Esta previsión legislativa señala que la discriminación basada en el estado de salud «*será sancionada con las penas previstas en el artículo anterior cuando se base en la consideración de pruebas genéticas predictivas de una enfermedad aún no declarada o en una predisposición genética a una enfermedad o cuando se base en la toma en consideración de las consecuencias sobre el estado de salud de la extracción de un órgano tal como se define en el artículo L. 1231-1 del Código de Salud Pública o datos de técnicas de imagen cerebral*». Tal y como afirma Reche Tello, el precepto legal «articula una "excepción de la excepción", con la que atribuye la gravedad precisa a los comportamientos discriminatorios que no tienen justificación médica o de otro tipo, sino que se basan en datos extraídos de la actividad cerebral, lo cual se equipara con el conocimiento de otras informaciones relativas a la salud que, en previsión de eventuales circunstancias relacionadas con ella, llevasen a la toma de decisiones por cualesquiera operadores jurídicos o de mercado que comportasen una discriminación». En opinión de esta autora, «se trata sin duda de una regulación avanzada, que se adelanta a situaciones que cada vez resultarán más comunes», el atribuir un carácter punitivo acorde con la gravedad de tales comportamientos (2024, pp. 131, 132).

CONCLUSIONES

Los beneficios que promete la aplicación de neurotecnologías en el ámbito de la sanidad, y su exportación a otros sectores como el trabajo, el ocio, o la vida cotidiana plantea una serie de riesgos que no se pueden dejar de asumir. Ello obliga a replantear seriamente la seguridad de los usuarios de neurotecnologías ante amenazas graves que hasta ahora pertenecían al mundo de la ciencia ficción, lo que implica siempre el desarrollo de una nueva reglamentación. Este cuerpo normativo para hacer frente a los desafíos de la era neurotecnológica debe proteger adecuadamente los bienes jurídicos de la privacidad y la integridad mental, y de la autodeterminación cognitiva incluso con normas de Derecho penal, ante agresiones graves de particulares o agentes no estatales.

Por el momento, se debe prestar especial atención a la posibilidad de que un tercero lleve a cabo un secuestro o un pirateo de un dispositivo neurotecnológico instalado o utilizado por otra persona, cuestión sobre que resulta más urgente establecer una regulación por la realidad de sus consecuencias fatales. En el ámbito específico de los Neuroderechos, se debe indagar en un futuro próximo la existencia de deberes estatales de protección en los tratados y convenios existentes, que ordenen a los Estados nacionales garantizar adecuadamente en normas con rango de ley los bienes jurídicos relacionados con el cerebro y la mente humana ante agresiones de particulares o agentes no estatales. Es posible que surjan en este contexto obligaciones de tutela penal, que ordenen a las autoridades tipificar como delito conductas graves como el secuestro o el hackeo cerebral, porque otros recursos jurídicos de protección no penales no ofrezcan garantías suficientes para establecer una prevención adecuada.

BIBLIOGRAFÍA

Armengol-Urpi, A., Kovacs, R. & Sarma, S., 2023. Brain-Hack: Remotely Injecting False Brain-Waves with RF. to Take Control of a Brain-Computer Interface. *CPSIoTSec,* 26 Noviembre.pp. 53-66.

Baselga-Garriga, C., Rodriguez, P. & Yuste, R., 2022. Neuro Rights. A Human Rights Solution to Ethical Issues of Neurotechnologies. En: *Protecting the Mind. Challenges in Law, Neuroprotection, and Neurorights.* Suiza: Springer, pp. 157-162.

Beck, U., 1998. *La sociedad del riesgo. Hacia una nueva modernidad.* Barcelona: Ediciones Paidós Ibérica.

Beck, U., 2000. Retorno a la teoría de la sociedad del riesgo. *Boletín de la Asociación de Geógrafos españoles,* Issue 30, pp. 9-20.

Beriain, J., 1996. El doble sentido de las consecuencias perversas de la modernidad. En: *Las consecuencias perversas de la modernidad.* Barcelona: Anthropos, pp. 7-30.

Brown, C. M. L., 2024. Neurorights, Mental Privacy and Mind Reading. *Neuroethics,* Volumen 34, pp. 1-19.

Bublitz, J. C., 2022. Novel Neurorights: From Nonsense to Substance. *Neuroethics,* 15(7), pp. 1-15.

Bublitz, J. C. & Reinhard, M., 2014. Crimes Against Minds: On Mental Manipulations,. *Crim Law and Philos,* Issue 8, p. 51–77.

Castro, P. A., 2024. What Neurohacking Can Tell Us About the Mind: Cybercrime, Mind Upload and the Artifcial Extended Mind. En: *Challenges of the Technological Mind. Between Philosophy and Technology.* Suiza: Springer, pp. 43-62.

Corcoy Bidasolo, M., 2012. Expansión del Derecho penal y garantías constitucionales. *Revista de Derechos Fundamentales,* Issue 8.

De Asís, R., 2022. Sobre la propuesta de los Neuroderechos. *Derechos y Libertades,* Issue 47, pp. 51-70.

Denning, T. e. a., 2009. Neurosecurity: security and privacy for neural devices. *Neurosurg Focus,* 27(1), pp. 1-4.

Fernández-García, C. E., Vargas Marín, D. & Sotomayor Velásquez, H., 2023. Neurohacking and Artificial Intelligence in the Vulnerability of the Human Brain: Are We Facing a Threat?. En: *Artificial Intelligence in Higher Educationand Scientific Research. Future Development.* Singapore: Springer, pp. 117-128.

Goering, S. y otros, 2021. Recommendations for Responsible Development and Application of Neurotechnologies. *Neuroethics,* Volumen 14, pp. 365-386.

Gulyaeva, E. E. & Farinella, F., 2022. Human Neuro-Rights. *Rev. Quaestio Iuris,* 15(1), pp. 278-299.

Herz, N., 2023. Neurorights. Do we need new Human Rights? A reconsideration of the Right of Thought. *Neuroethics,* Volumen 16, pp. 1-15.

Ienca, M., 2015. Neuroprivacy, neurosecurity and brain-hacking: Emerging issues in neural engineering. *Bioethica Forum,* 8(2), pp. 51-53.

Ienca, M., 2021b. Neuroderechos: ¿por qué debemos actuar antes de que sea demasiado tarde?. *Anuario internacional CIDOB,* Issue 1, pp. 42-43.

Ienca, M., 2021. On Neurorights. *Frontiers,* Issue 24, pp. 1-11.

Ienca, M. & Andorno, R., 2021. Hacia nuevos Derechos Humanos en la era de la Neurociencia y la Neurotecnología. *Análisis Filosófico,* 41(1), pp. 141-185.

Ienca, M. & Haselager, P., 2016. Hacking the brain: brain–computer interfacing technology and the ethics of neurosecurity. *Ethics Inf Technol,* p. 117–129.

Ienca, M. & Scheibner, J., 2020. What is neurohacking? Defining the conceptual, ethical and legal boundaries. *Developments in Neuroethics and Bioethics,* Volumen 3, pp. 203-231.

Kaufmann, F., 2012. *Sicherheit als soziologisches und sozialpolitisches Problem. Untersuchungen zu einer Wertidee hochdifferenzierter Gesellschaften.* Berlín: Lit Verlag.

Kellmeyer, P., 2022. A Human Rights–Based Approach for Governing Neurotechnologies. En: *The Cambridge Handbook of Responsible Artificial Intelligence. Interdisciplinary Perspectives.* Cambridge: Cambridge University Press, pp. 412-426.

Lavazza, A. & Giorgi, R., 2023. Philosophical foundation of the right to mental integrity in the age of neurotechnologies. *Neuroethics,* 16(10), pp. 1-13.

Ligthart, S. y otros, 2023. Minding Rights: Mapping Ethical and Legal Foundations of 'Neurorights'. *Cambridge Quarterly of Healthcare Ethics,* 32(4), p. 461–481.

Liv, N. & Dov, G., 2023. Cyberneurosecurity. En: *Policy, Identity, and Neurotechnology. The Neuroethics of Brain-Computer Interfaces.* Suiza: Springer, pp. 233-252.

Llamas, N. E. & Marinaro, J. Á., 2021. Neuroderecho: Adaptabilidad de la normativa de Derechos Humanos con relación a las nuevas Neurotecnologías y propuestas para su ampliación. *SCIO. Revista de Filosofía,* Issue 21, pp. 83-111.

López Bernal, S. y otros, 2020. Cyberattacks on Miniature Brain Implants to Disrupt Spontaneous Neural Signaling. *IEEE Access,* Volumen 8, pp. 152204-152221.

López-Silva, P., Wajnerman-Paz, A. & Molnar-Gabor, F., 2024. Neurotechnological Applications and the Protection of Mental Privacy: An Assessment of Risks. *Neuroethics,* 17(31), pp. 1-16.

Luhmann, N., 1996. El concepto de riesgo. En: *Las consecuencias perversas de la modernidad.* Barcelona: Anthropos.

Muñoz, J. M., Bernácer, J. & Güell, F., 2023. A Conceptual Framework to Safeguard the Neuroright to Personal Autonomy. *Neuroethics,* 16(18), pp. 1-13.

Pazouki, S., Golilarz, N. A., Kazemi-Razi, M. & Aydeger, A., 2022. A self-healing cybersecurity mechanism for cyberattacks targeting artificial neural network-based human brain implants controlling smart homes. *Proc. of the International Conference on Electrical, Computer and Energy Technologies ICECET,* pp. 1-6.

Pérez Cepeda, A. I., 2007. *La seguridad como fundamento de la deriva del Derecho penal postmoderno.* Madrid: Iustel.

Pérez Manzano, M., 2022. Justicia penal y Neuroderechos. En: *Estudios Político Criminales, Jurídicos Penales y Criminológicos. Libro homenaje al Profesor José Luis Díez Ripollés.* 2ª ed. Valencia: Tirant lo Blanch, pp. 331-350.

Pérez Manzano, M., 2024. ¿Un estatuto constitucional singular para el cerebro y las Neurotecnologías? Sobre los Neuroderechos. *Revista General de Derecho Constitucional,* Issue 41, pp. 136-190.

Pugh, J. y otros, 2018. Brainjacking in deep brain stimulation and autonomy. *Ethics and Information Technology,* Issue 20, p. 219–232.

Pycroft, L. y otros, 2016. Brainjacking: Implant Security Issues in Invasive Neuromodulation. *World Neurosurgery,* pp. 454-462.

Rathkopf, C., Heinrichs, J. H. & Bert, H., 2023. Can we read minds by imaging brains?. *Philosophical Psychology,* 36(2), pp. 221-246.

Reche Tello, N., 2021. Nuevos derechos frente a la neurotecnología: la experiencia chilena. *UNED. Revista de Derecho Político,* Issue 112, pp. 415-446.

Reche Tello, N., 2024. *Mens Iura Fundamentalia: La Neurotecnologúa ante la Constitución.* Madrid: Colex.

Silva Sánchez, J. M., 2006. *La expansión del Derecho Penal.* 2ª ed. Montevideo & Buenos Aires: BdeF.

Viega, M. J., 2022. Inteligencia Artificial, Neuroderechos y protección de datos personales. En: V. AA., ed. *Semper Sapiens. Libro homenaje al Prof. Dr. Felipe Rotondo Tornaría.* Madrid: Editorial Alma Mater, pp. 483-496.

Wajnerman, A. & López-Silva, P., 2022. Mental Privacy and Neuroprotection. A Open Debate. En: *Protecting the Mind. Challenges in Law, Neuroprotection, and Neurorights.* Suiza: Springer, pp. 141-156.

Wildavsky, A., 2017. *Searching form Safety. Social Theory and social policy.* Nueva York & Londres:: Routledge.

Yuste, R., 2019. Las nuevas Neurotecnologías y su impacto en la Ciencia, Medicina y Sociedad. *Fundación Ramón Areces,* pp. 41-53.

Yuste, R., 2023. Advocating for neurodata privacy and neurotechnology regulation. *Nature Protocols,* octubre, Volumen 18, p. 2869–2875.

Yuste, R. & de la Quadra-Salcedo, T., 2023. Neuro-Rights and New Charts of Digital Rights: A Dialogue. Beyond the Limits of the La. *Indiana Journal of Global Legal Studies,* Volumen 30, pp. 15-37.

Yuste, R., Genser, J. & Herrmann, S., 2021. It's Time for Neuro-Rights : New Human Rights for the Age of Neurotechnology. *Horizons: Journal of International Relations and Sustainable Development,* Issue 18, pp. 154-165.

Neuroderechos y neurotecnologías en América Latina. El problema de la libertad cognitiva

ERIC GARCÍA-LÓPEZ
Catedrático de neurociencia de la conducta
Instituto Nacional de Ciencias Penales
Miembro del Sistema Nacional de Investigadoras e Investigadores, SNII-2, de la Secretaría de Ciencia, Humanidades, Tecnología e Innovación

JOSÉ MANUEL MUÑOZ ORTEGA
Centre for Neurotechnology and Law (Londres, Reino Unido)
Centro Internacional de Neurociencia y Ética (Madrid, España)

"Como en la elección del Papa, los penalistas observan desde fuera el humo que emana de las ollas y los crisoles de los biólogos, e intentan interpretarlo en cuanto a las consecuencias para su disciplina". Winfried Hassemer (2011, p. 4)

Resumen: El avance de las neurotecnologías supone una serie de enormes desafíos para las personas debido a que estos avances y sus promesas no están exentos de potenciales peligros, en especial para la dignidad humana y, entre otras, la libertad cognitiva. Los neuroderechos son un concepto que puede hacer frente a esos desafíos, en especial en contextos de adversidades estructurales como las de América Latina. En este artículo, se propone la reforma de los planes de estudio en las facultades de derecho y se invita a un análisis de las modificaciones legislativas necesarias, de tal manera que los juristas (y a través del Derecho, la sociedad) puedan comprender y actuar oportunamente frente a estos retos.

Palabras clave: Neuroderechos, neurotecnología, neurociencia, libertad cognitiva, América Latina

Abstract: Advances in neurotechnologies pose a number of enormous challenges for people, as these advances and promises are not without potential dangers, particularly to human dignity and cognitive liberty, among others. The 'neurorights' concept may address these challenges, especially in contexts of adversity such as the Latin American. This article suggests that law schools' curriculum should be revised to enable lawyers to understand and respond to these developments and challenges.

Keywords: Neurorights, neurotechnology, neuroscience, cognitive liberty, Latin America

INTRODUCCIÓN

Parece verdaderamente difícil saber cuál es la dimensión del desafío que plantean las neurotecnologías. Lo que está claro es que ese desafío debería inquietarnos y que las universidades y los centros públicos de investigación, tanto de Neurociencia y Biología, como de Filosofía, Derecho y Psicología, entre otras, tienen la obligación de vislumbrar consecuencias y de crear mecanismos de solución a los posibles problemas que inopinadamente afrontaremos dentro de muy poco.

Con la intención de vislumbrar el desafío, conviene partir de unas palabras en común, para lo cual nos apoyaremos en dos diccionarios con vocablos contenidos en la tabla 1, el de la Real Academia Española (RAE) y el de la *American Psychological Association (APA).*

Tabla 1. Neurociencia e inteligencia artificial en los diccionarios APA y RAE

Vocablo	RAE	APA
Neurociencia	(a) f. Biol. Ciencia transversal que se ocupa del sistema nervioso o de cada uno de sus diversos aspectos y funciones especializadas.	(a) n. the scientific study of the nervous system, including neuroanatomy, neurobiology, neurochemistry, neurophysiology, and neuropharmacology, and its applications in psychology, psychiatry, and neurology.
Neurotecnología	(b) La palabra neurotecnología no está en el diccionario.	(b) [...] "neurotechnology" is not in the Dictionary of Psychology.
Tecnología	c) Del gr. τεχνολογία technología, de τεχνολόγος technológos, de τέχνη téchn⊠ 'arte' y λόγος lógos 'tratado'. 1. f. Conjunto de teorías y de técnicas que permiten el aprovechamiento práctico del conocimiento científico. [...]	c) [...] "technology" is not in the Dictionary of Psychology.
Inteligencia Artificial	(d) f. Inform. Disciplina científica que se ocupa de crear programas informáticos que ejecutan operaciones comparables a las que realiza la mente humana, como el aprendizaje o el razonamiento lógico.	d) a subdiscipline of computer science that aims to produce programs that simulate human intelligence. AI researchers often develop very high-level computer languages for this purpose, such as LISP, PROLOG, and Smalltalk. There are many branches of AI, including robotics, computer vision, machine learning, game playing, and expert systems. AI has also supported research in other related areas, including cognitive science and computational linguistics. See also machine consciousness; Turing test.

Fuente: Elaborado a partir de los diccionarios de la APA y la RAE.

Debe llamarnos la atención que el vocablo "neurotecnología" sea esquivo para dos diccionarios bien conocidos y utilizados. De hecho, es interesante que tampoco se encuentre en el diccionario de términos clave sobre el cerebro de la Fundación Dana, donde -en cambio- sí se encuentran neologismos como el de "neuroética", que es un vocablo cercano a los "neuroderechos".

Dada esta cercanía, conviene recordar desde ahora el significado de la neuroética: "Campo de estudio interdisciplinar que aborda las implicaciones éticas de nuestra creciente capacidad para comprender y modificar el cerebro. La mejora del rendimiento cognitivo, la prolongación de la vida, el uso de la neurociencia en el marketing y muchas otras cuestiones se incluyen en este debate científico-social en curso" (DANA, 2023a).

Más adelante distinguiremos entre neuroderecho y neuroderechos, de momento es necesario retomar el concepto de neurotecnología.

> Dado que es un vocablo que no dispone de la comodidad del diccionario, tomaremos como mejor referencia dos artículos científicos. En primer lugar, el texto de Ienca (2021, pp. 1-2), en el cual se indica que "*Neurotecnología* es el término general que se suele utilizar para describir este amplio y heterogéneo espectro de métodos, sistemas e instrumentos que establecen una vía de conexión directa con el cerebro humano a través de la cual se puede registrar y/o influir en la actividad neuronal."

Por otra parte, en un documento publicado en 2019, llamado *Neurotechnologies for Human Cognitive Augmentation: Current State of the Art and Future Prospects,* sus autores señalan que por *neurotecnología* podemos entender cualquier tecnología que tenga una influencia fundamental en la forma de entender el cerebro y diversos aspectos de la conciencia, el pensamiento y las actividades de orden superior en el mismo. También incluye las tecnologías diseñadas para mejorar y reparar la función cerebral y que permiten a investigadores y clínicos visualizar el cerebro (Cinel, Valeriani & Poli, 2019).

Esto debe quedar claro: no se trata de relatos de ciencia ficción o de posibles herramientas para un futuro muy lejano, sino de aplicaciones tecnológicas reales que ya forman parte de los laboratorios universitarios y las empresas privadas y que dichas neurotecnologías han comenzado a integrarse a nuestra cotidianidad, en ocasiones incluso de manera casi imperceptible.

Frente a estos hechos, hay una repercusión obvia: la mayor parte de América Latina se quedará nuevamente rezagada en la creación de estas herramientas neurotecnológicas, pero hay otras consecuencias menos obvias, donde filósofos, juristas y estudiosos del comportamiento humano, tienen una gran oportunidad: la de estructurar un derecho de la neurociencia y no sólo contemplar una neurociencia del derecho.

1. ¿A QUÉ NOS REFERIMOS CUANDO HABLAMOS DE NEURODERECHOS?

En inglés, la diferencia entre *Neurolaw* y *Neurorights* parece bastante clara, ya que mientras el primer vocablo (*Law*) alude al Derecho en su conjunto, el segundo (*Rights*) alude a los derechos humanos y sus garantías.

En español, sin embargo, todavía hay confusión y falta de unanimidad sobre lo que podríamos entender por neuroderecho. En consideración de García-López (2019, p. 9), el neuroderecho puede entenderse como "el análisis del derecho y la justicia con la perspectiva de la neurociencia, lo cual implica la comprensión del comportamiento humano a través del estudio del encéfalo y su interacción con el ambiente". Asimismo, puede entenderse, de forma más breve, como "el estudio del sistema jurídico y la justicia a través de la neurociencia" (García-López y Mercurio, 2019, p. 23).

Para el diccionario de la Fundación DANA la definición es aún más breve, ésta la entiende como: "*A field of study that applies neuroscientific findings to legal rules and standards*" (DANA, 2023b). Es decir, un campo de estudio que aplica los descubrimientos neurocientíficos a las normas jurídicas.

Para poner de relieve estas formas diferentes de entender un mismo vocablo, puede consultarse una tabla que fue publicada recientemente dentro del libro "Derecho Penal y Comportamiento Humano" (Demetrio, 2022). De ella, se extraen algunos ejemplos, que se muestran en la tabla 2, donde se recogen algunas de las definiciones que se han publicado en los últimos 15 años; de las más recientes a las primeras, tomando en consideración que la primera publicación específica en nuestro idioma -sobre neuroderecho, no sobre neuropsicología forense o conceptos similares- data apenas del año 2005.

Tabla 2. Acepciones del vocablo neuroderecho

Autor/a/es	Año	Tipo	Definición
Cáceres, García y García	2021	Artículo	"[ ] La interdisciplina encargada del estudio de los procesos neurocognitivos de los operadores jurídicos ('neuroderecho 1'), así como del papel de las neurociencias como auxiliares del derecho ('neuroderecho 2´), la regulación jurídica de la investigación neurocientífica ('neuroderecho 3´), así como la protección de derechos subjetivos vinculados con la actividad neurológica de los individuos ('neuroderecho 4´). [...]
García-López	2019	Libro	"Es el análisis del Derecho y la Justicia, con la perspectiva de la Neurociencia, que implica la comprensión del comportamiento humano a través del estudio del encéfalo y su interacción con el ambiente" (p. XII)

Zavadivker	2016	Capítulo de libro	"[ ] conjunto de investigaciones científicas que apuntan a develar la correlación entre el comportamiento humano (con especial interés en su ajuste a normas morales y sociales) y ciertos procesos cerebrales, bajo el supuesto de que dichos comportamientos y predisposiciones dependen crucialmente de la actividad cerebral -lo que posee implicancias cruciales en las prácticas jurídicas en la medida en que socava las nociones intuitivas de libre albedrío y autodeterminación de la conducta, afectando las nociones jurídicas básicas de responsabilidad moral e imputabilidad, [ ]" (p. 367).
Ostrosky	2016	Capítulo de libro	(Neuroley) "Es un campo de estudio interdisciplinario emergente que explora los efectos de los descubrimientos en la neurociencia sobre las normas jurídicas y los estándares legales" (p. 99)
Andreu y Ramón	2014	Artículo	"[...] Una nueva relación entre Derecho y Neurociencias, que ya recibe el nombre de Neurolaw o Neuroderecho" (p. 345).
García-López	2007	Artículo	"El vínculo que existe entre el cerebro y la conducta y, a través del comportamiento humano, la relación con las normas jurídicas, pues éstas regulan la conducta externa del individuo." (p. 88)
Capó et al.	2006	Artículo	"[...} los modos en que los avances de la neurociencia pueden afectar a la ley o al derecho" (p. 164)

Fuente: Modificado a partir de García-López (2022, p. 717).

Aunque la mayoría de los autores coincide en lo fundamental (el vínculo entre Neurociencia y Derecho, particularmente penal), es evidente que aún persiste una confusión terminológica, como la que ocurrió -y en algunos ámbitos subsiste- en su momento con los distintos apellidos de la psicología en ámbitos jurídicos (forense, criminológica, judicial, etc).

Esto parece comprensible -las diferencias entre los autores- dado el relativamente reciente surgimiento del concepto, pero agrega dificultades innecesarias a la distinción entre neuroderecho (*neurolaw*) y neuroderechos (*neurorights*), que podrían evitarse si los juristas dispusieran de los fundamentos de la neurociencia en su formación universitaria inicial. Para evitar discusiones estériles, podemos aceptar que *Law* alude al amplio campo del Derecho y *Rights* se refiere a los derechos humanos y sus garantías.

Para concluir el andamio preliminar que se refiere al neuroderecho, modificamos la tabla de García-López (*Ob. cit.*), donde se muestran algunas definiciones del vocablo *neurolaw.*

Tabla 3. Acepciones del vocablo Neurolaw

Autor/a/es	Año	Tipo	Definición, aproximación o mención sobre Neurolaw
Shen	2021	Artículo	"Is the legal use and governance of neuroscientific tools, concepts, and data" (p.175)
Cardoso	2021	Artículo	"An interdisciplinary field that dwells on the intersection of law and neuroscience" (p. 55)
Dash, et al	2020	Artículo	"The interdisciplinary study of neuroscience and law" (p. 91)
Muñoz, et al	2020	Artículo	"[...] a better comprehension about the meaning of Justice with a view from Neuroscience" (p.1)
García-López, et al	2019	Artículo	"The relationship between the law and neuroscience" (p. 1)
Meynen	2016	Artículo	"Is a rapidly developing field of interdisciplinary research concerning the relevance of neuroscience to the law, especially criminal law" (p. 3)
Vincent	2014	Artículo	"Is an area of interdisciplinary research on the meaning and implications of neuroscience for the law and legal practices" (p.43).

Taylor, Harp y Elliott.	1991	Artículo	"The growing area of collaboration between neuropsychologists and lawyers in the criminal justice system [...] At this time the focus was on what neuroscience could provide to assist the law in traumatic brain injury cases." (p. 37)

Fuente: Modificado de García-López (2022, p. 720).

Las tablas 2 y 3 permiten apreciar que en el contexto anglosajón el concepto está más asentado y las definiciones son breves, a diferencia de las propuestas en nuestro idioma, que resultan prolijas y no exentas de vericuetos gramaticales.

Para nosotros, cualquier definición sobre este concepto necesita componerse de al menos estos elementos fundamentales: el ambiente, el comportamiento humano, el cerebro (más propiamente dicho, el encéfalo), el derecho y la justicia.

De estos elementos, el ambiente debe destacarse, habida cuenta de posturas reduccionistas, que son las que suelen alterar a los juristas, tal como en su momento expresó Winfried Hassemer: "Que estemos tan divididos y desorientados frente a los neurocientíficos tiene sus razones: no participamos de los avances y retrocesos de su trabajo de investigación; a nosotros sólo nos llegan, de vez en cuando, algunas de las conclusiones" (2011, p. 4).

El juez Hassemer llegó al exceso de su inquietud en el conocido resumen de aquella conferencia pronunciada en Barcelona, donde afirmó: "Desde el terreno de las neurociencias, en el que se trata de la génesis de las decisiones, nos llega desde hace algunos años el canto de las Sirenas: ¡Venid a nosotras, escuchadnos, tenemos cosas importantes que contaros, algo que cambiará vuestro mundo¡, así nos llaman." (p. 1).

La alerta de este profesor alemán no puede menospreciarse, ya que la neurociencia no pretende socavar los cimientos del derecho penal, sino fortalecerlos, aportar herramientas basadas en la evidencia científica para mejorar el proceso.

A la par, la neurociencia debe valorar -y valora, como puede observarse en las estructuras conceptuales de la neuroética y los neuroderechos- el eje fundamental de la dignidad humana, pues tal como indica el propio Hassemer, "El principio de la dignidad humana, manifestado en el concepto de persona, atraviesa todo nuestro ordenamiento jurídico como un hilo rojo, desde el interés del menor en el Derecho de familia hasta a la posición subjetiva de las partes en un proceso jurídico." (Ob. cit., p. 8).

Cualquier definición de neuroderechos lleva por razón esencial la dignidad humana.

Para proponer un acuerdo sobre este concepto, conviene conocer la taxonomía de neuroderechos, que presentó Marcello Ienca en 2021:

Gráfico 1. Taxonomía de los neuroderechos

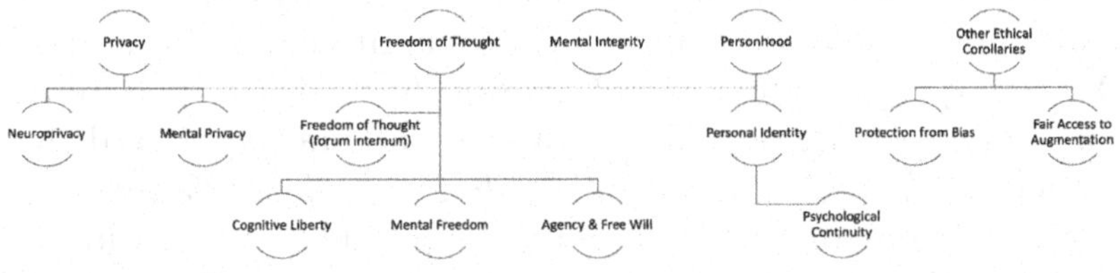

Fuente: Ienca, M. (2021). HYPERLINK "https://www.frontiersin.org/files/Articles/701258/fnhum-15-701258-HTML-r2/image_m/fnhum-15-701258-g001.jpg" \h On Neurorights. *Frontiers in Human Neuroscience*

En esta imagen se observan cinco elementos superiores: privacidad, libertad de pensamiento (fuero interno), integridad mental, *personhood* (entendida no como *personalidad,* sino como la condición de ser persona con derechos inalienables) y "otras consecuencias éticas".

Cada uno de ellos se divide y subdivide en conceptos tales como "neuroprivacidad", "privacidad mental", "libertad cognitiva", "agencia y libre albedrío", "identidad personal" y "continuidad psicológica", entre otras.

Con esta imagen resulta clara la relación entre los neuroderechos y la neuroética y conviene recordar y subrayar los pasos iniciales de esta idea. De manera específica, deben reconocerse los siguientes antecedentes:

El trabajo de Safire, que en 2002, planteó una primera aproximación a la neuroética, diciendo que ésta era "*el examen de lo que es correcto e incorrecto*

[...] sobre el tratamiento, el perfeccionamiento o la invasión no deseada y la preocupante manipulación del cerebro humano".

Asimismo, las citas reseñadas por Ienca 2021 (p. 2), como muestra de tales antecedentes:

> "A. La permisividad ética de la mejora cognitiva mediante nootrópicos (Farah et al., 2004; Turner y Sahakian, 2006);
>
> B. Las implicaciones filosófico-jurídicas de la neurociencia del libre albedrío, con especial atención a las nociones de responsabilidad moral y culpabilidad (Pereboom y Caruso, 2002; Moreno, 2003; Fins, 2004);
>
> C. La ética de la neuroimagen, especialmente con relación a la lectura de los pensamientos (Farah, 2002; Illes et al., 2003, 2004); y
>
> D. La validez y permisibilidad de las pruebas neurocientíficas en los tribunales de justicia (Reider, 1998; Moreno, 2003; Zeki et al., 2004)".

Es evidente que los nexos entre Neurociencia y Derecho son muy recientes, así que estamos a tiempo de estructurar una disciplina nueva, que disponga del andamiaje conceptual necesario para comunicar eficazmente a distintas disciplinas, tradicionalmente en vías paralelas cuando podrían ser convergentes.

Esa convergencia está en el Neuroderecho y la disciplina que puede comunicar a ambas ante los tribunales de justicia no se limita a la neurociencia forense, sino que especialmente fortalece el aporte de la psicología, la psiquiatría, en síntesis, la psicopatología forense, misma que podemos entender como la ordenada amalgama de conocimientos clínicos y periciales, que se han constituido a través de los muchos siglos que dan sustento a esta disciplina especializada, que se fortalece en mucho con los avances en el estudio del cerebro, un cerebro que no es sino la base material de nuestra conducta, voluntad, procesos cognitivos todo aquello que el juez requiere para conocer la libertad de acción.

Por su parte, los neuroderechos pueden ser entendidos como: "[...] los principios éticos, jurídicos, sociales o naturales de libertad, relacionados con el dominio cerebral y mental de una persona; es decir, las reglas normativas fundamentales para la protección y preservación del cerebro y la mente humanos" (Ienca, 2021, p.1).

Desde luego, para el análisis de los neuroderechos es indispensable el estudio de los textos precursores sobre este concepto, que no son sino aquellos artículos pioneros, publicados en abril de 2017 por Ienca y Andorno (*Towards new human rights in the age of neuroscience and neurotechnology*) y en noviembre del mismo año, por Yuste y su equipo (*Four ethical priorities for neurotechnologies and AI*).

2. EL PROBLEMA DE LA LIBERTAD COGNITIVA EN AMÉRICA LATINA

La libertad cognitiva puede entenderse como propuso la profesora Sententia en 2004: "La libertad cognitiva es el derecho fundamental de toda persona a pensar de forma independiente, a utilizar el espectro completo de su mente y a tener autonomía sobre su propia química cerebral. La libertad cognitiva concierne a la ética y la legalidad de salvaguardar los procesos de pensamiento propios y, por necesidad, los estados electroquímicos cerebrales propios. El individuo, no los intereses gubernamentales o corporativos, debería tener la jurisdicción exclusiva sobre el control y/o la modulación de sus estados cerebrales y procesos mentales" (p. 223).

Como la propia Sententia señala, el concepto de libertad cognitiva "actualiza las nociones de 'libertad de pensamiento' para el siglo XXI teniendo en cuenta el poder que ahora tenemos, y que tendremos cada vez más, de monitorizar y manipular la función cognitiva" (pp. 222-223).

Es decir que se trata de proteger la libertad de pensamiento, pero, haciendo especial hincapié en garantizar la protección de los procesos neuronales que dan sustento a nuestra consciencia.

No se trata de un derecho menor, dada la importancia de la libertad de pensamiento para disfrutar de derechos fundamentales como las libertades de culto, de conciencia, de opinión y de expresión. No en vano, Sententia (2004) concluye su trabajo afirmando categóricamente que "el derecho y la libertad de controlar la consciencia y los procesos electroquímicos de pensamiento propios [es decir, la libertad cognitiva] es el sustrato necesario para casi cualquier otra libertad" (p. 227).

Obsérvese que las cuatro libertades mencionadas suponen manifestaciones externas, comportamentales, de la libertad individual. El concepto de libertad cognitiva implica la defensa del fuero interno del pensamiento, como bien destaca Ienca (2021), quien además, aconseja que la libertad de pensamiento actúe como un "derecho paragüas" que, una vez actualizado para incluir la protección del foro interno, englobe neuroderechos asociados:

"Adoptar la libertad de pensamiento como el fundamento normativo del control autónomo de una persona sobre su mente es ventajoso desde la perspectiva de una parsimonia conceptual. [...] Dado que la libertad de pensamiento ya se encuentra consagrada en el derecho internacional de los derechos humanos y es discutido ampliamente en la filosofía legal, sería *ceteris paribus* más parsimonioso adoptar esta terminología normativa en lugar de multiplicar el número de entidades normativas mediante la introducción de la libertad cognitiva, la libertad mental y los derechos a la agencia y el libre albedrío" (p. 7).

Independientemente de si la libertad cognitiva es introducida como un derecho por sí solo o, en su lugar, incorporada como concepto que sirva para actualizar el derecho a la libertad de pensamiento, se nos antoja fundamental avanzar en la protección del foro interno del pensamiento y las emociones humanas, dado el acento que tradicionalmente se ha dado a la dimensión externa o comportamental en el ámbito de los derechos humanos y fundamentales.

Entendemos que la libertad de pensamiento está reconocida en los ordenamientos jurídicos correspondientes, pero entendemos también que dichas garantías son insuficientes porque no protegen al órgano y los procesos neuronales que le dan sustento. Es como si protegiéramos la melodía que produce una sinfónica, sin proteger a los músicos. Este es un problema importante porque ya existen herramientas de la inteligencia artificial que son capaces de "*crear*" música (Civit et al, 2022). La música es sólo un ejemplo, pero en realidad podríamos plantear múltiples analogías para distintos ámbitos de la vida humana.

El concepto de libertad cognitiva sigue siendo debatido veinte años después del trabajo fundacional de Sententia (2004). En particular, dos son las líneas principales de discusión. La primera de ellas es si la libertad cognitiva debe cubrir solamente la protección frente a intervenciones neurotecnológicas de tipo coercitivo. En este caso, estaríamos frente a un derecho de tipo negativo. Esta es la postura defendida por Ienca y Andorno (2017) en su artículo *Towards new human rights in the age of neuroscience and neurotechnology* (véase p. 11).

Otros autores, en cambio, apuestan por una doble formulación, tanto negativa como positiva, de la libertad cognitiva, lo que implicaría garantizar que los individuos tienen derecho a usar las neurotecnologías de forma activa para modificar sus procesos neurales y cognitivos.

Esta línea de pensamiento es defendida, por ejemplo, por Bublitz (2013), quien define la libertad cognitiva como "el derecho a modificar los estados mentales propios con la ayuda de neuroherramientas [formulación positiva], así como a rechazar hacerlo [formulación negativa]" (p. 234).

Académicos como Farahany (2023) o la propia Sententia (2004) defienden esta misma concepción. En esencia, la formulación positiva de la libertad cognitiva conlleva la inclusión del derecho a los mejoramientos cerebrales (*neuroenhancements*).

La segunda línea de debate alrededor del concepto de libertad cognitiva tiene que ver con qué derechos abarca o sirve para actualizar. Ya hemos explicado cómo Ienca (2021) apoya incorporar la idea de libertad cognitiva para actualizar el derecho a la libertad de pensamiento. No obstante, existen autores que proponen ampliar esta incorporación. Nos referimos a Nita Farahany, quien en su reciente obra *The Battle for Your Brain* sugiere no solo actualizar la libertad de pensamiento, sino también los derechos a la privacidad (para incluir la privacidad de los datos cerebrales) y a la autodeterminación (para incluir el derecho a modificar los circuitos neurales con el fin de aumentar capacidades o debilitar recuerdos traumáticos, por mencionar dos ejemplos) (Farahany, 2023; véase también Muñoz, 2023).

Sea como fuere, ¿por qué la libertad cognitiva debería ser una preocupación fundamental en América Latina? ¿Es que no tenemos suficiente con los riesgos que padecen otras libertades, como la de prensa[5]? ¿Es esta una preocupación accesoria, dadas otras preocupaciones principales, como la violencia[6]?

La respuesta a estas preguntas no es sencilla, ya que fenómenos voraces como la violencia que se padece en la región, son fauces que impiden valorar por qué es tan alto el riesgo de no proteger la libertad cognitiva frente al avance de las neurotecnologías y la inteligencia artificial.

A la par, es difícil reconocer el impacto negativo que estas tecnologías podrían estar teniendo en la salud mental. Sin embargo, aquí reiteramos el llamado "dilema del control", en el cual Collingridge (1980, p. 19) estableció que: "[...] intentar controlar una tecnología es difícil y en ocasiones, imposible, porque durante sus etapas tempranas, cuando es posible controlarla, no se sabe demasiado acerca de sus consecuencias sociales perjudiciales como para justificar el control de su desarrollo; pero para cuando estas consecuencias son aparentes, el control es costoso y lento."

En efecto, buscar la protección de algo así de aparentemente intangible como la libertad cognitiva, puede parecernos una exageración en este momento; pero puede ocurrir también que cuando deseemos hacerlo, dicha libertad haya sido ya colonizada y para entonces, no quedará más alternativa que la rendición de nuestras otras libertades.

Para América Latina este riesgo es aún mayor que para las regiones más desarrolladas del planeta. La colonización de nuestro cerebro, sus procesos y facultades, no será igual de adversa en Copenhague que en Cali, o en Oaxaca que Helsinki. Uno de los motivos para estas diferencias, está en las múltiples desigualdades, que podemos comparar al menos superficialmente a través de los siguientes gráficos.

Es amplia la bibliografía que analiza los problemas que afronta la libertad de prensa en América Latina. Una muestra de ello son los diferentes autores que han discutido esta problemática a lo largo de varios años, por ejemplo: Ferreira (1957); Mellado et al (2012) o Singer (2021), por mencionar sólo algunos. Las publicaciones académicas que han abordado este fenómeno atroz son ingentes. Sólo por mencionar algunos puntos de referencia: "*Crime and Violence in Development: A Literature Review of Latin America and the Caribbean*" (Heinemann & Verner. 2006); "*Violence Research in Latin America and the Caribbean: A Literature Review*" (Imbusch et al, 2011); "*The crime rate of five Latin American countries: Does income inequality matter?*" (Goh & Hook, 2023).

Gráfico 2. Porcentaje de la población viviendo en pobreza extrema, hasta 2019.

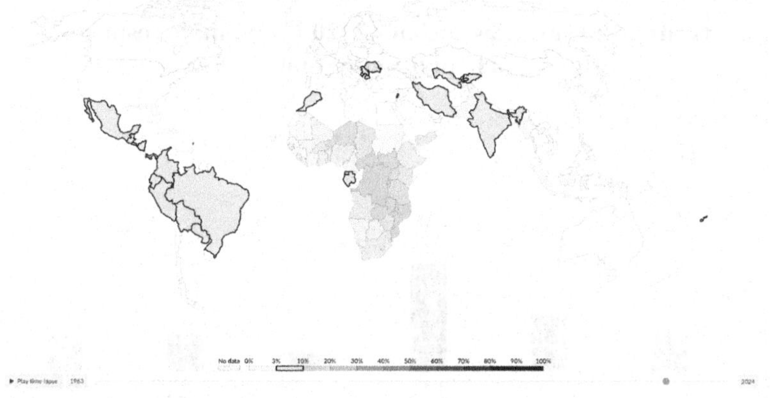

Fuente: https://ourworldindata.org/poverty

La pobreza extrema se presenta cuando las personas sobreviven con un umbral que está por debajo de los 2 dólares al día. En países como México y de acuerdo con los datos más recientes del Consejo Nacional de Evaluación de la Política de Desarrollo Social (CONEVAL, 2023a), más del 50% de la población vive en condiciones de pobreza.

Ese total se divide en 42.5% que corresponde a la pobreza moderada (un eufemismo) y el 8.3% que corresponde a la pobreza extrema.

Con base en la misma fuente, un 20.9% de la población mexicana se entiende como "vulnerable por carencia social" y un 10.1 % "vulnerable por ingresos". Estos porcentajes dejan a un pequeño 18.3% de la población que "no es pobre y no es vulnerable". Ahora bien, que casi 2 de cada 10 personas no sean pobres, no significa que sean ricos, sino sólo que no son pobres ni vulnerables.

Debemos tomar en cuenta que estos datos, sólo representan una de las carencias, pero si añadimos otras fuentes (gráfico 3) queda de relieve el alto grado de adversidad en el que se vive en países como el nuestro.

Gráfico 3. Carencias sociales 2020 (porcentaje respecto a la población total)

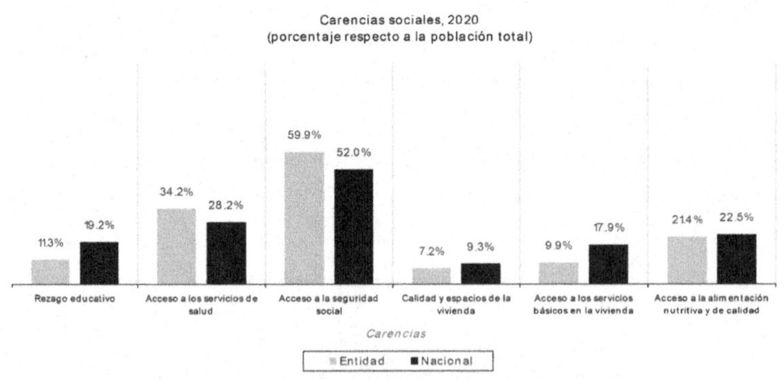

Fuente: Consejo Nacional de Evaluación de la Política de Desarrollo Social (CONEVAL, 2023a). Disponible en: https://www.gob.mx/cms/uploads/attachment/file/791855/15Mexico23.pdf

El gráfico 3 es elocuente porque muestra carencias tan significativas como el acceso a la seguridad social, el acceso a los servicios de salud o el rezago educativo. Además, debe tomarse en consideración que estos son los porcentajes generales, pero que si observamos con mayor cuidado las cifras y nos concentramos en las poblaciones aún más vulnerables, el panorama resulta todavía más adverso.

Para visualizar este panorama, volvemos a citar al CONEVAL (2023b, pág.2):

> "[...] algunos grupos poblacionales enfrentan menores niveles de bienestar y obstáculos sistemáticos para el ejercicio de los derechos sociales.
>
> - En 2020, 7 de cada 10 personas indígenas se encontraban en situación de pobreza y las dos carencias con mayor incidencia entre esta población fueron la de acceso a la seguridad social (77.2%) y la de acceso a los servicios básicos en la vivienda (57.9%).
>
> - En 2020, 49.5% de la población con discapacidad se encontraba en situación de pobreza; en ese mismo año, la carencia con más presencia en este grupo poblacional fue la de acceso a la seguridad social (46.0%) y la segunda fue el rezago educativo (45.9%).
>
> - La mitad de las niñas, niños y adolescentes se encontraba en situación de pobreza en 2020; las carencias más reportadas en esta población además de la de acceso a la seguridad social (58.0%), fueron la de acceso a los servicios de salud (27.5%) y la de acceso a la alimentación nutritiva y de calidad (26.3%).
>
> - En 2020, 46.1% de la población de 12 a 29 años se encontraban en situación de pobreza, la carencia con mayor incidencia para las y los jóvenes fue el acceso a la seguridad social (59.3%), seguida de la de acceso a los servicios de salud, que de 2018 a 2020 aumentó de 19.6% a 32.1%.
>
> - En cuanto a la población adulta mayor, de 2018 a 2020 se estimó una reducción en la proporción de personas en situación de pobreza al pasar de 43.2% a 37.9%; la carencia con mayor presencia en las personas de más de 65 años fue la de rezago educativo (49.1%), a la vez que des-

> taca la notable disminución de 12.6 puntos porcentuales en la carencia por acceso a la seguridad social, pasando de 41.4% a 28.8%."

Aunque el panorama es bastante adverso, es importante reconocer los esfuerzos de la región para revertir este contexto. El gráfico 4 puede permitirnos apreciar dos realidades: por una parte, los referidos intentos a lo largo de las décadas y, por otra, la enorme distancia que existe con los países desarrollados.

Gráfico 4. Porcentaje de la población que vive en pobreza extrema, 1971-2022

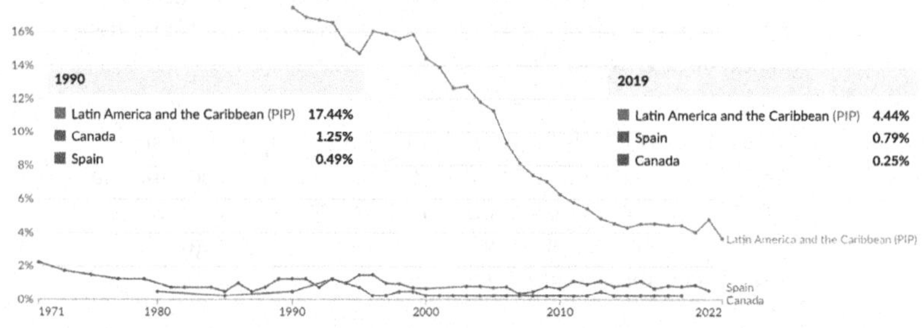

Fuente: https://ourworldindata.org/poverty

Este contexto de adversidades -sin siquiera haber mostrado todas, sólo algunas de ellas, como pinceladas- constituye un argumento válido para inquietarnos frente al desarrollo neurotecnológico. Más allá de si algunos países de la región podrían desarrollar artefactos poderosos en este ámbito, lo relevante es cómo se afrontarán estos desafíos -la protección del cerebro y sus productos- sin un marco normativo adecuado.

Como hemos explicado previamente (Muñoz y García-López, 2023):

> "Teniendo en cuenta que [ ] los países con mayores índices de desigualdad y pobreza parecen ser los más expuestos a las nuevas tecnologías, este y otros retos derivados de la implementación de las neurotecnologías —autonomía, identidad,

integridad, sesgos— serán especialmente desafiantes en estos países.

En este sentido, sería valioso impulsar iniciativas de contrapeso encaminadas a lo que podríamos denominar como '*alfabetización neurotecnológica*' es decir, el desarrollo de habilidades individuales de comprensión y uso adecuado de las neurotecnologías (en especial, de aquellas dirigidas al ámbito del consumo doméstico), así como de competencias suficientes para evaluar los riesgos derivados de su empleo inapropiado.

Para lograr una eficiente alfabetización neurotecnológica, puede actuarse a título personal y familiar, pero diversos factores socioeconómicos hacen que esto no siempre resulte posible. Es por ello, que resulta fundamental el concurso de acciones institucionales y el diseño de políticas públicas que permitan prevenir efectos indeseables del uso de las neurotecnologías.

Por ejemplo, de la misma suerte en la que hoy disponemos de materiales sobre la prevención del suicidio, el acoso escolar y la violencia contra las mujeres —por citar sólo algunos casos— estimamos que sería muy oportuno contar con estas mismas campañas para alertar a la población general sobre los retos que representan los avances neurotecnológicos para nuestra identidad personal y especialmente para nuestra libertad cognitiva.

A la par, y debido a que es altamente predecible que el avance de la neurociencia siga contribuyendo a incrementar los conocimientos de la humanidad durante las próximas décadas, defendemos que es necesario y urgente actualizar los planes de estudio de las facultades de derecho, de tal manera que estos profesionales —ya sean jueces, fiscales, mediadores, litigantes, defensores de derechos humanos o asesores victimales, entre otras muchas posibilidades— dispongan de los conocimientos indispensables para comprender por qué se necesita un Derecho de la Neurociencia y no sólo una Neurociencia del Derecho."

3. ¿PARA QUÉ ACTUALIZAR LOS PLANES DE ESTUDIO EN LAS FACULTADES DE DERECHO?

Esta es una idea factible, que requiere una inversión mínima y que podría redundar en amplios beneficios sociales. Actualizar los planes de estudio en las facultades de abogacía e incluir en ellos una asignatura sobre fundamentos de neurociencia y derecho, permitiría a los juristas disponer de los conocimientos indispensables para comprender la trascendencia del estudio del encéfalo y valorar el impacto que dichos estudios pueden tener en el sistema de justicia.

A la postre, cuando los abogados ejerzan la profesión ya como jueces, fiscales, defensores, abogados victimales, mediadores, etc., dispondrán de un conocimiento que les permita apreciar algunos de los porqués del comportamiento humano. Por ejemplo, podrían valorar mucho mejor la importancia de las emociones para los procesos de justicia restaurativa o de los procesos cognitivos para los programas de reinserción social, por mencionar sólo unos pocos ejemplos de los muchos que existen: funciones ejecutivas del cerebro en el sistema de justicia para adolescentes, evaluación de la memoria en testigos, sesgos cognitivos en jueces y verdaderamente un amplio etcétera.

Esta reforma a los planes de estudio incluiría un módulo central sobre Neuroderechos, cuyos contenidos les permitan analizar los porqués de las reformas legislativas que se están discutiendo actualmente en países como Chile, Brasil y España.

A manera de propuesta inicial, sugerimos un plan de estudios que podría estructurarse con base en los siguientes contenidos principales:

Antecedentes históricos de las relaciones entre Derecho y Neurociencia

Fundamentos de neurobiología de la conducta

Neuroderecho en Iberoamérica

Neuroderecho y Psicopatología Forense

Procesos cognitivos y su relación específica con el Derecho

Psicología del testimonio

Neurociencia, psicopatología forense y estándar de prueba

Casos prácticos sobre derecho y neurociencia en el contexto anglosajón

Casos prácticos sobre derecho y neurociencia en el contexto iberoamericano

Neuroética y Neuroderechos Humanos (*Neurorights*)

Desde luego, esta propuesta general habría de desarrollarse con base en los formatos universitarios y progresivamente alcanzar otras disciplinas importantes, como la Criminología y la Victimología (García-López y Ruiz, 2023).

Asimismo, estos programas incluyen conocimientos relacionados con las neurotecnologías y la inteligencia artificial (en nuestra propuesta, constituyen subtemas del tema X).

Reformar los planes de estudio de las facultades de derecho, serviría para que los nuevos juristas dispusieran de conocimientos basados en la evidencia científica sobre el comportamiento humano, esto les brindaría una nueva perspectiva, acorde a los desafíos que plantea el avance de las neurotecnologías y, en especial, los avances en el estudio del cerebro y su enorme influencia sobre nuestra conducta.

CONSIDERACIONES FINALES

¿Deben modificarse las constituciones de los distintos países e incluir en ellas los así llamados neuroderechos? ¿Estos neuroderechos, deben formar parte de la Declaración Universal de los Derechos Humanos? ¿No están ya contenidos allí, aunque con distintos nombres?

Las respuestas a estas preguntas no pueden ser definitivas en este momento. De hecho, parece que por fin comienza a fraguarse un debate interesante entre quienes consideramos que sí es necesaria una actualización legislativa de gran calado y quienes estiman que los neuroderechos no son figuras indispensables que deban formar parte del aparato constitucional.

Mientras tanto, países como Chile, España y Brasil parecen dar pasos muy decididos hacia reformas estructurales de sus ordenamientos jurídicos y a la par otros países, como Argentina, México y Colombia, esbozan posibilidades que comienzan a llamar la atención de legisladores y académicos.

Estos esfuerzos -académicos y legislativos- son indispensables y urgentes, ya que la base de las libertades se encuentra en la libertad cognitiva y es ella la que se encuentra en riesgo frente al avance irrefrenable de las neurotecnologías.

BIBLIOGRAFÍA

American Psychological Association (2023a). *Neuroscience.* Disponible en: https://dictionary.apa.org/neuroscience

American Psychological Association (2023b). *Neurotechnology.* Disponible enhttps://dictionary.apa.org/neurotechnology

American Psychological Association (2023c). *Technology.* Disponible en: https://dictionary.apa.org/technology

American Psychological Association (2023d). *Artificial Intelligence.* Disponible en: https://dictionary.apa.org/artificial-intelligence

Andreu, C. y Ramón, J. (2014). Potencial Evocado Cognitivo P300 en la Investigación Pericial (P300-PERICIAL). *Revista de derecho y proceso penal,* 33, 345-366.

Ariano, C. (2016). Reflexiones sobre el neuroderecho. *Vox Juris,* 32 (2), 101-106.

Belcher, A., & Sinnott-Armstrong, W. (2010). Neurolaw. Wiley Interdisciplinary Reviews. *Cognitive Science,* 1(1), 18-22.

Bublitz J-C. (2013). My mind is mine!? Cognitive liberty as a legal concept. En E. Hildt & A. G. Franke (Eds.), *Cognitive enhancement: An interdisciplinary perspective* (pp. 233-264). Springer. doi: 10.1007/978-94-007-6253-4_19

Cáceres, E., García, J. y García, E. (2021). Neuroética y neuroderechos. *Revista del posgrado en derecho de la UNAM,* 8 (15), 37-86.

Capó, M., Nadal, M., Ramos, C., Fernández, A. y Cela-Conde, C.J. (2006). Neuroética. Derecho y Neurociencia. Ludus Vitalis XIV (25), 163-176.

Cardoso, R. (2021). Neurolaw and the neuroscience of free will: an overview. *Revista de Filosofía,* 21, 55-81.

Cinel, C., Valeriani, D. & Poli, R. (2019) Neurotechnologies for Human Cognitive Augmentation: Current State of the Art and Future Prospects. *Front. Hum. Neurosci.* 13:13. doi: 10.3389/fnhum.2019.00013

Civit, M., Civit, J., Cuadrado, F. & Escalona, M. (2022). A systematic review of artificial intelligence-based music generation: Scope, applications, and future trends. *Expert Systems with Applications* 209. Doi: https://doi.org/10.1016/j.eswa.2022.118190

Collingridge, D. (1980). *The social control of technology.* Frances Pinter.

Consejo Nacional de Evaluación de la Política de Desarrollo Social (CONEVAL). (2023a). Informe de evaluación de la política de desarrollo social 2022. Disponible en: HYPERLINK "https://www.coneval.org.mx/Evaluacion/Documents/Informes/IEPDS_2022.pdf" \h https://www.coneval.org.mx/Evaluacion/Documents/Informes/IEPDS_2022.pdf

Consejo Nacional de Evaluación de la Política de Desarrollo Social (CONEVAL). (2023b). Comunicado 1. Sobre el informe de evaluación de la política de desarrollo social 2022. Disponible en: https://www.coneval.org.mx/SalaPrensa/Comunicadosprensa/Documents/2023/CO MUNICADO_01_INFORME_DE_EVALUACION_2022.pdf

DANA Foundation (2023a). Key Brain Terms. Neuroethics. Disponible en: https://dana.org/explore-neuroscience/brain-basics/key-brain-terms-glossary/ DANA Foundation (2023b). Key Brain Terms. Neurolaw. Disponible en: https://dana.org/explore-neuroscience/brain-basics/key-brain-terms-glossary/

Dash, S., Padhi, H. & Das, B. (2020). Neurolaw: A New Horizon Of Neuroscience And Law. *European Journal of Molecular & Clinical Medicine,* 7 (10), 91- 98.

Demetrio, E. (2022). *Derecho Penal y Comportamiento Humano. Avances desde la neurociencia y la inteligencia artificial.* Valencia: Tirant Lo Blanch.

Donchev, A. (2018). Applying Confirmation Theory to the Case against Neurolaw. Balkan *Journal of Philosophy,*10 (1):45-54. 10.5840/bjp20181016

Farahany, N. (2023). *The battle for your brain.* St. Martin's Press.

Ferreira, L. (1957). *Centuries of Silence: The Story of Latin American Journalism.* Westport: Praeger.

García-López, E. (2007). Neurociencia, conducta e imputabilidad. *Quark* 39, p. 88-92.

García-López, E. (2016). Psicopatología forense y Sistema de Justicia Penal: la importancia del concepto neurolaw. En E. García-López (Coord.), F. Ostrosky, G. Laveaga y E. Esbec. *Psicopatología forense. Derecho, neurociencias y Sistema de Justicia Penal.* México: Wolters-Kluwer.

García-López, E., Mercurio, E., Nijdam-Jones, A., Morales, L.A. & Rosenfeld, B. (2019) Neurolaw in Latin America: Current Status and Challenges, *International Journal of Forensic Mental Health,* 18:3, 260-280, doi: 10.1080/14999013.2018.1552634

García-López, E. (2019). En E. García-López y E. Mercurio. (2019). *Psicopatología forense y justicia restaurativa: perspectivas desde el neuroderecho.* México: Instituto Nacional de Ciencias Penales.

García-López, E. y Mercurio, E. (2019). Psicopatología forense y justicia restaurativa: perspectivas desde el neuroderecho. Ciudad de México: Instituto Nacional de Ciencias Penales.

García-López, E. (2022). Neuroderecho y Neuroderechos en Hispanoamérica. En E. Demetrio (Dir). *Derecho Penal y Comportamiento Humano. Avances desde la neurociencia y la inteligencia artificial.* Valencia: Tirant Lo Blanch.

García-López, E. y Ruiz, A. (2023). *Neurociencia y criminología.* México: Instituto Nacional de Ciencias Penales.

Goodenough, R. & Tucker, M. (2010). Law and Cognitive Neuroscience. *Annual Review of Law and Social Science,* 6 (1), 61–92. doi:10.1146/annurev.lawsocsci.093

Goh, L.T. & Hook, S. (2023). The crime rate of five Latin American countries: Does income inequality matter?, *International Review of Economics & Finance*, 86, 745-763.

González de la Garza, M. (2013). ¿Qué es el neuroderecho y para qué sirve? *Revista del Colegio Notarial de Madrid*, 77 (47). p. 68-71.

Hassemer, W. (2011). Neurociencias y culpabilidad en derecho penal. *InDret*. Disponible en: https://indret.com/wp-content/themes/indret/pdf/821.pdf

Heinemann, A. & Verner, D. (2006). Crime and Violence in Development: A Literature Review of Latin America and the Caribbean. *World Bank Policy Research Working Paper* No. 4041. Disponible en: https://ssrn.com/abstract=938907

Ienca, M. & Andorno, R. (2017). Towards new human rights in the age of neuroscience and neurotechnology. *Life Sci Soc Policy* 13(1):5. doi: 10.1186/s40504-017-0050-1.

Ienca, M. (2021). On Neurorights. *Front. Hum. Neurosci.* 15:701258. doi: 10.3389/fnhum.2021.701258

Imbusch, P., Misse, M. & Carrión, F. Violence Research in Latin America and the Caribbean: A Literature Review. *International Journal of Conflict and Violence* 5 (1). Doi: https://doi.org/10.4119/ijcv-2851

Koivula, N., Ferreira, N., Lozev, P., Böhlke, F. Birgit, J. & Bockmeyer, S. (2014). *Neurolaw.* Maastricht University: Limburgo.

Mellado, C., Moreira, S. V., Lagos, C., & Hernández, M.E. (2012). Comparing journalism cultures in Latin America: The case of Chile, Brazil and Mexico. *International Communication Gazette*, 74(1), 60–77. https://doi.org/10.1177/1748048511426994

Meynen, G. (2014). Neurolaw: Neuroscience, Ethics, and Law. Review Essay. *Ethical Theory and Moral Practice*, 17(4), 819–829. doi:10.1007/s10677-014-9501-4

Meynen, G. (2016). Neurolaw: recognizing opportunities and challenges for Psychiatry. *J Psychiatry Neurosci*, 41(1), 3-5.

Monasterio, A. (2013). Una aproximación neurofilosófica a la justificación, excusación y mitigación como formas de exculpación. *Revista Telemática de Filosofía del Derecho*, 16, 159-174.

Muñoz, J.M. (2023). Achieving cognitive liberty. *Science*, 379(6637), 1097. doi: 10.1126/science.adf8306

Muñoz, J.M. y García-López, E. (2023). Alfabetización neurotecnológica frente a la desigualdad. *Agenda Estado de Derecho.* Disponible en:

https://agendaestadodederecho.com/alfabetizacion-neurotecnologica-frente-a-la-desigualdad/

Muñoz, J.M., García-López, E. & Rusconi, E. (2020). Editorial: Neurolaw: The Call for Adjusting Theory Based on Scientific Results. *Front. Psychol.* 11:582302. doi: 10.3389/fpsyg.2020.582302

Narváez, M. (2014). Neuroderecho: El sentido de la acción no está en el cerebro. Argentina: Universidad de Palermo. *Revista de Teoría del Derecho de la Universidad de Palermo,* I (2), pp 125-148.

Ostrosky, F. (2016). Neuroley, cognición y cerebro. En E. García-López (Coord.), F. Ostrosky, G. Laveaga y E. Esbec. *Psicopatología forense. Derecho, neurociencias y Sistema de Justicia Penal.* México: Wolters-Kluver.

Petoft A. (2015). Neurolaw: A brief introduction. *Iranian Journal of Neurology,* 14(1), 53–58.

Real Academia Española (2022a). Neurociencia. Disponible en: https://dle.rae.es/neurociencia

Real Academia Española (2022b). Neurotecnología. Disponible en: dle.rae.es/neurotecnología

Real Academia Española (2022c). Tecnología. Disponible en: Disponible en: dle.rae.es/tecnología

Real Academia Española (2022d). Inteligencia artificial. Disponible en: dle.rae.es/inteligencia

Schleim, S. (2020) Real Neurolaw in the Netherlands: The Role of the Developing Brain in the New Adolescent Criminal Law. *Front. Psychol.* 11, 762. doi: 10.3389/fpsyg.2020.01762

Sententia, W. (2004). Neuroethical considerations: Cognitive liberty and converging technologies for improving human cognition. *Annals of the New York Academy of Sciences,* 1013(1), 221-228. doi: 10.1196/annals.1305.014

Shen, F. (2021). Toward a Definition of "Neurolaw". U. ST. THOMAS J.L. & PUB, 15(1), 174-175.

Singer, M. (2023). Fiddling while Democracy Burns: Partisan Reactions to Weak Democracy in Latin America. *Perspectives on Politics,* 21(1), 9-26. doi:10.1017/S1537592721002899

Taylor, J.S., Harp, J.A. & Elliott, T. (1991). Neuropsychologists and neurolawyers. *Neuropsychology,* 5(4), 293–305. HYPERLINK "https://doi.org/10.1037/0894-4105.5.4.293" \h https://doi.org/10.1037/0894-4105.5.4.293

Yuste, R., Goering, S., Arcas, B. et al. Four ethical priorities for neurotechnologies and AI. *Nature* 551, 159–163 (2017). https://doi.org/10.1038/551159a

Valente, L. (2014). Neurociencia y Neuroética en el Marco Jurídico de la Salud Mental. *Anales de la Facultad de Ciencias Jurídicas y Sociales.* U.n.l.p.11 (44). 33-47.

Valeriani, D., Ayaz, H., Kosmyna, N., Poli, R. and Maes, P. (2021). Editorial: Neurotechnologies for Human Augmentation. *Front. Neurosci.* 15:789868. doi: 10.3389/fnins.2021.789868

Verma, A., Kafaltiya, A., Deepak, D., Sharma, S. & Srivastava, P. (2020). A Review Of Neurolaw And Its Contribution To The Judiciary. *International Journal of Scientific & Technology Research,* 9 (2), 466- 471.

Vincent, N.A. (2014). Neurolaw and direct brain interventions. *Crim Law Philos,* 8,43–50.

Zavadivker, N. (2016). Metodología del Neuroderecho. En A. Crelier (Coord). *Metodología de la investigación jurídica: propuestas contemporáneas.* Argentina: Brujas.

La posible dimensión penal de la Directiva sobre diligencia debida y sostenibilidad

ANA ISABEL PÉREZ CEPEDA
Catedrática de Derecho Penal
Universidad de Salamanca

Resumen: Aprobada la Directiva de diligencia debida y sostenibilidad, con una visión crítica se afronta el desafío de crear una arquitectura para la protección de los Derechos humanos y el medio ambiente en el contexto empresarial y la gestión de la cadena de suministro. Se pretende un desarrollo regulatorio híbrido en nuestra legislación para determinar la responsabilidad de la empresa matriz, los administradores y el representante autorizado, superando las limitaciones del Derecho público y privado en la gestión de cadenas de suministro, que en la mayoría de los casos han conllevado la impunidad.

Palabras clave: Responsabilidad penal, empresas multinacionales, deber de diligencia, programas de cumplimiento, Derechos humanos y medio ambiente.

Abstract: Once the Due Diligence and Sustainability Directive has been approved, with a critical vision the challenge of creating an architecture for the protection of Human Rights and the environment in the business context and supply chain management is faced. A hybrid regulatory development is intended in our legislation to determine the responsibility of the parent company, the administrators and the authorized representative, overcoming the limitations of public and private law in the management of supply chains, which in most cases have entailed impunity.

Keyworsd: Criminal liability, multinational companies, due diligence, compliance programs, human rights and the environment.

INTRODUCCIÓN

En un mundo globalizado, las empresas multinacionales adquieren un papel dominante en la configuración de la economía global. La actividad económica desarrollada por estas empresas busca el puro beneficio sin importar las consecuencias, poniendo en peligro o vulnerando los Derechos humanos y el medio ambiente. En estas violaciones suelen estar involucradas por sí solas de manera autónoma o cooperando con otros actores, normalmente con socios comerciales directos o indirectos de su cadena de actividad. Algunos ejemplos son la industria automovilística, en el caso Volkswagen, que pone de manifiesto estas empresas pueden gozar del amparo de los Gobiernos a pesar de los fraudes a los consumidores y su contribución al cambio climático (Whyte, D., 2016, pp.165 y ss.), o la multinacional Nestlé, demandada bajo la Ley de Transparencia de las Cadenas de Suministro de California de 2010 (SB 657) por el uso de trabajo esclavo en la cadena de producción de pescado en su comida para gatos en el sudeste asiático, así como las prácticas de esclavitud y trabajo infantil en la cadena de producción de cacao desde Costa de Marfil junto a la multinacional Mars.

Las corporaciones transnacionales, ciertamente, han dejado un número significativo de vulneraciones del Derecho interno en los países y de los estándares internacionales de Derechos humanos y medio ambiente. Estas violaciones se producen tanto por su recolocación en países con normas de protección más bajos, como por su evasión de responsabilidades en la difuminación jurídica transnacional de su actividad empresarial, que sumado a la falta de coordinación entre los sistemas legales nacionales e internacionales puede permitir la impunidad.

La complejidad de las cadenas de suministro globales y las operaciones empresariales dificulta la identificación y atribución de responsabilidad por violación de Derechos humanos y medio ambiente. Esto ha llevado a una presión creciente para criminalizar y sancionar penalmente a las empresas, paralelamente a la obligación de reparar el daño causado, aunque todavía no existe en el ámbito internacional una normativa que establezca estándares comunes y facilite la cooperación entre países, lo que es esencial para perseguir y castigar estos delitos en el ámbito empresarial.

Hasta ahora, los Estados eran los únicos obligados a garantizar el respeto a los Derechos humanos en sus territorios. Es más, en reiterada doctrina se pone el acento en la posible omisión por parte del Estado, lo que conllevaría su propia responsabilidad, algo que puede suceder cuando se produce la ausencia de responsabilidad de los autores del delito o con una pena demasiado débil (digamos que simbólica solo para sostener que formalmente está castigando el hecho) al ser equivalente a una impunidad (Viganó, F., 2014, pp. 428 y ss.).

La implementación de programas de cumplimiento (*compliance*) y la responsabilidad penal de las empresas en nuestro ordenamiento han tenido implicaciones económicas significativas, pero dado el sistema de números clausus de delitos por los que responden las empresas existe una escasa incidencia en la prevención de las violaciones de Derechos humanos. Estos programas, se pretende que influyan en los procesos de toma de decisiones dentro de las empresas, el nivel de actividad económica y el funcionamiento de los mercados de bienes y servicios. Desde esta perspectiva, Nieto Martín estima que debería elaborarse la *compliance* en materia de Derechos humanos y medio ambiente de manera participativa, recurriendo a expertos independientes externos a la propia organización y consultando a los grupos potencialmente afectados y otras partes interesadas (Nieto Martín, A., 2020, pp. 137 y ss.).

Esta es precisamente la senda seguida por la Directiva (UE) 2024/1760 del Parlamento Europeo y del Consejo, de 13 de junio de 2024, sobre diligencia debida de las empresas en materia de sostenibilidad y por la que se modifican la Directiva

(UE) 2019/1937 y el Reglamento (UE) 2023/2859 que convierte a las empresas matrices en sujetos que deben cumplir obligaciones de diligencia debida en su cadena de actividad, aunque no se pronuncia sobre la responsabilidad penal, centrándose en la responsabilidad de la empresa matriz administrativa y la responsabilidad civil por daños, cuando se produzca el incumplimiento de dichas obligaciones (Pérez Cepeda, A. I., 2024, pp. 305 y ss.).

A sensu contrario, como señala Ambos, puede pensarse que la razón de la actividad legislativa a nivel internacional, regional y nacional para hacer responsables a la empresa matriz por las violaciones de los Derechos humanos en la cadena de suministro refleja el fracaso de la autorregulación empresarial (Ambos, K., 2018, p.12), puesto que en el mejor de los casos la implementación de programas puede reducir, en España puede llegar a excluir, el riesgo de sanciones penales y administrativas, así como mejorar la reputación de la empresa y aumentar la confianza de los inversores y consumidores (Hernán Goldman, D., 2019, pp. 21 y ss.). A pesar de todo, la exigencia del deber de diligencia de las personas jurídicas para la prevención de violaciones a los Derechos humanos y medio ambiente en su cadena de actividad presenta un notable avance para garantizar que las empresas no solo busquen beneficios económicos, sino que también operen de manera ética y respetuosa con los Derechos humanos y medio ambiente.

Sobre la base de que la Directiva es un programa de mínimos, el legislador nacional podría decantarse por exigir una responsabilidad penal por el incumplimiento del deber de diligencia, basándose en que es la prevención general de la sanción penal de la persona jurídica que empuja a los socios y dirigentes a adoptar medidas orientadas hacia la prevención del delito y que en el incumplimiento normativo de los Derechos humanos y medio ambiente aumenta significativamente las posibilidades de prueba del elemento subjetivo. Por ende, la responsabilidad penal corporativa también puede ser una herramienta más apropiada para hacer factible la recuperación de activos y satisfacer la responsabilidad civil gracias al patrimonio del que suele disponer la empresa (Nieto Martín, A., 2020, pp. 137 y ss.).

Como hemos señalado, aunque la Directiva de diligencia debida y sostenibilidad representa un paso importante hacia la integración de los Derechos humanos y medio ambiente en las operaciones empresariales, sin embargo, la falta de una dimensión penal explícita hace que puedan surgir preguntas sobre la efectividad de sus medidas. El marco normativo estatal que implemente la Directiva, puede establecer que las empresas matrices, sus administradores y representante autorizado sean responsables penalmente por las violaciones de Derechos humanos y medio ambiente cometidas en sus cadenas de actividad, dando un paso más allá de la responsabilidad administrativa y civil prevista cuando no implementen o supervisen adecuadamente las políticas de diligencia debida, estableciendo sanciones económicas, la suspensión de actividades y otras medidas que aseguren la reparación del daño causado por la empresa matriz y la no repetición, así como penas para los administradores y representante autorizado de las empresas matrices, cuando, habiendo conocido o debiendo conocer los riesgos de violaciones de Derechos humanos y medio ambiente, no actúen para prevenirlos, mitigarlos o evitarlos. En el caso de los administradores y representante autorizado la responsabilidad penal puede incluir penas de prisión, multas e inhabilitación para ejercer cargos de administración en empresas.

La cuestión es ensamblar el enfoque penal con la responsabilidad empresarial y el cumplimiento del principio de diligencia debida como vía óptima para acabar con la impunidad de empresas multinacionales. Surgiendo así, la necesidad de que los Estados extrapolen el deber de respetar los Derechos humanos y el medio ambiente de las empresas matrices al ámbito penal y determinen la responsabilidad de éstas, sus administradores y representante autorizado, atendiendo a la relevancia de los bienes jurídicos lesionados y la necesidad de poner fin a estos hábitos, dado el efecto preventivo-general de la responsabilidad penal. Ergo, en principio parece que, una tutela proporcional y efectiva de los Derechos humanos y medio ambiente obliga a la criminalización y sanción penal de las empresas cuando sean vulnerados. Por consiguiente, paralelamente a la obligación de reparar el daño causado de la empresa matriz, se presenta la necesidad de sancionar penalmente por las lesiones de Derechos humanos y medio ambiente que puedan cometer las empresas de la cadena de actividad.

En aras explorar la idoneidad y necesidad de la intervención penal, en las siguientes páginas se analiza, por un lado, la prevención del delito como fundamento de responsabilidad de la empresa matriz, basándose en procurar un marco disuasorio de las violaciones de los Derechos humanos y medio ambiente en su cadena de actividad, eliminando o reduciendo la oportunidad delictiva y reaccionando eficazmente al ilícito. Por el otro, la empresa matriz, administradores y representante autorizado en cuanto titulares de una fuente de riesgo de su actividad económica y productiva, así como por la relevancia de los bienes jurídicos (Derechos humanos y medio ambiente) que pueden verse lesionados justifica el deber de impedir el resultado lesivo, por lo que pueden tener una posición de garantía sobre los mismos cuando tengan un control sobre las filiales, como vía de dominio del acto de la filial o de cooperación con ésta. La clave en este caso es el control de la matriz sobre las filiales como fuente de obligaciones de cumplimiento para la matriz tanto en relación con su propia conducta empresarial como con la de las empresas que intervienen en su cadena de actividad, tal y como tendremos ocasión de constatar.

1. LA RESPONSABILIDAD PENAL DE LA EMPRESA MATRIZ

Los Principios Rectores sobre las Empresas y los Derechos Humanos de la ONU, establecen que las empresas tienen el deber de "Proteger, Respetar y Remediar" los Derechos humanos en su cadena de actividad. Esto implica evitar causar o contribuir a efectos negativos en los Derechos humanos y medio ambiente a través de sus propias actividades y de sus relaciones comerciales, incluyendo las cadenas de actividad (Nolan, J., 2017). En esta línea, la Directiva de diligencia debida y sostenibilidad impone obligaciones a las empresas para identificar, prevenir, mitigar y remediar los riesgos de violaciones de Derechos humanos y el medio ambiente en sus operaciones y cadena de actividad.

La obligación de diligencia debida de las empresas matrices conlleva la adopción de medidas proactivas y la realización de una evaluación exhaustiva del riesgo de las actividades de las filiales. Una vez implementadas las medidas preventivas adecuadas, deberán ser supervisadas continuamente para asegurar el cumplimiento de las políticas de Derechos humanos y medio ambiente por parte de sus filiales. Esto incluye además de las auditorías periódicas, la implementación de mecanismos de denuncia (Chambers, R., 2021, pp. 519 y ss.). Por ende, se debe hacer un seguimiento de los resultados e informar cómo se abordan los impactos si los hubiere y, por último, tiene la obligación de reparar o colaborar en la reparación del impacto cuando corresponda. Conviene destacar que, la transparencia es una obligación esencial de las empresas matrices, que deben publicar informes detallados sobre sus políticas de diligencia debida, los riesgos identificados y las medidas adoptadas para mitigarlos. Estos informes deben ser accesibles al público y auditados por organismos independientes (Bueno, N., 2017, pp. 568 y ss.).

En el supuesto de que no se hayan cumplido de forma efectiva estas políticas de diligencia debida, el Estado mediante el Derecho penal puede elevar las exigencias a las empresas a una autorregulación regulada y reclamar que establezcan medidas de prevención de riesgos, vigilancia y control un cumplimiento normativo respecto de las posibles infracciones que pudieran desarrollarse en su actuación económica en la cadena de actividades, planteándose la posibilidad de tipificar una omisión relevante penalmente cuando se produzcan violaciones de Derechos humanos y medio ambiente en la cadena de actividad.

Anclados en esta tesitura, la futura norma que implemente la Directiva, puede sancionar a la empresa matriz por una cultura organizativa defectuosa traducida en el "fallo en la prevención de delitos" cuyo fundamento reside en que ha de procurar un marco disuasorio de los ilícitos, bien sea porque su organización debe eliminar o reducir la oportunidad delictiva, o bien sea porque su reacción eficaz al ilícito tiene un efecto disuasorio. El control de la matriz sobre las filiales en este contexto no se contempla como vía de dominio del acto de la filial sino como fuente de obligaciones de cumplimiento para la matriz basado en su poder de decisión estratégica u operativa tanto en relación con su propia conducta empresarial como con la de sus filiales (González López, J.J., 2021, pp. 32 y s.).

La tipificación de un delito de desobediencia por no adoptar un *compliance* en Derechos humanos y medio ambiente (Nieto Martín, A., 2023, pp. 2 y ss.), en el que no se adquiere la obligación de evitar el resultado, o bien de un delito de omisión pura de garante, que exige dicha obligación, aunque no se les impute el mismo, hace que en cualquiera de estas alternativas el cumplimiento normativo juegue un papel fundamental en la responsabilidad penal de las empresas matrices. Los programas de *compliance* deben ser diseñados para prevenir, detectar y responder a las violaciones de los Derechos humanos y otros delitos corporativos. De manera tal que, las omisiones de realizar evaluaciones de riesgo, las auditorías periódicas o la ausencia de investigaciones una vez causado el daño puede ser también considerada como un ilícito penal (Muñoz de Morales Romero, M., 2020, p. 954); una imprudencia relevante penalmente si esta falta de diligencia es la causa de vulneraciones de Derechos humanos y medio ambiente que podrían haberse prevenido y evitado (McCall-Smith, K. L. and Rühmkorf, A., 2016), siempre que esté tipificada la comisión imprudente del delito en cuestión. Empero, según la normativa europea parece que es suficiente con que se implemente una sanción administrativa y exija la responsabilidad civil siempre que se haya incumplido gravemente las obligaciones de diligencia y sean causa de un daño a los Derechos humanos y el medio ambiente en la cadena de actividad.

No conviene obviar que, el defecto estructural en los modelos de gestión, vigilancia y supervisión como fundamento la responsabilidad penal, dada la vigencia del derecho a la presunción de inocencia impone que se tenga que acreditar la concurrencia de un incumplimiento grave de dichos deberes (Quintero Olivares, G., 2018, pp. 111 y ss.). En consecuencia, los programas no solo ayudan a cumplir con las obligaciones legales, sino que también sirven como un mecanismo de defensa en caso de litigios penales, demostrando que la empresa matriz ha tomado todas las medidas posibles para prevenir la comisión de delitos (Hernán Goldman, D., 2019, pp. 21y ss.).

Tampoco podemos pasar por alto que con la propuesta de responsabilidad penal de las empresas matrices por la incumplimiento de la debida diligencia se desactiva la sanción administrativa, a la vez el Derecho penal en nuestro país prevé un discutible régimen de exención penal, lo que si bien anula la discusión acerca de la diferencia meramente cuantitativa, o cualitativa, entre el ilícito penal (infracción del deber de garante) y el administrativo (infracción de diligencia debida) y el riesgo de confusión entre los dos ámbitos como consecuencia del adelantamiento de la intervención penal en forma de delitos de peligro (Demetrio Crespo, E., 2020, pp. 17 y ss.), puede acabar privilegiado a las empresas multinacionales, plutofilia. Precisamente, cuando la Directiva parece optar por una sanción patrimonial reparatoria acorde con el daño concurrente y la capacidad económica de la empresa.

En cualquier caso, construcciones destinadas a fundamentar o delimitar la responsabilidad de las empresas matrices por actos que deben calificarse como propios de ésta y autónomos respecto de las filiales, no debe impedir también imputarlas cuando concurran o cooperen en la comisión de violaciones a los Derechos humanos que lleve a cabo la filial, en cuyo caso corresponde la persecución de cada una por sus actos.

La exigencia de diligencia debida por los principios Principios Rectores sobre las Empresas y los Derechos humanos de la ONU (A/HRC/RES/17/4, 17° Período de sesiones) y la jurisprudencia, que enfatizan la responsabilidad de las empresas matrices de asegurar que sus filiales y socios comerciales respeten los Derechos humanos y medio ambiente, hace que pueda plantearse la responsabilidad penal empresarial omisiva por el incumplimiento del deber de garante de las empresas matriz por no tomar medidas adecuadas para impedir resultados lesivos que tienen lugar en sus cadenas de actividad, pudiendo ser a título de autora o participe, lo que adsorbería la infracción del deber de diligencia.

Las empresas en cuanto que realizan una actividad económica y productiva que supone riesgos para terceros, serán garante de su control, sea por injerencia (no adopción de las obligaciones de diligencia debida), sea por mantenimiento de fuentes de riesgo en su ámbito de dominio en su círculo de organización. Esta posición de garante se extiende a su cadena de actividad, siempre que las empresas matrices posean una capacidad significativa de control sobre las operaciones de sus filiales, que puede ser un ser directo, mediante la propiedad accionarial, o indirecto, a través de la influencia en las políticas y prácticas corporativas (Mardirossian, N., 2015). La influencia puede manifestarse en la implementación de políticas de Derechos humanos, estándares de trabajo y prácticas ambientales que las filiales deben seguir (Snyder, D. V., & Maslow, S., 2018).

Si la responsabilidad de las empresas solo puede afirmase cuando el deber es derivado de su capacidad y competencia, porque se pueden cometer ilícitos incluso con una organización perfecta (Carbonell Mateu, J. C., 2010, pág. 25). La teoría de esfera de control permite imputar la responsabilidad penal a las empresas matrices por las acciones de sus filiales cuando se demuestra que la matriz tenía el control sobre las decisiones y operaciones que llevaron a la comisión de delitos (Gudín Rodríguez-Magariños, A. E., 2017, pp. 103 y ss.). Un ejemplo de su aplicación es la STS 486/2022, de 27 de mayo de 2022 de la Sala de lo Social del Tribunal Supremo (TOL 9002438) que aborda la responsabilidad civil y penal por el incumplimiento de las obligaciones de prevención de riesgos laborales en operaciones de contratación y subcontratación (Casas Baamonde, M. E., 2021, pp. 557 y ss.). En este caso, la empresa principal fue considerada responsable, destacando la importancia de un programa de cumplimiento para prevenir riesgos laborales y otros delitos.

En este sentido, las empresas matrices, con una posición de control y supervisión sobre sus filiales y socios comerciales, cuando adoptan sus decisiones tienen que procurar que estas entidades operen de acuerdo con los estándares de Derechos humanos y el medio ambiente para que el riesgo permanezca dentro de la esfera de lo permitido. Pero, si no toman medidas adecuadas para evitar vulneraciones de Derechos humanos y medio ambiente que eran previsibles y evitables, puede tipificarse un delito de omisión pura de garante, cuando hubiera podido prevenir o al menos disminuir el resultado lesivo aplicando las medidas de diligencia debida, sin imputarles penalmente dicho resultado, o bien simplemente debería ser reparado el daño, mediante la determinación de la responsabilidad civil como prevé la Directiva. La otra alternativa es responsabilizarla a título de participación en comisión por omisión dolosa cuando se facilita y no se evita la comisión de las violaciones de Derechos humanos y medio ambiente por las filiales en su cadena de actividad.

El deber de garantía de la empresa matriz, en cuanto fuente de peligro de su actividad económica y productiva, implica que deben ser responsables no solo por sus propias acciones, sino también por las acciones de sus filiales y socios comerciales. Este deber de garante se intensifica cuando estas filiales operan en jurisdicciones con estándares más bajos de protección de Derechos humanos, o bien la relación con la actividad del comportamiento específicamente peligroso. La responsabilidad en comisión por omisión únicamente es posible, como se ha indicado previamente, cuando las empresas matrices tienen la capacidad y autoridad para influir en las decisiones y políticas de sus filiales, además es necesario demostrar que la empresa matriz tenía conocimiento o debía haberlo tenido conocimiento de los riesgos de violaciones de Derechos humanos, teniendo la capacidad de actuar para evitarlas. Así, la omisión frente a un riesgo conocido puede configurar una participación o una autoría en comisión por omisión (McCall-Smith, K. L. and Rühmkorf, A., 2016) siempre que hubiera podido evitar con una probabilidad rayana a la certeza el resultado delictivo.

Por ejemplo, en el mencionado caso Nestlé, que ha sido implicada en casos de trabajo forzado en su cadena de suministro de cacao. Aunque la empresa matriz podría no haber cometido directamente las violaciones, su omisión frente a las prácticas abusivas de sus proveedores puede ser considerada participación omisiva penal. En este último caso, se amplía la posibilidad de atribuir a la empresa matriz responsabilidad por actos que consista la facilitación de apoyo sustancial a la empresa filial con el propósito de promover la vulneración de los Derechos humanos y el medio ambiente. Se trata de extender al simple conocimiento y se incardina en una posible responsabilidad omisiva en una lógica de cooperación o complicidad en de los resultados producidos (González López, J.J., 2021, p. 28 y ss.). En concreto, estas posiciones objetivas se centran en fijar la punición o no de los comportamientos neutrales según el conocimiento que debiera tener, y no según el que realmente tuviera (Coteño Muñoz, A. 2022, p. 204) y en la capacidad para evitar el resultado.

Respecto a la participación de la empresa matriz en comisión por omisión en los delitos cometidos por sus filiales puede imputarse, siempre que: a) la empresa matriz no ostente una competencia directa, sino indirecta sobre el riesgo, esto es, sobre aspectos que facilitan el delito; b) el suceso lesivo no evitado integre un supuesto de participación y no de autoría; c) se trata de un delito especial, la matriz no ostenta las características necesarias para poder ser considerado autor (Garrocho Salcedo, 2016, pp. 332 y ss.) y d) el delito exige determinados modos de comisión que no son realizables por omisión. La conducta que fundamenta la complicidad puede realizarse sin que exista proximidad geográfica y antes, durante o después de que el acto principal haya sido realizado.

En suma, la empresa matriz, que tiene un papel importante en la toma de decisiones y en la supervisión de sus filiales y subsidiarias, y que, por lo tanto, posee la capacidad de prevenir y abordar las violaciones de Derechos humanos cometidas por estas empresas, tiene una posición de garante de asegurar que todas las empresas de su grupo empresarial cumplan con los estándares internacionales de Derechos humanos y medio ambiente. Esto incluye garantizar que las filiales y proveedores respeten los Derechos humanos y medio ambiente en sus operaciones, incluso si la matriz no tiene una presencia física en el lugar donde se están cometiendo las violaciones, siempre que tenga conocimiento o debería haber tenido conocimiento de las violaciones de Derechos humanos cometidas por sus filiales o subsidiarias, y no tomó medidas para prevenirlas o remediarlas, puede ser considerada responsable de un delito de omisión pura de garante, o bien de autoría o participación omisiva en lo resultados delictivos de las empresas filiales.

La construcción de una responsabilidad autónoma o propia de la empresa matriz, que como se ha señalado descansa en el defecto de organización, es decir, de la estructura de la propia empresa, lo que no debería impedir edificar un modelo de imputación penal que dé respuesta a situaciones en que existe y opera con un control, que contribuya a reducir la perniciosa exoneración de las empresas matrices y, aunque no se requiriera una responsabilidad previa de un sujeto individual, que la investigación e imputación abarque a su gobierno. La responsabilidad depende no solo de que los administradores o el representante autorizado no hayan ejercido adecuadamente su deber de control, sino, también, de que lo hayan hecho gravemente, cuando se trata de una conducta imprudente. En un sistema como el nuestro, en el que, con excepciones, la responsabilidad de la empresa deriva de la actuación de una persona física, deberá poderse imputar a los administradores cuando no adopten las obligaciones preventivas e incumplan con el deber de respetar los Derechos humanos y el medio ambiente dentro de la cadena de actividad que tiene la empresa, como se verá a continuación.

2. LA RESPONSABILIDAD PENAL DEL ADMINISTRADOR DE LA EMPRESA MATRIZ

Los administradores de empresas tendrán, entre otras atribuciones, la obligación de implementar las políticas de diligencia debida en la empresa y la supervisión de las operaciones empresariales para asegurar el cumplimiento con los estándares de Derechos humanos y medio ambiente, así como la reparación de las vulneraciones de los mismos cometidos por las filiales. Para cumplir con dicho deber, tendrán que establecer programas de cumplimiento que incluyan políticas y procedimientos para monitorear y garantizar el cumplimiento de las normas de Derechos humanos y medio ambiente. Estos programas deben ser supervisados regularmente y ajustados según sea necesario para abordar nuevas amenazas y desafíos (Nieto Martín, A., 2023, pp. 2 y ss.). Dicho deber implicar que, los administradores tienen que realizar evaluaciones de riesgo exhaustivas para identificar posibles violaciones de Derechos humanos en sus cadenas de suministro. Esto incluye el análisis de las condiciones laborales y los impactos ambientales de las operaciones de sus proveedores (McCall-Smith, K. L. & Rühmkorf, A., 2016). Por ende, deben asegurarse de que la empresa publique informes detallados sobre sus esfuerzos para prevenir violaciones de Derechos humanos, incluyendo los resultados de auditorías y las medidas correctivas implementadas (Vesper-Gräske, U. 2021, pp. 123 y ss.)

Los Estados tendrán que asegurar que los administradores cumplan con sus deberes de supervisión y prevención de la empresa matriz, considerando que su rol es crucial para evitar que las empresas se conviertan en vehículos de actividades que violan los Derechos humanos y medio ambiente. La ausencia de evaluaciones de riesgos, monitoreo continuo y mecanismos de respuesta rápida para abordar cualquier vulneración de estos derechos puede derivar en una responsabilidad administrativa o penal. Se puede tipificar una responsabilidad de los administradores, tal y como hemos analizado para la empresa matriz, como una infracción de desobediencia por no implementar las obligaciones de la diligencia debida, o bien como infracción del deber de garante por no impedir las violaciones de los Derechos humanos y el medio ambiente que tengan lugar en la cadena de actividad de la empresa, cuando se demuestra que una falta de diligencia en la gestión de la empresa y la protección de los Derechos humanos y el medio ambiente, puede conllevar la responsabilidad penal por el resultado delictivo producido por la filial, siempre que las consecuencias de la omisión eran previsibles, los administradores tenían la capacidad de prevenirlas y era posible impedir ese resultado lesivo con una seguridad rayana a la certidumbre.

En cuanto a la primera opción, el anteproyecto de reforma del Código Penal de 2014 contempló la introducción de un nuevo artículo 286.6 CP que preveía penas de inhabilitación y cárcel para los administradores de empresas que no hubieran implementado un sistema de prevención de delitos. Sin embargo, es importante subrayar que este artículo finalmente no se incluyó en la versión definitiva del Código Penal, a pesar de que parece responder a que la implementación de sistemas de prevención de delitos es fundamental para garantizar el cumplimiento normativo. Entre otras razones, se objetó que existe responsabilidad por omisión (posición de garante art. 11 CP) y cuando no ha existido tal previsión la tipificación penal de la falta de adopción de medidas de prevención resulta contraria al principio de intervención mínima del Derecho penal. Además, imponer sanciones tan severas a los administradores por su infracción podría haber generado consecuencias negativas, como una mayor reticencia a asumir roles directivos o un aumento de la presión sobre los mismos, sin necesariamente mejorar la efectividad de las políticas de prevención en la práctica.

A sensu contrario, se puede argumentar que, al establecer sanciones personales para los administradores, se reforzaría la idea de que aquellos en posiciones de poder deben asumir la responsabilidad directa por las acciones (u omisiones) que pueden llevar a la comisión de delitos en la empresa y en su cadena de actividad, sobre la base de que se trata de prevenir y evitar delitos que violen bienes jurídicos tan relevantes como son los Derechos humanos y el medio ambiente. La introducción de penas de inhabilitación y cárcel para administradores serviría como un incentivo poderoso para que las empresas desarrollen una cultura sólida de respecto a los mismos.

La tipificación penal de la responsabilidad de los administradores por la no implementación de las medidas de prevención de diligencia debida, quizás sea un incentivo adicional para supervisar y asegurar que los sistemas de diligencia debida estén en funcionamiento y sean efectivos, puesto que, la responsabilidad penal del administrador puede incluir la implementación insuficiente de programas de cumplimiento, lo que puede ser interpretado como una falta de diligencia debida, imprudencia grave.

Este enfoque es respaldado por la doctrina que argumenta que la responsabilidad penal debe extenderse a los individuos dentro de la empresa que tienen la capacidad de prevenir y corregir conductas indebidas. Por ejemplo, cuando un administrador no implementa un sistema adecuado de monitoreo y control para asegurar que las operaciones de la empresa cumplen con las normas de Derechos humanos, y esto resulta en una violación de estos derechos, el administrador puede ser considerado penalmente responsable. Con ello se busca asegurar que los administradores tomen medidas proactivas para proteger los Derechos humanos en todas las operaciones empresariales (Nieto Martín, A., 2020, pp. 173 y ss.).

En algunos países, ya existen regulaciones que imponen sanciones personales a los administradores que no aseguran el cumplimiento normativo dentro de sus organizaciones y aunque en la Directiva, se suprimió cualquier referencia a los deberes de los administradores respecto al deber de diligencia y la evitación de violaciones de los Derechos humanos y medio ambiente, desoyendo la Propuesta de Directiva del Parlamento Europeo y del Consejo sobre diligencia debida de las empresas en materia de sostenibilidad que preveía la obligación de los administradores de tener en cuenta en todas sus decisiones las consecuencias que puedan producirse en materia de sostenibilidad, incluidas, cuando proceda, las consecuencias para los Derechos humanos, el cambio climático y el medio ambiente acorto, medio y largo plazo (art. 25). Por ende, la necesidad de que los Estados establezcan mediante sanción el incumplimiento de la obligación de los administradores, que tenían el deber de poner en marcha y supervisar las medidas de diligencia debida, particularmente, tomando en consideración las aportaciones de las partes interesadas y la sociedad civil, por último, debían adaptar la estrategia de la empresa de tal forma que tenga en cuenta los impactos reales y potenciales que son detectados (art. 26).

No obstante, nada impide exigir la responsabilidad de los administradores por el incumplimiento del deber garante que les obligue a actuar para impedir violaciones de Derechos humanos y medio ambiente en sus cadenas de actividad, estableciendo este deber en leyes internacionales y nacionales, políticas internas de la empresa y acuerdos con socios comerciales con el fin de asegurar que estas directrices se implementen efectivamente dentro de sus organizaciones (Nolan, J., 2017).

Esta responsabilidad se basa en la posición de garante de los administradores respecto a la gestión de la empresa en cuanto fuente de riesgo y en la protección de los Derechos humanos y medio ambiente en todas sus operaciones. Se trata de un deber de garante de proteger los Derechos humanos y el medio ambiente como administrador de una empresa matriz en su cadena de actividad. Este deber se impone cuando una persona tiene una posición especial de control o autoridad sobre una fuente de peligro que puede resultar en un daño para los mismos.

En este sentido, es posible tipificar un delito de omisión pura de garante de los administradores por no impedir la violación de Derechos humanos y medio ambiente, o bien imputar la responsabilidad participativa del administrador de la empresa matriz en comisión por omisión por el delito que comete la filial o socio comercial que viola los Derechos humanos. Se opta por no configurar el tipo penal como un delito de desobediencia, con el fin de la implementación de programas de cumplimiento no excluya su responsabilidad penal. Como se ha señalado, solo cuando el administrador tiene la capacidad y la autoridad para influir en las decisiones y políticas de las filiales, conocimiento de las violaciones de Derechos humanos o que, razonablemente, debería haberlo tenido y a pesar de ello ignoró deliberadamente o no tomaron medidas adecuadas para abordar estos resultados lesivos cometidas por las filiales (Nolan, J., 2017). Esta teoría de la esfera de control reconoce que los administradores, debido a su posición jerárquica y a sus responsabilidades organizacionales, tienen un grado significativo de control sobre las operaciones de la empresa.

En el derecho comparado, se han sentado precedentes sobre la imputación de responsabilidad penal a los administradores, basándose en su esfera de control, como en Estados Unidos: la doctrina de "respondeat superior" y la "Responsible Corporate Officer Doctrine" (RCOD) y en casos como United States v. Park (1975), en que se determinó que los altos ejecutivos pueden ser penalmente responsables por violaciones a la normativa sanitaria, incluso si no tenían conocimiento directo de los hechos, siempre que tuvieran el control sobre las actividades infractoras.

La aplicación de la teoría de la esfera de control tiene varias implicaciones para la gestión empresarial. La responsabilidad penal no se limita a la ejecución directa de actos delictivos, sino que abarca también la omisión de acciones preventivas y correctivas dentro del ámbito de control de los administradores. Los administradores deben implementar sistemas de control interno eficaces y establecer políticas de diligencia que erradiquen o mitiguen los riesgos de conductas ilícitas. Así, los administradores de la empresa matriz tienen la obligación de intervenir y actuar para prevenir violaciones de los Derechos humanos, y cuando teniendo un conocimiento real o potencial del riesgo y la capacidad de actuar para evitar con una seguridad rayana a la certeza el resultado lesivo, pero no han actuado ante dicho riesgo conocido o previsible, puede constituir una infracción penal, siempre que se produzca dicho resultado. Por ejemplo, si un administrador está al tanto de que sus proveedores utilizan trabajo forzado y no actúa para detener estas prácticas, puede y debe ser responsabilizado penalmente. En el caso ilustrado de Nestlé, la omisión de los administradores en responder a estas prácticas abusivas puede llevar a una responsabilidad penal por omisión.

En síntesis, la teoría de la esfera de control puede jugar un papel en la imputación de responsabilidad penal a los administradores de empresas por omisión. Su aplicación garantiza que los administradores no puedan evadir la responsabilidad por delitos corporativos bajo su ámbito de influencia, promoviendo una cultura de responsabilidad y ética en la gestión empresarial. La evolución y aplicación de esta teoría en diferentes jurisdicciones subraya la necesidad de un enfoque proactivo en la prevención de delitos corporativos y en la implementación de sistemas de responsabilidad penal por omisión de los administradores de la empresa matriz en casos de violaciones de Derechos humanos y medio ambiente fundamentada en el deber de garantía, la capacidad y conocimiento de los administradores para actuar y evitar el resultado. Ahora bien, la designación de un representante autorizado dentro de una empresa, tal y como prevé la Directiva, requiere plantarse la posibilidad de delegación o no de los deberes de diligencia y la posición de garante de los administradores, con las implicaciones que conlleva en el ámbito de la responsabilidad penal.

3. REPRESENTANTE AUTORIZADO O EMPRESA (ART. 23 DE LA DIRECTIVA)

A pesar de que la Directiva de Diligencia Debida y Sostenibilidad obvia cualquier responsabilidad de los administradores del deber garantizar el respeto a los Derechos humanos y medio ambiente en las cadenas de actividad. El artículo 23 de la Directiva establece que las empresas deben designar un representante autorizado responsable de asegurar el cumplimiento con las obligaciones de diligencia debida. Este representante actúa como el punto de contacto principal para las autoridades y es responsable de supervisar la implementación de las políticas de cumplimiento dentro de la empresa. Aquellas que operan en la Unión Europea y no tienen una filial dentro del Espacio Económico Europeo también deben designar un representante autorizado. Este requisito garantiza que haya una entidad o individuo responsable y accesible dentro de la UE para responder por las actividades de la empresa en términos de cumplimiento de Derechos humanos y normas ambientales.

Sobre la base de que la Ley de Sociedades de Capital, en su art. 249 bis, considera indelegables por parte de los administradores aquellas decisiones que se corresponden con el núcleo esencial de la gestión y supervisión. La cuestión de la posibilidad delegación del cumplimiento del deber de diligencia y la posición de garante que obliga impedir que se lesionen los Derechos humanos y medio ambiente en la cadena de actividad, adquiere una especial relevancia porque eximiría de responsabilidad al administrador.

A tenor de lo previsto en la Directiva, en la medida en que solo regula los deberes del representante autorizado, parece los administradores podrán delegar en ellos el cumplimiento de la diligencia debida, es decir, la supervisión, monitorización y evaluación de los programas de diligencia debida. Si bien la jurisprudencia y doctrina han establecido que la delegación, por un lado, solo es efectiva si el administrador selecciona a un representante competente, proporciona los recursos necesarios y supervisa adecuadamente su actuación (Gómez Martín, V., 2020, pp. 115 y ss.). Por el otro, la delegación no libera automáticamente a los administradores de su responsabilidad, ya que deben asegurarse de que el representante autorizado actúe con la diligencia debida. Aunque puede darse que la presentación dolosa de un informe erróneo o incompleto, lleve a los administradores a adoptar una decisión con consecuencias lesivas para los Derechos humanos, el cambio climático y el medio ambiente en la cadena de actividad, lo que determinaría la responsabilidad del representante y la exoneración de los administradores. La falta de cumplimiento diligente por parte del representante puede derivar en responsabilidad penal, tanto para él como para los administradores que no hayan supervisado adecuadamente su actuación (Rosati, E., 2021, pp. 123 y ss.).

El representante autorizado, por delegación de los administradores, tiene varias responsabilidades clave, incluyendo la presentación de informes de cumplimiento, la coordinación de auditorías internas y externas, y la gestión de quejas y denuncias relacionadas con violaciones de Derechos humanos. También puede haber dificultades en la coordinación entre el representante y la empresa matriz, especialmente en organizaciones grandes y complejas, por ello la designación de un representante facilita la comunicación con las autoridades y las partes interesadas, mejora la transparencia lo que puede mejorar la reputación de la empresa y reducir el riesgo de sanciones legales (Rosati, E. 2021, pp. 123 y ss.).

El papel que desempeña el representante autorizado es fundamental para asegurar que las empresas cumplan con los estándares establecidos en la Directiva, ya que se prevé que se le otorgue la potestad de hacer cumplir dichas obligaciones. La empresa matriz debe proporcionar al representante autorizado los recursos y la autoridad necesarios para cumplir con sus responsabilidades. Esto incluye la capacitación adecuada, el acceso a la información relevante y el apoyo continuo para abordar cualquier desafío que pueda surgir en el cumplimiento de sus funciones. Uno de los retos clave es asegurar que el representante autorizado esté adecuadamente integrado en las operaciones de la empresa y tenga acceso a la información y recursos necesarios para desempeñar su función de manera efectiva.

El representante autorizado, al aceptar la delegación del deber de diligencia, asume la responsabilidad de prevenir infracciones dentro del ámbito de su competencia. Sin embargo, su responsabilidad se circunscribe a las funciones propias, delegadas y a los recursos proporcionados para su ejecución. Desde este planteamiento, el deber del representante autorizado, similar al del *compliance officer,* es asegurar que las obligaciones del deber de diligencia se implementen y supervise adecuadamente en su cadena de actividad, en la medida en que se puede convertir su actividad económica y de producción en un riesgo permitido, protegiendo así a la empresa de posibles sanciones. Este representante asume la obligación de garantizar que las políticas de diligencia debida se apliquen correctamente, por lo que es responsable por cualquier fallo o imprudencia en su ejecución. De ahí que, los representantes autorizados también responderán penalmente a título de imprudencia cuando por su incumplimiento grave de las medidas que se había obligado previamente, y a causa de dicha infracción se permita o se facilita que se lesionen los Derechos humanos y el medio ambiente en la cadena de actividad, aplicando las mismas reglas de punibilidad en la aportación al hecho ajeno que en un delito doloso (Liñán, A., 2019 p. 121). Según Robles Planas, el partícipe opera en un plano objetivo, por lo que no se requiere que se coordinen dolosamente para lograr un objetivo común, por lo que la subjetividad imputación no aporta ninguna relevancia a la imputación del hecho (Robles Planas, R., 2000, p. 244).

Ahora bien, no se trata tanto de mantenerse en la esfera del riesgo permitido, sino de la capacidad de controlar y evitar que se produzca el resultado. Esto, nos sitúa ante la cuestión de la posibilidad de delegar la posición de garante de los administradores de proteger los Derechos humanos y el medio ambiente, evitando su lesión en la cadena de actividad. A pesar de estimar que se trata de un núcleo esencial de la gestión o supervisión de los administradores, por tanto, indelegable, lo cierto es que la delegación de la posición de garante de los administradores en el representante autorizado parece ser una práctica válida y necesaria en organizaciones complejas, pero requiere un alto nivel de diligencia por parte de los administradores. La correcta selección, provisión de recursos y supervisión de representante autorizado son esenciales para que la delegación sea efectiva y para que los administradores puedan eximirse de su responsabilidad penal (Lascuráin Sánchez, J. A, 2015, pp. 166 y ss.).

La responsabilidad penal puede extenderse a los representantes cuando se demuestre que su omisión o supervisión deficiente contribuyó a la comisión del delito, tenía conocimiento y control suficiente para lograr implementar medidas sobre las actividades que hubieran impedido la violación de los Derechos humanos y medio ambiente. Además, solo podrá imputarse el resultado objetivamente cuando se demuestre que su comportamiento fue lo que ocasionó que resultado apareciese, la no implementación o defectuosa ejecución de programa de cumplimiento en Derechos humanos y medio ambiente que se ha concretado en el resultado. En este supuesto, el representante, como garante, puede tener también responsabilidad por una omisión pura de garante, o bien una participación en comisión por omisión dolosa en el delito cometido por la filial o socios comerciales, siempre que tenga el control directo y la capacidad para adoptar las medidas, que hubieran evitado el resultado lesivo.

En el caso de una conducta imprudente, que a nuestro entender debe quedar en el ámbito de la responsabilidad civil, tiene que diferenciarse la infracción deber de diligencia (prohibición de determinar el resultado) y el deber de garantía (imperativo de actuar para evitar el resultado), cuando la conducta que produzca el resultado lesivo es la infracción del deber de garante por no aplicar las medidas de debida diligencia a la que estaba obligado (Liñán, A., 2019 pp. 123 y ss). Las medidas de diligencia debida son una herramienta para cumplir con ese deber de impedir que se produzcan vulneraciones de Derechos humanos y medio ambiente en la cadena de actividad, siempre que su aplicación hubiera evitado con una seguridad rayana a la certeza dicho resultado.

CONCLUSIONES

Una mayor protección de los Derechos humanos y fomentar prácticas empresariales más responsables y sostenibles es posible construyendo una arquitectura internacional y nacional legal que responsabilice penalmente a las empresas matrices, sus administradores y representantes autorizados, por las vulneraciones de Derechos humanos y medio ambiente que se produzcan en sus cadenas de actividad. Las violaciones masivas de los Derechos humanos por parte de empresas multinacionales no pueden ni deben quedar sin respuesta y hasta ahora los tribunales internacionales consideran como asunto central el asegurar que el Estado cumpla correctamente su tarea de prevenir de manera efectiva las violaciones materiales a los Derechos humanos dentro de su jurisdicción. En aras de que se cumpla con esta obligación, la aplicación y desarrollo de la Directiva en nuestro ordenamiento, deberá prever una responsabilidad administrativa, civil y penal de las empresas matrices, sus administradores y representante autorizado por las violaciones de Derechos humanos y medio ambiente que se puedan producir en la cadena de actividad, cumpliendo la función eminentemente pública de prevención general, al enviar un mensaje general de evitar futuras violaciones y prevención especial, que los propios condenados no vuelvan a realizar una vulneración de los mismos.

Las empresas matrices estarán obligadas a implementar políticas de diligencia debida que incluyen evaluaciones de riesgo, auditorías periódicas y mecanismos de denuncia accesibles. El incumplimiento de las medidas de diligencia debida se entiende que, puede ser sancionado administrativamente, y podrá dar lugar a la reparación del daño causado, responsabilidad civil, cuando éste sea consecuencia del incumplimiento de las mismas, tal y como prevé la Directiva. Por ende, se estima que la empresa matriz y administradores tienen una posición de garante, y que se podría infringir su deber cuando existen violaciones de Derechos humanos y medio ambiente en su cadena de actividad, y teniendo el control y la capacidad para evitarlas, no actuaron para evitar ese resultado. Las empresas matrices y sus administradores deberían responder penalmente por un delito de omisión pura de garante, o bien a título de autoría o participación en comisión por omisión en el resultado lesivo provocado de empresas de la cadena de actividad, inclinándonos por esta última opción.

Ahora bien, la responsabilidad dolosa por omisión, sea pura de garante o bien de autoría o participación en comisión por omisión de la empresa matriz por las violaciones a los Derechos humanos y medio ambiente cometidas por las empresas en la cadena de actividad, no puede eximirse porque exista un programa de cumplimiento de diligencia debida. Como herramienta para el cumplimiento de las obligaciones que conlleva el deber de garantía podrá atenuar la pena del delito corporativo, pero no excluirla (Zúñiga Rodríguez, L., 2018, pp. 87 y ss.), tampoco la responsabilidad de los administradores ni, en su caso, del representante autorizado.

Finalmente, la responsabilidad penal no debe limitarse al representante autorizado, sino que debe extenderse también a la empresa en su totalidad (empresas matrices y sus administradores). No se trata de solo de asegurar que las políticas de cumplimiento se apliquen de manera efectiva y coherente en toda la organización, fortaleciendo la cultura de cumplimiento y reduciendo el riesgo de violaciones de Derechos humanos y medio ambiente como una medida necesaria para fomentar una supervisión más estricta y una mayor *accountability* dentro de las empresas (Nieto Martín, A., pp. 137 y ss.), sino también de impedir que las empresas multinacionales en el logro del máximo beneficio violen los Derechos humanos y el medio ambiente en las cadenas de actividades.

BIBLIOGRAFÍA

Ambos, K. (2018), *Derecho Penal Internacional Económico. Fundamentos de la responsabilidad penal internacional de las empresas.* Madrid: Civitas.

Bueno, N. (2017) Corporate liability for violations of the human right to just conditions of work in extraterritorial operations. *The International Journal of Human Rights.* 21(5), pp. 565–588.

Carbonell Mateu, J. C. (2010) Responsabilidad penal de las personas jurídicas. Reflexiones en torno a su "dogmática" y al sistema de la reforma de 2010, *Cuadernos de política criminal,* N° 101, pp. 5-33.

Casas Baamonde, M. E. (2021). Responsabilidad empresarial por accidentes de trabajo en contratas y subcontratas. *Revista de Jurisprudencia Laboral,* (6), 557-571.

Chambers, R. (2021), *Parent Company Direct Liability for Overseas Human Rights Violations: Lessons from the U.K. Supreme Court,* 42, pp. 519- 578. Disponible en: https://scholarship.law.upenn.edu/jil/vol42/iss3/1

Coteño Muñoz, A. (2022). La complicidad empresarial en crímenes internacionales a la luz del Estatuto de Roma (a propósito del Caso Lafarge). *Eunomía. Revista en Cultura de la Legalidad,* 22, pp. 188-209

Demetrio Crespo, E., (2020) Derecho penal económico y teoría del delito: otra vuelta de tuerca. E. Demetrio Crespo (Dir.) / M. de la Cuerda Martín & F. García de la Torre García (Coord.), *Derecho penal económico y teoría del delito.* Tirant lo Blanch, pp. 17-45.

Garrocho Salcedo, A. M. (2016). *La responsabilidad del superior por omisión en Derecho Penal Internacional.* Thomson Reuters Aranzadi.

Gómez Martín, V. (2020). Delegación de competencias y compliance penal. Un estudio sobre la transferencia y transformación de los deberes (de vigilancia) en el derecho penal económico. *Derecho PUCP: Revista de la Facultad de Derecho,* N°.85, (Ejemplar dedicado a: Compliance Empresarial), pp. 115-138

González López, J.J. (2021), Consideraciones acerca de la responsabilidad penal de las empresas matrices en relación con la actuación de sus filiales. *Revista de Estudios Europeos.* N. 77, pp. 22-48

Gudín Rodríguez-Magariños, A. E., (2017). La imputabilidad de las personas jurídicas y su capacidad para ser parte en el proceso penal. *Revista Jurídica de Castilla y León.* (43), pp. 103-147.

Hernán Goldman, D. (2019) Compliance y regímenes sancionatorios de las personas jurídicas: algunas consideraciones económicas». *YachaQ: Revista de Derecho,* (10), pp. 21-38

Lascuraín Sánchez, J.M.(2015), La delegación como mecanismo de prevención y de generación de deberes penales, *Manual de cumplimiento penal en la empresa.* Adán Nieto Martín (dir.), pp. 166-185

Liñán, A. (2019), *La responsabilidad Penal del Compliance Officer.* Aranzadi.

Mardirossian, N. (2015), Direct Parental Negligence Liability: An Expanding Means to Hold Parent Companies Accountable for the Human Rights Impacts of Their Foreign Subsidiaries. Disponible en SSRN: http://dx.doi.org/10.2139/ssrn.2607592

McCall-Smith, K. L. and Rühmkorf, A. (2016), Reconciling Human Rights and Supply Chain Management Through Corporate Social Responsibility Forthcoming in Veronica Ruiz Abou-Nigm, Kasey McCall-Smith and Duncan French (eds), *Linkages and Boundaries in Private and Public International Law,* Hart Publishing., Edinburgh School of Law Research Paper No. 2016/28, Disponible en SSRN: http://dx.doi.org/10.2139/ssrn.2888553

Mora Navarro, N. A. (2014) «Actualización de la política criminal en materia de responsabilidad de la persona jurídica. (Update policy on criminal liability of legal entity)», *CES Derecho,* 5(2), pp. 237–250

Muñoz de Morales Romero, M. (2020). Vías para la responsabilidad de las multinacionales por violaciones graves de Derechos humanos", *Política Crim*inal, Vol. 15. (30), pp. 948-992

Nieto Martín, A. (2020). Hacia un Derecho penal económico europeo de los Derechos humanos. *InDret* 3, pp. 137-172

(2023) La eficacia de los programas de cumplimiento: propuesta de herramientas para su valoración. *Revista de Responsabilidad penal de Personas Jurídicas y compliance* (1), pp. 2-42

Nolan, J. (2017). Business and Human Rights: The Challenge of Putting Principles into Practice and Regulating Global Supply Chains, 42(1). *Alternative Law Journal,* 42, UNSW Law Research Paper No., pp. 17-33.

Pérez Cepeda, A. I. (2024) Diligencia debida, cadenas de actividad y sostenibilidad. *Revista penal México,* 25, pp. 305-326.

Quintero Olivares, G. (2018). Los programas de cumplimiento normativo y el Derecho penal. Demetrio Crespo/Nieto Martín (Dir.), Derecho penal económico y Derechos Humanos. Tirant lo Blanch. Págs 111-155.

Robles Planas, R. (2001), Participación en el delito e imprudencia. *Cuadernos de Doctrina y Jurisprudencia Penal,* Vol. 7, Nº 11, 2001 pp. 383-414

Rosati, E. (2021). Article 23—Common Provisions. *Copyright in the Digital Single Market.* Oxford University Press, pp. 123-145.

Snyder, D. V. & Maslow, S. (2018). Human Rights Protections in International Supply Chains—Protecting Workers and Managing Company Risk: 2018 Report and Model Contract Clauses from the Working Group to Draft Human Rights Protections in International Supply Contracts, ABA Section of Business Law. Business Lawyer, 73, 1093. Disponible en SSRN: http://dx.doi.org/10.2139/ssrn.3194819.

Vesper-Gräske, U. (2021). Business and human rights: Recent trends in Germany. *Business and Human Rights Journal, 6(1),* pp.123-145.

Viganò, F. (2014). "La arbitrariedad del no punir. Sobre las obligaciones de tutela penal de los derechos fundamentales". *Política Criminal.* Vol. 9, Nº 18, Art. 5, pp. 428-476.

Whyte, D. (2016) It's common sense, stupid! Corporate crime and techniques of neutralization in the automobile industry. *Crime Law Soc Change. 66,* pp. 165–181

Zúñiga Rodríguez, L. (2018) "Responsabilidad penal de las personas jurídicas y derechos humanos". E. Demetrio Crespo & A. Nieto Martín (Dir.), *Derecho penal económico y Derechos Humanos.* Tirant lo Blanch, pp. 87-110.

La lucha contra la corrupción y la delincuencia económico-empresarial en España: aproximación criminológica

DR. JULIO BALLESTEROS SÁNCHEZ
Profesor Permanente Laboral
Universidad de Salamanca[1]

Resumen: Este artículo tiene como objetivo examinar la lucha contra la corrupción en España en los últimos años. La investigación se centra en la lucha contra la corrupción y la delincuencia económico-empresarial en España, destacando las debilidades normativas, operativas y jurisprudenciales que actualmente obstaculizan su combate, especialmente en el ámbito de las personas jurídicas (empresas y partidos políticos). Finalmente, se subraya la importancia de la prevención de la corrupción como factor clave en la contención de actores criminales que generan inseguridad social y erosionan el Estado de derecho y se enfatiza en la necesidad de reforzar la transparencia, el buen gobierno y el cumplimiento normativo para evitar el florecimiento del crimen organizado a través de la corrupción.

Palabras Clave: Delincuencia corporativa, Estado de Derecho, corrupción, cumplimiento normativo, transparencia.

Abstract: This article seeks to analyze the fight against corruption in Spain over recent years. The study focuses on addressing corruption and economic crime, emphasizing the regulatory, operational, and jurisprudential shortcomings that currently impede effective action, particularly within the realm of legal entities such as companies and political parties. The article highlights

[1] El presente trabajo es parte de mi actividad investigadora realizada en los proyectos de investigación PID2020-117403RB-I00 y PID2022-142211NB-C21 del Ministerio de Ciencia e Innovación del Gobierno de España y del GIR de la Universidad de Salamanca denominado "Programa de cumplimiento, responsabilidad penal de las personas jurídica".

the critical role of corruption prevention as a strategy to limit the influence of criminal actors who undermine social stability and the rule of law. Furthermore, it emphasizes the need to strengthen transparency, improving governance practices, and ensuring robust regulatory compliance to curb the proliferation of organized crime facilitated by corruption.

Keywords: Corporate crime, rule of law, corruption, compliance, transparency.

INTRODUCCIÓN

Esta publicación tiene por objetivo principal el análisis de la lucha contra la corrupción en España enfatizando la posibilidad de que el crimen organizado se fortalezca y penetre en el tejido empresarial, la política y la administración pública por la debilidad de los controles, la fragilidad de la transparencia y la escasa persecución de estos tipos delictivos. Esta hipótesis encuentra acogida en textos europeos donde se analiza la expansión y capacidades del crimen organizado. En ese sentido, el Índice Global de Crimen Organizado 2023 destaca que:

> "Una cuestión muy relacionada con los niveles de democracia y de libertad es la corrupción. Desde un nivel bajo de corrupción en las fuerzas del orden, pasando por la impunidad dentro del sistema judicial, como consecuencia de sobornos, hasta la participación directa en economías ilícitas por parte de funcionarios al máximo nivel político, la corrupción desempeña un papel importante en la susceptibilidad de un país al crimen organizado y, al mismo tiempo, permite que la delincuencia se infiltre en el aparato del Estado)" (Global Initiative, 2023, p. 177).

El índice subraya la influencia significativa del Estado en la criminalidad, especialmente a través de la corrupción, que se presenta como un motor para el crimen organizado. Este fenómeno es particularmente prevalente en regímenes autoritarios, aunque también se observa en democracias, incluyendo la de países europeos. En el contexto europeo, la infiltración del crimen organizado en el sistema legal es alarmante, con más del 80% de las redes delictivas utilizando estructuras empresariales legales para sus actividades. Además, el 60% de las organizaciones criminales recurre a métodos corruptivos para alcanzar sus objetivos (Europol, 2023, p. 19). Por tanto, este trabajo analiza los avances y retos pendientes de España en la lucha contra la delincuencia socioeconómica y empresarial.

1. LA LUCHA CONTRA LA DELINCUENCIA ECONÓMICO-EMPRESARIAL Y LA CORRUPCIÓN EN ESPAÑA: LOGROS Y TAREAS PENDIENTES

En el caso de España, las Fuerzas y Cuerpos de Seguridad del Estado y otros actores[23] enfrentan dificultades para abor-

2 El Tribunal de Cuentas ha puesto de manifiesto en septiembre de 2024 la insuficiencia de personal encargado del control directo de los bienes decomisados al narcotráfico, lo que plantea serias preocupaciones sobre la gestión de estos activos. Además, se ha identificado una falta de análisis adecuado de los bienes incautados, lo que limita la capacidad de evaluación y aprovechamiento de estos recursos. Otro aspecto crítico es la inadecuada trazabilidad de los expedientes y su contenido tras la tasación de los bienes, lo que complica la identificación y localización de los mismos. Estas deficiencias resaltan la necesidad de mejorar los procedimientos y recursos destinados a la gestión de bienes decomisados para garantizar una administración más efectiva y transparente. Además, tradicionalmente se ha denunciado la escasez de instalaciones adecuadas para custodiar mercancías tan sensibles (pág. 3).

3 En una reciente entrevista a la Presidenta de la sección 7ª de la Audiencia de Cádiz la misma señala: "Siendo ya magistrada en la Audiencia de Cádiz nos llegó una causa por tráfico de cocaína a través del puerto. Me llamó la atención, porque era infrecuente. Debía ser 2014 o 2015 y no teníamos antecedentes de casos similares. Busqué entonces información sobre alijos y otras causas relacionadas con el tráfico de cocaína en otros puertos españoles y descubrí que había muchas: en Barcelona, Valencia... La conclusión fue clara: si no había detenidos por tráfico de esa droga en el Puerto de Algeciras

dar el crimen organizado y la corrupción, ya que carecen de los recursos necesarios para llevar a cabo su labor penal[4] y tributaria[5]. Hasta la fecha no se ha creado una agencia nacional para la lucha contra la corrupción que permita mejorar la prevención y la respuesta frente a ella. Además, tampoco se fomentado la transparencia efectiva. Sin embargo, otros países de la región, con una delincuencia semejante, sí han creado dichas agencias. Este sería el caso de Portugal, Francia e Italia[6]. Con ocho meses de retraso, y aun sin funcionamiento efectivo[7], se ha creado la Autoridad Independiente de Protección al Informante en España (Business Insider, 29 octubre 2024).

Asimismo, se está produciendo una retirada de esfuerzos a las agencias u oficinas que previenen el fraude y la corrupción

---

era porque no se estaba investigando lo suficiente". La presidenta nos pone en alerta sobre la creciente entrada de drogas a través del Puerto de Algeciras, cuestiona la desaparición del OCON de la Guardia Civil y reclama la necesidad de contar con más jueces y fiscales. Además, tiene "la impresión de que los narcos van a utilizar más los puertos" (Europa Sur, 05 mayo 2024).

4 Se ha producido una "significativa reducción de efectivos en la Brigada de Blanqueo de Capitales y Corrupción de la Unidad de Delincuencia Económica y Fiscal (UDEF) (...) La plantilla ha sufrido una disminución cercana al 50% en aproximadamente el último año y medio)" (The Objective, 28 setiembre 2024).

5 Los esfuerzos de persecución del fraude tributario se concentran en personas físicas y pequeñas empresas. En efecto, las grandes empresas y sus tramas delincuenciales no son objeto de persecución. En este sentido los técnicos de Hacienda reclaman "más recursos para investigar con mayor efectividad a grandes patrimonios y no tanto a pymes y autónomos" (La Razón, 18 octubre 2024).

6 Italia cuenta con la Autorità Nazionale Anticorruzione, el país galo con la Agencia Francesa Anticorrupción y Portugal con el Mecanismo Nacional Anticorrupção.

7 Formalmente la entidad ha empezado su labor el 1 de septiembre de 2025.

a nivel autonómico. Este es el caso de la Agencia Valenciana Antifraude (El Diario, 25 setiembre 2024) y de la Oficina de Prevención y Lucha contra la Corrupción en Baleares (Noticias Jurídicas, 12 abril 2024). España, en el último ranking de Transparencia Internacional sobre percepción de la corrupción, ha bajado un puesto en su posición (36/180) y cuatro con respecto al IPC del año 2020 (32/180) (Transparencia Internacional, 30 enero 2024).

Diez años después de la aprobación de la Ley de Transparencia, el presidente del Consejo de Transparencia ha manifestado la necesidad de establecer un régimen sancionador para mejorar el cumplimiento de esta normativa. Para aumentar los resultados de este organismo, el Consejo requeriría un incremento del personal en un tercio, lo que sugiere una carencia significativa de recursos humanos en esta área en la actualidad. Es preocupante que el Consejo siga estando infradotado después de tantos años desde su creación. Se enfrenta a limitaciones tanto en recursos humanos[8] como en materiales (Público, 03 diciembre 2023). Esta infradotación también acontece en las comunidades autónomas que tienen consejos de transparencia. Por otro lado, el propio presidente del Consejo de Transparencia asevera que el Tribunal Supremo respalda al Consejo de Transparencia, ya que el 77% de los recursos interpuestos por el Estado contra sus resoluciones son desestimados (Newtral, 09 diciembre 2023). Este dato resalta no solo la validez del Consejo, sino también la resistencia de la administración pública politizada a cumplir con las obligaciones de transparencia.

La falta de financiación y las resistencias de la administración pública y los partidos políticos comprometen gravemente

---

[8] En la actualidad el personal del Consejo de Transparencia y Buen Gobierno ronda entre 30 y 32 personas. Esta cifra es totalmente insuficiente para un órgano de carácter nacional.

la efectividad y el alcance de las iniciativas de transparencia propuestas por el Consejo. Además, el Consejo es una institución muy joven y todavía no es muy conocida por toda la ciudadanía (Público, 03 diciembre 2023). Todo esto supone un incremento del riesgo respecto de conductas vinculadas al fraude y la corrupción, por tanto, una oportunidad para los delincuentes. A menor control e información (transparencia)[9], mayor posibilidad de salir indemne de una conducta irregular o delictiva.

En 2023, el Consejo recibió un total de 1.886 reclamaciones de información[10], destacando que un 62% de estas se relacionaron con entidades de carácter estatal. Las temáticas más recurrentes en las reclamaciones incluyeron temas de procesos selectivos, dopaje en el deporte, viajes de altos cargos, publicidad institucional y cuestiones del ámbito sanitario. Adicionalmente, se registraron solicitudes referidas al uso de algoritmos e inteligencia artificial en el sector público (ABC, 29 octubre 2024).

Un análisis de los solicitantes revela que el 71% de las consultas fueron realizadas por personas físicas, de las cuales solo un 19% correspondió a mujeres. El 29% restante de las reclamaciones fue presentado por personas jurídicas. Entre las personas físicas, se hizo notable la participación de periodistas y representantes sindicales, quienes jugaron un papel relevante en la presentación de estas solicitudes (ABC, 29 octubre 2024). El periodismo debe tener medios suficientes para ejercer como mecanismo de contrapeso de los excesos de la administración y la vida política.

---

9 Como ha señalado Byung-Chul (2014) "el poder y la información no se soportan bien. Al poder le gusta envolverse en el secreto" (p. 67).

10 Transparencia resolvió en 2023 un 36,7% más de reclamaciones de información pública que en 2022.

En consecuencia, se propone ampliar el catálogo de obligaciones que tienen las organizaciones en este ámbito, lo que facilitaría el acceso a la información para los ciudadanos de manera más económica y eficiente. En este sentido, es importante entender que proporcionar información de forma proactiva minimiza los costos relacionados con el acceso a datos que, de otro modo, tendrían que ser solicitados individualmente.

Asimismo, se destaca la necesidad de otorgar un estatus adecuado al Consejo de Transparencia, reconociéndolo como una autoridad administrativa independiente. A pesar de contar con un marco legal desde la reforma de 2015 del régimen jurídico del sector público, la ley de transparencia mantiene una disposición que lo vincula al Ministerio de Hacienda y Administraciones Públicas (Público, 03 diciembre 2023), lo que provoca una percepción de dependencia que limita su autonomía y efectividad en la promoción de la transparencia.

El Consejo de Transparencia necesita recibir mayores competencias para desempeñar su función de manera pronta y efectiva. En primer lugar, se requiere la capacidad de recabar expedientes, ya que actualmente carece de poder coercitivo ante posibles resistencias. Esta limitación dificulta la evaluación de la aplicabilidad de los límites en el acceso a la información, especialmente cuando hay indicios de que dichos límites podrían no ser pertinentes.

En segundo lugar, se sugiere cambiar el nombre del Consejo de Transparencia y Buen Gobierno, dado que no se le han otorgado competencias en el ámbito del buen gobierno. Esta falta de atribuciones genera confusión entre la ciudadanía, que a menudo se dirige al Consejo con consultas relacionadas con esta temática. En otro caso, habría que dotarle de competencias en este ámbito teniendo en cuenta que la buena gobernanza cada día cobra más interés desde el punto de vista del

Derecho administrativo y de normas extrapenales[11]. La Carta de los Derechos Fundamentales de la Unión Europea consagra en el artículo 41 el Derecho a una buena administración. También está implícito en la Constitución en sus artículos 9.3 y 103.

Finalmente, como ya se ha dicho, es fundamental dotar al Consejo de una potestad coercitiva proporcional a la gravedad de los incumplimientos. Con el tiempo, se ha evidenciado que esta capacidad no solo es necesaria, sino que se ha vuelto imprescindible para garantizar el cumplimiento de las resoluciones emitidas por el Consejo. Una norma que no disuade (Begón, 2013, pág. 93), por falta de sanción ante su vulneración, es una norma que se erosiona desde la perspectiva de la cultura de cumplimiento (Ballesteros Sánchez, 2021, pág. 220). Su vigencia se diluye con el paso del tiempo ante los incumplimientos reiterados sin sanción.

Por otro lado, los partidos políticos están sujetos a dicha ley solo en lo que respecta a la publicidad activa, lo que implica la ausencia de un derecho de acceso a la información que ellos poseen. La regulación actual, en particular el artículo 3, presenta deficiencias, ya que su falta de claridad permite múltiples interpretaciones. Esto proporciona a los partidos un margen considerable para interpretar la ley de manera que les resulte más ventajosa en cada momento[12].

---

11 ISO 37000:2021(es) Gobernanza de las organizaciones. UNE-ISO 37004:2024 Gobernanza de las organizaciones. Modelo de madurez de la gobernanza. Orientación. ISO 37005:2024 Governance of organizations — Developing indicators for effective governance. ISO/DIS 37009 Conflict of interest in organizations — Guidelines (proyecto de norma internacional, pendiente de aprobación).

12 En otros ámbitos normativos también se aprecia esa benevolencia con los partidos políticos. Por ejemplo, la modalidad básica de la financiación ilegal de Partidos Políticos no lleva aparejada pena de prisión en el primer supuesto del artículo 304 bis 1 CP. El citado artículo impone una pena de multa del triplo al quíntuplo de su valor.

Adicionalmente, aunque los partidos políticos son considerados entidades de derecho privado, el Consejo tiene la facultad de evaluar el cumplimiento de las normativas, pero carece de poder para obligar a la publicidad activa que establece la legislación (Público, 03 diciembre 2023). La reforma de la ley debería incorporar una mayor transparencia a los partidos y sindicatos (protagonistas de escándalos de gran magnitud), así como de establecer consecuencias concretas por incumplimiento[13]. Actualmente, estas cuestiones no están debidamente resueltas, dejando al Consejo sin la capacidad de actuar frente a las infracciones de estos a la normativa de transparencia.

Si volvemos la mirada atrás y revisamos la burbuja inmobiliaria que tuvo lugar entre 2000 y 2007 podemos afirmar que esta se caracterizó por ser un periodo propicio para la corrupción, donde políticos, funcionarios y empresarios se beneficiaron de prácticas ilícitas como consecuencia de la debilidad de los controles, la ineficacia de las leyes[14] y la escasa transparencia

---

Esta conducta en Francia, Italia y Alemania sí implica pena privativa de libertad (Javato Martín, 2017, p. 38).

13 También es problemático lo que sucede en la Ley Orgánica 6/2002, de 27 de junio, de Partidos Políticos. La ley establece en su artículo 9 bis: Prevención y supervisión. "Los partidos políticos deberán adoptar en sus normas internas un sistema de prevención de conductas contrarias al ordenamiento jurídico y de supervisión, a los efectos previstos en el artículo 31 bis del Código Penal". Sin embargo, no hay un organismo competente para la sanción por su incumplimiento. Este hecho ha pasado inadvertido durante mucho tiempo.

14 Conforme al Código penal, la financiación ilegal de los partidos políticos, a través de una norma penal en blanco que remite al artículo 5.1 de la Ley 8/2007 de 4 de julio, deja por fuera de la persecución penal las conductas descritas en los artículos 4.3 y 4.4 de la citada ley. En palabras de Santana Vega (2017), han quedado fuera conductas tales como: […] las donaciones de personas físicas que, en ejercicio de una actividad económica o profesional, sean parte de un contrato vigente de los previstos en la legislación de contratos

y buen gobierno que reinaba en la época[15]. A pesar de que algunos casos fueron detectados, las investigaciones y macroprocesos asociados a estos delitos se prolongaron durante casi una década. Como resultado se obtuvieron algunas sentencias condenatorias siendo en muchos casos benévolas. En este tipo de delincuencia destacó la participación de distintos sujetos, como partidos políticos[16], constructoras, promotoras inmobiliarias y redes corruptivas de funcionarios. En efecto, interaccionan delincuentes organizados de carácter público y privado a través de la corrupción.

Recientemente, la pandemia de Covid-19 ha generado un impacto significativo en numerosas regiones de España, evidenciando un aumento en los casos de corrupción en la contratación pública[17] que han afectado gravemente las finanzas

del sector público [...]; la asunción de gastos del partido por parte de terceros (montajes de carpas, fiestas, iluminación, escenario o comidas en mítines, etc.); las condonaciones de créditos por parte de entidades de crédito (pp. 134-149).

15 No fue hasta 2013 que apareció la Ley 19/2013, de 9 de diciembre, de transparencia, acceso a la información pública y buen gobierno.

16 En España, Francia, Austria, Portugal, Países Bajos, Macedonia, Rumania, Croacia, República Checa y Chile se reconoce a los partidos políticos como sujetos imputables. Sin embargo, se excluye en otros como Estados Unidos, Bélgica, Argentina, Italia, Perú y Eslovaquia.

17 En Italia ha quedado claramente documentado el interés de las organizaciones criminales por penetrar en el aparataje estatal para logar altos rendimientos a través de la contratación pública y sus empresas de construcción o servicios. Asimismo, el crimen organizado ha penetrado en la vida política directamente (presentando candidatos propios) e indirectamente (financiando a determinados partidos) (Mulé, 2014, pp. 686-689). En lugares provinciales el condicionamiento es generalizado y constante, donde los candidatos son directamente impuestos a los partidos por las organizaciones criminales. En palabras de Roberto Saviano: "Italia es una demo-

públicas y el Estado del bienestar[18] generando sobrecostes[19]. Este contexto destaca la vulnerabilidad de las instituciones en situaciones de crisis y la necesidad de fortalecer mecanismos de control y transparencia, para impedir que redes corruptivas se lucren masivamente. Los partícipes de dichos fenómenos incluyen tanto a personas físicas (funcionarios o no) como a personas jurídicas.

Otra cosa que tienen en común los viejos casos de corrupción urbanística con los derivados del Covid 19 es la falta de medios humanos en justicia. España sigue presentando una de las tasas más bajas de jueces por habitante dentro de la Unión Europea, con 11,9 jueces por cada 100.000 habitantes. Esta cifra es significativamente inferior a la media europea, que se sitúa en aproximadamente 22 jueces por cada 100.000 habitantes (Consejo de Europa, 2024).

El Consejo General del Poder Judicial (CGPJ) ha señalado la necesidad de incorporar al menos 350 nuevos jueces anual-

---

cracia, pero también es una democracia votada por la mafia" (La Repubblica, 12 octubre 2010).

18 Sería muy recomendable potenciar la aplicación del reciente estándar UNE-EN 17687:2023 Contratación pública. Integridad y rendición de cuentas. La utilización de dicho estándar permitiría identificar anomalías o irregularidades en los procesos de contratación pública y ayudaría a identificar a los responsables. En España, el nivel del gasto público realizado en 2023 mediante contratación pública alcanzó el 11,52% del Producto Interior Bruto (PIB) y el 24,11% del total del gasto público. Estos datos han sido recogidos por la Organización para la Cooperación y el Desarrollo Económicos (OCDE). El importante volumen de dinero que se gestiona en estos procesos representa una oportunidad para las organizaciones criminales tradicionales o de cuello blanco (Ministerio de Hacienda, 2023, p. 7).

19 En 2015 la CNMC fijaba en 48.000 millones de euros/año los sobrecostes en la contratación pública derivado de la falta de competencia y la existencia de corrupción (Ministerio de Hacienda 2021, p. 394).

mente durante la próxima década para abordar esta deficiencia. Sin embargo, el acuerdo entre los partidos mayoritarios solo contempla la creación de 200 plazas cada año, lo que podría agravar la situación en el sistema judicial español (Hay Derecho, 13 septiembre 2024). El déficit de plazas creadas en la judicatura es, según el Consejo General del Poder Judicial, de 574 en el periodo 2019-2023 (Poder Judicial, 11 julio 2024).

Por otro, en el Plan de Acción por la Democracia (2024) se prevé la creación de 79 plazas fiscales para luchar contra la corrupción pública y privada (La Moncloa, 29 octubre 2024). La nueva unidad podría entrar en conflicto con lo establecido en el artículo 19.4 del Estatuto Fiscal donde se atribuye a la Fiscalía contra la Corrupción y la Criminalidad Organizada dichas competencias y/o generar mayor discrecionalidad en el reparto de los asuntos. Además, la creación de esta nueva unidad ha sido criticada por el propio Consejo Fiscal (Europa Press, 02 octubre 2024). En todo caso, el número de procesos y condenas en el ámbito de la delincuencia socioeconómica ha tenido un alcance muy limitado. La política criminal contra las personas jurídicas[20] y la delincuencia de cuello blanco ha sido benigna[21].

Según los datos del Consejo General del Poder Judicial, en el año 2023 se cerraron 32 procedimientos de corrupción en España (Consejo General del Poder Judicial, 22 marzo 2024). Esto llevó a la apertura de juicio contra 185 personas físicas y

---

20 Por ejemplo, la ausencia de agravantes en la responsabilidad penal de la persona jurídica podría ser síntoma de un Derecho penal del amigo (Zúñiga Rodríguez, 2018, p. 107).

21 Algunos ejemplos: amnistía, indultos, rebaja de las penas por malversar, suspensión de la entrada en prisión, sentencias de conformidad magnánimes, aplicación generosa de la atenuante de dilaciones indebidas y de reparación del daño etc.

71 personas jurídicas[22]. El número de personas jurídicas imputadas por delitos vinculadas a la corrupción en 2024 es relativamente bajo. Durante el primer trimestre de 2024 fueron procesadas 14 personas jurídicas[23]. En el segundo trimestre otras 14 jurídicas fueron imputadas[24].

En el ámbito del delito de blanqueo de capitales los resultados no son tampoco nada halagüeños. En el año 2021 hubo 326 enjuiciados. De estos, tan solo 20 eran personas jurídicas. Solo una de ellas fue condenada (SEBPLAC, Comisión de Prevención del Blanqueo de Capitales e Infracciones Monetarias, 2022, p. 32). Durante el año 2022 fueron dictadas 59 sentencias condenatorias, según estas se condenó a 175 personas físicas y una sola persona jurídica (SEBPLAC, Comisión de Prevención del Blanqueo de Capitales e Infracciones Monetarias, 2022, p. 33). En fechas menos recientes los datos tampoco son esperanzadores. En 2016 hubo 6 personas jurídicas condenadas por este delito, en 2017 ninguna, durante el 2018 tan solo dos. En 2019 y 2020 una sola condena cada año (Matallín Evangelio, 2023, p. 53). En definitiva, los resultados contra la delincuencia económica han sido pobres en cuanto al número de organizaciones condenadas[25].

---

22 Según los datos del Consejo General del Poder Judicial en el año 2022 fueron 36 personas jurídicas imputadas y 71 en 2021. Durante los primeros años de la RPPJ apenas hubo procesos ni condenas (Poder Judicial, 28 abril 2023).

23 En concreto, se procesó a 34 personas físicas y 14 jurídicas (Poder Judicial, 17 junio 2024).

24 Durante dicho trimestre se procesaron a 39 personas físicas y 14 personas jurídicas (Poder Judicial, 18 octubre 2024).

25 En Italia el proceso de aplicación también ha sido lento. "El número de procedimientos en virtud del Decreto Legislativo 231/2001 está creciendo, la escasa aplicación de esta disciplina se debe, en parte, a que muchos fiscales aún consideran la nueva responsabilidad como

En conclusión, no cabe duda que el funcionamiento anómalo de la administración pública y del juego democrático en buena medida está viciado por la corrupción y la debilidad en la lucha contra la delincuencia socioeconómica. Hay estudios que sugieren que existe una correlación entre democracia y criminalidad que sugiere que los países con más valores democráticos, por lo general, son menos susceptibles a niveles altos de criminalidad. También hay que estudios que señalan que los países que defienden y dan prioridad a la protección de los derechos políticos y las libertades civiles manifiestan niveles más bajos de criminalidad[26]. Por último, hay quien afirma que la participación del Estado en la criminalidad sigue siendo un factor dominante que impulsa el crimen organizado (Global Initiative, 2023). Si el Estado no lucha eficazmente contra la corrupción el crimen organizado florecerá.

La Comisión Europea ha elaborado en 2024 un informe sobre el Estado de Derecho en España. Dicho informe recomienda a España fortalecer la independencia del fiscal general, asegurando que su mandato no esté alineado temporalmente con el del Gobierno, en consonancia con las normativas europeas que promueven la autonomía del Ministerio Fiscal. Además, se sugiere la renovación del Consejo General del Poder Judicial, así como la adaptación de los procedimientos para el nombramiento de sus miembros, alineándose con las directrices europeas sobre los consejos del poder judicial (Comisión Europea, 2024).

---

una carga procesal adicional, que podría desviar recursos del castigo de las personas físicas culpables" (Mongillo, 2023, p. 24).

26 También otras relaciones interesantes, por ejemplo, entre transparencia y grado de educación de los ciudadanos. Ciudadanos mejor formados exigen mayor transparencia. Transparencia y criminalidad organizada. Los Estados más transparentes tienen menos presencia del crimen organizado. También transparencia y pobreza; transparencia y efectividad de la justicia (Prias Bernal, 2023, p. 58).

Del mismo modo, es fundamental que se apruebe una ley que regule la actividad de los grupos de interés, que incluya un registro público obligatorio para estas entidades. Igualmente, hay que intensificar los esfuerzos para abordar los problemas relacionados con la duración de las investigaciones y juicios, con el objetivo de mejorar la eficiencia en los casos de corrupción de alto nivel, especialmente mediante la finalización de la reforma de la Ley de Enjuiciamiento Criminal.

Asimismo, el informe recomienda fortalecer las normativas sobre conflictos de intereses y las declaraciones de patrimonio de los altos cargos de la Administración, mejorando la independencia y la capacidad sancionadora de la Oficina de Conflictos de Intereses. Estas medidas son esenciales para garantizar una mayor transparencia y eficacia en la administración pública (Comisión Europea, 2024). Como bien señala ROSE ACKERMAN (2001): "la meta no consiste en eliminar la corrupción sino en aumentar la eficacia, honestidad y legitimidad general del Estado" (p. 5).

Dicho informe recuerda que el Gobierno de España tiene la obligación legal de desarrollar una estrategia global para prevenir y combatir la corrupción, aunque hasta la fecha no se ha comenzado a trabajar en este aspecto. A pesar de las recomendaciones del Grupo de Estados contra la Corrupción (Consejo de Europa, 2019, apartado 20) y de los informes sobre el Estado de Derecho de años anteriores (Parlamento Europeo, 2024, p. 14; Comisión Europea, 2022, pág. 10-11), España carece de una estrategia específica y de una agencia dedicada exclusivamente a la lucha contra la corrupción. Esta situación resalta la necesidad urgente de establecer mecanismos efectivos para abordar este problema en el país.

En Europa también aparecen casos que revelan la falta de robustos mecanismos de prevención frente a grandes tramas. La Fiscalía Europea ha identificado en 2024 a una organización criminal asentada en Italia que solicitó durante 2021 subvenciones a fondo perdido con el objetivo de apoyar la digitalización y competitividad de pequeñas y medianas empresas, buscando expandir sus actividades a mercados internacionales. Sin embargo, los miembros de esta red crearon balances corporativos falsos para presentar empresas ficticias como activas y rentables, a pesar de su inactividad real.

La investigación revela que un grupo de contables, proveedores de servicios y notarios públicos colaboró con los sospechosos, facilitando la obtención de 600 millones de euros en fondos no reembolsables del Plan Nacional de Recuperación y Resiliencia italiano en un periodo de dos años. Una vez recibidos los pagos anticipados, los fondos fueron transferidos a cuentas bancarias en Austria, Rumania y Eslovaquia.

Los implicados emplearon tecnologías avanzadas, incluyendo VPN, servidores en la nube en el extranjero, criptoactivos y software de inteligencia artificial, para llevar a cabo sus actividades fraudulentas y para ocultar y proteger su negocio ilícito. Esta situación pone de manifiesto la complejidad y sofisticación de las técnicas utilizadas en el fraude, así como la necesidad de una vigilancia más estricta en la concesión de subvenciones y de reforzar los mecanismos preventivos anticorrupción (European Public Prosecutor's Office, 04 abril 2024). El propio Parlamento Europeo en los casos Qatar/Morocco-Gate se vio salpicado en escándalos en el que la búsqueda de objetivos geopolíticos[27] provocó una trama organizada de corrupción y blanqueo de capitales[28].

---

27 Otros ejemplos donde se visibiliza la actuación corporativa vinculada a la corrupción desde la perspectiva de los intereses geopolíticos podrían ser Gazprom y Wagner (Rusia) o Petróleos de Venezuela, SA (PDVSA) (DW Documental, 10 de febrero de 2024; Ballesteros Sánchez, 2021a, pp. 123-139).

28 La corrupción tiene un impacto significativo en la legitimidad de las instituciones políticas y económicas, lo que se traduce en una pérdi-

Asimismo, los conocidos casos de "Aldama", "Ábalos" y "Koldo" descubiertos en España en 2024 nos alertan de la posibilidad de que organizaciones criminales de cuello blanco capturen buena parte del funcionamiento institucional, apoyándose en empresas reales o ficticias para generar beneficios indebidos resultado de la corrupción pública del más alto nivel[29]. Al igual que en Italia, había medios tecnológicos de primer nivel para encriptar las comunicaciones (La Sexta, 17 octubre 2024). Además, supuestamente, había manzanas podridas en las Fuerzas y Cuerpos de Seguridad del Estado y en varios Ministerios. La trama corrupta tiene un alcance trasnacional.

En Hispanoamérica la lucha contra la corrupción[30] también enfrenta serios desafíos debido al crimen organizado, la falta

---

da de confianza por parte de la ciudadanía. Este fenómeno genera desafección y descontento social, que pueden manifestarse en un aumento de la conflictividad y la exclusión social. El Parlamento Europeo no puede ser tibio a la hora de prevenir y reprimir este tipo de conductas teniendo en cuenta la importancia de su función y el valor que la legitimidad tiene que tener en un organismo legislativo que aglutina a múltiples países. Sobre los efectos de la corrupción se recomienda: Ortés Caselles & Jiménez González, 2017, p. 51.

[29] En el caso del fraude millonario del IVA en hidrocarburos este sujeto, supuestamente, acusado por pertenencia a organización criminal, fraude tributario y blanqueo de capitales "diseñó, implementó y operó una estructura empresarial paralela que utilizó para perfeccionar el blanqueo de los capitales generados" (La Razón, 10 octubre 2024).

[30] Por delitos vinculados a la corrupción entendemos, conforme a las estadísticas del Poder Judicial, los siguientes: prevaricación urbanística (artículos 320 y 322), prevaricación de funcionarios públicos (art. 404, 405 y 408), infidelidad en la custodia de documentos y violación de secretos (art. 413, 414, 415, 416, 417 y 418), cohecho (art. 419, 420, 421 y 422), tráfico de influencias (art. 428, 429 y 430), malversación (art. 432, 433, 434 y 435), fraudes y exacciones ilegales (art. 436, 437 y 438), negociaciones y actividades prohibidas a los funcionarios públicos y abusos en el ejercicio de su función (art.

de independencia del poder judicial y la ausencia de mecanismos de contrapeso como la transparencia y la rendición de cuentas. El Índice de Percepción de la Corrupción de Transparencia Internacional (2024) revela que la mayoría de los países de la región tienen puntuaciones inferiores a 50 sobre 100, lo que indica altos niveles de corrupción previsiblemente, con solo tres países superando esta calificación. Los escándalos políticos y empresariales son frecuentes, lo que contribuye al debilitamiento de la democracia y la confianza ciudadana. Nos encontramos, por ejemplo, con el caso de Odebrecht[31] en Brasil[32], Metástasis en Ecuador y los Cuellos Blancos en Perú[33]. Todos ellos revelan, también, la conexión entre distintos fenó-

---

439, 441, 442, 443 y 445) y receptación y blanqueo de capitales (art. 303).

31 El caso Odebrecht están involucrados numerosos políticos, partidos políticos de gobierno y de la oposición, empresarios, trabajadores y sociedades con la finalidad de generar ingresos indebidos a través de la contratación pública corrompida. Hay quien habla, en casos de esta gran magnitud, de "captura corporativa estatal" (Martinez Encarnación, 2019, págs. 128-168). Por ejemplo, desde 2002, Odebrecht financió de forma oficial a 28 de los 35 partidos políticos registrados en Brasil. Esta empresa ha aportado y/o donado de forma directa 80 millones de dólares para 1087 políticos brasileños entre los años 2002 al 2016.

32 Es llamativo que la responsabilidad penal de las personas jurídicas en Brasil solo está prevista para delitos vinculados a la protección del medioambiente pero no los vinculados a la corrupción y el blanqueo de capitales teniendo en cuenta la gravedad del caso Lava Jato (Nieto Martín, 2018, p. 17).

33 Pese a que Ecuador introdujo la responsabilidad de las personas jurídicas en 2014 y Perú en 2017 la aplicación de la misma ha sido inexistente judicialmente. Lo mismo sucede en México. En consecuencia, el Poder Judicial debería potenciar la aplicación de dicha regulación y capacitar a los operadores jurídicos encargados de cumplir con la misma. Si el legislador ha incorporado dicha regulación al Código penal esta debe ser estrictamente aplicada.

menos delincuenciales públicos y privados con la corrupción como nexo.

Si la lucha anticorrupción no ocupa la primera plana de la agenda legislativa corremos el riesgo de que el crimen organizado se consolide aún más sobre el territorio y penetre en las instituciones nucleares del Estado, provocando un grave y permanente afectación a los Derechos Humanos. Es inevitable, en ese caso, que la fragilidad estatal dé lugar a Estados o regiones fallidas. O, cuanto menos, una erosión de la cultura democrática del país[34]. Como ya señaló el Comité contra la Tortura de Naciones Unidas: "la lucha contra la corrupción y la protección de los derechos humanos exige comprender la forma en que el ciclo de la corrupción facilita, perpetúa e institucionaliza las violaciones de los derechos humanos" (Naciones Unidas, 2014, párrafos 76 y ss).

Una alta percepción de corrupción y crimen organizado facilitará la polarización social y la creencia en la mano dura como única solución, lo que provocará respuestas exacerbadas impropias de un Estado social y democrático de derecho. Ante una alta presencia de corrupción y crimen organizado los ciudadanos empiezan a confiar más en sistemas autoritarios o dictatoriales.

En definitiva, en el marco de una política criminal integral contra la corrupción, el crimen organizado y la delincuencia corporativa es recomendable para los países la responsabilidad penal de las personas jurídicas[35] y que el delito de organiza-

---

34 En este sentido, "la corrupción destruye las bases de las instituciones democráticas al distorsionar los procesos electorales, socavando el imperio de la ley y deslegitimando la democracia" (Utrilla Robles, 2015, p. 12).

35 El número de países que han incorporado este tipo de responsabilidad es ingente. Inglaterra, Escocia, Irlanda, España, Holanda, Dinamarca, Noruega, Estados Unidos, Canadá, Japón, Australia, Austria,

ción criminal[36], y aquellos otros que habitualmente cometen las organizaciones criminales, estén representados, como mínimo, entre los delitos imputables a las personas jurídicas. Por ejemplo, aquellos vinculados a la corrupción, el blanqueo de capitales, la trata de seres humanos[37], las drogas, las armas, el

---

Georgia, Azerbaiyán, Liechtenstein, Armenia, Finlandia, Suecia, Bélgica, Rumanía, Portugal, Francia, Suiza, Ecuador, Honduras, Argentina, México, Guatemala, China, Corea del Sur, Camboya, India, Indonesia, Hong Kong, Singapur, Tailandia, Taiwan, Vietnam, Marruecos, Israel, Panamá, República Dominicana, Hungría, Costa Rica, Estonia, Luxemburgo, Eslovenia, Sudáfrica, Nueva Zelanda, Mozambique, Angola, Emiratos Árabes, Arabia Saudí, Libano, Qatar, Pakistan, Chile y Bolivia. También Perú e Italia con un fraude de etiquetas, supuestamente administrativa pero realmente penal por las garantías, el procedimiento y el juez competente.

36 En España, Italia, Portugal y el Código Penal Federal de México se incluye este delito en el catálogo de la RPPJ mientras que en países como Ecuador o Perú no. Hay que tener en cuenta que varias empresas y/o partidos políticos pueden concertarse para cometer delitos de forma estable en el tiempo o que una entidad legal puede financiar o cooperar económicamente con personas físicas que conforman una organización criminal. Asimismo, una entidad descontrolada, estructuralmente defectuosa, puede a través de sus políticas, procedimientos y objetivos fomentar la aparición de una organización criminal de personas físicas en su seno.

37 Como ha señalado Ontiveros Alonso (2015): "hay empresas vinculadas a la trata de personas, a la explotación de prostitución ajena incluida la infancia" (pág. 296). Por ejemplo, hoteles, compañías de transporte o agencias de modelos entre otros (Ontiveros Alonso, 2015a, pág. 98).

medioambiente[38] y el terrorismo[39]. Este tipo de responsabilidad ayudará a que aparezcan más alertadores debido al *compliance* penal.

2. REFLEXIONES FINALES Y DESAFÍOS

Si los Estados no diseñan un marco institucional y legislativo robusto anticorrupción el sistema democrático estará gravemente amenazado. Para algunos autores estaríamos ante un escenario de "democracias devaluadas" (Fernández Ortiz de Zárate, 2016, pp. 50-51) o "cleptocracias" (Lamas Puccio, 2018, p. 105). Asimismo, sin cumplimiento normativo eficaz[40], democracia interna y transparencia material en los partidos políticos estaremos más cerca de que lleguemos a un régimen partitocrático (Santana Vega, 2017, p. 149). Desde una posición de mínimos, habría que insistir en la necesaria regeneración de nuestras instituciones ante el agotamiento percibido (Villoria Mendieta, 2018, p. 200). El poder de influencia de las grandes

---

[38] Sirva de ejemplo Perú, en este país los delitos ambientales no generan responsabilidad penal para la persona jurídica (por no estar incluidos dentro del catálogo) cuando muchos de ellos son cometidos por empresas mineras o por organizaciones criminales tradicionales en connivencia directa o indirecta con empresas. Países con ricos ecosistemas y presencia del crimen organizado como Colombia, Paraguay y Uruguay ni siquiera tienen la responsabilidad penal de las personas jurídicas.

[39] Por ejemplo, en Francia, la constructora Lafarge y varios de sus ejecutivos enfrentaron acusaciones graves desde 2018 (CA Paris, 7 novembre 2019), incluyendo complicidad (Cressent, 2024, p. 30) en crímenes contra la humanidad y financiación de organizaciones terroristas.

[40] Los programas de cumplimiento que no se monitorean no suelen ser eficaces tal y como revela la experiencia (Erns & Young, 2011, p. 11).

empresas a través de lobbies informales o las puertas giratorias también debe ser contenido[41].

España ha perdido en calidad democrática en los índices de The Economist[42] y *Freedom House*[43] en los últimos años. Por tanto, deberíamos tener en cuenta que una cultura del cumplimiento normativo, además, supone un avance sustancial en la mejora de la gestión público/privada. Las demandas internacionales de *good governance corporate* procedentes de la OCDE, del Banco Mundial, el GAFI, etc. y las cumbres internacionales cada vez inciden más en la prevención de la corrupción incluyendo cuestiones novedosas de ética conductual para mejorar las políticas públicas y la eficacia en la gestión.

Los datos estadísticos de condenas a personas jurídicas vinculados a organizaciones criminales, corrupción, el blanqueo de capitales siguen siendo pobres quince años después de la aprobación de la responsabilidad penal de las personas jurídicas. Hay que incrementar el catálogo de delitos por los que las personas jurídicas responden en consonancia con otros países que ya han adoptado el principio de generalidad. La formación y sensibilización en este ámbito debe ser una cuestión vital para nuestro poder judicial. La experiencia italiana, que data del 2001, nos ha revelado las resistencias y lentitud en la aplicación de esta regulación, al igual que lo acontecido en Perú, Ecuador o México.

---

41 Nos enfrentamos, como ha señalado Nieto Martín (2008), "a la capacidad de influencia de las corporaciones sobre el poder político, para hacer y deshacer leyes a su medida, a través de turbias relaciones canalizadas por la corrupción" (p. 2).

42 Cuanto más alta es la posición, menos democrático se considera. España tenía 20 puntos en 2018 frente a los 40 que ha obtenido en 2023 (EIU, 2023).

43 En este ranking también cuanto mayor es el grado democrático de un país menor puntuación obtiene. En 2018 obtuvo 19 puntos y en 2023 alcanza los 23.

Por último, a modo comparativo, es apropiado exponer que en Portugal el Régimen General de Prevención de la Corrupción (RGPC) (Decreto-Ley nº 109-E/2021, de 9 de diciembre, introducido en el ordenamiento jurídico a raíz de la Estrategia Nacional Anticorrupción, impuso a las personas jurídicas privadas con sede en dicho país y que empleen a 50 o más trabajadores (artículo 2, apartado 1) y también a algunas entidades de derecho público (artículo 2, apartado 2) la adopción de medidas internas destinadas a prevenir la corrupción y los delitos conexos.

Más concretamente, en virtud de lo dispuesto en el artículo 5, apartado 1, las personas jurídicas incluidas en el ámbito de aplicación del RGPC, "con el fin de prevenir, detectar y sancionar los actos de corrupción y delitos conexos, realizados contra o a través de la entidad", estarán obligadas a adoptar un programa de cumplimiento que incluya, al menos, los siguientes elementos: a) un plan/mapa de prevención de riesgos de corrupción y delitos conexos; b) un código de conducta para la prevención de la corrupción y delitos conexos; c) un programa de formación interna para todos los integrantes (empleados y dirigentes) y d) un canal de denuncias. La ausencia del programa de cumplimiento anticorrupción o su adopción incompleta generará sanciones para la organización (Menezes Sanhudo & Ballesteros Sánchez, 2023, pág. 18).

En definitiva, es decisivo que España avance de manera enérgica en materia anticorrupción si no quiere seguir retrocediendo en el logro de la buena administración, la transparencia y la rendición de cuentas siendo, además, cada vez más débil frente a fenómenos criminales altamente lesivos como la criminalidad organizada y la delincuencia corporativa.

BIBLIOGRAFÍA

ABC (29 octubre 2024), "El presidente del Consejo de Transparencia pide la reforma legal que permita multar a la Administración por no dar información". Disponible en: HYPERLINK "https://www.abc.es/espana/presidente-consejo-transparencia-pide-reforma-legal-permita-20241029135619-nt.html" https://www.abc.es/espana/presidente-consejo-transparencia-pide-reforma-legal-permita-20241029135619-nt.html (12/11/24).

Ballesteros Sánchez, J. (2021). *Responsabilidad penal y eficacia de los programas de cumplimiento normativo en la pequeña y la gran empresa.* México: Tirant lo Blanch.

Ballesteros Sánchez, J. (2021a). Empresas militares y de seguridad privada: entre el logro de la seguridad y la lesión de bienes jurídico-penales. *Revista Criminalidad* 63(1), pp. 123-139.

Betegón, J. (2013). Confianza y justicia penal. En J. Betegón & J. R. De páramo (Coordinadores), *Derecho, confianza y democracia.* Albacete: Bomarzo.

Business Insider (29 octubre 2024), "El Gobierno crea la autoridad que protegerá a denunciantes de corrupción, aunque con ocho meses de retraso", acceso en: HYPERLINK "https://www.businessinsider.es/politica/gobierno-crea-autoridad-protegera-denunciantes-corrupcion-aunque-ocho-meses-retraso-1415016" https://www.businessinsider.es/politica/gobierno-crea-autoridad-protegera-denunciantes-corrupcion-aunque-ocho-meses-retraso-1415016 (12/11/24).

Byung-Chul, H. (2014). *En el enjambre.* Barcelona: Herder.

CA Paris, Chambre d'instruction, Lafarge SA, 7 novembre 2019, arrêt n° 8.

Comisión Europea (2022). *Informe sobre el Estado de Derecho en 2022, Capítulo sobre la situación del Estado de Derecho en España.* Disponible en: (https://commission.europa.eu/strategy-and-policy/policies/justice-and-fundamental-rights/upholding-rule-law/rule-law/annual-rule-law-cycle/2022-rule-law-report_es)

Comisión Europea (2024). *Informe sobre el Estado de Derecho en 2024. Capítulo sobre la situación del Estado de Derecho en España.* Disponible en: HYPERLINK "https://commission.europa.eu/document/download/2bd09a6f-ef56-494a-8303-e0de808ee981_es?filename=24_1_58063_coun_chap_spain_es_0.pdf" https://commission.europa.eu/document/download/2bd09a6f-ef56-494a-

8303-e0de808ee981_es?filename=24_1_58063_coun_chap_spain_es_0.pdf

Consejo de Europa (2019). *Quinta ronda de evaluación del GRECO: informe de cumplimiento.* Disponible en: HYPERLINK "https://rm.coe.int/quinta-ronda-de-evaluacion-prevencion-de-la-corrupcion-y-promocion-de-/168098c693" https://rm.coe.int/quinta-ronda-de-evaluacion-prevencion-de-la-corrupcion-y-promocion-de-/168098c693

Consejo de Europa (2024). *European judicial systems CEPEJ Evaluation Report 2024 Evaluation cycle (2022 data).* Disponible en: HYPERLINK "https://rm.coe.int/cepej-evaluation-report-2024-general-analyses/1680b1e91d" https://rm.coe.int/cepej-evaluation-report-2024-general-analyses/1680b1e91d

Consejo General del Poder Judicial (22 marzo 2024), "Los jueces abrieron juicio oral o procesaron por corrupción a 256 personas físicas y jurídicas en 2023 y concluyeron la investigación en 32 procedimientos". Disponible en: HYPERLINK "https://www.poderjudicial.es/cgpj/es/Poder-Judicial/Consejo-General-del-Poder-Judicial/En-Portada/Los-jueces-abrieron-juicio-oral-o-procesaron-por-corrupcion-a-256-personas-fisicas-y-juridicas-en-2023-y-concluyeron-la-investigacion-en-32-procedimientos" \l ":~:text=Durante%202023%2C%20los%20jueces%20y,por%20este%20tipo%20de%20delitos" https://www.poderjudicial.es/cgpj/es/Poder-Judicial/Consejo-General-del-Poder-Judicial/En-Portada/Los-jueces-abrieron-juicio-oral-o-procesaron-por-corrupcion-a-256-personas-fisicas-y-juridicas-en-2023-y-concluyeron-la-investigacion-en-32-procedimientos#:~:text=Durante%20 2023%2C%20los%20jueces%20y,por%20este%20tipo%20de%20 delitos

Cressent, C. (2024). *La responsabilité pénale des personnes morales pour violations graves du droit international.* Droit. Université de Lille, Français. Acceso: HYPERLINK "https://theses.hal.science/tel-04583001v1/file/2024ULILD008.pdf" https://theses.hal.science/tel-04583001v1/file/2024ULILD008.pdf

DW Documental (10 de febrero de 2024), "La empresa rusa Gazprom: políticos corruptos y la codicia de Occidente", acceso en: HYPERLINK "https://www.youtube.com/watch?v=A8_fg10084A" https://www.youtube.com/watch?v=A8_fg10084A

EIU (2023). *Democracy Index 2023.* Disponible en: HYPERLINK "https://www.eiu.com/n/campaigns/democracy-index-2023/" https://www.eiu.com/n/campaigns/democracy-index-2023/

El Diario (25 setiembre 2024), "El director de Antifraude deroga el Código Ético y elimina el comité que investiga las denuncias internas", acceso en: HYPERLINK "https://www.eldiario.es/comunitat-valenciana/director-antifraude-deroga-codigo-etico-elimina-comite-investiga-denuncias-internas_1_11680322.html" \l ":~:text=Este%20 25%20de%20septiembre%20de,al%20Comit%C3%A9%20 %C3%89tico%20creado%20despu%C3%A9s" https://www.eldiario.es/comunitat-valenciana/director-antifraude-deroga-codigo-etico-elimina-comite-investiga-denuncias-internas_1_11680322.html#:~:text=Este%2025%20de%20septiembre%20de,al%20 Comit%C3%A9%20%C3%89tico%20creado%20despu%C3%A9s (12/11/24).

Erns & Young (2011). *Crear un programa anticorrupción sólido. Siete pasos para ayudarlo a evaluar y atender los riesgos de corrupción en su empresa.* Disponible en: HYPERLINK "https://www.eyboletin.com.mx/eysite2/pdf/comunicadoi_863.pdf" https://www.eyboletin.com.mx/eysite2/pdf/comunicadoi_863.pdf

Europa Press (02 octubre 2024), "El Consejo Fiscal se opone a la creación de una de las fiscalías contra la corrupción que preveía el Gobierno". Disponible en: HYPERLINK "https://www.europapress.es/nacional/noticia-consejo-fiscal-opone-creacion-fiscalias-contra-corrupcion-preveia-gobierno-20241002212017.html" https://www.europapress.es/nacional/noticia-consejo-fiscal-opone-creacion-fiscalias-contra-corrupcion-preveia-gobierno-20241002212017.html (12/11/24).

Europa Sur (05 mayo 2024), "Marruecos no colabora en la lucha contra el tráfico de drogas, eso está claro". Disponible en: HYPERLINK "https://www.europasur.es/campo-de-gibraltar/nieves-marina-Marruecos-colabora-trafico-drogas-audiencia-cadiz_0_1899710775.html" https://www.europasur.es/campo-de-gibraltar/nieves-marina-Marruecos-colabora-trafico-drogas-audiencia-cadiz_0_1899710775.html (12/11/24).

European Public Prosecutor's Office (04 abril 2024), "Investigation 'Resilient Crime': 22 arrests in raid against criminal organisation suspected of €600 million fraud involving NextGenerationEU funds". Disponible en: HYPERLINK "https://www.eppo.europa.eu/en/media/news/investigation-resilient-crime-22-arrests-raid-against-criminal-organisation-suspected" https://www.eppo.europa.eu/en/media/news/investigation-resilient-crime-22-arrests-raid-against-criminal-organisation-suspected (12/11/24).

Europol (2023). *European Financial and Economic Crime Threat Assessment 2023 - The Other Side of the Coin: An Analysis of Financial and Economic Crime, Publications Office of the European Union.* Disponible en: HYPERLINK "https://www.europol.europa.eu/cms/sites/default/files/documents/The%20Other%20Side%20of%20the%20Coin%20-%20Analysis%20of%20Financial%20and%20Economic%20Crime%20%28EN%29.pdf" https://www.europol.europa.eu/cms/sites/default/files/documents/The%20Other%20Side%20of%20the%20Coin%20-%20Analysis%20of%20Financial%20and%20Economic%20Crime%20%28EN%29.pdf

Fernández Ortiz de Zárate, G. (2016). *Alternativas al poder corporativo. 20 propuestas para una agenda de transición en disputa con las empresas trasnacionales.* Barcelona: Icaria.

Global Initiative (2023). *Índice global de crimen organizado 2023.* Disponible en: HYPERLINK "https://globalinitiative.net/wp-content/uploads/2023/09/I%CC%81ndice-global-de-crimen-organizado-2023.pdf" https://globalinitiative.net/wp-content/uploads/2023/09/I%CC%81ndice-global-de-crimen-organizado-2023.pdf

Hay Derecho (13 setiembre 2024). "Del deterioro de los contrapesos al abuso del decreto-ley: el nuevo informe de Hay Derecho destaca los fallos del Estado de derecho" Disponible en: HYPERLINK "https://www.hayderecho.com/portfolio-item/del-deterioro-de-los-contrapesos-al-abuso-del-decreto-ley-el-nuevo-informe-de-hay-derecho-destaca-los-fallos-del-estado-de-derecho/" https://www.hayderecho.com/portfolio-item/del-deterioro-de-los-contrapesos-al-abuso-del-decreto-ley-el-nuevo-informe-de-hay-derecho-destaca-los-fallos-del-estado-de-derecho/ (12/11/24).

Javato Martín, A. (2017). El delito de financiación ilegal de los partidos políticos (arts. 304 bis y 304 ter CP). Aspectos dogmáticos, político criminales y de derecho comparado. *Revista Electrónica de Ciencia Penal y Criminología,* Nº. 19, pp. 1-40.

La Moncloa (29 octubre 2024), "El Gobierno aprueba las dos primeras medidas del Plan de Acción por la Democracia", acceso en: HYPERLINK "https://www.lamoncloa.gob.es/consejodeministros/resumenes/paginas/2024/291024-rueda-de-prensa-ministros.aspx" https://www.lamoncloa.gob.es/consejodeministros/resumenes/paginas/2024/291024-rueda-de-prensa-ministros.aspx (12/11/24).

La Razón (10 octubre 2024), “Prisión sin fianza para Aldama, comisionista de la “trama Koldo”, por el fraude de los hidrocarburos”, acceso en: HYPERLINK “https://www.larazon.es/espana/prision-fianza-aldama-comisionista-trama-koldo-fraude-hidrocarburos_202410106707d79fafcb530001e3a995.html” https://www.larazon.es/espana/prision-fianza-aldama-comisionista-trama-koldo-fraude-hidrocarburos_202410106707d79fafcb530001e3a995.html (12/11/24).

La Razón (18 octubre 2024). “Los técnicos de Hacienda denuncian falta de recursos para investigar grandes fraudes: “El 75% de las actuaciones son por 1.000 euros en el IRPF”. Disponible en: HYPERLINK “https://www.larazon.es/economia/tecnicos-hacienda-denuncian-falta-recursos-investigar-grandes-fraudes-75-actuaciones-son-1000-euros_2024101867 11f731afcb530001ba1d77.html” \l “:~:text=Los%20t%C3%A9cnicos%20de%20Hacienda%20denuncian,1.000%20euros%20en%20el%20IRPF%22” https://www.larazon.es/economia/tecnicos-hacienda-denuncian-falta-recursos-investigar-grandes-fraudes-75-actuaciones-son-1000-euros_202410186711f731afcb530001ba1d77.html#:~:text=Los%20t%C3%A9cnicos%20de%20Hacienda%20denuncian,1.000%20euros%20en%20el%20IRPF%22 (12/11/24).

La Repubblica (12 octubre 2010), “Mani mafiose sulla democracia”, acceso en: HYPERLINK “https://www.repubblica.it/politica/2010/10/13/news/mafia_democrazia-7993489/” https://www.repubblica.it/politica/2010/10/13/news/mafia_democrazia-7993489/ (12/11/24).

La Sexta (17 octubre 2024), “Un nuevo audio desvela que Ábalos usaba móviles encriptados: “El ministro lo he visto con teléfonos que nos pedía Koldo”, acceso en: HYPERLINK “https://www.lasexta.com/noticias/nacional/nuevo-audio-desvela-que-abalos-usaba-moviles-encriptados-ministro-visto-telefonos-que-nos-pedia-koldo_202410176710e9e3596dfb0001c7ca70.html” https://www.lasexta.com/noticias/nacional/nuevo-audio-desvela-que-abalos-usaba-moviles-encriptados-ministro-visto-telefonos-que-nos-pedia-koldo_202410176710e9e3596dfb0001c7ca70.html (12/11/24).

Lamas Puccio, L. (2018). Cleptocracia y corrupción en las relaciones entre política y economía. En AA.VV., *Delitos Contra la Administración Pública. Herramientas para la lucha contra la corrupción en Latinoamérica.* Lima: Instituto Peruano de Derecho & Gobernabilidad.

Martinez Encarnación, K. (2019). Dinero, poder y política: financiamiento electoral como clave en la influencia de Odebrecht en Perú y México. *Politai: Revista de Ciencia Política,* volumen 10, núm. 18, págs.

128-168. Disponible en: HYPERLINK "https://dialnet.unirioja.es/descarga/articulo/7199359.pdf" https://dialnet.unirioja.es/descarga/articulo/7199359.pdf

Matallín Evangelio, Á. (2023). La prueba del origen ilícito de los bienes y otros problemas interpretativos del blanqueo de capitales. *Revista Penal México,* (23), págs. 47-69. Disponible en: HYPERLINK "https://dialnet.unirioja.es/servlet/articulo?codigo=9059925&orden=1&info=link" https://dialnet.unirioja.es/servlet/articulo?codigo=9059925&orden=1&info=link

Menezes Sanhudo, J. & Ballesteros Sánchez, J. (2023). Responsabilidad penal de las personas jurídicas y criminal compliance en Portugal. *Revista La Ley compliance penal,* (14), 2023, pp. 1-33.

Ministerio de Hacienda (2023). *Guía Marco para Control Financiero Permanente de la Contratación Pública (LCSP).* Disponible en: HYPERLINK "https://www.igae.pap.hacienda.gob.es/sitios/igae/es-ES/Control/CFPyAP/Documents/Gu%C3%ADa%20Contrataci%C3%B3n%20LCSP%20Rev23%20ACC.pdf" https://www.igae.pap.hacienda.gob.es/sitios/igae/es-ES/Control/CFPyAP/Documents/Gu%C3%ADa%20Contrataci%C3%B3n%20LCSP%20Rev23%20ACC.pdf

Mongillo, V. (2023). La responsabilidad penal de las personas jurídicas en Italia: puntos fuertes, problemas de aplicación y perspectivas de reforma. *Estudios Penales y Criminológicos,* (43), pp. 608-641.

Mulé, M. P. (2014). Criminalidad organizada y política: el derecho penal italiano contra la compra de votos. En F. Pérez Álvarez (Director), *Moderno discurso penal y nuevas tecnologías,* Salamanca: Ediciones Universidad de Salamanca.

Naciones Unidas (2014). *Séptimo informe anual del Subcomité para la Prevención de la Tortura y Otros Tratos o Penas Crueles, Inhumanos o degradantes (CAT/C/52/2).* Disponible en: https://documents.un.org/doc/undoc/gen/g14/418/19/pdf/g1441819.pdf

Newtral (09 diciembre 2023), "La Administración incumple una de cada diez resoluciones firmes del Consejo de Transparencia para entregar información". Disponible en: HYPERLINK "https://www.newtral.es/incumple-resoluciones-firmes-consejo-de-transparencia-para-entregar-informacion/20231209/" https://www.newtral.es/incumple-resoluciones-firmes-consejo-de-transparencia-para-entregar-informacion/20231209/ (12/11/24).

Nieto Martin, A. (2008). Responsabilidad social, gobierno corporativo y autorregulacion: sus influencias en el derecho penal de la empresa. *Política Criminal,* (5), 2008, págs. 1-18. Disponible en: HYPERLINK "https://politcrim.com/wp-content/uploads/2019/04/A_3_5.pdf" https://politcrim.com/wp-content/uploads/2019/04/A_3_5.pdf

Nieto Martín, A. (2018). *La responsabilidad penal de las personas jurídicas en derecho comparado.* Barcelona: Universidad Oberta de Cataluña. Disponible en: HYPERLINK "https://openaccess.uoc.edu/bitstream/10609/142806/2/Responsabilidad%20penal%20de%20la%20empresa%20y%20modelos%20preventivos_M%C3%B3dulo%20did%C3%A1ctico%202_La%20responsabilidad%20penal%20de%20las%20personas%20jur%C3%ADdicas%20en%20el%20derecho%20comparado.pdf" https://openaccess.uoc.edu/bitstream/10609/142806/2/Responsabilidad%20penal%20de%20la%20empresa%20y%20modelos%20preventivos_M%C3%B3dulo%20did%C3%A1ctico%202_La%20responsabilidad%20penal%20de%20las%20personas%20jur%C3%ADdicas%20en%20el%20derecho%20comparado.pdf

Noticias Jurídicas (12 abril 2024), "Ley 2/2024: Baleares elimina la Oficina de Prevención y Lucha contra la Corrupción" acceso en: HYPERLINK "https://noticias.juridicas.com/actualidad/noticias/19042-ley-2-2024:-baleares-elimina-la-oficina-de-prevencion-y-lucha-contra-la-corrupcion/" https://noticias.juridicas.com/actualidad/noticias/19042-ley-2-2024:-baleares-elimina-la-oficina-de-prevencion-y-lucha-contra-la-corrupcion/ (12/11/24).

Ontiveros Alonso, M. (2015). Casinos, compliance y sistema penal (Fundamentos del juego responsable). *Anuario Derecho Penal Económico,* (1), pp. 273-296

Ontiveros Alonso, M. (2015a). Responsabilidad empresarial y compliance frente a la trata de personas. *Revista Penal Mexico INACIPE,* (7), págs. 95-107. Disponible en: HYPERLINK "https://dialnet.unirioja.es/servlet/articulo?codigo=4972875" https://dialnet.unirioja.es/servlet/articulo?codigo=4972875

Ortés Caselles, J. & Jiménez González, J. L. (2017). Efectos políticos y económicos de los escándalos de corrupción y de su difusión pública. En N. Rodríguez García & F. Rodríguez López (Directores), *Corrupción y desarrollo.* Valencia: Tirant lo Blanch.

Parlamento Europeo (2024). *Informe sobre el Estado de Derecho en 2023, Capítulo sobre la situación del Estado de Derecho en España.* Disponible en:

https://www.europarl.europa.eu/doceo/document/A-9-2024-0025_ES.html

Poder Judicial (11 julio 2024), "El CGPJ considera necesario el ingreso de 350 nuevos jueces al año hasta 2033 para cubrir las vacantes por fallecimiento, jubilación y renuncia que se produzcan". Disponible en: HYPERLINK "https://www.poderjudicial.es/cgpj/en/Judiciary/Panorama/El-CGPJ-considera-necesario-el-ingreso-de-350-nuevos-jueces-al-ano-hasta-2033-para-cubrir-las-vacantes-por-fallecimiento--jubilacion-y-renuncia-que-se-produzcan" \l ":~:text=julio%20de%20 2024-,El%20CGPJ%20considera%20necesario%20el%20ingreso%20 de%20350%20nuevos%20jueces,y%20renuncia%20que%20se%20 produzcan" https://www.poderjudicial.es/cgpj/en/Judiciary/Panorama/El-CGPJ-considera-necesario-el-ingreso-de-350-nuevos-jueces-al-ano-hasta-2033-para-cubrir-las-vacantes-por-fallecimiento--jubilacion-y-renuncia-que-se-produzcan#:~:text=julio%20de%20 2024-,El%20CGPJ%20considera%20necesario%20el%20ingreso%20 de%20350%20nuevos%20jueces,y%20renuncia%20que%20se%20 produzcan (12/11/24).

Poder Judicial (18 octubre 2024). "Los órganos judiciales españoles procesaron a 39 personas físicas y 14 jurídicas por delitos de corrupción durante el segundo trimestre de 2024". Disponible en: HYPERLINK "https://www.poderjudicial.es/cgpj/en/Judiciary/Panorama/Los-organos-judiciales-espanoles-procesaron-a-39-personas-fisicas-y-14-juridicas-por-delitos-de-corrupcion-durante-el-segundo-trimestre-de-2024" https://www.poderjudicial.es/cgpj/en/Judiciary/Panorama/Los-organos-judiciales-espanoles-procesaron-a-39-personas-fisicas-y-14-juridicas-por-delitos-de-corrupcion-durante-el-segundo-trimestre-de-2024 (12/11/24).

Prias Bernal, J.C. (2023). Consideraciones sobre el aspecto privado en la lucha contra la corrupción. En A. Carrillo del Teso y Pahul Robredo (Directoras), *Desafíos en la lucha contra la corrupción,* Madrid: Colex.

Público (03 diciembre 2023), "El presidente del Consejo de Transparencia: "Es necesario reformar la ley de transparencia, pero no solucionará todos los problemas". Disponible en: HYPERLINK "https://www.publico.es/politica/presidente-consejo-transparencia-necesario-reformar-ley-transparencia-no-solucionara-problemas.html" https://www.publico.es/politica/presidente-consejo-transparencia-necesario-reformar-ley-transparencia-no-solucionara-problemas.html (12/11/24).

Rose Ackerman, S. (2001). *La corrupción y los gobiernos. Causas, consecuencias y reforma.* Madrid: Siglo XXI.

Santana Vega, D. (2017). El delito de financiación ilegal de partidos políticos. En J. Queralt Jiménez & D. Santana Vega (Directores), *Corrupción pública y privada en el Estado de derecho.* Valencia: Tirant lo Blanch.

SEBPLAC, Comisión de Prevención del Blanqueo de Capitales e Infracciones Monetarias (2022). *Memoria Información Estadística 2018-2022.* Disponible en: HYPERLINK "https://www.sepblac.es/wp-content/uploads/2024/03/Memoria-informacion-estadistica-2018-2022.pdf" https://www.sepblac.es/wp-content/uploads/2024/03/Memoria-informacion-estadistica-2018-2022.pdf

The Objective (28 setiembre 2024), "Marlaska oculta que la unidad de blanqueo de la UDEF ha perdido la mitad de sus agentes", acceso en: HYPERLINK "https://theobjective.com/espana/2024-09-28/marlaska-oculta-udef-agentes/?s=09" https://theobjective.com/espana/2024-09-28/marlaska-oculta-udef-agentes/?s=09 (12/11/24).

Transparencia Internacional (30 enero 2024). "Índice de percepción de la corrupción 2023: España mantiene la puntuación, pero baja un puesto en el ranking mundial". Disponible en: HYPERLINK "https://transparencia.org.es/notas-de-prensa/nota-de-prensa-indice-de-percepcion-de-la-corrupcion-2023/" https://transparencia.org.es/notas-de-prensa/nota-de-prensa-indice-de-percepcion-de-la-corrupcion-2023/ (12/11/24).

Tribunal de cuentas (2024). *Informe de fiscalización del programa 231a "Plan Nacional sobre Drogas": Ejercicio 2022.* Disponible en: HYPERLINK "https://www.tcu.es/repositorio/d18cf157-3aed-47ca-9d93-ec21bc00e8db/I1580.pdf" https://www.tcu.es/repositorio/d18cf157-3aed-47ca-9d93-ec21bc00e8db/I1580.pdf

Utrilla Robles, M. (2015). *Corrupción, límites y psicoanálisis.* Madrid: El Duende.

Villoria Mendieta, M. (2018). *La Transparencia.* Madrid: Círculo de Empresarios.

Zúñiga Rodríguez, L. (2018). Responsabilidad penal de las personas jurídicas y derechos humanos. Una valoración desde la reforma de 2015 de la legislación español. En E. Demetrio Crespo & A. Nieto Martín (Directores), *Derecho penal económico y derechos humanos.* Valencia: Tirant lo Blanch.

Responsabilidad penal de los miembros de órganos colegiados

LUIGI CORNACCHIA
Professore ordinario di diritto penale
Università degli Studi di Bergamo

Resumen: Este artículo trata el tema de la responsabilidad de los miembros de órganos colegiados que participan en una decisión conjunta delictiva en el seno de una empresa,

El voto expresado adquiere relevancia a efectos de la responsabilidad penal como concausa de la creación conjunta del riesgo penal cuando puede interpretarse como un uso desviado de la función reconocida al órgano colegiado: esto ocurre cuando un miembro vota a favor de una deliberación penalmente ilícita o cuando exista colusión entre sus miembros encaminada a favorecer la aprobación de la deliberación ilícita.

Con el objetivo de abordar el tema, también se ilustran las cuestiones de la llamada mesocriminalidad, del actuar delictivo a través de estructuras organizativas y del delito funcionalmente plurisubjetivo.

Palabras clave: mesocriminalidad, decisiones en los órganos colegiados, uso desviado de la función, delito funcionalmente plurisubjetivo.

Abstract: This article deals with the theme of the responsibility of corporate boards members who participate in a joint criminal decision within a corporation.

The vote expressed becomes relevant for the purposes of criminal liability as a cause of the joint creation of criminal risk when it can be interpreted as a deviant use of the function recognized to the collegial body: this occurs when a member votes in favor of a deliberation with a criminal content or when there is collusion among its members aimed at favoring the approval of the illicit deliberation.

In order to address the issue, the questions of the so-called meso-crime, of the organizational wrongdoing and of the functionally multi-persons crime are also addressed

Key words: meso-crime, collegial decision making, misuse of the function, functionally multi-persons crime

1. LA RESPONSABILIDAD EN LOS ÓRGANOS COLEGIADOS COMO FORMA DE MANIFESTACIÓN DEL FENÓMENO MESOSCRIMINAL

1.1. Premisa: contextos

El tema de la responsabilidad de los miembros de los órganos colegiados se sitúa en el marco del problema más amplio de las decisiones y sus efectos jurídico-penales: decisiones individuales o colectivas – que incluye las adoptadas de manera colegiada – con efecto directo o mediado por otras actividades ejecutivas, inmediatas o cronológicamente distanciadas, a veces en situación de necesidad, emergencia, que hay que asumir con rapidez, en contextos de riesgo inminente, en falta de informaciones exaustivas, con la exigencia de ponderar intereses en contraposición (como ha sucedido con los "triage" sanitarios durante la pandemia)[1].

La responsabilidad penal de los miembros de órganos colegiados suele ser responsabilidad por los delitos perpetrados

---

[1] Vid., entre otras referencias, (Cornacchia 2021, pp. 1 ss.); (Estrada I Cuadras 2021, pp. 1 ss.); (Pérez Cepeda, 1997); (2020, p. 293); (Turienzo Fernández 2021, pp. 1 ss.); Entre los manuales (Alessandri-Seminara 2018, pp. 83 y ss.); (Amati-Mazzacuva 2023, pp. 15 ss.); (Cornacchia, 2024, pp. 53 y ss.); (Bajo Fernández - Bacigalupo Saggese 2010, pp. 127 y ss.); (Buján Pérez, 2022, pp. 667 y ss.); (De La Mata Barranco & Dopico Gómez-Aller & Lascuraín Sánchez & Nieto Martín 2024, pp. 154 y ss).; (Galán Muñoz - Núñez Castaño, 2023, pp. 49 y ss.); (Gómez Benítez 2001, pp. 94 y ss.); (Silva Sánchez, 2013, pp. 71 ss.; 2018, pp. 43 ss.; 2019, pp. 155 y ss.); (Silva Sánchez & Robles Planas, 2023, pp. 172 y ss.).

(por uno o más de los propios miembros, o también por sujetos ajenos al consejo) en ejecución de acuerdos adoptados por el órgano a través de la votación.

Los casos más conocidos en la práctica son los de la responsabilidad penal de la cúspide de una empresa; de órganos de asesoría; de *gatekeepers* o miembros del órgano de supervisión, del consejo de vigilancia o del comité de auditores, del órgano colegiado de cumplimiento; de miembros de un tribunal para la evaluación de un candidato, de una comisión académica, de un comité de ética en estructuras sanitarias: estos órganos adoptan de manera colegiada, a través de votaciones, las decisiones, pero por supuesto responden los miembros de manera individual de los delitos cometidos en ejecución de la deliberación colegiada (principio de responsabilidad individual).

Participación en las actividades del consejo, expresión del voto favorable o en contra de una determinada propuesta, logro de la mayoría válida para tomar la resolución colegiada, ejecución del ilícito deliberado son momentos muy distintos del complejo proceso que conduce a la comisión del delito. Además, entre la fase formalizada de participación en el funcionamiento de un consejo válidamente constituido y la votación, también formalizada y conforme al procedimiento previsto, normalmente hay más fases informales (o a veces incluso ocultas) de negociación, búsqueda de acuerdos, formación de coaliciones destinadas a garantizar una cierta mayoría a favor o en contra de la resolución (Knauer, 2001, pp. 6 y ss).

La decisión es un acto expresivo de voluntad colectiva: bajo este perfil, ante todo representa el producto de un proceso que se desarrolla según reglas preestablecidas.

A través de ese acto conforme a procedimiento que es la deliberación colegiada, se manifiesta la voluntad colegiada -el acuerdo entre los participantes en la propia decisión, alcanzado según las reglas preestablecidas- que representa un requisito previo para el inicio de la comisión del delito. Las voluntades individuales expresadas con los votos individuales consisten en la mera aceptación o rechazo del contenido de la resolución, por lo que presuponen una solución ya preestablecida, sobre la cual se vota a favor o en contra: en su conexión conforme al procedimiento forman la voluntad colegiada, pero mantienen su autonomía en cuanto a la cuestión de una posible responsabilidad penal por la decisión ilícita.

La conformidad de la deliberación con las normas de procedimiento predeterminadas para su adopción representa también un aspecto de su conformidad con el sistema: es una actividad "neutral" en sí misma – como lo es la conducta de votación de cada miembro del consejo, ya que se ajusta al rol profesional que se le reconoce, incluso si es perjudicial para intereses protegidos – que sin embargo puede revestir contenidos ilícitos e incluso delictivos.

A nivel descriptivo cobra importancia una doble conexión:

- primero entre el voto expresado por el miembro y el logro de la mayoría necesaria para la aprobación de la resolución;
- luego entre la deliberación colegiada y la comisión del delito.
- A esta se corresponde una doble dimensión normativa (Knauer, 2001, pp. 60 y ss):
- la *horizontal* relativa a la decisión colegiada, que antes de su ejecución, desde el momento en que se realizan los primeros actos, puede integrar una tentativa, o un delito consumado cuando esos ya estén específicamente previstos como delito;
- y la *vertical* relativa a la ejecución del acuerdo, por los propios miembros del consejo, o por algunos de ellos, o más frecuentemente por terceros.

Por esto hay que determinar la *imputación* (causal o no), retrospectivamente, entre delito y decisión colectiva, como producto de la estructura colectiva; y entre dicha estructura y la conducta individual de voto.

1.2. La dimensión plurisubjetiva, es decir, el marco mesocriminal de la responsabilidad empresarial

Muchas veces las decisiones más importantes que se toman dentro de la empresa no suelen ser individuales: en general, en este ámbito el autor único representa una excepción, ya que se trata de un modelo de actuación criminal que suele ubicarse en el contexto de las organizaciones empresariales (Weber, 1984, pp. 400 y ss).

Para enmarcar correctamente este fenómeno, resulta útil introducir el concepto de *mesocriminalidad*: un paradigma que se sitúa entre el derecho penal de la imputación individual y la llamada macrocriminalidad, propia de grandes organizaciones criminales[2].

Se trata de un modelo, propio del Derecho penal empresarial, caracterizado por conductas en sí mismas conformes con el sistema, en el sentido de que los objetivos -a menudo estandarizados en la actividad empresarial- que persiguen carecen de toda connotación ilícita en el plan jurídico-penal o incluso simplemente ético-social (como por ej. una toma de decisión de un órgano colegiado), pero el contexto puede constituir el *humus* para la perpetración de crímenes (Jäger, 1989, pp. 132 y ss).

---

2 (Alwart, 1998, pp. 24 y ss.); (Alwart, 2011, p. 178); (Mittelsdorf, 2007, pp. 36 ss., 52 ss.); (Krämer 2015, 264 ss.); sobre la relación entre organizaciones lícitas y ilícitas vease (Silva Sánchez & Robles Planas, 2023, PP. 32 ss).

Lo que hace que tales conductas sean antijuridicas es precisamente el contexto organizacional, que, a pesar de ser en sí mismo lícito e incluso reconocido por el ordenamiento, posibilita que los individuos alcancen fines que de otro modo no habrían conseguido lograr.

Dos aspectos en particular caracterizan el modelo mesocriminal:

- en primer lugar, se compone de conexiones de imputación tanto individuales como colectivas, interpretables sólo a la luz de la dinámica de grupo, que reconfigura las reglas, y las dos son tan interdependientes que no es posible resolver una sin la otra: la conducta del individuo no puede entenderse sin referencia a la estructura colectiva en la que se encuentra (Jäger, 1989, pp. 19, 24, 173 y ss);
- segundo, el individuo sin la estructura organizativa no puede controlar y dominar los procesos que conducen a la verificación de hechos penalmente relevantes.

Por lo tanto, dada la complejidad de los procesos que se desarrollan en la empresa y que que pueden conducir a la comisión de delito, es necesaria su explicación en el contexto y en relación con la organización (Feijoo Sánchez, 2009, p. 16); (Silva Sánchez, 2011, pp. 1 y ss).

Lo de mesocriminalidad es un concepto que se refiere a las relaciones peculiares, propias del derecho penal empresarial, entre las actividades individuales y la estructura de organizaciones complejas, con consecuencias en términos de imputación de responsabilidad tanto a personas físicas como a sujetos metaindividuales

La estructura organizativa de la empresa constituye una situación típica – lícita – que conecta la acción individual de un miembro individual y el delito cometido colectivamente: el significado penal de la conducta individual depende de la interacción con las actividades de otros sujetos (Kramer, 2015,

p. 291) y con la estructura organizativa de la entidad empresarial en general, por lo que constituye una *forma de manifestación propia del marco mesocriminal* (Sachoulidou, 2019, pp. 28 y ss).

Desde el punto de vista de la relación organizacional, los delitos de carácter mesocriminal son aquellos que representan una expresión de este contexto, como muchos delitos economicos, no pocas veces integrados por conductas que en sí mismas podrían parecer neutrales, pero que adquieren un significado criminal precisamente en virtud de la interdependencia con la dinámica estructural de la organización, es decir, su significado mesocriminal.

Además, como ya se ha dicho, el modelo mesocriminal tiene algún aspecto similar a la macrocriminalidad, aunque ésta tenga características muy diferentes[3].

El modelo de asociación delictuosa se caracteriza por:

a. una organización estructurada y estable, pero ya en sí misma ilícita y, por lo tanto, *anómica*: puede estar regida por reglas (por ejemplo, las de la "Cúpula"), que sin embargo no son reconocidas como reglas válidas por el sistema jurídico general, respecto del cual se colocan en contraste y alternativa.

b. La plurisubjetividad en este contexto es indispensable – participación necesaria - y se identifica por la afiliación a la asociación delictiva: uno es penalmente responsable como miembro de la asociación delictiva, a pesar de los delitos fines que la asociación planea o comete.

c. Además, no se cuestiona ni siquiera en abstracto una función legalmente reconocida a los miembros de una asociación criminal: esta última no tiene una connota-

---

3 Salvo en los casos en los que, evidentemente, la empresa oculte una estructura ilícita: véase (Silva Sánchez, 2019, p. 1).

ción neutral, sino que representa en sí misma el objeto inmediato de la incriminación, como instrumento para la comisión de delitos.

Por el contrario, respecto de la actividad empresarial, el órgano colegiado es la célula de un organismo legalmente constituido, reconocido por el ordenamiento jurídico, que incluso reconoce efectos internos y externos a sus deliberaciones, y explotado en sentido distorsionante por algunos de sus miembros (como se dirá).

Por lo tanto:

- en la asociación delictuosa todos aquellos que puedan ser catalogados como miembros son responsables por el hecho de pertenecer a ella (*plurisubjetividad necesaria*);
- en las estructuras de la empresa - el órgano colegiado es emblemático - algunos miembros pueden ser considerados responsables si utilizan el órgano de una manera que se desvía de su función institucional (*plurisubjetividad eventual de tipo funcional*).

Con respecto a la criminalidad empresarial, la plurisubjetividad es eventual (Crespi, 1957, p. 532), no necesaria, pero representa la forma normal de manifestación de esos delitos: así las decisiones colegiadas (modelo relacional con *deberes sinérgicos*), o las situaciones en las que muchas personas ejercen funciones conjuntas, o conductas estructuradas en relaciones jerárquicas de control (modelo relacional con *deberes heterotropos*), o actividades de consultoría en las que se "basan" delitos cometidos por otros (modelo relacional con *deberes accesorios*)[4].

---

4 Se ha propuesto esta distinción: deberes complementarios o sinérgicos son los típicos de la causalidad cumulativa, en la que cada aporte es insuficiente para lograr el resultado, que requiere la sinergia entre estos; heterotropos, dirigidos directamente a la conducta de los demás, son los deberes de control, vigilancia, información; los

El caso de la resoluciones penalmente ilícitas tomadas por órganos colegiados, en las que el miembro individual del órgano participa expresando su voto, es lo de los *deberes sinérgicos o complementarios*[5], que requieren la coordinación de la propia actividad con la de los demás, en el sentido de que la propia conducta, considerada individualmente, no sería suficiente para generar un riesgo capaz de traducirse en un hecho nocivo; pero se vuelve adecuada para la producción de resultados nocivos, incluso de alcance macroscópico (efectos sinérgicos), si se suma a los de los sujetos con los que se interactúa (potencial nocivo en sinergia).

2. LA RESPONSABILIDAD PENAL INDIVIDUAL EN ESTRUCTURAS ORGANIZATIVAS COLEGIADAS: EL DELITO FUNCIONALMENTE PLURISUBJETIVO

2.1. La decisión colegiada como efecto de los votos expresados por los miembros del órgano

Respecto a las decisiones tomadas por órganos con estructura pluripersonal que tienen por objeto la comisión de hechos penalmente relevantes, se plantea el problema de la responsabilidad de los miembros por el voto expresado a favor de tales decisiones.

---

deberes accesorios surgen en los casos de descuidada creación de una situación peligrosa "estereotípica" (por ej. custodia descuidada de objetos peligrosos): (Cornacchia, 2004, pp. 518 y ss).

5 Sobre los deberes complementarios, "cuya eficacia depende del comportamiento de la otra parte" véase ya, en el contexto de la doctrina civil, (Cafaggi, 1996, pp. 130 y ss).

Los votos emitidos por cada miembro representan expresiones individuales de voluntad que, insertadas en el contexto del procedimiento de decisión colegiada, forman la voluntad colectiva del colegiado, pero mantienen su autonomía respecto de la cuestión de una posible responsabilidad por la decisión penalmente relevante.

Se trata de un método peculiar de división horizontal de tareas, que se implementa reconociendo el derecho (o incluso la obligación) de votar a los miembros del órgano colegiado.

Las expresiones individuales de voluntad consisten en la mera aceptación o rechazo del contenido de la resolución propuesta, por lo que presuponen una solución ya preestablecida, a la que se puede dar voto favorable o negativo. Una vez expresados, los votos individuales producen efectos tanto al interior (validez de la deliberación) como al exterior del órgano (efectos de la deliberación con respecto a las políticas de la empresa).

2.2. Estructura horizontal y vertical

Desde el punto de vista de la dinámica que conduce a la comisión del delito, como se ha dicho deben distinguirse dos momentos estructuralmente diferenciados, además de espaciados cronológicamente:

a. dimensión horizontal: la decisión del órgano colegiado, que se sitúa en una fase prodrómica con respecto a la comisión del delito;

b. dimensión vertical: la ejecución de la resolución.

Se trata de dos fases, que pueden involucrar diferentes sujetos: normalmente la resolución será tomada colectivamente por los directores de la empresa (gestión estratégica), y será ejecutada por sujetos responsables de la gestión operativa, o directamente por trabajadores subordinados; pero no se puede descartar que la ejecución sea supervisada e incluso realizada por los mismos individuos que votaron a favor de la decisión colectiva.

En principio, el voto expresado por el miembro del colegio a favor de una resolución por la comisión de un delito que se lleve a cabo conlleva responsabilidad penal. En caso de no ejecución, el voto podrá ser considerado como una contribución a una tentativa de participación, pero sólo a partir del momento en que se realizan los primeros actos para iniciar la ejecución misma, que luego no concluye.

Antes del inicio de la ejecución, la resolución constituye un mero acuerdo que, de no ejecutarse, conforme al art. 115 del código penal italiano (o a las reglas de la accesoriedad cuantitativa, vease Silva Sánchez - Robles Planas 2023, 172), no es punible[6].

Por lo tanto, el voto dado a una decisión con contenido ilícito es penalmente irrelevante en caso de no adoptarse la resolución, o de una resolución que ni siquiera ha llegado al inicio de su ejecución.

En caso de ejecución de la resolución penal, el miembro del órgano colegiado que votó a favor es penalmente responsable[7].

---

6 El art. 115 del código penal italiano declara impune la inducción inten¬tada, por tanto, la punición comienza sólo desde el momento en que el hecho ha sido intentado al menos por uno de los intervinientes: más exactamente, el acuerdo no ejecutado no está sujeto a sanción, dado que conforme al art. 115 c.p. el juez puede imponer una medida de seguridad, tratándose de hecho considerado como sintomático de peligrosidad.

7 En el modelo unitario adoptado por el código penal italiano ("concorso di persone" ex art. 110 y "cooperazione colposa" ex art. 113), no cabe la distinción entre coautoría y participación, en el sentido que responden todos los que concurren en el delito de la misma manera (y está excluida la autoría mediata): el art. 112, apartado 1

Surge la típica cuestión de causalidad cumulativa: ¿por qué el voto individual, inadecuado por sí sólo para la adopción de la resolución y adecuado en sinergia con los demás y dentro del procedimiento predefinido que permite alcanzar la mayoría, implica la atribución de toda la ejecución al miembro que lo expresó (y que quizás ni siquiera participó en la ejecución)?

En concreto, es necesario explicar:

A) cuales de los votos emitidos conllevan responsabilidad penal por la ejecución penal de la resolución (problema de la contribución de participación penalmente relevante);

B) si, además de la obligación de votar en contra de una resolución ilegal / a favor de una resolución lícita, existe también la obligación de impedir a los demás miembros del órgano colegiado respecto de las consecuencias de su conducta de voto.

2.3. La teoría del "reato collegiale" (delito colegiado)

Según una teoría que se propuso en pasado en el marco de la doctrina italiana, podría configurarse un modelo particular

---

prevé una circunstancia agravante para quien ha promovido u organizado la cooperación en el delito, o ha dirigido la actividad de las personas que han concurrido en el delito; el art. 114 (n. 2), para para quien, en el ejercicio de su autoridad, dirección o supervisión, haga cometer el delito a personas sujetas a él (n. 3), y para quien haya hecho que un menor de 18 años o una persona en estado de enfermedad o deficiencia mental cometa el delito o en cualquier caso haya hecho uso de ellos o participado con ellos en la comisión de un delito; el art. 114 prevé una circunstancia atenuante facultativa si el juez considera que la obra realizada por algunas de las personas que participaron en el delito tuvo una importancia mínima en la preparación o ejecución del delito, y para aquellos que han sido determinados a cometer el delito o a cooperar en el delito.

"pluripersonal", que llamaría a responder a todos los sujetos participantes en el órgano colegiado por decisiones ilícitas por el solo hecho de su pertenencia y participación en el mismo: el llamado delito colegiado[8].

La tesis, actualmente rechazada por la doctrina, es incompatible con el ordenamiento jurídico vigente, pues:

- el órgano colegiado de una empresa no puede ser considerado una organización criminal: se produce una transferencia indebida del modelo del delito asociativo;
- responsabilizar al miembro del órgano colegiado de su participación en el mismo se traduciría en una verdadera responsabilidad por el mero cargo desempeñado, contraria al principio de responsabilidad personal ya en el sentido mínimo de responsabilidad individual, consagrado en el art. 27 de la Constitución italiana;
- aquellos que votaron en contra de la resolución penal también deberían ser considerados responsables, al menos cuando no hicieron todo lo que estaba a su alcance para impedir su aprobación (posiblemente incluso dimitiendo del propio colegio): pero participar en las activades del consejo y votar es un derecho del miembro, y a veces incluso una obligación.

Por tanto, es necesario justificar la incriminación del miembro en función de su conducta electoral específica.

---

8 Vid. (Rende, 1943, pp. 44 y ss); (Grispigni, 1947, pp. 230 y ss); (Tondo, 1951, p. 271).

2. 4. Responsabilidad por la propia contribución causal a la resolución

La solución más conforme con el código penal italiano (artículos 40 y 41) vincula la contribución de cada miembro a la resolución ilícita entendida como un evento en el plan de la causalidad: la decisión colegiada sería, por tanto, simplemente el producto de una concurrencia de acciones causales, conforme al art. 41 del código penal italiano[9].

A este respecto surgen tres conjuntos de problemas.

2.4.1. Problema del voto superfluo

El primero, de carácter sustancial, se refiere al destino de los votos inútiles: cada miembro del órgano colegiado que intervenga con su voto después de que los votos ya expresados por los demás miembros hayan alcanzado ya una mayoría suficiente para aprobar la resolución podrá argumentar que su propia contribución no ha tenido efecto ex post en la decisión.

Se trata, por tanto, de determinar si es penalmente responsable el miembro del órgano colegiado que votó a favor de la resolución penalmente ilícita pero cuyo voto resultó superfluo porque de todos modos se habría alcanzado la mayoría.

Se podría distinguir entre votación simultánea y votación sucesiva: en el primer caso, todos los electores deberían ser considerados responsables; en el segundo, las votaciones posteriores a alcanzar el quórum no deberían considerarse causales. Sin embargo, este correctivo parece completamente inacepta-

---

9 Art. 41, apartado 1, c.p. (Concurso de causas): El concurso de causas preexistentes o simultáneas o sobrevinientes, aunque sean independientes de la acción u omisión del culpable, no excluye la relación de causalidad entre la acción u omisión y el evento.

ble, ya que hacer depender la punibilidad o no de una misma conducta -votar a favor de la resolución ilícita- del simple hecho de ser posterior o anterior a la consecución de la mayoría supondría una flagrante violación del principio de igualdad, así como de responsabilidad culpable.

En realidad, en términos de imputación de responsabilidad, la solución causal adolece de un déficit que la doctrina ha identificado desde hace tiempo, dado por la dificultad de aplicar el modelo *condicio sine qua non*, en particular con respecto a los votos emitidos una vez que la mayoría se ha alcanzado.

Surgen dos situaciones típicas en las que la conducta alternativa lícita del miembro votante no habría afectado el resultado penal (Joerden, 2004, pp. 143 y ss).

a. La primera ocurre cuando el voto del miembro individual permite alcanzar una mayoría mayor que la (por ejemplo, simple) requerida para la validez de la resolución, por lo que se puede afirmar que, incluso si el voto hubiera sido en contra, no habría impedido la formación de la mayoría (*sobredeterminación*[10]).

b. El segundo se refiere a los casos en los que la abstención no afecta el resultado de la resolución porque, incluso si el miembro que se ha abstenido hubiera participado votando en contra, se habría alcanzado el *quórum* con los demás votos y la resolución penalmente ilícita se habría adoptado de todos modos (*causalidad alternativa hipotética*).

---

10 Véase (Jakobs, 1995, pp. 421 ss); (Jakobs, 1987, pp. 63 ss); (Jakobs 1993, 7/83); (Puppe, 1992, 31, nt. 7, 32); (Estrada I Cuadras 2021, PP. 3 ss.).

2.4.2. Problema de las conductas de abstención, ausencia, disentimiento

De lo contrario, el miembro que se abstiene, está ausente o incluso es disidente, cada vez que su abstención, ausencia o disentimiento hayan permitido, no obstante, la formación de la mayoría, podría ser considerado causa de la decisión[11].

2.4.3. Problema de la prueba del contenido del voto emitido

El tercer problema, de carácter probatorio, consiste en que la determinación de los sujetos responsables de la aprobación de la resolución se convierte en una auténtica *probatio diabolica* en el caso del voto secreto (situación que se da frecuentemente, si el estatuto social lo permite): votación secreta que se adoptará precisamente cada vez que se trata de tomar decisiones ilícitas o "opacas". En realidad, este último perfil no sólo socava el criterio causal, sino también, de manera más general, la posibilidad misma de identificar a los sujetos responsables entre los miembros del consejo.

A este respecto, se han sugerido como posibles soluciones las siguientes: prohibir el voto secreto (Pérez Cepeda, 1997, p. 303); o disponer que quienes voten en contra de una resolución deban dejar constancia de su desacuerdo por escrito en el acta: pero tal solución, a pesar de la flagrante violación de los principios de presunción de inocencia, carga de la prueba para la fiscalía y *nemo tenetur se detegere*, podría legitimar fácil-

---

[11] Una cuestión que ha sido objeto de amplio debate en Alemania: véase (Alexander, 2005, pp. 117 y ss., 148 ss); (Corell, 2007, pp. 118 y ss); (Id., 2012, pp. 117 ss); (Knauer, 2001, pp. 91 ss); (Neudecker, 1995, pp. 223 y ss); (Ransiek, 1996, 58 ss); (Rotsch, 1998, p. 118 y ss); (Schaal, 2001, pp. 29 ss); (Scholl, 1996, pp. 211 y ss); (Sofos, 1999, pp. 37 y ss); (Weisser, 1996, pp. 105 y ss).

mente abusos, dado que un miembro del consejo podría hacer constar en acta su posición contraria y luego votar en secreto a favor de la resolución. La única solución parece entonces ser la que sugiere el principio de "in dubio pro reo": salvo el caso de voto unánime a favor de una resolución penal, cuando no exista posibilidad de conocer el contenido del voto del miembro del consejo, se debe presumir la conformidad normativa del comportamiento y excluir su responsabilidad (hasta que se demuestre lo contrario) (Correll, 2021, pp. 118 y ss).

Además, se discute si se pueda plantear un deber de impedimento a carga del miembro disidente respecto de la resolución penalmente ilícita: deber que vincularía también al miembro que quiere abstenerse, al ausente o que incluso teóricamente podría extenderse a quienes han emitido voto en contra de la decisión y han dejado constancia de su desacuerdo[12].

2.5. Imputación objetiva: creación conjunta de un riesgo

El defecto intrínseco de la explicación causal reside en reducir el fenómeno de la responsabilidad de los miembros individuales de los órganos colegiados a una mera suma de aportaciones entendidas como concausas.

El mencionado art. 41, párrafo 1, del código penal italiano en realidad, es una figura muy sugerente para captar a nivel descriptivo el fenómeno de la votación de resoluciones penalmente relevantes, que de hecho integra una hipótesis de *causalidad cumulativa* (o *por interacción necesaria*[13]): cada voto es en sí

---

12 Así, (Meini Méndez, 2009, p. 255).

13 Se entiende con esta expresión que la interacción entre los factores es necesaria para producir el efecto: (Cornacchia, 2001, pp. 1081 y ss); véase la 'contributory causation' de (Hart-Honoré, 1959, 188 ss., 190 ss).

mismo inadecuado para que se pueda tomar la decisión que de ejecutarse constituirá un delito, pero la acumulación de votos permite alcanzar la mayoría necesaria para que este última sea adoptado.

Sin embargo, en una perspectiva *normativa*, el tipo de las concausas en cuestión no resulta en una concurrencia de riesgos, sino más bien en la *creación conjunta de un riesgo* (García Cavero, 2013, pp. 361 y ss).

Respecto de este riesgo ilícito que supone la decisión adoptada conjuntamente, es necesario identificar correctamente las esferas de competencia.

En términos de *imputación objetiva*, se trata de ver cuáles de los miembros del órgano colegiado con su comportamiento de voto han creado el riesgo ilícito previsto por la resolución (evaluación *ex ante*) y si en el delito realmente cometido en ejecución de la resolución se produjo precisamente ese riesgo creado con el voto (evaluación *ex post*): la segunda cuestión es simple y se resuelve en la mera evaluación de la correspondencia entre el contenido de la resolución tomada y el delito luego perpetrado; la primera es más compleja, ya que implica establecer qué comportamiento de voto de los miembros individuales implica competencia para la resolución adoptada conjuntamente.

2.6. Responsabilidad por desviación funcional

La actividad colegiada es, en sí misma y formalmente, *conforme a la ley*, es decir, lícita en la medida en que está permitida, correspondiente a esquemas legales predefinidos de formación de voluntades; cuando tiene como resultado la comisión de un hecho penalmente relevante, éste implica la desviación del acto o actividad respecto de las funciones y fines previstos por la ley: en lo que respecta a la organización colegiada, la conducta individual del miembro individual (y de la entidad colectiva) se caracteriza como una *desviación de la función típica asignada*, individual y colectiva[14].

2.7. *El delito funcionalmente plurisubjetivo*

El órgano colegiado está, obviamente, necesariamente compuesto por varias personas, es algo intrínsecamente plurisubjetivo.

La plurisubjetividad, como ya se ha dicho con respecto al modelo mesocriminal, se manifiesta como una realidad intermedia entre la participación eventual (un delito puede ser cometido por una sola persona, pero eventualmente también por muchas) y necesaria (típica de delitos que tienen que ser cometidos por muchas personas, porque de otro manera no se realizan), ya que:

- la presencia de múltiples sujetos no es requerida por algún tipo penal (como por ej. en el delito de asociación criminal, que es necesariamente plurisubjetivo, dado que incrimina la plurisubjetividad misma como una forma criminalmente ilícita);
- sino por la *estructura organizativa conforme al ordenamiento* y por la *función* que ese reconoce al órgano como colegiado, que sólo puede expresarse mediante la presencia válida y la actividad conjunta de varios sujetos[15]. Desde este último aspecto, la desviación de la función típica mencionada anteriormente se produce mediante un *uso*

---

14 Concepto surgido en el derecho administrativo pero particularmente útil para comprender la estructura de los delitos cometidos por órganos colegiados.

15 La actividad se lleva a cabo con un procedimiento colegiado, aunque la ley no exige una cooperación organizada: (Pedrazzi, 1962, p. 19).

instrumental y desviado de la estructura organizativa legítima con fines delictivos.

La antijuridicidad de la conducta de emisión del voto consiste entonces en el *uso distorsionado* del órgano colegiado al *desviarse de la función* para la cual el poder de decidir fue reconocido al mismo - distorsión de la función, es decir, de la finalidad para la cual el poder de decisión fue conferido -, en particular:

- del interés general en el caso de los consejos públicos;
- de los intereses particulares para los cuales se han conferido poderes a los órganos sociales en los privados.

La responsabilidad penal del miembro de un órgano colegiado puede pues calificarse como una forma de *abuso del derecho* (de voto), vinculado a la función desempeñada en el colegiado y, por tanto, *abuso de la institución colegiada,* instrumentalizada para fines antijurídicos.

Surge una forma "bifronte" de participación eventual, porque tiene algo de la participación necesaria: el órgano colegiado es una estructura plurisubjetiva (licita) que preexiste a la ejecución penal, pero sólo en presencia de esta estructura puede tomar forma la decisión antijuridica.

Lo que caracteriza esta forma peculiar de participación eventual, la *relacionalidad colegiada,* es el tipo de contribución que integra la participación: una conducta de *uso instrumental -no de la conducta de los demás* (hipótesis que evidentemente sólo puede darse en casos específicos: cuando un miembro del consejo instiga o determina otro miembro, o en cualquier caso intenta influir en sus elecciones de voto, etc.), sino - *de su rol institucional,* según los esquemas formales previstos por la función en el consejo (votación según el procedimiento establecido para alcanzar la necesaria mayoría predeterminada) pero en un sentido desviado respecto de los intereses que el ordenamiento jurídico pretende garantizar con ellos (*delito funcionalmente plurisubjetivo*[16]).

2.8. Dimensión horizontal: competencia por la decisión tomada

El *miembro que vota a favor* de la resolución penalmente relevante debe ciertamente ser considerado competente, independientemente de que la votación haya sido simultánea o no y sin que se le atribuya relevancia alguna a la colocación de la votación en cuestión antes o después de alcanzar la mayoría necesaria para la aprobación de la deliberación: el aporte individual no constituye delito en sí mismo, sino que adquiere un significado penalmente ilícito a partir de la decisión conjunta.

De manera correlativa, el *miembro que vota en contra* de la resolución ilícita no es competente[17].

---

16 Se ha propuesto este apodo para subrayar que se trata de una forma de manifestación del delito en la que la relación entre personas – los miembros del órgano colegiado – no está prevista por el tipo penal (participación eventual, no necesaria), más bien en si misma es lícita y reconocida por el ordenamiento, pero la relación misma es funcional, es decir, lo que la caracteriza es precisamente la función que desempeña cada miembro y la que ejerce el órgano colegiado: la conducta delictiva consiste en el uso distorsionado y desviado de la función (Cornacchia, 2021, pp. 11 ss.).

17 La solución es idéntica incluso si un componente del colegio primero tiene la intención de contribuir al logro del quórum necesario para hacer válida la resolución y luego, cuando se dio cuenta de que esta se aprobará, tal vez por razones de conveniencia cambia de opinión y vota en contra: los deseos y motivaciones personales son irrelevantes, aunque las razones de su disconformidad con la resolución que contiene un delito sean de mera conveniencia económica o en cualquier caso de carácter oportunista (véase Eidam, 1993, p. 176); (Weisser 1996, p. 177).

No tiene ninguna relevancia el hecho que aún tuviera la intención de permitir que se alcanzara el quórum necesario para hacer válida la resolución, y esto se debe a que:

- la participación activa en la votación es lícita (el órgano colegiado no es una asociación delictiva);
- por lo contrario, el voto constituye para el miembro el ejercicio de un derecho: un derecho que no puede ser invalidado por ninguna reserva mental, dado que las intenciones o actitudes internas no pueden ser incriminadas.

2.8.1. Colusión

Sin embargo, es distinta la situación en la que se demuestra que existió una *organización* real entre los distintos miembros, orientada a obtener la aprobación de la resolución ilícita, en la que el voto individual en contra se consideró instrumental para lograr la mayoría necesaria (o para ocultar los votos individuales a favor en caso de votación secreta)[18]: en este caso, la conducta del miembro formalmente disidente, asumiendo un papel específico en la organización criminal global, constituye conducta de participación.

Es la llamada *colusión* entre los miembros del órgano colegiado.

Cabe subrayar que esta hipótesis es claramente distinta de la anterior: en sí misma, la intención del miembro votante es irrelevante, porque lo que sirve para integrar el caso de colusión es

---

[18] Esta es una situación que se puede clasificar en la denominada irresponsabilidad organizada (Wright Mills, 1956, p. 338) o más bien irresponsabilidad estructurada (Honegger-Neckel-Magnin, 2010); (Neckel, 2012, p. 77).

la inclusión instrumental de su comportamiento de voto en la organización global de la ejecución plurisubjetiva.

2.8.2. Abstención y ausencia

La solución es menos clara respecto del miembro que se abstiene de votar o que no está presente en el momento de la votación, dado que

- no puede haber un deber jurídico penalmente relevante de participar en la votación o de votar,
- ni una responsabilidad por la tolerancia consciente del delito cometido por los demás miembros: el mero conocimiento de la ilegalidad de la resolución por la que se vota no es suficiente para integrar la conducta de participación, siendo necesaria una *relación de instrumentalidad* entre las conductas de los miembros votantes, es decir, que al menos uno de los miembros utilice los votos de los demás como medio para alcanzar su objetivo ilícito, o que haya alguna organización entre los miembros[19];
- ni se puede plantear un deber de intervención (*contra* Gómez Benítez, 2001, 96 ss.), ya que debe excluirse una posición de garantía general de control sobre una fuente de riesgo, lo que contrastaría con el principio de división de tareas y de competencias que caracteriza el desarrollo de las actividades de las empresas modernas[20].

---

[19] Véase en el marco de la doctrina italiana la postura de (De Francesco G.A., 1998, p. 732 ss); (De Francesco G.A., 2013, pp. 565 y ss).

[20] Así por ejemplo (Suárez González, 1995, p. 55): "nadie tiene la obligación de que los demás se comporten de manera correcta, sino sólo de comportarse él conforme a derecho". En el sentido contrario, admiten un deber de cada miembro de impedir la decisión colegiada por ej. (Neudecker, 1995, p. 208 respecto del miembro

Seguramente son responsables los que se abstienen en la votación cada vez que la abstención sea instrumental a permanecer en la sombra con respecto a una resolución de la que son promotores entre bastidores: pero en este caso la responsabilidad es precisamente por inducción.

En principio, la abstención parece constituir un derecho del miembro del colegio.

Sin embargo, no cuando el miembro que se abstiene ha creado previamente un riesgo especial que la resolución tiende a neutralizar: por ejemplo, si el órgano colegiado decide proceder ante un derrame contaminante y el interesado participa en la decisión con su voto favorable, posteriormente el mismo órgano, habiendo evaluado la peligrosidad de la contaminación, se reúne nuevamente para decidir sobre el saneamiento, la abstención del miembro que participó en la primera resolución viola un *deber de prevenir las consecuencias nocivas de la situación de riesgo originada anteriormente* (responsabilidad por *injerencia*) (Jakobs, 1995, pp. 432 y ss).

Pueden darse dos hipótesis:

a. omisión de la decisión debida de salvamento (por ejemplo, omisión de la resolución para realizar el saneamiento);
b. o incluso decisión de omitir, cuando la resolución colegiada contiene la decisión precisa de no asegurar el riesgo (por ejemplo, decisión de omitir la resolución de iniciar el saneamiento) (Greco, 2011, p. 674).

En este sentido, debe resolverse la cuestión de la configurabilidad de un deber del miembro individual de impedir que la deliberación ilícita sea llevada a cabo por los demás miembros:

---

que se abstiene, p. 250 con respecto al miembro que está ausente); (Pérez Cepeda, 2020, pp. 302 y ss).

fuera de la hipótesis que acabamos de considerar (y de los casos específicamente previstos por la ley u otras fuentes), no existe ningún deber general de control sobre el riesgo, ni de supervisar el comportamiento de otros miembros, lo que equivaldría a formas de responsabilidad por el rol desempeñado o colectiva respectivamente.

2.9. Dimensión vertical: competencia para la ejecución de la resolución

La ejecución de la resolución puede ser realizada por los mismos sujetos que votaron a favor de la resolución, pero más a menudo por los órganos de gestión operativa (destinados a implementar las decisiones tomadas por los órganos de dirección estratégica a través de los recursos disponibles) o por los trabajadores subordinados.

Esquematizando:

- los miembros que votaron a favor de la decisión y la ejecutaron son claramente responsables;
- lo mismo ocurre con aquellos que votaron en contra de la decisión, pero luego la ejecutaron;
- responden también los colegiados que han adoptado la resolución pero luego no la ejecutan, ya que su voto a favor de la resolución constituye una inducción;
- los ejecutores, si pertenecen a órganos de gestión operativa, son normalmente responsables, salvo que hayan actuado en situación de ignorancia o coacción;
- los ejecutores subordinados no son responsables cuando se han limitado a cumplir las obligaciones derivadas de sus tareas, actuando en el ámbito de sus funciones ordinarias: en este caso la ejecución corresponde exclu-

sivamente a la esfera de competencia organizativa de los administradores;

- además, como se mencionó, dado que puede haber un lapso de tiempo entre la deliberación y su ejecución, responden también aquellos que se abstengan o estén ausentes en el momento en que se debe tomar una resolución de puesta en seguridad de un riesgo creado también por los miembros que se han abstenido o han quedado ausentes (al igual que quienes votan en contra).

2.10. Resumen: la responsabilidad penal de los miembros de órganos colegiados

El voto constituye un elemento esencial del procedimiento previsto por el ordenamiento jurídico a los efectos de la formación de la voluntad del órgano y cuenta precisamente por su significado como concausa en la *creación conjunta de un riesgo penalmente ilícito*, dado por la decisión asumida colegiadamente: por lo tanto, no tiene ninguna relevancia la posibilidad de que, incluso sin esa votación particular, el resultado concreto de la votación y por tanto de la deliberación pueda resultar idéntico.

En este sentido el Tribunal Supremo español aborda el tema de la relevancia del exceso de votos necesarios (STS 906/2016, de 30.11):

> "La razón por la que todos los miembros que, conociendo su contenido y significado, hayan votado a favor del acuerdo son responsables del mismo, radica esencialmente en que su voto es un componente del proceso marcado por la ley para la formación de la voluntad del órgano, lo que hace irrelevante la posibilidad de que, sin ese voto concreto, el resultado hubiera podido ser el mismo en cuanto al sentido de la decisión. Nada impediría por lo tanto establecer la responsabilidad de todos los que en el órgano votaron a favor, si el acto aprobado en el seno de ese órgano fuera delictivo. Responsabilidad que, sin embargo, no podría tener su origen solo en el hecho de no abstenerse, debiendo hacerlo, pues para ello sería necesario

> establecer un vínculo entre la no abstención y el resultado, con independencia del hecho de votar a favor de un determinado acuerdo".

También tiene relevancia penal la conducta de *colusión* entre los miembros del órgano, cuando se detecta una verdadera *organización* entre los colegiados, encaminada a obtener la aprobación de la resolución ilícita, cualquiera que sea su logro, incluso mediante abstención, ausencia o incluso el voto aparentemente disidente de algunos de ellos.

En lo que respecta a la identificación de *responsabilidades por desviación funcional* de los miembros individuales de un órgano colegiado, destaca el papel absolutamente decisivo de la cuestión relativa a la circulación de información y, en consecuencia, la legítima tendencia a la uniformidad: normalmente sólo algunos de los miembros tienen la información electiva necesaria para tomar decisiones y, naturalmente, ejercen un efecto "impulsor" de los demás[21].

BIBLIOGRAFÍA

Alessandri-Seminara (2018), *Diritto penale commerciale, Volume I, I Principi generali*, Giappichelli, Torino.

Alexander (2005), *Die strafrechtliche Verantwortlichkeit für die Wahrung der Verkehrssicherungspflichten in Unternehmen*, Centaurus, Herbolzheim.

Alwart (1998), *Zurechnen und Verurteilen*, Boorberg, Stuttgart.

Alwart (2011), *Sanktion und Verantwortung*, in *ZIS*, 3/2011, 173.

Amati – Mazzacuva (2023), Diritto penale dell'economia, 6. Ed., Wolters Kluwer

Bajo Fernández - Bacigalupo Saggese (2010), Derecho penal económico, 2. Ed., Editorial universitaria Ramón Areces.

---

21 (Silva Sánchez, 2016, pp. 269 y ss).

Buján Pérez (2022), Derecho Penal Económico y de la Empresa Parte General, 6. Ed., Editorial Tirant Lo Blanch.

Cafaggi (1996), *Profili di relazionalita della colpa. Contributo a una teoria della responsabilita extracontrattuale,* Cedam, Padova.

Corell (2007), *Strafrechtliche Verantwortlichkeit durch Mitwirkung an Kollegialentscheidungen auf der Leitungsebene von Wirtschaftsunternehmen bei vorsätzlichen Begehungsdelikten,* Carl Heymanns, Köln.

Corell (2012), *Strafbarkeitsrisiken trotz geheimer Abstimmungen,* in L. Schulz-M. Reinhart-O. Sahan-C. Knauer (Hrsgg.), *Festschrift für Imme Roxin,* C.F. Müller, Heidelberg, 117.

Cornacchia (2001), *Il concorso di cause colpose indipendenti: spunti problematici (Parte II),* in *Indice penale,* 1063.

Cornacchia (2004), Concorso di colpe e principio di responsabilità per fatto proprio, Giappichelli, Torino.

Cornacchia (2021), Responsabilità penale negli organi collegiali. Il reato funzionalmente plurisoggettivo, Giappichelli, Torino.

Cornacchia (2024), Diritto penale dell'ambiente. Diritto penale d'impresa e reati ecologici, Bologna

Crespi (1957), *Reato plurisoggettivo e amministrazione pluripersonale della società per azioni,* in *Rivista italiana di diritto penale,* 518

De Francesco G.A. (1998), *Sul concorso di persone nel reato,* in *Studium iuris,* 732.

De Francesco G.A. (2013), *Il concorso di persone e il dogma causale: rilievi critici e proposte alternative,* in *Scritti in onore di Alfonso M. Stile,* Editoriale Scientifica, Napoli, 559.

De La Mata Barranco - Dopico Gómez-Aller - Lascuraín Sánchez - Nieto Martín (2024), Derecho penal económico y de la empresa, Editorial Dykinson, 2. Ed.

Demetrio Crespo (2020), *Derecho penal económico y teoría del delito,* Tirant Lo Blanc, Valencia.

Eidam (1993), *Unternehmen und Strafe. Vorsorge- und Krisemanagement,* Carl Heymanns, Köln.

Estrada I Cuadras (2021), *Intervención delictiva a través de las decisiones de órganos colegiados de la empresa. Responsabilidad penal por comisión activa,* en La Ley Compliance Penal, n. 4, 1.

Feijoo Sánchez (2009), *La imputación de hechos delictivos en estructuras empresariales complejas,* Centro de Investigación Interdisciplinaria en Derecho Penal Económico, Argentina, 2009, in www.ciidpe.com.ar.

Galán Muñoz - Núñez Castaño (2023), Manual de Derecho Penal Económico y de la Empresa, 5. Ed., Editorial Tirant Lo Blanch

García Cavero (2013), *La competencia por el hecho: una teoría de la intervención delictiva a la medida de los delitos cometidos desde la empresa,* in Silva Sánchez-Miró Llinares (2013), *La teoría del delito en la práctica penal económica,* La Ley, Madrid.

Gómez Benítez (2001), Curso de derecho penal de los negocios a través de casos. Reflexiones sobre el desorden legal, Editorial Colex

Greco (2011), *Kausalitäts- und Zurechnungsfragen bei unechten Unterlassungsdelikten,* in *ZIS,* 8-9, 674.

Grispigni (1947), *Diritto penale italiano,* Vol. II, Giuffrè, Milano.

Hart, Honoré (1959), *Causation in the Law,* Oxford University Press, Oxford.

Honegger, Neckel, Magnin (2010), *Strukturierte Verantwortungslosigkeit. Berichte aus der Bankenwelt,* Suhrkamp, Berlin.

Jäger (1985), *Individuelle Zurechnung kollektiven Verhaltens. Zur strafrechtlich-kriminologischen Bedeutung der Gruppendinamik,* A. Metzner, Frankfurt am Main.

Jäger (1989), *Makrokriminalität. Studien zur Kriminologie kollektiver Gewalt,* Suhrkamp, Frankfurt am Main.

Jakobs (1987), *Risikokonkurrenz – Schadensverlauf und Verlaufshypothese im Strafrecht,* in *Festschrift für Karl Lackner zum 70. Geburtstag,* De Gruyter, Berlin-New York, 53.

Jakobs (1993), *Strafrecht. Allgemeiner Teil. Die Grundlagen und die Zurechnungslehre,* 2. Aufl., De Gruyter, Berlin-New York.

Jakobs (1995), *Strafrechtliche Haftung durch Mitwirkung an Abstimmungen,* in H.H. Kühne (Hrsg.), *Festschrift fur Koichi Miyazawa: Dem Wegbereiter des japanisch-deutschen Strafrechtsdiskurses,* Nomos Verlagsgesellschaft, Baden-Baden, 419.

Joerden (2004), *Zurechnungsprobleme bei Gruppen und Kollektiven,* in M. Kaufmann-J. Renzikowski (Hrsg) *Zurechnung als Operationalisierung von Verantwortung,* Peter Lang, Frankfurt a.M., 143.

Knauer (2001), *Die Kollegialentscheidung im Strafrecht. Zugleich ein Beitrag zum Verhältnis von Kausalität und Mittäterschaft,* Beck, München

Krämer (2015), *Individuelle und kollektive Zurechnung im Strafrecht,* Mohr Siebeck, Tübingen.

Meini Méndez (2009), *Intervención en la adopción colectiva de acuerdos en una sociedad y responsabilidad penal,* in ID., *Imputación y responsabilidad penal. Ensayos de Derecho Penal,* Ara Editores, Lima, 247.

Mittelsdorf (2007), *Unternehmensstrafrecht im Kontext,* Verlag C.F. Müller, Heidelberg.

Neckel (2012), *Kollektive und institutionelle Verantwortlichkeit aus soziologischer und philosophischer Perspektive,* in KEMPF, LÜDERSSEN, VOLK (Hrsg.), *Unternehmensstrafrecht,* De Gruyter, Berlin-Boston, 73.

Neudecker (1995), *Die strafrechtliche Verantwortlichkeit der Mitglieder von Kollegialorganen. Dargestellt am Beispiel der Geschäftsleitungsgremien von Wirtschaftsunternehmen,* Peter Lang, Frankfurt am Main-Berlin-Bern.

Pedrazzi (1964), *I reati societari in regime di amministrazione collegiale,* in *Rivista delle società,* 8.

Pérez Cepeda (1997), *La responsabilidad de los administradores de sociedades: criterios de a atribucion,* Cedecs, Barcelona.

Pérez Cepeda (2020), *La responsabilidad penal del administrador de empresa por decisiones colegiales,* in E. DEMETRIO CRESPO (Dir.), *Derecho penal económico y teoría del delito,* Tirant Lo Blanc, Valencia, 293.

Puppe (1992), "Zur Kausalitätsproblematik bei der strafrechtlichen Produkhaftung", en *JZ,* Heft 1, 30.

Ransiek (1996), *Unternehmensstrafrecht,* Heidelberg.

Rende (1943), *Saggio di una teoria del reato collegiale,* in *Il pensiero giuridico-penale. Rivista internazionale di dottrina,* 44.

Rodríguez Montañés (2001), *Einige Bemerkungen über das Kausale Problem und die Täterschaft im Falle rechtswidriger Kollegialentscheidungen,* in Festschrift für Claus Roxin, Walter de Gruyter, Berlin, 307.

Rotsch (1998), *Individuelle Haftung in Großunternehmen. Plädoyer für den Rückzug des Umweltstrafrechts,* Nomos, Baden-Baden.

Sachoulidou (2019), *Unternehmensverantwortlichkeit und -sanktionierung. Ein strafrechtlicher und interdisziplinärer Diskurs,* Mohr Siebeck, Tübingen.

Schaal (2001), *Strafrechtliche Verantwortlichkeit bei Gremienentscheidungen in Unternehmen,* Duncker & Humblot, Berlin.

Scholl (1996), *Strafrechtliche Verantwortlichkeit von Gemeinde, Kreisraten und Mitgliedern der Zweckverbandsversammlungen im Umweltrecht*, Rösler Druck, Schorndorf.

Silva Sánchez (2011), *¿Responsabilidad penal y/o responsabilidad estructural?, Editorial*, in *InDret Penal*, 3/11, 1.

Silva Sánchez (2013), *Aufsichtpflichten und Compliance in Unternehmen*, in Kuhlen - Kudlich - Iñigo Ortiz de Urbina (Hrsgg.), Compliance und Strafrecht, C.F. Müller, Heidelberg, 71.

Silva Sánchez (2016), *Fundamentos del Derecho penal de la Empresa*, 2a ed., Edisofer, Madrid, BdeF, Montevideo-Buenos Aires.

Silva Sánchez (2018), *La evolución de la posición de deber del Consejo de Administración. Una observación desde la cultura del compliance*, en Ragués i Vallès - Robles Planas (dirs.), *Delito y empresa. Estudios sobre la teoría del delito aplicada al Derecho penal económico-empresarial*, Atelier, Barcelona, 43

Silva Sánchez (2019), *Retos del Derecho penal económico empresarial de nuestro tiempo, in Boletim, Publicação do Instituto Brasileiro de Ciências Criminais*, 2019, 1.

Silva Sánchez - Robles Planas (2023), *Lecciones de derecho penal económico y de la empresa.* Parte General y Especial, Atelier.

Sofos (1999), *Mehrfachkausalität beim Tun und Unterlassen*, Duncker & Humblot, Berlin.

Suárez González (1995), "Participación en las decisiones del Consejo de Administración de una sociedad y responsabilidad penal", en *Cuadernos de Derecho Judicial, La responsabilidad penal de las sociedades. Actuación en nombre de otro. Responsabilidad de los Consejos de administración. Responsabilidad de los subordinados*, Consejo General del Poder Judicial, 47.

Tondo (1951), *Sulla natura del reato collegiale quale fattispecie descritta da talune disposizioni penali in materia di societa*, in *Rivista penale*, I, 271.

Turienzo Fernández (2021), Acuerdos alcanzados en el seno de un órgano colegiado y responsabilidad penal individual, in RECPC 23-10, 1.

Weber (1984), *Konzeption und Grundsätze des Wirtschaftsstrafrechts (einschließlich Verbraucherschutz)*, in *ZStW*, 96, 1984, 376.

Weisser (1996), *Kausalitäts- und Täterschaftsprobleme bei der strafrechtlichen Würdigung pflichtwidriger Kollegialentscheidungen*, Berlin.

Wright Mills (1956), *The Power Elite*, Oxford University Press, Oxford-New York

Los sesgos en el derecho penal económico: ¿cómo afectan a la responsabilidad penal de abogados y asesores fiscales?

MÓNICA DE LA CUERDA MARTÍN
Profesora ayudante Doctora en Derecho penal.
Universidad de Castilla-La Mancha

Resumen: A lo largo de las siguientes páginas el lector encontrará un análisis acerca del importante papel que desempeña la ignorancia deliberada en el derecho penal económico y como la misma puede convertirse en un foco generador de sesgos en los profesionales jurídicos, conduciendo a estos últimos a realizar comportamientos dotados de responsabilidad criminal. En este sentido, se prestará especial atención a los sesgos de excesiva confianza y competitividad externa, los cuales, a su vez, se vinculan a los sesgos de excesiva coherencia y de conclusión o prejuicio, siendo todo lo anterior un signo de como determinadas concepciones pueden generar errores en el juicio humano.

Palabras clave: sesgos cognitivos, ruido, juicio humano, error, ignorancia deliberada, abogado, asesor fiscal.

Abstract: In the following pages, the reader will find an analysis of the important role played by deliberate ignorance in economic criminal law and, in particular, how it can become a source of bias in legal professionals, leading the latter to engage in behaviour that is criminally liable. In this sense, special attention will be paid to the biases of excessive confidence and external competitiveness, which, in turn, are linked to the biases of excessive coherence and of conclusion or prejudice, all of the above being a sign of how certain conceptions can generate errors in human judgement.

Keywords: cognitive biases, noise, human judgement, error, wilful ignorance, lawyer, tax advisor.

1. SESGOS, HEURÍSTICAS Y RUIDO

Los sesgos cognitivos son definidos por la Real Academia de la Lengua Española como un «error sistemático en el que se puede incurrir cuando, al hacer muestreos o ensayos se seleccionan o favorecen unas respuestas frente a otras» (RAE, 2024), estamos así en presencia de predisposiciones psicológicas que nos conducen a adoptar ciertas conclusiones de manera automática, alzándose como una manera irracional de dar por válidas determinadas respuestas.

El antecedente de los sesgos lo encontramos en las heurísticas que, según Kahneman, se caracterizan por ser operaciones de simplificación producidas «por el pensamiento rápido e intuitivo» y que resultan útiles para ofrecer las «respuestas adecuadas» (Kahneman, 2023, p. 181). Dicho sucintamente, las heurísticas son las encargadas de generar los sesgos por cuanto afectan e inciden sobre el patrón interno de comportamiento que nos conduce a aceptar una determinada decisión en base a la preconcepción natural que tenemos del sistema y que conlleva la adopción o preferencia de unos criterios frente a otros.

Sobre la base de lo anterior, cabe destacar que según García Campos, Sarabia López y Hernández Chávez, el interés en el estudio de los sesgos «yace en que tales conductas psicológicas condicionan la manera en la que percibimos nuestro entorno, y de ahí las precauciones que debemos procurar respecto a los sesgos con que vivimos. Desde una perspectiva más teórica, estudiar los sesgos implica hablar de cómo los seres humanos razonamos, tomamos decisiones, cómo y por qué nos equivocamos» (García Campos, 2022, p. 102).

Uno de los principales problemas de los sesgos es su capacidad para generar errores en el juicio humano, encontrándose estos indisociablemente unidos al concepto de ruido. Para diferenciar ambos términos Kahneman parte de un ejemplo bastante ilustrativo en el que imagina a diferentes tiradores apuntado a una diana e intentando acertar en un mismo blanco. Los tiradores sesgados nunca acertarían al centro de la diana pero en ellos sería reconocible un patrón de lanzamiento (por ejemplo: todas las fechas están abajo a la derecha). En cambio, los tiradores ruidosos realizarían una dispersión aleatoria que resultaría difícil de cuantificar ya que no es posible discernir, ni siquiera, si están apuntando al objetivo. Así, mientras que el sesgo indica una desviación constante de los resultados previstos, el ruido indica un alejamiento del promedio (Kahneman, 2023, p. 13).

2. LOS SESGOS EN EL CAMPO DEL DERECHO PENAL ECONÓMICO: EN ESPECIAL EL PROBLEMA DE LA IGNORANCIA DELIBERADA

El alcance y la presencia de los sesgos en el campo del derecho penal económico y de la empresa es general y bastante amplia, afectando así a múltiples instituciones y pudiendo incidir de manera directa en los mecanismos de atribución de responsabilidad penal. En este sentido, una de las principales controversias que se plantea, aunque no la única, es la vinculación existente entre los sesgos cognitivos y la ignorancia deliberada, entendida esta última, según la STS 1637/1999, de 10 de enero (TOL4.924.826), como: «no querer saber aquello que puede y debe ser sabido». Caracterización que fue completada posteriormente por la STS 164/2006, de 22 de febrero (TOL843.474), al afirmar que se encuentra en una situación de ignorancia deliberada: «quien no quiere saber aquello que puede y debe conocer y sin embargo trata de beneficiarse de dicha situación, si es descubierto, debe responder de las consecuencias de su ilícito actuar [...] porque lo sabido y querido, al menos vía dolo eventual, coincidió con lo efectuado ya que fue libre de decidir su intervención [...] y el no querer saber los elementos del tipo objetivo que caracteriza el dolo, equivale a querer y aceptar todos los elementos que vertebran el tipo delictivo cometido».

Por consiguiente, es posible entender que, «quien se encuentra en una situación de ceguera voluntaria (*willfull blindness*) no está exento de responsabilidad criminal por la acción ejecutada»[1], haciéndose alusión con ello a situaciones en las que el sujeto desconoce, pudiendo conocer, que su comportamiento está creando o aumentando un peligro jurídico-penalmente relevante, siendo precisamente esta indiferencia o ignorancia del conocimiento lo que sienta las bases para el castigo (penal) de su conducta (Nacarino Lorente, 2020, p. 1). En este sentido, según Feijoo Sánchez «esta doctrina, en esencia, se aparta de las exigencias de conocimiento del tipo objetivo para la imputación a título de dolo ofreciendo como solución adelantar el momento de la "intencionalidad" que adquiere relevancia para el Derecho penal» (Feijoo Sánchez, 2015, p. 2). Más exactamente, este último autor la considera como «un supuesto *de actio libera in sua causa* o de imputación extraordinaria, siendo así una especie de dolo por asunción»[2].

Atendiendo a ello, no cabe lugar a dudas de la problemática que genera la ignorancia deliberada en lo referente a su encaje en el seno de la tipicidad subjetiva, máxime si tampoco existe un meridiano acuerdo acerca de la delimitación entre el dolo eventual e imprudencia consciente. En este sentido y adoptan-

1 Sin ánimo de exhaustividad, vid. entre otras: STS 1583/2000, de 16 de octubre (TOL4.920.276); STS 33/2005, de 19 de enero (TOL556.656); STS 359/2008, de 19 de junio (TOL1.335.956); STS 464/2008, de 2 de julio (TOL1.53.120); STS 446/2008, de 9 de julio (TOL1.353.106); STS 953/2008, de 26 de diciembre (TOL1.432.476); STS 633/2009, de 10 de junio (TOL1.560.684); STS 395/2019, de 24 de julio (TOL7.433.904); SAN 3074/2020, de 25 de noviembre; STS 1489/2021, de 3 de marzo.

2 De la misma opinión: Labandía Cortes, 2016, p. 2.

do una perspectiva jurisprudencial cabe señalar que se han detectado importantes vaivenes que han conducido a numerosas contradicciones, si bien, los mismos parecen quedar «resueltos» gracias a la STS 299/2021, de 8 de abril (TOL8.394.411), donde se afirma que: «No debe obviarse que la distinción entre dolo eventual e imprudencia grave reside precisamente en el tipo y calidad de la información de la que dispone el sujeto activo para representarse que la conexión entre la acción u omisión y el resultado no es improbable. Si el sujeto activo desconoce la conexión entre la conducta y la consecuencia, cabrá imprudencia. Por el contrario, cuando el sujeto activo realiza comportamientos sabiendo que son incompatibles con el riesgo permitido, el resultado que se derive de dicho incremento intolerable se imputará a título doloso»[3].

Esta posición es posible vincularla a la STS 234/2012, de 16 de marzo (TOL2.501.142), según la cual, la ignorancia deliberada abarcaría aquellos «casos en los que el autor, pese a colmar todas las exigencias del tipo objetivo, ha incorporado a su estrategia criminal, de una u otra forma, rehuir aquellos conocimientos mínimos indispensables para apreciar, fuera de toda duda, una actuación dolosa, si quiera por la vía del dolo

---

3 En esta línea también se sitúa la doctrina, donde autoras como Bel González defienden la necesaria categorización de dos tipos de supuestos: 1) casos cubiertos por el dolo eventual, donde es posible diferenciar, a su vez, entre sentencias en las que la ignorancia deliberada es utilizada como un mero indicio del conocimiento y casos en los que aun cuando el autor ostentaba el conocimiento propio del dolo, el TS obvia esta circunstancia, y no analizando los indicios de su concurrencia recurre a la ignorancia deliberada. 2) casos no cubiertos por el dolo eventual, aquí, ante una ausencia total de indicios, el TS apela a la ignorancia deliberada para argumentar la existencia de dolo. Adicionalmente, también existe una serie de supuestos en los que el TS admite la posibilidad de condenar por vía imprudente los supuestos de ignorancia deliberada (Bel González, 2018, pp. 310-313).

eventual». La finalidad que se pretende conseguir es evitar la condena por el delito doloso, de tal manera que el castigo del comportamiento quede reconducido a la imprudencia o, en última instancia, lograr la impunidad de la acción. No obstante, para ello se precisa la concurrencia de tres requisitos: 1) Una falta de representación suficiente de todos los elementos que definen el tipo penal de que se trate; 2) Una decisión del sujeto de permanecer en la ignorancia aun hallándose en condiciones de disponer, de forma directa o indirecta, de la información que se pretende evitar; 3) Un componente motivacional, inspirado en el propósito de beneficiarse de ese estado de ignorancia alentado por el propio interesado, eludiendo así la asunción de los riesgos inherentes a una eventual exigencia de responsabilidad criminal.

Un aspecto importante derivado de lo anterior es el papel que desempeña la indiferencia en el seno de la ignorancia deliberada, entendiendo por la primera al «estado de ánimo en que no se siente inclinación ni repugnancia hacia una persona, objeto o negocio determinado» (RAE, 2024). El elemento vehicular que conecta la realización de comportamientos indiferenciados respecto de los constitutivos de ignorancia deliberada es la voluntariedad de la acción. Voluntariedad de la que no cabe abstraerse y que, de una u otra manera, rige todas las acciones que desarrollamos en nuestra vida.

En esta línea, es posible entender que actuar de manera indiferenciada en derecho penal implicaría que, ante la hipotética realización de una acción penalmente relevante, el sujeto activo no escogiera ni detener su acción ni tampoco delinquir, desarrollando así un comportamiento (voluntariamente) estático. Por su parte, los supuestos de ignorancia deliberada constituirían el siguiente paso, esto es, aquellas situaciones en las que el sujeto, una vez que sospecha y/o se representa como probable o posible la comisión de un hecho delictivo, decide continuar en una situación de ignorancia y omite conocer información relevante, prosiguiendo así como su comportamiento. No cabe duda de que optar por realizar un comportamiento estático marcado por la indiferencia, o continuar con una actuación en ignorancia deliberada es una decisión transcendental que afecta de manera directa e indubitada a la atribución de responsabilidad penal, por lo que cabe preguntarnos: *¿esta decisión puede ser la consecuencia de un sesgo?*

La respuesta a esta pregunta requiere distinguir entre dos tipos de sesgos que, aunque diferentes, se encuentran vinculados entre sí. Por un lado, tendríamos los *sesgos cognitivos* que «influyen en el modo en que los miembros de una organización se representan su actividad y los riesgos» (Cigüela Solá, 2019, p. 20) y, por otro, los *sesgos volitivos* que «afectan al modo en que se muestran o no dispuestos a realizar actividades arriesgadas o incluso abiertamente delictivas» (Cigüela Solá, 2019, p. 20). Conforme a ello, la solución a la cuestión *supra* planteada debe ser afirmativa, especialmente en el segundo de los casos, esto es, en la decisión de proseguir con la comisión de un delito del que, probablemente, el sujeto no sea consciente, siendo ello una consecuencia de la característica difuminación de los elementos volitivo y cognoscitivo del dolo eventual, y es que en los casos de ignorancia deliberada «el autor "neutraliza" sus motivaciones a favor del ordenamiento jurídico para que le sea más fácil tomar la decisión motivada por codicia, avaricia o razones o motivos similares» y es que «no se trata de casos en los que el sujeto prefiera no saber, sino que prefiere no saber porque no le interesa dejar de hacer lo que está haciendo» (Feijoo Sánchez, 2015, p. 18).

Todo lo anterior, en última instancia, es debido a que las situaciones de ignorancia deliberada se construyen tomando como referencia la realización de un juicio de presunciones acerca de los motivos que condujeron al sujeto a no querer conocer, en un momento dado, el trasfondo penal de su comportamiento y es que, en estas situaciones, la cuestión pasa por demostrar que el sujeto, desde una perspectiva volitiva, prefirió no conocer (de la Cuerda Martín, 2023, p. 463).

3. AFECTACIÓN DE LOS SESGOS A LA RESPONSABILIDAD PENAL DE ASESORES FISCALES Y ABOGADOS

El asesor fiscal y el abogado son los dos profesionales jurídicos que con mayor asiduidad se ven envueltos en la comisión de delitos de corte económico, destacando así su preponderante intervención en los ilícitos de fraude fiscal y blanqueo de capitales. Intervención por la que no siempre resulta sencillo atribuir responsabilidad penal en atención a su vinculación con el ámbito de la denominada neutralidad delictiva.

Antes de adentrarnos en un análisis más detallado, cabe tener en consideración que las consecuencias punitivas de la ignorancia deliberada en los dos tipos penales *supra* mencionados no son equivalentes. Así, mientras que en delito fiscal solo está prevista su comisión a través de dolo (si la ignorancia deliberada vence a favor de una imprudencia el comportamiento quedaría exento de responsabilidad penal), en el caso del blanqueo de capitales, la responsabilidad se establece tanto para comisiones dolosas como imprudentes. Ello es trascendental, sobre todo, porque la ignorancia deliberada se encuentra muy vinculada a la teoría del error, por lo que determinar su vencibilidad también será un aspecto de capital importancia.

3.1 La responsabilidad penal del asesor fiscal: El sesgo de «excesiva confianza»

Han sido varios, algunos muy mediáticos y debatidos, los pronunciamientos judiciales que han acudido a la teoría de la ignorancia deliberada con la finalidad de obtener la exoneración de la responsabilidad penal de aquellas personas que, interviniendo y, sobre todo, conociendo o pudiendo deducir la existencia de una conducta defraudatoria, deciden que es mejor no saber. En todo caso, en lo que alcanzo a ver, en el seno de los delitos tributarios, la ignorancia deliberada es utilizada unidireccionalmente como un mecanismo mediante el cual los clientes/obligados tributarios tratan de transferir la responsabilidad penal a sus asesores, singularmente en aquellos casos en los que no existe una representación legalmente conferida a los profesionales tributarios en virtud de las exigencias de la Ley 58/2003, de 17 de diciembre, General Tributaria y, subsidiariamente, cuando existe una falta de imputación de estos profesionales jurídicos (de la Cuerda Martín, 2023, p. 684).

Sin embargo, no es frecuente observar la problemática desde la perspectiva del asesor fiscal, siendo relevante plantearnos una posible atribución de responsabilidad penal a estos profesionales por la prestación de un asesoramiento defectuoso sobre la base de *cómo es* la calidad de la información transmitida por el profesional a su cliente. Asesoramiento que se puede derivar, por ejemplo: De creer que se conoce la normativa tributaria de un determinado impuesto y obviar que se ha modificado o, también, de una insuficiencia en el análisis de la información contable proporcionada por el cliente. Este tipo de situaciones revelan la existencia de una posición de ignorancia deliberada por parte del asesor fiscal y es que, en ambos casos, pudo conocer gracias al empleo de la diligencia que era esperable y, sin embargo, omitió la realización de este comportamiento adicional y prefirió «confiar en sus capacidades» manteniéndose en su ignorancia, realizando así un asesoramiento defectuoso. Ello es revelador, pues nos permite apreciar la concurrencia de un «sesgo de confianza», esto es, la tendencia que tenemos las personas de confiar en nosotros mismos.

La doctrina mayoritaria, entre la que se encuentran autores como Luzón Peña (Luzón Peña, 2012, p. 102), Ferré Olivé (Ferré Olivé, 2018, p. 279) y Silva Sánchez (Silva Sánchez, 2005, p. 92), coinciden en afirmar que el asesoramiento defectuoso por parte de los profesionales derivará en la apreciación de un error, de tipo o de prohibición, en el cliente que recibe la información de manera equivocada y que, en última instancia, le ha conducido a adoptar una decisión y realizar una actuación no ajustada a Código Penal. No obstante, lo determinante en este punto es concretar la posible responsabilidad (penal) del profesional jurídico por el error cometido. Desde una perspectiva «práctica» es difícil que se alcance la imputación del asesor fiscal, sin embargo, desde una óptica dogmática, siguiendo a Corcoy Bidasolo, resultarían «válidas las posturas que afirman el dolo en casos de ignorancia deliberada» de los profesionales jurídicos, «en ocasiones atendiendo a las circunstancias concurrentes es irrazonable que el sujeto afirme desconocer que sabía» (Corcoy Bidaloso, 2020, pp. 118-119), esto es, se apreciaría subjetivamente un exceso en el sesgo de confianza del profesional jurídico y se le atribuiría responsabilidad penal *ex* art. 305 CP.

Cuestión distinta son los supuestos de error derivados de una interpretación razonable de la norma tributaria que se manifiesta, más específicamente, en el ámbito de las sanciones tributarias, y que tendría lugar «en aquellos casos en los que la misma se adecúe a previas interpretaciones realizadas por los Tribunales, o a los propios criterios manifestados por la Administración tributaria, siembre ateniéndose a una argumentación razonada por parte del obligado tributario» (de la Cuerda Martín, 2023, p. 701). Ello es puesto de manifiesto, entre otras, por la STS de 18 de mayo de 2011 cuando entiende que: «es claro que la conducta del recurrente ha sido veraz y completa. Queda en pie la cuestión de si se ha amparado en una interpretación razonable de la norma. A la hora de interpretar este elemento del tipo infractor no puede olvidarse que el recurrente con argumentos razonables y razonados (así se sostiene en nuestra sentencia de 4 de febrero de 2003, ha mantenido la disconformidad con el ordenamiento del precepto reglamentario). También es indudable que el recurrente ha intentado sostener su tesis por todos los medios a su alcance y recurrir todos los actos que tenían su origen en dicho precepto. En estas circunstancias entendemos que no concurre el elemento intencional que la infracción sancionadora requiere [...]».

La interpretación razonable de la norma se vincula, fundamentalmente, a la diligencia empleada por el obligado tributario[4], si bien no podemos excluir la extrapolación de este posicionamiento al asesor fiscal, por cuanto él es quien verdaderamente realiza tales operaciones en atención a la administrativización del sistema tributario, a su enorme complejidad y a su construcción en torno a un sistema de autoliquidaciones. Por consiguiente, en aquellos casos en los que, a pesar de que exista un «comportamiento susceptible de ser calificado como un ilícito tributario, si queda acreditada la mencionada diligencia del comportamiento no es posible fundamentar la culpabilidad necesaria para la imposición de la sanción, debido al reconocimiento del principio de presunción de inocencia» (de la Cuerda Martín, 2023, p. 701), aspecto que descartaría la existencia no solo de una posición de ignorancia deliberada derivada, en este caso, de una ilicitud administrativa, sino que también nos permite confirmar la inexistencia de un sesgo de exceso de confianza.

---

4 A este respecto, Armentia Basterra destaca que «la interpretación razonable de la normativa no agota en sí mismo, no consume totalmente, el elemento básico exculpatorio de la exención de responsabilidad, esto es, no agota el concepto de diligencia necesaria. Esto es, en el caso de que no se haya realizado una interpretación razonable ello no determina o permite concluir, sin más de forma automática, que no se ha puesto la diligencia necesaria» (Armentia Basterra, 2021, p. 28).

3.2 La responsabilidad penal del abogado: Los sesgos de «excesiva confianza» y «competitividad externa»

Los problemas entorno a la aplicación práctica del blanqueo de capitales son múltiples pero, sobre todo, destacan dos de ellos: La administrativización del sistema de prevención y la interpretación extensiva del tipo penal y, ambos factores, desempeñan un papel determinante en la atribución de responsabilidad a los abogados que intervienen en este tipo de tramas delictivas, siendo imparable el fenómeno de la profesionalización en su comisión.

Los abogados son considerados, según el art. 2.1 ñ) de la Ley 10/2010, de 28 de abril, de prevención del blanqueo de capitales y financiación del terrorismo, como sujetos obligados a prevenir la comisión del delito gracias al cumplimiento de ciertas obligaciones de diligencia y control en la realización de asesoramientos judiciales y jurídicos. Ahora bien, como acertadamente afirma Sánchez Stewart, una cosa es que el abogado sea categorizado como sujeto obligado «y otra muy distinta es ser elevado a la misma categoría de la entidad financiera más importante imponiéndosele los mismos rigurosos deberes» (Sánchez Stewart, 2014, p. 9), y es que si analizamos la normativa antiblanqueo podremos observar cómo, en muchas ocasiones, la misma no es «ni cuidadosa ni proporcional respecto al número y alcance de las obligaciones que les impone (a los abogados) en el desarrollo de su labor profesional» (de la Cuerda Martín, 2023, p. 757).

El principal elemento sobre el que se construye todo el sistema preventivo se identifica con la necesaria realización de un análisis del riesgo de los clientes, que siguiendo el modelo proporcionado por la Subdivisión de blanqueo de capitales perteneciente al Consejo General de la Abogacía Española, engloba seis grandes apartados: 1) Datos básicos; 2) Actividades y servicios ofrecidos por el sujeto obligado; 3) Sistemas o canales de ingreso, movimiento o transmisión de fondos y cobro de honorarios; 4) Tipología de clientes; 5) Actuaciones de los clientes que puedan suponer un mayor riesgo de blanqueo de capitales y financiación del terrorismo; 6) Zonas geográficas de actividad.

La realización de una correcta valoración del riesgo por parte del sujeto obligado, en este caso, el profesional jurídico, es de suma importancia, sobre todo porque «servirá para identificar los riesgos de que alguien pueda aprovechar la actividad realizada por el sujeto obligado para introducir, mover u ocultar fondos de procedencia sospechosa» (Gomara, 2019, p. 381) y, en teoría, según el propio Servicio de Prevención del Blanqueo de Capitales «quienes se dedican profesionalmente a una actividad son capaces de discernir lo que es normal de aquello que tiene unos elementos extraños» (SEPBLAC, s.f.).

En todo caso, conviene destacar que esta categorización y valoración del riesgo atendiendo a criterios cualitativos y cuantitativos, a pesar de parecer inicialmente compleja, en realidad, es bastante «sencilla, intuitiva y mecánica, no siendo preciso ofrecer demasiados detalles acerca de la puntuación del riesgo». Y es que, se trata de documentos «genéricos que deberán ser adaptados a la realidad de las circunstancias de cada sujeto obligado, aspecto que facilita la adopción y el cumplimiento de las medidas de prevención, si bien ello puede derivar en un cierto mecanicismo basado en una adopción meramente formal y destinada, únicamente, a cumplir con las exigencias preventivas sin reflejar realmente el verdadero riesgo al que está expuesto el profesional en el ejercicio de su labor» (de la Cuerda Martín, 2023, p. 770).

Imaginemos ahora la siguiente situación: el abogado solicita a su cliente una serie de información destinada a la realización del mencionado análisis del riesgo, evidenciando concretos síntomas de alarma conducentes a la adopción de medidas de diligencia reforzada en la prevención del delito [5], por cuanto ponen de manifiesto un riesgo de comisión delictiva. Sin embargo, el profesional jurídico, tras realizar un requerimiento adicional acerca del propósito e índole de la relación negocial de su cliente, decide no analizar en profundidad la documenta-

---

5 Estas medidas se encuentran enunciadas en los arts. 11 a 16 de la Ley 10/2010 y construidas sobre el principio de información sobre el que se estructuran todas medidas de diligencia, suponen un incremento o ampliación de los márgenes fijados por la diligencia debida, exigiendo así requerimientos adicionales acerca del propósito e índole de la relación de negocios [art. 20.1 b) RD 304/2014], sobre el origen de los fondos [art. 20.1 c) RD 304/2014], del patrimonio del cliente [art. 20.1 d) RD 304/2014] o de las operaciones realizadas [art. 20.1 e) RD 304/2014], y también la realización de un seguimiento reforzado de la relación de negocio, incrementando el número y frecuencia de los controles aplicados y seleccionado patrones de operaciones para examen [art. 20.1 g) RD 304/2014], a la vez que ello conlleva una ampliación de las medidas vigentes que se extienden hacia comportamientos tales como: 1) Actualizar los datos obtenidos en el proceso de aceptación del cliente (art. 20.1 a) RD 304/2014); 2) Obtener autorización directiva para establecer o mantener la relación de negocios o ejecutar la operación (art. 20.1 f) RD 304/2014); 3) Examinar y documentar la congruencia de la relación de negocios o de las operaciones con la documentación e información disponible sobre el cliente (art. 20.1 h) RD 304/2014); 4) Examinar y documentar la lógica económica de las operaciones (art. 20.1 i) RD 304/2014); 5) Exigir que los pagos o ingresos se realicen en una cuenta a nombre del cliente, abierta en una entidad de crédito domiciliada en la Unión Europea o en países terceros equivalentes (art. 20.1 j) RD 304/2014); 6) Limitar la naturaleza o cuantía de las operaciones o los medios de pago empleados (art. 20.1 k) RD 304/2014).
Es importante tener en consideración que estas medidas no resultarán de aplicación global ni tampoco con carácter cumulativo, sino que deberán seleccionarse y adaptarse en función del riesgo existente, que ha de ser superior al norma y para cuya baremación ha de atenderse a los parámetros fijados en los arts. 19.3 a) y b) y 22 del RD 342/2014 (de la Cuerda Martín, 2023, pág. 786).

ción a fin de evitar conocer algo que realmente quiere ignorar ya que, en términos económicos, el negocio es muy suculento.

Situaciones como la descrita son síntoma no solo de la existencia en el letrado de un claro sesgo de «exceso de confianza», sino también de un sesgo de «competitividad externa (si no lo hago yo, lo hará otro)», pudiendo convertirse en un foco generador de responsabilidad penal para el abogado, y es que cabe recordar que el delito de blanqueo de capitales admite tanto su comisión dolosa, incluido el dolo eventual, como imprudente.

REFLEXIÓN FINAL

A lo largo de las anteriores páginas se ha puesto un especial énfasis en la apreciación de algunos de los distintos sesgos que pueden estar presentes en dos de los profesionales jurídicos que con mayor asiduidad intervienen en los delitos de corte económico. En casos como los descritos, la adopción de una posición de ignorancia deliberada viene condicionada por la «excesiva confianza» y la «competitividad externa» que asesores y abogados deciden adoptar, conduciendo a errores en sus juicios humanos. Errores que, como hemos visto, pueden ser generadores de ilícitos penales.

Cabe destacar que estos dos sesgos podrían ser encajados, a su vez, en una categoría general superior, en concreto, en el ámbito de los *sesgos de excesiva coherencia*, a través de los cuales «sacamos conclusiones precipitadas y nos atendemos a ellas. Así, creemos que basamos nuestras opiniones en la evidencia que consideramos y nuestra interpretación de esta está distorsionada, al menos hasta cierto punto, para que se ajusten a nuestro precipitado juicio inicial. Como resultado, mantenemos la coherencia de toda la historia que se ha instalado en nuestra mente. Este proceso está bien si las conclusiones son correctas, pero cuando la evaluación inicial es errónea, la tendencia de atenernos a ella frente a pruebas que la contradicen puede amplificar los errores» (Kahneman, 2023, pp. 192-193).

Junto a este sesgo de excesiva coherencia, también debemos hacer alusión a los *sesgos de conclusión o prejuicio,* y es que, como personas, nuestra mente tiende a buscar explicaciones plausibles a los comportamientos que realizamos, pensado que ellas serán las causa de las propias creencias (Kahneman, 2023, p. 189). Ello sería especialmente visible en el caso del sesgo de competitividad externa, en virtud del cual, un abogado se justifica a sí mismo un error en la valoración del riesgo de blanqueo de capitales alegando que «total, si él no lo hace, lo hará otro y perderé el dinero», llegando así a la conclusión de que lo más acertado es realizar una conducta ignorando deliberadamente aquella información que realmente le conduciría a adoptar las precauciones exigidas en la normativa antiblanqueo, y a través de la cual se supera, sin lugar a duda, la barrera del riesgo penalmente permitido.

Ahora bien, que ambas situaciones se deriven de la existencia de sesgos, no significa que queden ajenas al ruido que, cabe recordar, es conceptuado como una dispersión aleatoria en virtud de la cual no puede reconocerse un patrón predecible. Esto, trasladado al campo que nos ocupa, supondría afirmar que aun cuando estos profesionales jurídicos han actuado bajo la influencia del sesgo, si observamos la situación de manera global, ateniendo a las diferentes ocasiones en las que la misma puede producirse, veremos cómo ni todos los profesionales actúan por igual, ni el mismo profesional, en diversas situaciones equivalentes, realizará el mismo comportamiento. Ello es debido a que cuando nos encontramos ante sesgos de carácter psicológico, como los aquí mencionados, según Kahneman, se producen errores compartidos, es decir, si existen notables diferencias individuales entre dos profesionales que se sitúan ante un mismo caso, actuando ambos de manera diferente, habrá sesgo. Sin embargo, cuando el efecto del sesgo depende del contexto y las circunstancias individuales de cada profesional, habrá ruido (Kahneman, 2023, p. 194).

Tanto el sesgo como el ruido generan errores en el juicio humano. Errores que, en mi opinión, son difícilmente evitables, por ello la cuestión final que me gustaría plantear es la siguiente: *¿un juicio algorítmico sería capaz de evitarlos?* Dicho de otra forma: *¿la implementación de mayores mecanismos tecnológicos en el análisis de datos objetivos como puede ser la contabilidad o el riesgo de blanqueo de capitales nos ayudaría a evitar la comisión de estas figuras penales?* Para estas preguntas aún no tengo respuesta.

BIBLIOGRAFÍA

Armentia Basterra, J., 2021. La buena fe en la relación con la potestad sancionadora en materia tributaria. *Fórum Fiscal, N. 274,* pp. 25-36.

Bel González, E., 2018. La ignorancia deliberada en el Derecho penal español. Revista Jurídica Universidad Autónoma de Madrid, N. 37, pp. 307/328

Cigüela Solá, J., 2019. Compliance más allá de la ciencia penal. Aportaciones de la sociología de las organizaciones al análisis de la criminalidad corporativa y la imputación jurídico penal. *InDret, N. 4,* pp. 1-36.

Corcoy Bidaloso, M., 2020. IX. Imputación subjetiva. Dolo. Ignorancia deliberada. Imprudencia. En: *Derecho penal económico y de la empresa. Parte general y especial. Doctrina y jurisprudencia con casos solucionados, Tomo 2.* Valencia: Tirant lo Blanch, pp. 113-125.

de la Cuerda Martín, M., 2023. *Responsabilidad penal y negocios estándar. Los casos del asesor fiscal y del abogado.* Madrid: Boletín Oficial del Estado.

Española, R. A., 2024. *Diccionario Real Academia Española.* s.l.:s.n.

Feijoo Sánchez, B. J., 2015. La teoría de la ignorancia deliberada en Derecho penal: Una peligrosa doctrina jurisprudencial. *InDret, N. 3,* pp. 1-29.

Ferré Olivé, J. C., 2018. *Tratado de los delitos contra la Hacienda Pública y contra la Seguridad Social.* Valencia: Tirant lo Blanch.

García Campos, J. S. L. S. &. H. C. P., 2022. Tres grandes enigmas de los sesgos cognitivos. *SCIO. Revista de Filosofía, N. 22,* pp. 99-125.

Gomara, J. L. &. P. M. M. L., 2019. *Memento práctico Francis Lefebvre. Prevención del blanqueo de capitales y financiación del terrorismo.* Madrid: Francis Lefebvre.

Kahneman, D., 2023. *Ruido. Un fallo en el juicio humano.* Barcelona: Penguin Random House. Grupo editorial.

Labandía Cortes, J. P., 2016. La teoría de la ignorancia deliberada y su aplicación en nuestro ordenamiento jurídico. *La ley penal, N. 122,* pp. 1-4.

Luzón Peña, D. M., 2012. Responsabilidad penal del asesor jurídico. *Revista Penal, N. 29,* pp. 97-114.

Nacarino Lorente, J. M., 2020. Doctrina del Tribunal Supremo sobre la ignornacia deliberada. *Diario La ley, N. 9700,* pp. 1-8.

RAE, 2024. *Diccionario Real Academia Española.* Madrid: s.n.

RAE, s.f. *Diccionario RAE.* s.l.:s.n.

Sánchez Stewart, N., 2014. La ardua labor del abogado: dificultades con las que se encuentra la abogacía española en el cumplimiento de la legislación antiblanqueo. En: *IV Congreso internacional sobre prevención y represión del blanqueo de dinero.* Valencia: Tirant lo Blanch, pp. 9-37.

SEPBLAC, s.f. *Recomendaciones sobre las medidas de control interno para la prevención del blanqueo de capitales y fianciación del terrorismo,* s.l.: s.n.

Silva Sánchez, J. M., 2005. *El nuevo escenario del delito fiscal en España.* Barcelona: Atelier.

El privilegio del abogado en la defensa penal y el lavado de dinero según el § 261 StGB

MARÍA EUGENIA ESCOBAR BRAVO
Docente de derecho penal económico
Universidad de Münster

Resumen: Desde el 18 de marzo de 2021 está en vigor una ley penal más estricta sobre el lavado de dinero, con consecuencias de gran alcance. El legislador ha aprovechado la aplicación de una directiva de la UE para reestructurar fundamentalmente el delito del § 261 el Código Penal alemán (StGB) y ampliar su ámbito de aplicación. Esta reforma ha consagrado el privilegio para los abogados defensores penales, sin embargo, surge la duda si esta cuestión también puede ampliarse al caso de otros abogados, asesores fiscales y auditores, lo que significaría que el privilegio también debe aplicarse a ellos. En este artículo se exponen las posiciones doctrinales básicas, así como los pronunciamientos más destacados de la jurisprudencia.

Palabras clave: lavado de dinero, defensa penal, abogado defensor, asesor jurídico, asesor fiscal, prevención del delito

Abstract: A stricter criminal law on money laundering has been in force since 18 March 2021, with far-reaching consequences. The legislator has taken advantage of the implementation of an EU directive to fundamentally restructure the offence in § 261 of the German Criminal Code (StGB) and extend its scope of application. This reform has enshrined the privilege for criminal defense lawyers; however, the question arises whether this issue can also be extended to the case of other lawyers, tax advisors and auditors, which means that the intent privilege should also apply to them. This article sets out the basic doctrinal positions as well as the most prominent case law pronouncements.

Keywords: money laundering, criminal defense, criminal defense lawyer, legal advisor, tax advisor, crime prevention

1. ARGUMENTOS PARA LIMITAR EL TIPO PENAL DE LAVADO DE DINERO SEGÚN LA DOCTRINA ALEMANA

1.1. Argumentos relacionados a elementos objetivos del tipo

Los efectos del lavado de dinero del § 261 *Strafgesetzbuch* (Código Penal alemán –en adelante: StGB–) relacionados a la criminalización del abogado defensor han sido criticados desde el principio con especial vehemencia (Hefendehl, 2001, p. 145 y sgts; Müther, 2001, p. 318). Los intentos de solución, utilizaron diferentes enfoques dogmáticos para intentar excluir la responsabilidad penal del abogado defensor por aceptar honorarios: se abogó por una reducción teleológica del delito, la delimitación con base en la teoría de la imputación objetiva (Müssig, 2005, p. 204), la solución por vía de la causa de justificación relacionada con la garantía de la presunción de inocencia (Bernsmann, 2000, p. 45), al igual que se trajo a colación a la "adecuación social" (Struensee, 2004, p. 6.) la visión general en conjunto se relaciona a una propuesta de una solución de exclusión de la pena más allá de los hechos y la ilegalidad.

Por otra parte, durante mucho tiempo ha sido de gran interés práctico considerar las principales decisiones como la Sentencia del Tribunal Regional Superior de Justicia de Hamburgo Hamburg) de 6 de enero de 2000 y jurisprudencia penal del Tribunal Supremo Federal (en alemán, –*Bundesgerichtshof* –en adelante: BGH) de 4 de julio de 2001 y del Tribunal Constitucional Federal alemán (en alemán: *Bundesverfassungsgericht*–en adelante: BVerfG–) de 30 de marzo de 2004 y también la del 28 de julio de 2015 (Ambos JZ 2002, pág. 70, Bernsmann FS Lüderssen, 2002, pág. 683), porque el perfil profesional del abogado predestina a entrar en contacto de forma habitual con bienes maculados y aceptar honorarios en el marco de su ejercicio profesional. Por otra parte, en esta investigación, nos referiremos a cuál ha sido la discusión principal respecto a las interpretaciones del delito de lavado de dinero para determinados grupos profesionales que están expuestos a un mayor riesgo de responsabilidad a partir de la reforma penal del § 261 StGB de 2021.

La justificación dogmática de la exclusión general de los honorarios de los abogados defensores de la responsabilidad penal por lavado de dinero solo plantea dificultades porque hasta ahora no existía el problema de colisión inevitable entre la redacción de una norma de prohibición sustantiva y una conducta institucionalizada procesalmente. La reiterada afirmación de la jurisprudencia, según la cual se refiere en general a una "*causa de justificación de la defensa penal*" era ajena al derecho penal vigente hasta el 2021, solo podía hacerse sobre la base que en tales infracciones penales el abogado defensor sólo las infringía mediante actos individuales en el marco del mandato existente, pero sobrepasando los límites de la asistencia permitida. Que al defensor, como cualquier otro ciudadano, no le está permitido presentar documentos falsificados (§ 267 StGB), no le está permitido obtener objetos robados para los que, según el § 935 II BGB del Código Civil alemán, ni siquiera es posible su adquisición de buena fe (a diferencia del dinero), en el sentido de delito de encubrimiento de un delito de receptación (§ 259 StGB) y, por último, que no puede cometer obstrucción a la justicia (§ 258 StGB) mediante acciones contrarias a las normas procesales, como la designación de un testigo exculpatorio que está decidido a cometer perjurio, no afecta en principio a su función procesal, sino sólo en el sentido de encajar su ámbito de actuación profesional en las normas generales del Derecho.

Por otro lado, la suposición que la defensa (electiva) adecuadamente remunerada es un hecho constitutivo general e ilícito la prohibiría por sí misma como institución exigida por el Derecho procesal y constitucional, al menos en el amplio ámbito del procedimiento de cualquiera de los probables delitos antecedentes (previstos anteriormente en el catálogo de delitos precedentes). En este contexto, el OLG Hamburg señala acertadamente al legislador que la Ley de Enjuiciamiento Criminal (*Strafprozeßordnung, StPO*) considera la defensa electiva como la regla y la defensa pública como la excepción, especialmente cuando se ordena la defensa necesaria, es decir, en casos de acusaciones especialmente graves. La aplicación del § 261 (2) N°1 StGB a los honorarios del abogado de oficio pondría patas arriba esta relación.

Evitar este aspecto, no es una tarea que deba resolverse en cada caso individual en el marco de las "*cuestiones de hecho*", sino que se trata en la última instancia de hacer congruente una disposición penal que parece ajustarse al abogador penalista en cuanto a su relación con los requisitos de una defensa penal garantizada procesalmente de la forma institucional en el nivel de los mandamientos y prohibiciones legales. El modelo presentado en el plano de la ilegalidad a través de una causa de justificación específicamente procesal-constitucional es más justo que la calificación de su solución en el plano de los elementos objetivos del delito realizada por el OLG Hamburg. Sin embargo, si se examinan más detenidamente, las dos vías de justificación sólo difieren en la denominación de la clasificación dogmática. En realidad, toda la argumentación del OLG Hamburg no se sitúa en el plano de los elementos del delito, sino en el plano de la ilegalidad. Por ello, el legislador alemán si bien ha tardado dos décadas, decide adaptar esta discusión a la norma, y así al como admite el OLG Hamburg, la solución realmente "pura" presuponía que la redacción del § 261 (2) 1 StGB pudiera interpretarse de tal modo que excluyera la aceptación de honorarios de abogados defensores (Bernsman, 2000, 40). La reducción teleológica exigida conforme a la Constitución, por tanto, no se refiere, a la descripción legal de los elementos objetivos del delito, sino a una contrafuerza jurídica contra el efecto indicativo de la regularidad del delito para la antijuridicidad.

De importancia prácticamente secundaria es aquí la cuestión de si, una justificación específicamente procesal o uno de esos elementos normativos negativos del delito que se discuten en la doctrina bajo el aspecto de si la distinción entre elementos del delito e ilicitud tienen algún sentido (Bernsman, 2000, p. 40). Ambos modelos de pensamiento, que difieren sólo insignificantemente desde un punto de vista dogmático, son adecuados para resolver el conflicto de objetivos entre los fines de la garantía institucional de la defensa penal y los fines de la punibilidad del lavado de dinero en el sentido de la concordancia práctica. El ordenamiento jurídico necesita una garantía de defensa penal que haga tabú la relación interna del respectivo mandato al menos tanto como necesita evitar la transferibilidad de los fondos presuntamente robados. El hecho de que el conocimiento subjetivo, la duda y el estado de (buena) fe del abogado defensor frente a su mandante ni siquiera se conviertan en un tema de cuestiones de derecho penal es uno de los requisitos básicos esenciales para la defensa penal que el sentido y por tanto, la finalidad del § 261 (2) StGB, de excluir el delincuente predicado con su patrimonio adquirido ilegalmente de cualquier beneficio económico (función de aislamiento, *Isolationsfunktion*), debe pasar a un segundo plano.

1.2. Argumentos relacionados al tipo subjetivo

El tipo aspecto subjetivo del § 261 (2) StGB, se aplica a todas las formas de dolo directo de primer y segundo grado y dolo eventual (§ 15 StGB) en cuanto a los honorarios del abogado defensor *"guarde o utilice para sí o para un tercero un objeto ...cuando conociese el origen del objeto en el momento en el que lo obtuvo"*. La punibilidad se extiende a los casos de la imprudencia § 261 (4) (derogado) StGB "en los casos que el autor no reconoce, por *ligereza* (Struensee, 2004, pág. 9), que el objeto proviene de uno de los hechos antijurídicos nombrados en el (1)". La doctrina alemana ha intentado la limitación del dolo (directo) respecto del origen de los honorarios a partir de un delito precedente (Grüner & Wasserburg, 2000, pp. 430, 431, 439); (Matt-Rieß 2008, p. 137); (Schmidt, 2003, p. 2.).

En el año 2004 cuando se refería a la versión hoy derogada, se llegó a una conclusión provisional de este debate a través de la sentencia del BVerfG alemán sobre el recurso de inconstitucionalidad presentado contra la decisión del BGH. Aunque el BVerfG confirmó la apelación del BGH que apoyaba la condena, al mismo tiempo aceptó y afirmó la posición especial para los abogados defensores que limitaba la responsabilidad penal. El BVerfG menciona en su sentencia que el § 261 (2) n° 1 StGB (hoy derogado) cumplía "*en la medida en que los abogados defensores sólo se ven amenazados de sanción si tenían conocimiento cierto del origen de sus honorarios al momento de aceptarlos*". La aceptación de una comisión no estaba excluida de los elementos objetivos del delito en el § 261 (2) n° 1 StGB. Sin embargo, esta interpretación creaba un riesgo de responsabilidad penal en general para el abogado defensor, de modo que se ponía en peligro el derecho de éste a explotar sus servicios profesionales en una medida razonable. La amenaza de sanción y el consiguiente aumento del riesgo de investigaciones por parte del Ministerio Fiscal también podrían poner en peligro la relación de confianza entre el mandante y el abogado defensor, por lo cual debía considerarse como una grave intromisión en el derecho fundamental al ejercicio de la profesión. No se puede esperar que el abogado defensor contrarreste el riesgo de la responsabilidad penal renunciando a su mandato electivo y nombrando a un defensor público.

El BVerfG, en su fundamento aclara explícitamente la restricción para los abogados defensores en el sentido de la jurisprudencia constitucional anteriormente descripta, que el abogado defensor deberá tener *conocimiento cierto del origen* de los honorarios. Los indicios que pueden encontrarse en el importe extraordinario de los honorarios o en la forma en que se satisface la demanda de honorarios. Así pues, la nueva normativa limita el aspecto personal y material. Sólo se aplica a abogados defensores exclusivamente cuando aceptan honorarios y más allá de eso sólo en el caso del § 261 (1) frase 1 n° 3 y n° 4 *"toda persona que reciba un objeto resultante de un acto ilícito 1). oculte, 2). intercambia, transfiere o traslada con la intención de frustrar su encubrimiento, su confiscación, o el rastreo de su origen, 3). obtiene para sí mismo o para un tercero, o 4). conserve o utilice para sí o para un tercero si conocía su origen en el momento de obtenerlo"*. Esto último es básicamente comprensible. En la exposición de motivos de la Reforma 2021, la aplicación de la restricción al § 261 (1), frase 1, n° 1 y n° 2 StGB no se considera necesaria, porque éstos requieren una intención maliciosa o al menos de "*tendencias manipuladoras*". Por lo tanto, no eran necesarias otras restricciones en la solución de la intencionalidad: "*Quien acepta unos honorarios por su trabajo como abogado defensor actúa intencionalmente en los casos de la frase 1 número 3 y 4 sólo si tenía conocimiento cierto del origen de los honorarios en el momento de aceptarlos*".

Incluso antes de su entrada en vigor, la disposición podría interpretarse como una disposición especial concluyente, de modo que, mediante una conclusión inversa (Reichling, 2021, pág. 496), todos los demás casos tendrían que excluirse del ámbito de la solución intencional, aunque el BVerfG había dejado abierta una ampliación de la solución intencional a otros casos. De hecho, la exposición de motivos no dice una palabra de cómo tratar los mandatos de derecho civil en el caso de una "*conexión fáctica inseparable de un asunto relevante para el lavado de dinero*" y con "*constelaciones mixtas*" (Reichling, 2021, p. 496; crítica Bülte, 2020, p. 26).

Por supuesto, no puede descartarse el peligro del § 261 (1), frase 3 StGB, pueda utilizarse para llegar a una conclusión contraria. Sin embargo, si se examina más detenidamente, debería quedar claro que tal deducción no está justificada. El contenido de la disposición del § 261 (1), frase 3 y 4 StGB, y el silencio del legislador en la exposición de motivos deben interpretarse teniendo en cuenta la génesis de la disposición. Ha quedado suficientemente claro en el proceso que el legislador, al insertar el § 261 (1) frase 3 y 4 StGB, buscaba introducir lo expuesto por la jurisprudencia en la redacción de la ley. Los autores de la exposición de motivos de la ley, también debían tener claro que el BVerfG había dejado abierta hasta ahora la aplicación de la solución de intenciones en otros casos, por falta de relevancia para la decisión. Al guardar silencio, el legislador ha seguido dejando margen para una interpretación constitucional (ampliada) y ha minimizado así el riesgo de que el BVerfG tenga que declarar nulos (en todo o en parte) los hechos relacionados al § 261 StGB porque se descarta una restricción constitucional. Al menos no hay ninguna intención contraria expresa que prohíba la aplicación de la solución de intención a casos posteriores. De todos modos, en el futuro nada se opone a una interpretación constitucional más allá del § 261 (1), frase 3 y 4 StGB. Otra cuestión es si la aplicación de la solución de la intención se aplica a otras profesiones de asesoramiento jurídico es constitucionalmente necesaria en absoluto, pero de ese aspecto lo trataremos más adelante.

La restricción establecida en el §261 (1), frase 3 y 4 StGB, se aplica a todos los objetos de lavado de dinero, independientemente de si se derivan directa o indirectamente (objeto sustitutivo) del delito precedente o subyacente. El abogado defensor debe haberlos aceptado como sus honorarios, es decir, como contraprestación por sus servicios como abogado defensor y no sólo ocasionalmente. Mientras el abogado defensor no tenga conocimiento cierto corresponde al dolo directo de 2° grado del origen incriminado del objeto al momento de aceptar los honorarios, (Ruhmannseder, 2024, marginal n° 194) queda excluida la responsabilidad penal según el § 261 (1) frase 1 n° 3 y n° 4 StGB. El conocimiento posterior por parte del abogado defensor no lo impide y establece una posición de garante. Además, el abogado defensor no está obligado a investigar indicios o sospechas de fuentes de ingresos legales o ilegales del mandante, lo que no quiere decir que antes de la aceptación del caso de defensa no aplique los aspectos relacionados de la debida diligencia (Beulke & Ruhmannseder, 2010, apartados 187). La disposición, más allá del caso de la aceptación de los honorarios, también debe aplicarse en una interpretación constitucional a otros casos en los que maneje dinero del mandante, por ejemplo, si el abogado defensor tiene que manejar dinero del mandante en el contexto de la defensa con el fin de depositar una fianza (Herzog & Hoch & Warius, 2007, p. 547); opinión en contra: (OLG Francfort a.M. NJW 2005, pág. 1733). La nueva regulación (selectiva) no impide someter otros casos a una solución de intención por razones constitucionales.

2. EL PRIVILEGIO DEL ABOGADO DEFENSOR EN LA DEFENSA PENAL A PARTIR DE LA REFORMA 2021

2.1. El lavado de dinero como riesgo propio del abogado defensor y los efectos secundarios en el derecho de defensa

De especial relevancia práctica es la cuestión de si los miembros de las profesiones de asesoramiento jurídico y fiscal, que también están expuestos a un mayor riesgo de punibilidad, deben quedar excluidos del delito siempre que actúen en el ámbito del ejercicio habitual de su profesión. El riesgo de ser sospechoso de lavado de dinero es especialmente elevado para los abogados defensores, ya que tienen que tratar con mandantes acusados de actos ilícitos en el sentido del § 261 (1) StGB. Ya antes de la modificación del § 261 StGB por la Ley de mejora del Derecho penal contra el lavado de dinero (*Gesetz zur Verbesserung der strafrechtlichen Bekämpfung der Geldwäsche)*, se reconocía en la jurisprudencia del BVerfGE 30 de marzo de 2004 (BVerfGE 110, 226, 246) y en la doctrina que el delito de lavado de dinero requiere una restricción para los abogados defensores a la hora de aceptar honorarios.

Aunque el legislador había visto los efectos de la punibilidad del lavado de dinero en las actividades de los abogados defensores y otros abogados, en el proceso legislativo y no los había tomado como motivo para adoptar una cláusula de adecuación social propuesta, ya anteriormente se había planteado la discusión de si, en qué medida y con qué justificación dogmática la aceptación de honorarios procedentes de bienes maculados debían ser aceptados por parte de los abogados defensores y debía excluirse del ámbito de aplicación del § 261 StGB.

En el 2021 con el curso de la reforma del delito de lavado de dinero, el legislador intentó dar forma jurídica positiva a los principios constitucionales previamente reconocidos, que se remontan a la jurisprudencia del Tribunal Constitucional Federal (BVerfG) y finalmente para lograr ese objetivo, se introdujo el nuevo artículo § 261 (1) StGB:

Quien reciba un objeto resultante de un acto ilícito,

1. oculte,
2. intercambie, transfiera, traslade con la intención de frustrar su descubrimiento, su confiscación o el rastreo de su origen,
3. lo obtenga para sí o para un tercero, o
4. lo conserve o utilice para sí o para un tercero si conocía su origen en el momento de obtenerlo, será castigado con una pena privativa de libertad no superior a cinco años o multa. En los casos de la frase 1 número 3 y 4, no se aplicará con respecto a un objeto que un tercero haya obtenido previamente sin cometer por ello un acto ilícito. La persona que acepta unos honorarios por su trabajo como abogado defensor actúa intencionalmente en los casos de la frase 1 número 3 y 4 sólo si tenía conocimiento cierto del origen de los honorarios en el momento de aceptarlos.

Con la última reforma de 2021 la Ley de mejora del derecho penal de lucha contra el lavado de dinero (*Gesetz zur Verbesserung der strafrechtlichen Bekämpfung der Geldwäsche*), el legislador alemán decidió modificar la disposición del § 261 (1) frase 3 StGB adaptando la jurisprudencia constitucional y consagró la situación jurídica actual en la ley, – aunque de todos modos tenía fuerza de ley en virtud del § 31 (2) de la BVerfG, – para limitar la responsabilidad penal de los abogados defensores cuando acepten honorarios en determinadas condiciones. Por ello es puramente declarativa para este grupo profesional y aclara una vez más la conducta típica de la profesión del abogado defensor en el sentido del § 138 StPO.

Sin embargo, cabe señalar que la disposición podría utilizarse para una conclusión inversa según la cual los abogados en el ámbito de, por ejemplo del derecho civil o administrativo, así como en la jurisdicción administrativa, como administradores concursales o asesores fiscales, (en esta medida solo excluye a los notarios, en la medida que no participen de este privilegio), porque aunque la decisión del BVerfG es susceptible de interpretación según su finalidad reconocible pero no la redacción algo equívoca de la norma. Esto podría ser un daño colateral, ya que el BVerfG ha dejado expresamente abierto "*si, en el caso de los mandatos de derecho civil, existe una conexión fáctica inseparable con un hecho relevante para el lavado de dinero*" o en "constelaciones mixtas", por lo cual en estos casos también es necesario un tratamiento privilegiado de los abogados que ejercen el Derecho civil y elevar la exigencia del umbral a la intención directa también en los casos de este grupo de profesionales, y no solo de los defensores penales (Altenhain/Fleckenstein, 2020, pág. 1050). Además, hay que tener en cuenta que la Ley alemana de prevención de lavado (§ 43 (2) 1 GwG) distingue entre abogados defensores penalistas y abogados así como en la ley de Enjuiciamiento criminal o de procedimiento penal (§ 138 StPO) "*información ...que ellos en el curso de su asesoramiento jurídico o representación en juicio*" esta formulación debe entenderse en sentido amplio y la interpretación de la norma se refiere a que los miembros de estas profesionales tendrán la obligación de informar § 53 (1) N° 3 StPO. Por tanto, si bien ya el legislador decidió introducir a los abogados defensores penales, hubiera sido mejor concretar en la norma estos aspectos, para que no quepan dudas.

2.2. La limitación del privilegio del abogado defensor en la defensa penal

Desde el punto de vista jurídico, se suponía que el privilegio del abogado defensor era válido bien mediante la limitación de los elementos objetivos del delito, bien mediante un elemento especial no escrito de intencionalidad o bien mediante la creación de una causa de justificación.

El BGH en el año 2001 rechazó el privilegio del abogado defensor de acuerdo con la opinión predominante de aquel momento, refiriéndose 1) a la redacción de la en aquel entonces todavía reciente norma, 2) a la intención del legislador y 3) a la finalidad de la ley. La interpretación de los supuestos de aceptación de honorarios por parte de abogados defensores era compatible con el derecho de libertad de acción y de la persona art. 2 (1) GG Ley Fundamental para la República Federal de Alemania (en alemán: *Grundgesetz für die Bundesrepublik Deutschland*, a partir de aquí abreviado: GG), el derecho a la libertad de profesión art. 12 (1) GG, el derecho a elección del abogado defensor § 137 StPO, así como el derecho a un proceso equitativo previsto en el art. 6 del Convenio europeo para la protección de los Derechos Humanos y las libertades fundamentales (CEDH).

De este modo, se introduce el llamado *privilegio del abogado defensor o de la defensa penal* como un motivo adicional de exclusión de la punibilidad. Anteriormente debía interpretarse de forma restrictiva de conformidad a la constitución (versión derogada § 261 (2) núm. 1 StGB).

El legislador decidió adecuar el debate a la Sentencia del BVerfG 110, 226 que vino precedida de un debate especialmente intenso sobre la cuestión de si un abogado defensor puede ser perseguido por lavado de dinero al aceptar unos honorarios maculados. Por lo cual, consagró la situación jurídica en una codificación jurídica positiva en la actual ley, ya que el BGH, en contra de numerosas voces de la doctrina, había respondido a la cuestión de forma afirmativa y sin restricciones: *"El abogado defensor, como cualquier otro participante en la vida económica, es posible autor capaz de lavar dinero"*. Anteriormente, el Tribunal afirma en primer lugar que la remuneración de los abogados defensores no está constitucionalmente exenta del delito de lavado de dinero y rechaza así la opinión de la doctrina, que pretende justificar la impunidad de los abogados defensores por motivos de adecuación social al considerar dicha conducta un comportamiento adecuado conforme al rol o creador de un riesgo permitido, esto en el marco del presupuesto de posibilidad de imputar un resultado, previsto en la teoría de la imputación objetiva (Kindhäuser, 2010, pág. 400).

El BVerfG se ha opuesto acertadamente a esta opinión en varias ocasiones y a partir de la sentencia del 28 de julio del 2015, ha dictaminado que la amenaza de pena en principio adecuada y necesaria para lograr su finalidad, que *la disposición penal interfiere en la libertad del abogado defensor para ejercer su profesión,* pero que su aplicación sin restricciones, para el grupo de personas al que va dirigida en este caso el grupo de abogados defensores violaría el principio de prohibición de exceso y el principio de proporcionalidad, ya que crea un riesgo de responsabilidad penal superior a la media y es la base de posibles conflictos de intereses entre el abogado defensor y mandante.

El § 261 StGB puede poner en peligro la relación de confianza entre el abogado y mandante. No se puede esperar que el abogado defensor contrarreste el riesgo de sanción renunciando a su mandato electivo y asignando un abogado de oficio sin más. Además, el mandante que presumiblemente sólo disponía dinero en metálico de escasa cuantía no puede ser simplemente puesto en pie de igualdad con el acusado que dependía de un abogado de oficio debido a su falta de medios antes de que su condena fuera firme. Por otra parte, el abogado es un órgano independiente de la administración de justicia y está sujeto a una serie de deberes profesionales especiales que van mucho más allá de la lealtad, el procedimiento de presentación de la demanda y la supervisión del proceso, además de desarrollar la ética profesional y comportarse de manera respetuosa ante la ley.

Las injerencias en la libertad de ejercer una profesión deben basarse en una ley y deben ser compatibles del art. 12 (1) GG Fundamental para la República Federal de Alemania (en alemán: *Grundgesetz für die Bundesrepublik Deutschland*, a partir de aquí abreviado: GG) si la ley está justificada por suficientes razones de bien común y es proporcionada. Con la introducción y ampliación del delito penal de lavado de dinero, el legislador perseguía, entre otras cosas, luchar eficazmente contra la delincuencia organizada, además de cumplir con las obligaciones internacionales de luchar eficazmente contra el lavado de dinero. El § 261 StGB sirve así a importantes intereses. Por este motivo, el BVerfG establece también que el delito de *imprudencia temeraria* (*Leichfertigkeitstatbestand*) no puede aplicarse en este caso. Esto se ha normalizado desde la modificación de la ley (§ 261 StGB (6), frase 2), que excluye la aplicabilidad de la imprudencia temeraria para los delitos del apartado 1, frase 1, números 3 y 4 para la aceptación de honorarios por parte del abogado defensor. El factor de conexión de la distinción entre dolo condicional y dolo directo es evidente en la medida en que, en el caso de actuaciones propias del abogado defensor, es precisamente el elemento subjetivo el que puede determinar si la conducta sigue siendo compatible con la posición como órgano de la administración de justicia. El BVerfG subraya también que los tribunales especializados deben establecer normas suficientes en cuanto a la liberad del abogado defensor para ejercer su profesión. Mediante esta solución mediadora, es probable que el BVerfG haya contrarrestado suficientemente el peligro evocado en la doctrina de que, al reconocer un "*privilegio electivo del abogado defensor*", los abogados defensores podrían ser utilizados como "*estaciones legales del lavado de dinero*" y tampoco se puede dar una carta abierta para convertir su profesión en una "*institución legalizada para lavar activos*" y contribuir así al fomento de la delincuencia organizada.

La restricción creada en el § 261 (1), frase 3 StGB, se aplica en base a los fundamentos de la Sentencia del BVerfG, explícitamente sólo a los actos contemplados en el § 261 (1) frase 1, números 3 y 4 StGB. El abogado defensor puede seguir siendo procesable si oculta el objeto del delito § 261 (1), frase 1, número 1 StGB, lo intercambia, transfiere o traslada con intención de frustrar § 261 (2), frase 1, número 2 StGB y ocultar o encubrir hechos importantes. Esto se debe a que las demás variantes del delito no requieren ninguna restricción debido a la tendencia manipuladora inherente a las mismas. Dado que la disposición menciona explícitamente sólo al abogado defensor, se plantea la cuestión de si la idea pueda trasladarse a otras profesiones de asesoramiento jurídico; el legislador no hace mención específica al respecto.

La solución predominante que propugna la renuncia a la aceptación consentida como el elemento constitutivo del ejercicio de la defensa conduce a riesgos cuestionables de responsabilidad penal en casos de la actividad de un abogado recaiga sobre el cobro de un reclamo (bienes no maculados) para su mandante y al hacerlo su acción recae a acceder a bienes maculados objeto del lavado de dinero del deudor (por ejemplo, si se trata del reclamo de una indemnización por fraude de inversión con un gran número de perjudicados). Teniendo en cuenta la libertad del ejercicio de la profesión, procede una aplicación restrictiva del § 261 (1), frase 1, n° 3 (derogado 2) StGB. En consecuencia, la responsabilidad penal del abogado sólo debería cuestionarse si el abogado participa en las operaciones de lavado de dinero o el abogado sabe que el mandante utiliza el asesoramiento jurídico con fines de lavado de dinero.

En este punto, cabe preguntarse si es necesaria la restricción del delito para el caso en que el objeto del lavado de dinero es recibido por un investigador encubierto. Según la opinión predominante, la restricción del delito mediante una interpretación teleológica es inevitable, ya que no existe un peligro concreto y no se ve afectada la finalidad de protectora del § 261 StGB, por consiguiente, en este caso el delito sólo podrá alcanzar entonces hasta la fase de tentativa.

Así pues, el privilegio del abogado defensor penal no se aplica a los actos que cumplen los elementos de relacionados a la acción de "ocultar". En la redacción de la ley, el *fin de protección de la norma* abarca la conducta manipuladora y clandestina. Para cumplir los elementos del delito, se requieren acciones que vayan más allá de la actividad profesional típica de un abogado defensor, protegida por el derecho de libertad de profesión previsto en el art. 12 GG. Desde el punto de vista constitucional, no es necesario excluir de la responsabilidad penal los actos comprendidos en el § 261 (1) 1 y 2 StGB para proteger al abogado defensor honesto. El ámbito de aplicación sólo abarca la asistencia que procuran los abogados defensores (en alemán *Strafverteidiger*) que actúan y defienden los derechos del imputado (§§ 137, 138 StPO) y el libre desarrollo de la personalidad (art. 2 (1) GG). De acuerdo con su redacción y la intención del legislador, el § 261 (1), frase 3 StGB, se aplica a los abogados y otros profesionales que pueden actuar como abogados defensores, pero no quienes tengan otro mandato específico (Reichling, 2021, p. 496) (por ejemplo, mandato de derecho civil o público, administración de casos de insolvencia), y menos aún a otros grupos profesionales (Böhme/ Busch, 2021, p. 173). Todo esto no significa, sin embargo, que otros asesores jurídicos no puedan beneficiarse de la prerrogativa del apartado 1, frase 3, en casos excepcionales.

El legislador alemán ha adoptado la cláusula de adecuación social propuesta del *Bundesrat* y luego del debate doctrinal de los últimos años respecto a la justificación dogmática de excluir del ámbito de aplicación del § 261 StGB el aspecto de aceptación por parte de abogados defensores de honorarios procedentes de activos que pudieran estar vinculados al lavado de dinero. Esto se debe a que en sus inicios el Tribunal Superior de Justicia de Hamburgo (OLG Hamburg) en el año 2000 (Ambos, 2002, p. 70, Bernsmann, 2002, p. 683) justificó básicamente el *privilegio del abogado defensor penalista* limitando los elementos objetivos del delito mediante una interpretación conforme a la constitución. *Los principales argumentos que plantea se refieren a la interpretación conforme a la Constitución con el objetivo de la reducción del tipo objetivo y de sancionar el lavado de dinero* y la colisión que existe entre, por un lado, la voluntad de aislar económicamente a delincuentes vinculados a esta actividad y, por otro lado, la afectación de los derechos fundamentales ante el procesado, en su libre elección de un letrado de su confianza que lo defienda y ante el abogado en su libre ejercicio de la profesión. Este argumento fue rechazado por el Tribunal Supremo Federal alemán (BGH) en la mencionada Sentencia del BGH del 2001. En esta sentencia se citaron tres puntos principales conocidos por un sector de la doctrina alemana como "solución de la justificación". Esto debido a que introduce causas de justificación como aspectos para fundamentar la inadmisibilidad de una reducción del tipo penal, y la causa de justificación encontraría su origen en el art. 12 GG y derecho del imputado de la libre elección del abogado defensor.

En esta línea se justifican los aspectos del privilegio de la defensa penal: en primer lugar, la cobertura penal de la actuación del abogado defensor sujeta a la redacción del § 261 StGB tendría efectos no deseados en las actividades del abogado defensor en los procesos penales, ya que se alega la participación del mandante en uno de los delitos del catálogo (hoy derogado § 261 (1), frase 2) StGB), podría referirse a la asignación como defensor público. En segundo lugar, la relación interna de confianza entre el mandante y el abogado defensor se resiente, ya que el caso de la defensa electiva, el abogado defensor puede no estar interesado en un intercambio exhaustivo de información con su mandante para no enterarse del origen criticado de sus honorarios. Además, el mandante podría ser considerado como testigo posterior en un procedimiento preliminar por lavado de dinero contra el abogado defensor. En tercer lugar, en el caso de una sospecha inicial correspondiente, las investigaciones serían iniciadas por las autoridades de investigación (en este caso fiscalía penal), lo que podría dar lugar a perturbaciones externas de la relación de defensa jurídicamente protegida de forma particular (por ejemplo, registro domiciliario, vigilancia de telecomunicaciones). Desde este punto de vista, se suponía que el privilegio del abogado defensor adquiría validez mediante la restricción de los elementos objetivos del delito, mediante un elemento especial y no escrito de la intención o mediante la creación de una causa especial de justificación (Hetzer, 2000, pág. 281; Beulke, 2004, p. 394).

2.3. El privilegio de defensa penal y el ejercicio de la profesión en el proceso penal

El privilegio de defensa penal también tiene consecuencias para los procedimientos penales. La función de la defensa en el proceso penal es velar por los intereses del imputado a través de la promoción del ejercicio de sus derechos procesales y de la protección de los embates de los órganos de persecución estatal (Wohlers, 2001, pág. 420). Según los requisitos del BVerfG, la *sospecha inicial* no podía basarse únicamente en la aceptación de un mandato electivo debido a un delito del catálogo precedente exigido en la derogada norma jurídica, sino que se requerían "*indicios tangibles basados en hechos para suponer que el abogado defensor actuaba de mala fe en el momento de la aceptación de los honorarios"*. Además de los indicios fácticos de una de las formas de comisión conspirativa-manipulativa del § 261 (1) StGB ("ocultar, frustrar"), un indicio de este tipo de asistencia va más allá de la finalidad de los honorarios y afecta además al bien jurídico, así como al tipo penal previsto del que se le acusa al mandante, podría ser, por ejemplo una transferencia de capital al abogado defensor que supere con creces los límites razonables establecidos por el Estatuto de honorarios del Colegio de Abogados.

Sin embargo, esto significa que la institución de la defensa penal no otorga al abogado respectivo "inmunidad" personal frente a la acusación de lavado de dinero. Dentro de los límites de unos honorarios adecuados, el intercambio de servicios sirve a los fines del Estado de Derecho y no a la violación de los intereses jurídicos que pretende proteger el § 261 StPO. Los intereses de la administración de justicia no se ven vulnerados por la defensa adecuadamente remunerada, sino más bien se ven promovidos. En tales casos, suele haber incluso una intervención necesaria del defensor § 140 StPO.

Los poderes de intervención en los *procedimientos de inicio de la investigación,* al juicio deben utilizarse "sólo con moderación", especialmente en lo que respecta a los derechos de defensa del mandante y la orden de registro contra el abogado defensor. Por otro lado, la jurisprudencia del BGH hace referencia a la intención del abogado defensor en caso de obstrucción a la justicia y la persecución de fines ajenos a la defensa, en ambos casos la *valoración judicial de las pruebas* se realiza en base a los conocimientos del abogado defensor y se rige por normas especialmente estrictas.

El razonamiento del legislador también toma prestado el argumento de la Sentencia del BVerfG: "*en caso de un abogado penalista, el riesgo es especialmente elevado y casi propio de la profesión*" de realizar elementos del delito aceptando unos honorarios y, por otro tanto, de convertirse en acusado en un proceso penal (crítica al respecto Altenhain, 2017, marginal 128). Esto conduce a una colisión de intereses del abogado defensor y su mandante, que perturba la relación de la confianza necesaria para una defensa penal eficaz y caracterizada por deberes especiales de confidencialidad, y pone así en peligro la libertad del abogado defensor para ejercer su profesión y el instituto constitucionalmente garantizado de la defensa efectiva. El legislador justifica la aplicación para el § 261 (1) frase 1 n° 3 y n° 4 StGB con el hecho de que no es necesario que el mandante pague honorarios, afirmando que no es necesaria ninguna restricción de la responsabilidad penal del abogado defensor en el caso de los demás delitos debido a sus "*tendencias manipuladoras finales inmanentes*". Al optar por este enfoque –conocimiento cierto o acción manipuladora– el legislador ha rechazado al mismo tiempo las otras soluciones (Altenhain, 2017, marginal 125) anteriormente discutidas. La aceptación de unos honorarios no se excluyó de los elementos objetivos del delito en el § 261 (2) nº 1 StGB. Sin embargo, esta disposición creó un riesgo superior a la media de responsabilidad penal para un abogado defensor, de modo que se puso en peligro el derecho del abogado defensor a explotar en una medida razonable de sus servicios profesionales. La amenaza de sanción y el consiguiente aumento del riesgo de investigaciones por parte de la fiscalía también podían poner en peligro la relación de confianza entre el mandante y el abogado defensor, por lo que el § 261 (2) nº 1 StGB debía considerarse una grave intromisión en el derecho fundamental a la libertad de ejercer la profesión. No se podía esperar que el abogado defensor contrarrestara el riesgo de responsabilidad penal renunciando a su mandato electivo y nombrando a un abogado de oficio.

En la ponderación de los intereses en juego exigida constitucionalmente, la clasificación sin restricciones de un abogado defensor en el círculo de los sospechosos o capaces de haber cometido un delito era desproporcionada, pero su exención penal era demasiado amplia. En su lugar, la responsabilidad penal debía limitarse a los casos en que el abogado defensor tuviera conocimiento cierto del origen de los honorarios o del anticipo de estos en el momento de recibirlos. También se descartó la responsabilidad penal por lavado de dinero imprudente según el § 261 (5) StGB. Las fiscalías y los tribunales estaban asimismo obligados a tener especialmente en cuenta los derechos constitucionalmente garantizados al examinar una posible sospecha inicial. La asunción del mandato electoral a causa de un delito de catálogo no daba lugar, en principio, a una sospecha inicial. Independientemente de las cuestiones metodológicas y dogmáticas relativas a la fórmula de decisión del BVerfG tiene fuerza de ley en virtud § 31 (2) BVerfG. Sin embargo, cabe señalar, que los principios establecidos por el Tribunal Constitucional alemán y confirmados en decisiones posteriores se refieren al elemento de aislamiento ampliamente definido en el § 261 (2) StGB y *no se aplican si el abogado defensor actúa deliberadamente fuera de los límites de rol de su profesión de abogado como órgano de la administración de justicia* (por ejemplo, con el pago de un depósito procedente de un delito del catálogo a través de la cuenta privada del abogado defensor en su propio nombre). Basándose en esta jurisprudencia sobre el privilegio de los abogados defensores en la aceptación de honorarios mediante una interpretación restrictiva conforme a la constitución del elemento aislamiento del tipo penal (en alemán *Isolationstatbestand)* y el BVerfG ha exigido un privilegio igualmente dirigido a la aplicación de los elementos de frustración y puesta en peligro. Al mismo tiempo, el BVerfG ha dejado a la interpretación de los tribunales especializados la determinación del modo en que deben tenerse en cuenta estos requisitos constitucionales en la aplicación de la ley y todos los actos de un abogado defensor no estarán sujetos a la responsabilidad penal, si forman parte del ámbito de aplicación del privilegio del abogado defensor asumido por el Tribunal Constitucional.

Por otra parte, el privilegio del abogado defensor penal no cubre los actos de un abogado defensor penal cometidos con conocimiento del origen del objeto de un delito. Tampoco están constitucionalmente protegidos los actos de un abogado defensor que no se limiten a causar el efecto de frustrar o poner en peligro, sino que también aquellos que tengan un „elemento final" o una tendencia manipuladora. Igualmente, si un abogado defensor registra el origen de los honorarios de un delito precedente con *dolus eventualis*, pero utiliza datos de cuentas bancarias en el extranjero o datos de cuentas bancarias de personas o empresas inexistentes o de diplomáticos ficticios o similares, o si elige un método de pago que de otro modo puede destruir el rastro documental, esta acción no está sujeta al secreto profesional del abogado defensor y es punible.

2.4. Asesores jurídicos

La nueva disposición del § 261 (1), frase 3 StGB, se refiere a la tarea de asesorar y aconsejar la determinación de la posición jurídica del mandante y a su vez realizar una serie de actividades en su representación, que pueden ser desde la gestión jurídica, o relacionadas a operaciones financieras, inmobiliarias o societarias. Tampoco debe extraerse la conclusión contraria de la disposición o la misma no impide una aplicación más amplia de la solución de intenciones derivada constitucionalmente a abogados ajenos al derecho penal, por ejemplo, derecho civil y administrativo, así como los administradores concursales y asesores fiscales, en la medida que no sean elegidos abogados defensores. Es decir, no deja en claro si la tarea de asesoramiento jurídico como abogados incluye a los asuntos civiles, o administrativos, notarios, abogados de patentes, auditores, asesores fiscales, administradores concursales.

Ahora bien, los notarios están (ahora) excluidos de este privilegio. Hasta ahora, el BVerfG ha dejado expresamente abierta *„la cuestión de si, en el caso de los mandatos de derecho civil, en el caso de una „conexión fáctica inseparable con un asunto relevante para el lavado de dinero*" ... o en el caso de *„constelaciones mixtas*", se requiere un tratamiento privilegiado del abogado que ejerce el derecho civil por motivos constitucionales. Sin embargo, no queda del todo claro si se aplica a otras profesiones de asesoramiento jurídico, cuyo secreto profesional también se encuentra protegido por el derecho de los titulares del secreto profesional a negarse a declarar o derecho a no declarar del defensor § 53 StPO; intervención necesaria del defensor § 140 StPO; o las sanciones al defensor por la transmisión de información cubierta por su secreto profesional § 203 StPO.

Del razonamiento del BVerfG, se infiere claramente a los intereses especiales de los abogados defensores en el proceso penal, se desprende que los principios de privilegio del BVerfG no deben aplicarse de forma general a otras profesiones -incluidos los asesores jurídicos- como los abogados en asuntos civiles, los notarios, los asesores fiscales y los médicos. No obstante, no cabe esperar que el BVerfG extienda universalmente su jurisprudencia limitada hasta ahora a los abogados penalistas, a todas las profesiones de asesoramiento jurídico o, al menos, a todas las actividades de los abogados. En diversos grados, esto se exige en parte o incluso ya se ha practicado (Gazeas, 2021, p. 1041; Raschke, 2012, p. 606).

Al menos sobre la base de la jurisprudencia mencionada anteriormente del BVerfG, no cabe esperar una extensión de la solución de intención a otros asesores jurídicos y, en principio, tampoco está justificada. Las restricciones a la responsabilidad penal de los abogados defensores postuladas por el BverfG se basan precisamente en la importancia específica y destacada de la defensa penal. El derecho del acusado a poder defenderse de la sospecha existente de un delito penal en colaboración confiada con su abogado defensor es una expresión del derecho a una defensa efectiva garantizado en el art. 6, apartado 3, lit. c del Convenio Europeo de Derechos Humanos. Esto no es lo único que diferencia al abogado defensor de otros asesores jurídicos. Una aplicación sin restricciones del § 261 StGB a los abogados defensores no solo lastraría la relación entre el abogado y su mandante en casos excepcionales, sino de forma habitual, puesto que el abogado defensor ya debe conocer todas las acusaciones formuladas contra su mandante en virtud de su profesión. Las relaciones entre los asesores jurídicos y sus mandantes al margen del Derecho penal probablemente sólo se vean afectadas por el § 261 StGB de forma excepcional.

Otro argumento a favor de diferenciar entre las actividades relacionadas con la defensa y otras tareas jurídicas y de asesoramiento es que los abogados y asesores fiscales se encuentran entre las personas que están sujetas a múltiples obligaciones en virtud de la Ley de Prevención de lavado de dinero, pero a las que no están sujetos los abogados defensores en el ejercicio de sus actividades. Tampoco hay objeciones a una diferenciación con arreglo a la 4ª Directiva sobre lavado de dinero (Directiva (UE) 2015/849) (Gazeas, 2021, p. 1046). Es cierto que el fundamento de esta en su considerando 10 aboga por la igualdad de trato de los servicios (jurídicos). Sin embargo, según el considerando, la igualdad de trato exigida está sujeta a la condición de servicios en cuestión sean "servicios comparables". Esto en sí mismo es dudoso, los abogados penalistas ya no pertenecen al grupo de personas sujetas a las obligaciones en materia de lavado de dinero en el sentido de la Ley alemana de prevención de Lavado (§ 2 GwG). Además, se pasa por alto que la Directiva (UE) 2015/849 – a diferencia de la Directiva (UE) 2018/1673 – no formula ningún requisito directo para el delito de Lavado de dinero. Por lo que puede verse, la Directiva (UE) 2018/1673 no contiene un pasaje comparable.

Todo esto no significa, sin embargo, que en casos excepcionales otros asesores jurídicos no puedan beneficiarse de la prerrogativa del § 261 (1), frase 3 StGB. Por supuesto, puede estar justificado el calificar (también) al asesor jurídico como abogado penalista en el sentido del § 261 (1), frase 3 StGB, en una "*constelación mixta*" o en otro caso en el que exista una "*conexión fáctica inseparable con un asunto relevante para el lavado de dinero*". Esto está justificado si de otro modo se impediría una defensa efectiva. Existe una constelación mixta, por ejemplo, si un asesor fiscal actúa simultáneamente como abogado defensor. En otros casos, sin embargo, sólo queda la posibilidad de una reducción teleológica del delito, por ejemplo, en relación con las obligaciones principales de un administrador concursal o síndico de quiebras. (Brüning, 2007, p. 244).

2.5. Asesores fiscales

El asesor fiscal también puede incluir el asesoramiento jurídico, en muchos casos los asesores fiscales, son abogados y desarrollan la tarea de aconsejar a un mandante con el fin de prevenir futuros delitos fiscales o evitar los cometidos en el pasado, en estos casos la responsabilidad penal por lavado de dinero imprudente es posible si el asesor –de acuerdo con sus deberes profesionales, también sujeto al secreto profesional– se esfuerza por no revelar hechos que puedan indicar que su mandante es responsable penalmente. En este caso, la recaudación de impuestos si bien es un procedimiento ejecutivo, pero puede suceder que el asesor fiscal al desempeñar esta tarea traiga consigo la situación que el contribuyente se sienta expuesto al aparato del poder estatal y a la declaración y conocimiento que se asocia a él. Es por ello que el asesor fiscal, abogados, ya sean auditores y contables, deben mantener su independencia personal y económica y tener el debido cuidado al entablar relaciones que pongan en peligro su profesión (§ 3 n° 1 StBerG). Así lo subraya también la regulación del § 2 BOStB "Código deontológico profesional de la Cámara Federal de Asesores Fiscales (*Berufsordnung der Bundessteuerberaterkammer - BOStB*), que describe al asesor fiscal como un órgano independiente para la administración del derecho tributario.

Además, puede considerarse la responsabilidad penal por complicidad (por supuesto, sólo intencionada) en el lavado de dinero si el asesoramiento conduce o pretende conducir a la defensa del inicio de una investigación (denuncia o querella) y, por tanto, permite al mandante seguir utilizando los activos incriminados. El BGH ha calificado "digno de consideración" excluir un delito de lavado de dinero para el caso en que un abogado cobre una deuda (no maculada) en nombre del acreedor y al hacerlo acepte acceder a bienes del autor de que otro modo estarían incriminados en el sentido del § 261 (1) StGB. Para esta restricción, el Tribunal de Justicia de la Unión Europea (TJUE), ha subrayado la posición privilegiada de los profesionales del derecho en sus actividades de asesoramiento jurídico.

La aplicabilidad del privilegio de honorarios también debe aplicarse si aún no ha habido una acusación de delito fiscal. De lo contrario, un asesor fiscal no podría aceptar un mandato si la situación típica de asesoramiento profesional también implica el riesgo de responsabilidad penal. Si se abren diligencias preliminares contra el contribuyente por sospecha de delito fiscal, éste recurrirá a un abogado penalista que conozca a fondo el derecho penal, el procedimiento penal y el Derecho fiscal sustantivo. Sin embargo, estos conocimientos no siempre están disponibles en la misma persona, por lo que un asesor fiscal participa en la consulta junto con el abogado defensor con el fin de discutir adecuadamente todas las opciones (autodenuncia, revelación voluntaria; § 371 AO).

Sin embargo, si el asesor fiscal se ve expuesto al riesgo del lavado imprudente, se abstendrá de poner su experiencia a disposición de su cliente. Una defensa y/o asesoramiento eficaz sólo es posible hasta cierto punto y el principio de igualdad de armas quedaría en entredicho. De lo contrario, el asesor fiscal tendría que renunciar a su mandato cuando se abriera el procedimiento de investigación. Una relación de confianza (posiblemente de larga duración) se termina cuando el asesor fiscal corre el riesgo de verse expuesto a investigaciones procesales.

Dado que la cuestión de privilegiar a estos grupos profesionales es también una cuestión constitucional, el legislador no puede decidirlo por sí mismo mediante una simple legislación. La realidad de la defensa penal, en la que los abogados defensores consultan la experiencia externa de, por ejemplo, un abogado ambientalista en un caso penal ambiental también muestra que una restricción sólo a los abogados defensores no logra el objetivo perseguido por la Constitución: la garantía del derecho al juicio justo. En consecuencia, los § 261 (1) 3 y (4) 2 StGB deben entenderse (en sentido amplio) de manera que, además del abogado penalista, todo abogado y profesor universitario en un mandato penal forense está en todo caso cubierto por el privilegio, así como la asistencia activa en los procedimientos de asistencia jurídica y extradición (Gazeas, 2021, p. 1046).

3. LA PREVENCIÓN DEL DELITO Y LA OBLIGACIÓN DE REPORTAR OPERACIONES SOSPECHOSAS

3.1. El abogado como sujeto obligado a reportar operaciones sospechosas y la posible vulneración del secreto profesional

La legislación alemana de lucha contra el lavado de dinero –en particular la *Geldwäschegesetz* (GwG)– no solo está estrechamente relacionada con el tipo penal del § 261 (8) StGB, sino está determinada en gran medida por las exigencias de las Directivas de la Unión Europea, que a su vez están determinadas por las exigencias del International *Financial Action Taskforce* (FATF) Grupo de Acción Financiera Internacional (GAFI). De conformidad con el § 43 (1) GwG, los sujetos obligados en virtud al § 2 GwG, están obligados en primer lugar, con carácter general, a presentar un reporte o denuncia si existen hechos que indiquen que un activo relacionado con una relación comercial o una transacción tiene su origen en un delito que pudiera constituir un predicado del lavado de dinero con arreglo al § 261 StGB, o en segundo lugar, una transacción o un activo está relacionado con la financiación del terrorismo § 43 (1) No. 2 GwG –como ya se ha mencionado– el mandante no ha cumplido con su deber de revelar al abogado si tiene la intención de establecer, continuar o llevar a cabo la relación del mandante o la transacción para un beneficiario efectivo. Cabe nuevamente señalar que el § 261 StGB –lavado de dinero– ha sido reformado y con efectos a partir del 18 de marzo de 2021. La responsabilidad penal ya no está vinculada a delitos o determinadas infracciones como delitos antecedentes (subyacentes), sino que se refiere a los objetos que se originan a partir de (cualquier) acto ilícito. La obligación de informar es mencionada en sus 40 Recomendaciones del GAFI y mediante abarca también los hallazgos posteriores; si el sujeto obligado tiene conocimiento posteriormente de hechos en el sentido del § 43 (1) N° 1 o N° 2 GwG en el curso de sus propias investigaciones o de las iniciadas por las autoridades de supervisión o de enjuiciamiento, deberá presentar el reporte inmediatamente después.

La obligación de realizar el reporte no presupone la existencia de una sospecha inicial de derecho penal de lavado de dinero o de financiación del terrorismo. No es deber del sujeto obligado examinar detalladamente los presupuestos legales de un delito de lavado de dinero o de financiación del terrorismo y realizar una subsunción jurídica detallada de los hechos en los correspondientes tipos penales. Tampoco es necesario tener la certeza de que una transacción o relación comercial está relacionada con el lavado de dinero, un delito subyacente específico correspondiente al lavado de dinero o la financiación del terrorismo. En este contexto, cabe agregar que el Colegio de Abogados de alemania y en cada *Land* ejercen una supervisión preventiva del lavado de dinero sobre los abogados y asesores jurídicos como sujetos obligados, de conformidad con el § 51 GwG.

3.2. La excepción a la obligación de informar en caso de secreto profesional del abogado

Los abogados no están obligados a denunciar las sospechas si los hechos objeto de denuncia se refieren a información que el abogado ha recibido en el curso de la prestación de asesoramiento jurídico o de la representación de clientes en procedimientos judiciales § 43 (2) frase 1 GwG. Con esta excepción a la obligación de informar, el legislador quiere tener en cuenta la relación de confianza entre asesor y cliente, especialmente protegida por la ley e indispensable para el ejercicio eficaz de la profesión.

3.3. Excepciones del deber de confidencialidad

La ley de prevención de lavado de dinero alemana establece, sin embargo, excepciones a esta excepción: a) deber de informar sobre sospechas de lavado de dinero de acuerdo con la § 43, párrafo 2, frase 2 GwG; b) deber de informar si tiene conocimiento positivo de que el cliente está utilizando o ha utilizado la relación de cliente con fines de lavado de dinero, financiación del terrorismo o -en gran medida en este punto- otro delito penal. Así, si el cliente pide a su abogado que invierta con ánimo de lucro el dinero obtenido de un robo, el abogado no sólo debe negarse o poner fin al mandato, sino también presentar un informe de sospecha de lavado de dinero.

La ley de prevención del lavado de dinero alemana, § 46 apartado 2 GwG incluso autoriza explícitamente la realización de una transacción con el fin de "perseguir a los beneficiarios" del presunto lavado de dinero. Quien, no obstante, considera que una transacción controlada se ajusta al delito, a pesar de las consideraciones anteriores, debe pensar en la aplicación del § 46 apartado 2 GwG como norma de justificación. Esto a su vez, puede significar una confusión en la aplicación de los aspectos de prevención y por lo cual al respecto habrá que tener una normativa de Compliance ajustada a los casos anteriormente mencionados.

CONCLUSIONES

El delito de lavado de dinero siempre ha sido una de las disposiciones más complejas del Código Penal. Esto se debe a la extensión inconmensurable y es un fenómeno muy complejo debido a la conexión a su vez con otros delitos relacionados a la delincuencia organizada, que tiene entre sus características, a la complicidad generalizada y a las interconexiones internacionales. Queda por ver si la supresión del catálogo selectivo de delitos antecedentes y la consiguiente ampliación del ámbito de aplicación de la disposición supondrán o no una facilitación en la práctica de la aplicación de la ley. El proyecto gubernamental de la Ley de mejora del Derecho penal contra el lavado de dinero (*Gesetz zur Verbesserung der strafrechtlichen Bekämpfung der Geldwäsche)* fue objeto de grandes críticas en el proceso legislativo. Los escépticos de esta legislación suponen que la nueva normativa desplazará el foco de la persecución penal a los casos de delincuencia “simple”.

Se puede afirmar que la aplicación de la interpretación de la jurisprudencia del BVerfG en la nueva norma en la que los abogados penalistas que aceptan honorarios sin saber a ciencia cierta que dichos honorarios tienen su origen en un delito subyacente. Sin embargo, sería preferible haber reformado el § 261 StGB para incluir en mayor medida a los abogados en caso de que no actúen como defensores.

El reconocimiento del "privilegio del abogado" corresponde a la intención de la solución del BVerfG en el caso de aceptación de honorarios según corresponde con el art. 12. 1 GG de la Ley fundamental en el que el cumplimiento de un mandato civil, por ejemplo, está inseparablemente conectado con un asunto relacionado con el lavado de dinero. Para los abogados que trabajan en tales procedimientos, la aceptación de honorarios ya está cuantitativamente sujeta a la versión actual del § 261 StGB. En virtud del § 261 StGB, los abogados que trabajan en tales procedimientos están expuestos al mismo riesgo cuantitativo de cometer el delito objeto de lavado de dinero que los abogados penalistas. En este contexto, por ejemplo, la representación de un cliente expuesto a reclamaciones civiles por parte de víctimas de delitos subyacentes o de un abogado que está cobrando una deuda en nombre de un acreedor y al hacerlo se limita a aceptar el acceso a bienes incriminados del deudor.

El desarrollo de estos procedimientos también se ve considerablemente dificultado cuando la espada de Damocles de un delito de lavado de dinero pende sobre el abogado. De hecho, la relación de confianza entre el cliente y el asesor jurídico también se resiente considerablemente en este caso. Esto es tanto más cierto cuando que ya puede presumirse la contaminación total de una cuenta si su ingreso de origen ilícito es por un importe de 5,9%. A este respecto, pueden darse situaciones (especialmente en procedimientos de gran envergadura) en las pueden surgir situaciones en las que el abogado debe temer una contaminación total de su cuenta comercial y por tanto, una paralización de las operaciones comerciales de su bufete.

Debido a la supresión del catálogo de delitos subyacentes en el § 261 StGB, probablemente habrá un número desproporcionadamente mayor de mandatos de derecho civil (y otras materias) que estén inseparablemente conectados con un asunto relacionado con el lavado de dinero. Al respecto, también existe una necesidad cuantitativa de permitir un asesoramiento jurídico imparcial por parte de los abogados defensores no penalistas. Como consecuencia, el cliente que se enfrenta a una alegación de derecho penal en todo caso se dirigirá a un abogado civilista, siempre y cuando pueda estar seguro de que la información será tratada de manera confidencial. Si este abogado, a su vez, tiene que temer desde el principio que se convertirá en sospechoso de lavado de dinero por aceptar honorarios, no podrá cumplir el mandato de manera significativa. En definitiva, las consideraciones utilizadas por el BVerfG para justificar el privilegio del abogado penalista pueden aplicarse en gran medida a los casos de "conexión fáctica inseparable", en este contexto no es apropiado utilizar una discrepancia en la interpretación de las normas a ser aplicadas al asesoramiento penal y civil a la luz del § 261 StGB.

Por otra parte, y a pesar de todas las opiniones críticas, los asesores fiscales deberían estar familiarizados con la disposición del § 261 StGB sobre todo porque en el futuro podrán ser infractores especiales en virtud del nuevo § 261 (4) StGB en el contexto de sus actividades profesionales y, por tanto, como personas obligadas en el sentido del § 2 párr. 1 núm. 12 GwG. Quienes estén obligados profesionalmente a velar por que se impidan los delitos de lavado de dinero o porque sus propios servicios no se utilicen con este fin, deberán contar con penas más elevadas en caso de implicación en el lavado de dinero.

Ni la exposición de motivos de la ley, ni la redacción de la propia disposición comentan la cuestión de si los asesores fiscales que defienden a clientes en causas fiscales penales están o no amparados por el privilegio del abogado defensor del § 261 (1) frase 3 StGB. Aunque la jurisprudencia del BVerfG se dictó exclusivamente en relación con los abogados, en vista del hecho de que los asesores fiscales estarían expuestos al mismo conflicto de intereses que los abogados debido a la posible persecución penal al aceptar honorarios incriminados en tales casos, la limitación de la responsabilidad penal también debería aplicarse a ellos. Ello se debe a que los asesores fiscales están autorizados a asumir la defensa en procedimientos fiscales penales junto con un abogado defensor y estarían en peor situación que los abogados defensores sin la limitación de la responsabilidad penal.

APÉNDICE NORMATIVO. TRADUCCIÓN § 261 STGB VIGENTE A PARTIR DE 2021

Quien reciba un objeto resultante de un acto ilícito,

1. oculte,
2. intercambie, transfiera, traslade con la intención de frustrar su descubrimiento, su confiscación o el rastreo de su origen,
3. lo obtenga para sí o para un tercero, o
4. lo conserve o utilice para sí o para un tercero si conocía su origen en el momento de obtenerlo,

será castigado con una pena privativa de libertad no superior a cinco años o multa. En los casos de la frase 1 número 3 y 4, no se aplicará con respecto a un objeto que un tercero haya obtenido previamente sin cometer por ello un acto ilícito. **La persona que acepta unos honorarios por su trabajo como abogado defensor actúa intencionalmente en los casos de la frase 1 número 3 y 4 sólo si tenía conocimiento cierto del origen de los honorarios en el momento de aceptarlos.**

También se castigará a toda persona que oculte o disimule hechos que puedan ser significativos para la localización, confiscación o determinación del origen de un objeto de conformidad con el apartado (1).

La tentativa es punible.

Toda persona que comenta un delito en virtud del apartado (1) o del apartado (2) como persona obligada en virtud del artículo 2 de la Ley de lavado de dinero podrá ser condenada a una pena de prisión de tres meses a cinco años.

En casos especialmente graves, la pena será de seis meses a diez años de prisión. Por regla general, se considerará que existe un caso especialmente grave si el delincuente actúa con fines comerciales o como miembro de una banda que se ha unido para cometer el lavado de dinero de forma continuada.

Toda persona que, en los casos de los apartados (1) y (2), no reconozca imprudentemente que se trata de un objeto tal como se define en el apartado (1), podrá ser condenada a una pena privativa de libertad no superior de dos años o a una sanción económica. **La frase 1 no se aplicará en los casos del apartado (1) frase 1 números 3 y 4 a un abogado defensor que acepte honorarios por su trabajo.**

Una persona responsable de la participación en el delito subyacente sólo será castigada en virtud a los apartados (1) a (6) si pone en circulación el objeto ocultando su origen ilícito.

No se sancionarán los apartados 1 a 6,

1. quien denuncie voluntariamente la infracción de la autoridad competente o disponga voluntariamente que se realice dicha denuncia, salvo que la infracción ya hubiera sido descubierta total o parcialmente en ese momento y el infractor lo supiera o pudiera razonablemente esperarlo, y
2. en los casos del apartado (1) o del apartado (2), provoca la incautación del objeto en las condiciones especificadas en el número 1.

Un objeto en el sentido del apartado (1) se considera equivalente a los objetos resultantes de un acto cometido en el extranjero si el acto fuese un acto lícito según el derecho penal alemán y

1. Sea punible en el lugar de la infracción, o
2. es punible en virtud de una de las siguientes disposiciones y convenios de la Unión Europea:
   a. artículo 2 o artículo 3 del Convenio de 26 de mayo de 1997, elaborado sobre la base de la letra c) del apartado (2) del artículo K.3 del Tratado de la Unión Europea, relativo a la lucha contra la corrupción en la que estén implicados funcionarios de la Comunidades Europeas o de los Estados miembros de la Unión Europea (Gaceta de Derecho Federal 2002, II, pp. 2727, 2729),
   b. Artículo 1 de la Decisión marco 2002/946/JAI del Consejo, de 28 de noviembre de 2002, destinada a reforzar el marco penal para la represión de la ayuda a la entrada, a la circulación y a la estancia irregulares (DO L 328 de 5 de diciembre de 2002, p. 1),
   c. Artículo 1 o artículo 3 de la Decisión marco 2003/568 JAI del Consejo, de 22 de julio de 2003, relativa a la lucha contra la corrupción en el sector privado (DO L 192 de 31 de julio de 2003, p. 54),
   d. Artículo 2 o artículo 3 de la Decisión marco 2004/757/JAI del Consejo, de 25 de octubre de 2004, relativa al establecimiento de disposiciones mínimas de los elementos constitutivos de delitos y las penas aplicables en el ámbito del tráfico ilícito de drogas (DO L 335 de 11 de noviembre de 2004, p. 8), modificada en último lugar por la Directiva Delegada (UE) 2019/369 de la Comisión (DO L 66 de 7 de marzo de 2019, p. 3),

e. Artículo 2, letra a), de la Decisión marco 2008/841/JAI del Consejo, de 24 de octubre de 2008, relativa a la lucha contra la delincuencia organizada (DO L 300 de 11 de noviembre de 2008, p. 42),

f. Artículo 2 o artículo 3 de la Directiva 2011/36/UE del Parlamento Europeo y del Consejo, de 5 de abril de 2011, relativa a la prevención y la lucha contra la trata de seres humanos, y a la protección de sus víctimas, y por la que se destituye la Decisión marco 2002/629/JAI del Consejo (DO L 101 de 15 de abril de 2011, p.1),

g. Los artículos 3 a 8 de la Directiva 2011/93/UE del Parlamento Europeo y del Consejo de 13 de diciembre de 2011, relativa a la lucha contra abusos sexuales, la explotación sexual de los niños y la pornografía infantil, y por la que se sustituye la Decisión marco 2004/68/JAI del Consejo (DO L 335 de 17 de diciembre de 2011, p. 1; L 18 de 21 de enero de 2021, p. 7); o

h. Artículos 4 a 9, apartado 1, y 2, letra b) o artículos 10 a 14 de la Directiva (UE) 2017/541 del Parlamento Europeo y del Consejo, de 15 de marzo de 2017, sobre la lucha contra el terrorismo y por la que se sustituye la Decisión marco 2002/475/JAI del Consejo y se modifica la Decisión marco 2005/671/JAI del Consejo (DO L 88 de 31 de marzo de 2017, p. 6).

Los objetos que se refiere la infracción pueden ser confiscados. Se aplicará el § 74 a StGB. Los § 73 a 73 StGB e no se verán afectados y tendrán prioridad sobre el decomiso previsto en el § 74 (2) StGB, también en relación con los § 74 a y 74 c StGB.

BIBLIOGRAFÍA

Altenhein, K., (2017) NK-StGB Kindhäuser/Neumann/Paeffgen, Strafgesetzbuch, 5. Aufl. Nomos.

Altenhein, K., Fleckenstein, L. (2020) Der Gesetzentwurf zur Neufassung des § 261 StGB; JZ 2020, 1045.

Ambos, K., (2002) Annahme „bemakelten" Verteidigungshonorars als Geldwäsche? Einschränkungsversuche im Lichte des Völker- und ausländischen Rechts, JZ 2002, 70.

Bernsmann, K. (2000) Das Grundrecht auf Strafverteidigung und die Geldwäsche. Vorüberlegungen zu einem besonderen Rechtfertigungsgrund, StV 2000, 40.

Bernsmann, K. (2002) Der Rechtsstaat wehrt sich gegen seine Verteidiger, Lüderssen-FS, 2002, 683.

Beulke, W. (2004) Gedanken zur Diskussion über die Strafbarkeit des Verteidigers wegen Geldwäsche, Rudolphi-FS, 2004, 391. C.F.Müller.

Beulke W./Ruhmannseder F., (2010).Die Strafbarkeit des Verteidigers, 2.Aufl. (2010).

Böhme, F./Busch, M., (2021) Das Gesetz zur Verbesserung der strafrechtlichen Bekämpfung der Geldwäsche: Richtlinienumsetzung und Neuausrichtung von § 261 StGB in: Zeitschrift für Wirtschafts- und Steuerstrafrecht (Wistra) 2021, S. 169-173.

Bülte,J. (2020) Stellungnahme Anhörung Rechtsausschuss zum Gesetzesentwurf Geldwäsche, BT-Drucksache 19/24180 zum öffentliche Anhörung im Ausschluss für Recht und Verbraucherschutz des Deutschen Bundestages am 9.Dezember 2020.

Brüning, J. (2007) Die Strafbarkeit des Insolvenzverwalters wegen Geldwäsche gem. §261 StGB, wistra 2007, 241.

Fischer, T., (2023) Strafgesetzbuch: StGB, C.H. Beck. Verlag, 70. Aufl. 2023, § 261.

Gazeas, N., (2021) Das neue Geldwäsche-Strafrecht: Weitreichende Folgen für die Praxis Aufsatz, NJW 2021, 1041.

Gräfe, J./Wollweber, M./Schmeer, A., (2023) Steuerberaterhafttung, NWB verlag, 8. Auf. 2023.

Grüner G./Wasserburg K., (2000) Geldwäsche durch die Annahme des Verteidigerhonorars? GA 2000, 430.

Hartung, C. (1994) Strafverteidiger als Geldwäscher? AnwBl 1994, 440.

Hefendehl, R., (2001) Kann und soll der Allgemeine Teil bzw. das Verfassungsrecht mißglückte Regelungen des Besonderen Teil retten? – Die „Geldwäsche“ durch den Strafverteidiger - FS Roxin, 2001, 145.

Herzog F./Hoch T./Warius S., (2007) Die Sicherheitsleistung als Vehikel der Rückgewinnungshilfe – Rückgewinnungshilfe contra konkrete und wirkliche Strafverteidigung? StV 2007, 542.

Hetzer, W. (2000) Geldwäsche und Strafverteidigung, wistra 2000, 281.

Jahn, M., Schriftliche Stellungnahme, für die öffentliche Anhörung im Rechtsausschuss des Deutschen Bundestages, zu dem Entwurf eines Gesetzes zur Verbesserung der strafrechtlichen Bekämpfung der Geldwäsche BT-Drucks. 19/24180, citado: SSW-StGB/(Jahn StGB § 261 marg.).

Kindhäuser, U., (2010) Zum sog. „unerlaubten“ Risiko, FS-Maiwald, 2010, 400.

Löwe-Krahl, (1993) Die Strafbarkeit von Bankangestellten wegen Geldwäsche nach § 261 StGB, wistra 1993 123, wistra 1993, 123.

Matt, H., (2008) Strafverteidigerhonorar und Geldwäsche, Rieß-FS – Festschrift für Wolfram Reiß– Hanack E-W/Mehle, V./Hilger/H./ Widmeier, G., Walter Gruyter Verlag.

Müller, J.R, (2015) Die Selbstanzeige im Steuerstrafverfahren in: Briel/ Ehlscheid-Von Briel Steuerberaterhaftung, 4. Aufl. Verlag Otto Scmidt.

Müssig, B. (2005) Strafverteidiger als „Organ der Rechtspflege“ und die Strafbarkeit wegen Geldwäsche, in: Wistra 2005-

Müther, D. (2001) Verteidigerhonorar und Geldwäsche, Jura 2001.

Raschke, A. (2012) Strafverteidigung als „privilegiertes“ Berufsbild - „privilegium“ oder „a minore ad maius“?, NStZ 2012.

Reichling, C. (2021) Anmerkung zu AG Cloppenburg, Urt. v. 13.2.2021 – 3 Cs 132/20 – Geldwäsche durch Rechtsanwalt in Zivilsachen“ in: Zeitschrift für Wirtschafts- und Steuerstrafrecht (wistra) 2021, S. 495-496.

Ruhmannseder, F. (2024) BeckOK StGB, 63. Edition, 2024, § 261, Rn. 1-77.

Schmidt, E. (2003) Geldwäsche und Verteidigerhonorar, JR 2001, 448.

Schmidt, E. (2003) Die Rechtslage nach der Geldwäscheentscheidung des BGH, StraFo 2003.

Struensee, E. Lavado de dinero a través de la aceptación de los honorarios para la defensa penal, Revista del Ministerio Público Fiscal, 2004, 18, p. 108-118.

Vogel, J. (1997) Geldwäsche – ein europaweit harmonisierter Straftatbestand? Zeitschrift für die gesamte Strafrechtswissenschaft, vol. 109, n° 2, 1997, pp. 335-356.

*Wohlers,*W. (2001) Strafverteidigung von den Schranken der Strafgerichtsbarkeit, StV 2001, 420.

Sentencias

OLG Francfort sentencia del 4 de mayo de 2000 – 5 StR Kls 92 Js 3362. 7/96, 46.

OLG Francfort sentencia del 10 de marzo 2005 – 2 Ws 66/05, NJW 2005, 1727.

BGH sentencia 4 de julio de 2001 – 2 StR 513/00, BGHSt 47, 68 (72).

BGH, sentencia del 4 de febrero de 2010 – 1 StR 95/09, BGHSt. 55, 36 (53).

BVerfG, sentencia del 30 de marzo de 2004 – 2 BvR 1520/01, 2 BvR 1521/01.

BVerfG sentencia de 28 de julio de 2015 – 2 BvR 2558/14, 2 BvR 2571/14, 2 BvR 2573/14.

EuGH sentencia del 26 de junio de 2007 – C-305/05, NJW 2007, 2387.

Modelos legislativos de responsabilidad corporativa en perspectiva comparada española y latinoamericana

BERNARDO FEIJOO SÁNCHEZ
Catedrático de Derecho Penal
bernardo.feijoo@uam.es

Resumen: El artículo categoriza tres modelos de responsabilidad penal de personas jurídicas: (i) del principal; (ii) de prevención de delitos y (iii) de responsabilización. Sirviéndose de dicha categorización se valoran las soluciones legislativas que se pueden encontrar en España y Latinoamérica, exponiendo sus virtudes y defectos desde la perspectiva de las funciones que debe desempeñar el Derecho Penal. Concluye el trabajo resaltando las tendencias que se deberían tener en cuenta para el desarrollo y la mejora de la responsabilidad penal corporativa y su exclusión en los diversos ordenamientos en lengua española y portuguesa.

Palabras clave: Responsabilidad penal de personas jurídicas, responsabilidad penal corporativa, delito corporativo, Compliance, Sistema de gestión de cumplimiento y exclusión de la responsabilidad.

Abstract: The article categorizes three models of criminal liability of legal persons: (i) of the principal; (ii) of crime prevention and (iii) of liability. Using this categorization, the legislative solutions that can be found in Spain and Latin America are evaluated, exposing their virtues and defects from the perspective of the functions that Criminal Law should perform. The paper concludes by highlighting the trends that should be taken into account for the development and improvement of corporate criminal liability and its exclusion in the different Spanish and Portuguese legal systems.

Key words: Criminal liability of legal persons, corporate criminal liability, corporate crime, compliance, compliance management system and exclusion of liability.

1. PLANTEAMIENTO CON UN CASO DE PARTIDA

El objetivo de esta ponencia es indagar qué modelo de responsabilidad penal de personas jurídicas (RPJ) resulta a nivel político-criminal y desde el punto de vista legislativo más compatible con las funciones que se entiende que legítimamente debe desempeñar el Derecho Penal de acuerdo con sus características propias como rama del ordenamiento jurídico y ofrece mejores resultados en sus resultados prácticos. No se trata tanto de analizar fundamentos dogmáticos (responsabilidad por el carácter, por la cultura o estructura criminógena de la organización, por la deficiencia en la implantación de una cultura o estructura de cumplimiento de la legalidad, etc.), sino sistemas legislativos. En la búsqueda de tal objetivo he realizado una clasificación con lo que, a mi entender, son los tres grandes modelos político-criminales de responsabilidad corporativa, que se pueden encontrar hoy en día en las legislaciones Latinoamericanas. Evidentemente se trata de una clasificación personal y asumo que no existen modelos puros al margen de la exposición teórica, pero creo que la clasificación que ofrezco puede ayudar a aclarar algunas cuestiones de indudable relevancia práctica. Los ordenamientos han ido ofreciendo soluciones que permiten comparar las consecuencias razonables o inaceptables de los diversos modelos. Una comparación entre modelos político-criminales que permita analizar su coherencia a la hora de resolver conflictos jurídicos concretos puede aportar algo de luz en una cuestión de dimensiones tan complejas.

A efectos didácticos y expositivos me serviré del siguiente caso como ejemplo de partida con una variante posterior:

A, jefe de zona de la constructora Z que está realizando una obra de infraestructuras ferroviarias, paga al funcionario o autoridad B un viaje a Eurodisney con su mujer y sus 3 hijos con todos los gastos pagados. Con esa invitación A consigue que B no denuncie unas deficiencias que llevarían a la anulación del contrato y una pérdida de más de 800.000 euros/dólares a su compañía. A consigue pagar el viaje a Eurodisney disponiendo de fondos que la compañía tiene para el pago de viajes de directivos que no son debidamente controlados.

C, jefe de la obra, considera que los hechos descritos son contrarios al Código ético de la constructora debido a una formación anticorrupción que ha recibido y los denuncia a través del buzón ético de la entidad. La denuncia llega al Comité de Compliance, que inicia una investigación interna y comprueba el pago del viaje con los fondos de la compañía. La constructora despide a A por incumplimiento del Código Ético, pide a B la devolución de los fondos y denuncia los hechos ante fiscalía. Además, revisa las deficiencias y refuerza el sistema de pago de viajes a directivos para que no se pueda volver a aprovechar para el pago de sobornos.

Variante

Los hechos del párrafo primero son los mismos, pero no son descubiertos por la propia empresa, sino por un compañero del funcionario o autoridad sobornado que denuncia los hechos ante la Fiscalía, que inicia unas diligencias de investigación. La persona jurídica (PJ) se limita a responder a los requerimientos de las autoridades para evitar males mayores como entradas y registros, pero sin adoptar ningún tipo de iniciativa colaborativa o interna.

A la vista de este caso es indudable que A debería ser castigado. Se trata de una conducta tipificada como delito en cualquier ordenamiento europeo o americano. El objetivo de este trabajo es determinar si la constructora Z también debería responder penalmente por el acto de corrupción y si sería responsable tanto del caso principal como de su variante o sólo de ésta. Como intentaré exponer no existe a nivel doctrinal o legislativo una respuesta única, sino que depende del modelo de RPJ que adopte cada ordenamiento. Intentaré hacer visibles las diferencias esenciales que existen entre los diversos modelos legislativos.

2. MODELO DE RESPONSABILIDAD DEL PRINCIPAL

2.1. Descripción del modelo

En términos evolutivos estamos hablando del modelo más antiguo. Parte de que la PJ no es reconocida como sujeto de imputación jurídico-penal, sino simplemente como un sujeto que puede sufrir consecuencias jurídicas (económicas o de otro tipo) derivadas de la infracción cometida por las personas físicas, que serían los auténticos sujetos de imputación. Tal punto de partida ha provocado que este tipo de responsabilidad haya quedado tradicionalmente expulsada del Derecho Penal en nuestra cultura jurídica

Los criterios materiales tradicionales residirían en la representación o la identificación (lo que hace la persona física es como si lo hiciera la PJ: la voluntad o acción del representante u órgano se imputa a la PJ). Si bien este modelo se puede construir trasladando a la PJ la culpabilidad ajena (modelo de transferencia o de la identificación), lo habitual en el ámbito Latinoamericano es que se trate de una responsabilidad objetiva de tintes civilistas que se limita a exigir una vinculación que convierte a la PJ en principal. Más que transferir la culpabilidad se trasladan ciertas consecuencias o costes negativos.

Un buen ejemplo se puede encontrar en Brasil (Ley nº 9.605/1998, de 12 de febrero, ley de delitos medioambientales) que establece que las PJ serán responsabilizadas administrativa, civil y penalmente conforme a lo dispuesto en la ley en los casos en los que la infracción medioambiental sea cometida por decisión de su representante legal o contractual o de su órgano colegiado y en interés o beneficio de su entidad.

Esta legislación podría ser definida como una típica legislación del siglo pasado con un tipo de solución que vienen arrastrando muchos ordenamientos que fueron introduciendo la

RPJ antes del cambio de milenio. Muchas de las críticas a la RPJ van dirigidas más que a tal responsabilidad en general a este modelo en particular, que no es un modelo de responsabilidad corporativa propia por el hecho delictivo, sino de responsabilidad en las consecuencias por un hecho ajeno.

Un ejemplo más reciente se puede encontrar el art. 49 del Código Orgánico Integral Penal de Ecuador que establece que

> *"en los supuestos previstos en este Código,*
>
> *las personas jurídicas nacionales o extranjeras de derecho privado son penalmente responsables*
>
> *por los delitos cometidos para beneficio propio o de sus asociados,*
>
> *por la acción u omisión de quienes ejercen su propiedad o control, sus órganos de gobierno o administración, apoderadas o apoderados, mandatarias o mandatarios, representantes legales o convencionales, agentes, operadoras u operadores, factores, delegadas o delegados, terceros que contractualmente o no, se inmiscuyen en una actividad de gestión, ejecutivos principales o quienes cumplan actividades de administración, dirección y supervisión y, en general, por quienes actúen bajo órdenes o instrucciones de las personas naturales citadas".*

Se afirma expresamente que "*la responsabilidad penal de la persona jurídica es independiente de la responsabilidad penal de las personas naturales que intervengan con sus acciones u omisiones en la comisión del delito*". Se trata de un tipo de cláusulas que recomienda contemplar la OCDE. En Brasil, si bien no existe una cláusula legal similar, también se opera de esta manera sancionando a las personas jurídicas aunque no sea exigible responsabilidad individual. De esta manera se remedia una consecuencia lógica de la identificación entre individuo y organización de los modelos de responsabilidad del principal: sólo se podría sancionar a la PJ cuando existe una culpabilidad individual que transferir o trasladar. Esto acredita que no se trata de modelos de identificación (doctrina del *alter ego*) o de transferencia de la responsabilidad individual o la culpabilidad como, por ejemplo, la postura tradicional en el *common law* inglés, ya que la sanción a la PJ es posible aunque no exista culpabilidad que trasladar de la persona física a la jurídica, sino que nos encontramos ante modelos vicariales provenientes del Derecho privado.

La regulación ecuatoriana es más amplia en cuanto a las exigencias de vinculación con la PJ. Ya no se basa en responsabilidad por representación como el modelo brasileño, sino que la PJ puede responder no sólo de los delitos cometidos por "*ejecutivos principales o quienes cumplan actividades de administración, dirección y supervisión*" o bien "*se inmiscuyen en una actividad de gestión*", sino que pueden generar RPJ "*quienes actúen bajo órdenes o instrucciones de las personas naturales citadas*". Por esta razón me refiero a un modelo basado en la responsabilidad del principal y no a un modelo basado en la representación, salvo que esta se entienda de manera extensiva e impropia de tal manera que todo integrante de la organización sea tratado como representante de la PJ. Esta concepción amplia se ha acabado implantando en muchas legislaciones.

Desde un punto de vista puramente descriptivo, si la solución dogmáticamente más aceptada por la doctrina tradicional era no reconocer a la PJ como sujeto de imputación, sino contemplar la posibilidad de imponer consecuencias accesorias basadas en la peligrosidad objetiva, instrumental u organizativa, estas regulaciones contemplan consecuencias accesorias que ya no están orientadas -al menos preferentemente- a la peligrosidad objetiva, sino que se aplicarían de forma automática (por reflejo o de rebote) sin un juicio de peligrosidad previo. Se trata de una especie de responsabilidad penal solidaria. Si la persona física infringe la norma, además de responder personalmente si se dan los requisitos de la teoría jurídica del delito (acción culpable), responde en todo caso la PJ. La "sanción corporativa" es una consecuencia accesoria para persona distinta a la condenada. Al menos en el modelo clásico de orientación preventivo-especial era preciso que el órgano judicial fundamentara la necesidad de intervención frente a la entidad. Esto ya nos indica un problema. La solidaridad no suele ser aceptada como un criterio legítimo de responsabilidad penal. El modelo se basa, por tanto, en criterios que no son propios del Derecho Penal.

2.2. Valoración

Este modelo de responsabilidad basado en que la PJ es el principal de la persona que ha cometido el delito plantea serios problemas de legitimidad. La responsabilidad vicaria suele ser utilizada por la doctrina no como un criterio de legitimación, sino como una referencia para deslegitimar. La pena exige que quien la sufre sea hecho previamente responsable del hecho desvalorado. Si la consecuencia jurídica no se aplica a la corporación porque haya sido responsabilizada de la infracción o del hecho punible, sino que el único responsable es la persona física, no estamos ante auténticas penas corporativas, sino otro tipo de sanción. Se trata de una manifestación de la responsabilidad por el hecho de otro (un sujeto como la corporación sufre males por un hecho ajeno y no propio como exige conceptualmente toda pena). En realidad, el delito individual pone en marcha sanciones para el sujeto que ha cometido el delito y para otro sujeto que no es hecho responsable de ese mismo delito. La doctrina ha puesto sobradamente de manifiesto que estos modelos de hetero-responsabilidad o responsabilidad ajena tienen serios problemas de legitimidad desde el punto de vista del Derecho Penal si se quiere hablar en propiedad de penas y no de meras consecuencias punitivas en sentido muy amplio.

Es cierto que se podrían paliar los casos más sangrantes mediante una interpretación constitucionalizada o utilizando principios generales del Derecho Penal, pero los presupuestos objetivos del modelo permiten castigos inmerecidos ajenos a la idea de responsabilidad propia por el hecho que los jueces tendrán problemas para limitar respetando el tenor literal de la ley. Si este fuera el único modelo penal posible, tendrían sin duda razón los críticos de la RPJ.

Los criterios de vinculación funcional y beneficio como "hechos de conexión" entre la persona física y la PJ son legítimos para establecer otro tipo de responsabilidades para la PJ por el delito de una persona física. Por ejemplo, civiles basadas en el enriquecimiento injusto derivado del delito de otro (participación a título lucrativo) o en el decomiso de las ganancias. Pero si hablamos de una pena (por ejemplo, de multa) ésta exige proporcionalidad con la gravedad del hecho punible o de la infracción y la responsabilidad de la propia PJ. Por tanto, para hablar en propiedad de una genuina responsabilidad penal son necesarios criterios de naturaleza distinta y más exigentes que los recogidos en las regulaciones expuestas.

Un mal sin responsabilidad carece de significado comunicativo, por lo tanto no se puede calificar como una pena.

Los sistemas denominados vicariales suelen evolucionar de modelos puros a modelos impuros, donde, a pesar de que el fundamento de la responsabilidad siga siendo objetiva, en el ámbito de determinación de la pena se tiene en cuenta -con una perspectiva menos individualista- la gestión corporativa para prevenir, detectar y reaccionar adecuadamente frente a delitos o riesgos de incumplimiento en general. De esta manera los aspectos organizativos o estructurales sólo son tenidos en cuenta a efectos de determinación de la pena; es decir, no para el "si", sino para el "cómo". Es sobradamente conocida la evolución en Estados Unidos. Se puede encontrar un buen ejemplo en el COIP de Ecuador que en el año 2021 introdujo una regulación expresa de la atenuación de la PJ con referentes ajenos a la responsabilidad individual.

Esta evolución interna sin cambiar el modelo de partida nos indica el segundo problema de estos modelos al margen del esencial que es el merecimiento: la necesidad social. ¿Qué necesidad político-criminal queda cubierta si castigamos siempre y de forma automática a toda PJ por delitos vinculados o relacionados con su actividad que le generan beneficios? Si todo depende de una decisión individual, ¿Cuál queremos que sea la aportación o prestación de la PJ? ¿Qué tendrían que mejorar los gestores para adaptarse a las expectativas del ordenamiento jurídico? En los modelos vicariales puros no se estimula o promueve la implantación de modelos, programas o sistemas de cumplimiento y en los impuros el estímulo es débil. De esta manera se descuida un aspecto esencial: el cumplimiento normativo.

2.3. La solución de los casos propuestos desde la perspectiva de este modelo de responsabilidad del principal.

En este modelo la PJ responde tanto del caso expuesto, como de su variante. En los supuestos de modelos vicariales impuros como el ecuatoriano el caso expuesto podría ser sancionado con una pena inferior a la variante propuesta. Pero en esos casos no existen diferencias cualitativas entre ser ya una entidad con un sistema de cumplimiento eficaz en el momento de los hechos (*ex ante* acto) o implantar un programa *a posteriori* con el exclusivo fin de rebajar la sanción y sus costes.

La solución es homogénea -al margen de las diferencias en determinación de la pena- por las características del modelo: se trata de un modelo que permite que la responsabilidad corporativa se extienda más allá de lo merecido y necesario, generando una ilegítima e ineficiente inflación de la responsabilidad penal.

3. MODELO BASADO EN LA PREVENCIÓN DE DELITOS INDIVIDUALES Y CON EXENCIONES PROPIAS PARA LA PJ

3.1 Descripción general del modelo

En tiempos más recientes han surgido modelos que rompen de partida la identificación entre hecho individual y hecho de la organización, que genera la ya criticada identidad entre responsabilidad individual y de la PJ titular de la organización. Se trata de modelos que rompen con la premisa de que la responsabilidad corporativa llega a los mismos lugares de la responsabilidad individual. De esta manera permiten que pueda existir responsabilidad individual sin responsabilidad corporativa y con este fin contemplan exenciones para ésta al margen de aquélla. La referencia extendida a "culpabilidad por la organización" pretende hacer referencia a la idea de que la base de la responsabilidad de la PJ no se encuentra ya en una actuación individual defectuosa, sino en un defecto de la organización adicional.

De acuerdo con esta perspectiva, si en el caso de las personas físicas las normas penales desvaloran conductas, en el caso de las PJ desvaloran un defecto puntual de la organización o bien la gestión defectuosa de la organización a lo largo del tiempo.

El defecto organizativo queda definido en este modelo como falta de eficacia en la prevención de delitos individuales. En consecuencia, la PJ no responde si consigue prevenir los delitos, pero tampoco si ha realizado los esfuerzos idóneos y necesarios en ese sentido. La responsabilidad penal de las personas jurídicas se fundamentaría en tratarse de un mecanismo eficiente para la prevención de delitos en organizaciones y en responder a una necesidad social en este sentido. El fundamento último se encuentra en una mejora en la protección de bienes jurídicos con argumentos basados en el estado de necesidad del bien jurídico o en una debilidad preventiva de la responsabilidad individual para la protección de bienes jurídicos (Schünemann, 1979, pp. 235 ss.; en la misma línea Amoretti Navarro, pp. 562 ss.).

Dentro de este modelo podemos encontrar dos perspectivas diferenciadas: entender que la RPJ está montada sobre un defecto puntual (disposición de fondos puntual sin cumplir la normativa interna) o bien que la PJ debe responder por defectos organizativos permanentes o estructurales.

3.2 Primeras versiones del modelo de prevención. Defecto de organización puntual: La PJ responde por la infracción de deberes de prevención por parte de personas físicas

En este submodelo la PJ responde por la infracción de los deberes de control, vigilancia o supervisión que la doctrina dominante entiende que tienen los superiores jerárquicos dentro de una organización por su posición de garantía (control de los riesgos de la organización). En realidad se trata de una variante del modelo ya expuesto de responsabilidad del principal. La PJ no respondería directamente y de forma automática de la comisión del delito, sino indirectamente a través de la infracción de deberes como garante de otro miembro de la organización distinto al que ha cometido el delito. La RPJ quedaría equiparada a la comisión de un delito por uno o varios miembros de la organización más infracción de deberes de control, vigilancia y supervisión por parte de otro u otros integrantes de la organización. Cambiamos la referencia de la responsabilidad corporativa, pero los problemas de legitimidad no difieren sustancialmente de los expuestos en el apartado anterior: la PJ responde como principal porque un integrante de la organización ha incumplido sus deberes de control, vigilancia o supervisión.

En conclusión, considero que los intentos de construir una RPJ basada exclusivamente en un defecto puntual conducen a callejones dogmáticos sin salida o bien no permiten un alejamiento sustancial del modelo del principal, sobre todo si se basa en presunciones como se puede apreciar en el ejemplo de partida ya que "A consigue pagar el viaje a Eurodisney disponiendo de fondos que la compañía tiene para el pago de viajes de directivos que no son debidamente controlados". Cualquier irregularidad (incumplimiento o no aplicación de normas internas de contratación, de contabilidad, de facturación, etc.) puede generar responsabilidad penal corporativa.

3.3 Hacia una perspectiva más organizativa de la gestión de riesgos de incumplimiento. La autorregulación preventiva

Desde una perspectiva más organizativa el hecho del que responde la PJ es diferente a los deberes de las personas físicas integrantes de la organización. Me interesa más destacar la línea político-criminal basada en este segunda idea ya que es asumida por algunas de las legislaciones más innovadoras en el ámbito sudamericano que buscan diferenciar la responsabilidad corporativa de la individual.

De acuerdo con esta dimensión organizativa no se trata tanto de una omisión puntual de deberes de prevención, sino de que la organización no ha gestionado de forma correcta sus riesgos de incumplimiento a lo largo del tiempo. Desde esta perspectiva pasa a ser objeto esencial de debate, prueba y valoración en el procedimiento si ha existido una adecuada gestión de los riesgos de incumplimiento por parte de la organización. La cuestión normativa esencial es si, más allá de los deberes de garante que se derivan de las posiciones individuales de cada integrante de la organización, ésta estableció un sistema diligente de prevención de delitos (incumplimientos), que algún ordenamiento define como "*observancia del debido control en su organización*" o "*debida diligencia*". Ya en el año 2016 el Código Nacional de Procedimientos Penales de México vino a exigir la prueba de la inobservancia del debido control por parte de la organización para imponer sanciones a una PJ.

En aquellos casos en los que la gestión no es adecuada habrá que ver si el ordenamiento en concreto exige que el delito individual sea prevenido, simplemente dificultado (disminución del riesgo de incumplimiento) o que baste su mera concurrencia como una condición objetiva de punibilidad. En este punto se encuentra una de las grandes decisiones político-criminales que tienen que adoptar los ordenamientos que no tienen como referente de la responsabilidad corporativa un defecto puntual.

En este segundo contexto, que parte de una perspectiva más organizativa, es donde irrumpe la idea de "autorregulación regulada" que la doctrina conecta en muchos casos con la RPJ, pero sin saber muy bien cómo integrar la autorregulación. Ésta da lugar a un enfoque orientado a o basado en el riesgo de incumplimiento que caracteriza los modelos más actuales. De esta manera los Códigos Penales o las leyes penales especiales ya no se remitirían a un conjunto difuso de obligaciones de prevención en leyes extra-penales o usos mercantiles, sino a una valoración de cómo la organización ha identificado, valorado, analizado y gestionado sus riesgos de incumplimiento. Las leyes penales que regulan la RPJ no son tipos penales abiertos que realizan una remisión más allá del Derecho Penal a las medidas organizativas que se deben adoptar, sino que establecen una determinada dinámica organizativa, que es sobre lo que deben versar las acusaciones y que los juzgadores deben valorar. Esta opción legislativa obliga al juzgador a realizar una valoración de conjunto del modelo de prevención de delitos en relación con el delito cometido: si, a pesar de la comisión del delito, la PJ ha desarrollado un sistema de prevención de incumplimientos que se pueda entender razonable y exigible de acuerdo a sus características se verá exonerada de responsabilidad. Como se puede apreciar, el modelo cambia sustancialmente en relación con el expuesto en el subapartado anterior que se basa en un defecto preventivo puntual.

Dos buenos ejemplos en el ámbito latinoamericano se pueden localizar tanto en la Ley peruana n° 30.424 de 21 de abril de 2016 con su reglamento de desarrollo (Decreto Supremo n° 002-2019-JUS) (responsabilidad administrativa en el proceso penal) como chilena (responsabilidad penal), habiendo sido ambos cuerpos normativos reformados en tiempos recientes.

La primera recoge en su art. 3 los requisitos de la responsabilidad, mientras contempla en el art. 12 una eximente privativa de la responsabilidad administrativa de la PJ:

> *"La persona jurídica está exenta de responsabilidad por la comisión de los delitos comprendidos en el artículo 1 si adopta e implementa en su organización, con anterioridad a la comisión del delito, un modelo de prevención adecuado a su naturaleza, riesgos, necesidades y características, consistente en medidas de vigilancia y control idóneas para prevenir los delitos antes mencionados o para reducir significativamente el riesgo de su comisión".*

Aquí ya podemos apreciar una diferencia esencial con los modelos de responsabilidad del principal: la organización es la referencia del cumplimiento. El modelo ha de estar no sólo adoptado, sino también implementado en la organización con anterioridad a la comisión del delito.

No se puede dejar de criticar, en todo caso, que la ley ha sido reformada, adoptando un modelo como el que se ha denominado de responsabilidad del principal cuando el delito es cometido por alguna persona situada en una posición apical, dando lugar a un modelo mixto, en el que convive un modelo vicarial cuando las personas que cometen el delito tienen "*capacidad de control de la persona jurídica*" con un modelo de autorregulación preventiva cuando las personas sometidas a la autoridad y control de las personas mencionadas anteriormente cometan el delito "*bajo sus órdenes o autorización*".

Más que un modelo en sentido estricto de responsabilidad penal por el delito se trata de responsabilidad por no prevención del delito o por no colaborar eficazmente con el Estado en la prevención del delito. Un indicador de que no se trata de responsabilidad por un injusto penal es que la individualización de las sanciones en el modelo peruano no viene determinada principalmente por la gravedad del delito cometido, con independencia de que en el art. 14 uno de los criterios sea "*la gravedad del hecho punible*". Otro indicador de que se trata de responsabilidad puramente administrativa es el importante papel de la Superintendencia del Mercado de Valores, aunque la actuación del fiscal ya no dependa de la SMV como en la versión original. Especifica este precepto que "*al momento de elaborar el informe técnico se tienen en cuenta los estándares internacionales sobre el modelo de prevención y las buenas prácticas en el gobierno corporativo*". No se trata tanto de responsabilizar a la PJ por un delito concreto, sino de cumplir con un estándar.

En el art. 30 del reglamento aparece una referencia a la "cultura organizacional" que establece la orientación prioritaria del modelo de prevención: "*fomento de una cultura de confianza, integridad y de cumplimiento normativo, en todos los niveles de la persona jurídica, por sobre un enfoque represivo y de excesivo control*". Y es de destacar que entre los elementos mínimos del modelo de prevención se recogen en arts. 32 ss. elementos de un Sistema integral de gestión del cumplimiento que van más allá de la prevención como "*la implementación de procedimientos que garanticen la interrupción o remediación rápida y oportuna de riesgos*" donde se hace referencia a investigaciones internas o medidas disciplinarias y/o sanciones como "*actividades de respuesta*" y se especifica que éstas "*contemplan también que los hechos presuntamente delictivos sean puestos en conocimiento de las autoridades competentes*".

Tales referencias generan dudas en el intérprete sobre el efecto de la eximente cuando existen déficits preventivos, pero la propia PJ ha detectado el delito y reacciona adecuadamente a dicho descubrimiento como en nuestro ejemplo de partida.

La regulación peruana aporta un supuesto paradigmático de integración de los estándares internacionales sobre Sistemas de gestión de *Compliance* penal en el ordenamiento jurídico, pero, en mi opinión, se pueden identificar dos deficiencias:

A) La distinción entre efectos eximentes y atenuantes dependiendo exclusivamente de si la persona física que comete el delito tiene capacidad de control de la organización.

B) No se termina de desarrollar un modelo claro sobre las consecuencias de implantar un sistema eficaz y robusto de gestión del cumplimiento de la legalidad penal si se constatan déficits preventivos. Se puede argumentar que si el reglamento concreta las exigencias no limitándose a la prevención, sino también a la detección y la reacción, éstas deberían tener relevancia para valorar la eficacia y robustez global del modelo más allá de los defectos preventivos. Pero aquí ya entramos en las posibilidades interpretativas del sistema y en terreno inseguro. Especialistas como Percy García Cavero (2023, pp. 9 y ss.) entienden que "*la idoneidad del modelo de prevención de cara a la obtención del beneficio de la exención de sanción se circunscribe únicamente a las medidas de prevención*". En todo caso, otra interpretación más amplia, teniendo en cuenta el desarrollo reglamentario, significaría que ya no estamos ante un modelo preventivo puro en el que el cumplimiento se reduce a la prevención y es discutible que el reglamento pueda modificar el modelo legal teniendo en cuenta el sistema de fuentes. Existe, pues, inseguridad sobre si no cumplir con un estándar preventivo supone ya responsabilidad, aunque la corporación haya detectado por sí misma los déficits y haya reaccionado adecuadamente.

La regulación más reciente de un modelo preventivo de las características que estamos exponiendo se puede encontrar en Chile (Artaza Varela, 2024, pp. 279 ss). La ley 21.595 de delitos económicos reformó 14 años después una de las leyes pioneras en Sudamérica: la ley nº 20.393, reforma que acaba de entrar en vigor el 1 de septiembre de 2024. El art. 3 de la ley reformada recoge los presupuestos de esta clase de responsabilidad penal. Establece que una PJ será responsable por un delito económico, siempre que haya sido

> *"perpetrado en el marco de su actividad por o con la intervención de alguna persona natural que ocupe un cargo, función o posición en ella, o le preste servicios gestionando asuntos suyos ante terceros, con o sin su representación, siempre que la perpetración del hecho se vea favorecida o facilitada por la falta de implementación efectiva de un modelo adecuado de prevención de tales delitos, por parte de la persona jurídica".*

Llama la atención la definición en coincidencia con la ley peruana del modelo de prevención como adecuado (no, por ejemplo, como eficaz en términos que utilizan otras regulaciones como la mexicana) que también se suele incorporar a las normas europeas sobre diligencia debida de las empresas en materia de sostenibilidad. Pero, a diferencia de la ley peruana, que se refería a "*un modelo de prevención adecuado a su naturaleza, riesgos, necesidades y características*", la ley chilena carece de un referente expreso para la adecuación. Se podría entender, por ejemplo, que la adecuación debe ir referida al tamaño, características y complejidad de la organización o bien a las mejores prácticas existentes (adecuación a un estándar técnico). Pero tales hipótesis no parecen compatibles con el art. 4 de la ley donde se define que el modelo de prevención de delitos es adecuado para los efectos de eximirla de responsabilidad penal cuando en la medida exigible a su objeto social, giro, tamaño, complejidad recursos y a las actividades que desarrolle, considere seria y razonablemente una serie de aspectos. Por esta razón, atendiendo a la lógica del modelo, me da la impresión de que el juicio de adecuación debe ir referido a los medios elegidos para gestionar los riesgos. De esta manera, al igual que sucede con los deberes de diligencia en los delitos de insolvencia, la empresa tendrá que justificar en la investigación o el proceso la identificación de riesgos llevada a cabo y las decisiones que adoptó con respecto a dicha identificación. No hay un estándar jurídico -aunque el técnico sea un indicio- de cómo gestionar diligentemente los riesgos, por lo que la representación de la PJ tendrá que exponer el método y procedimiento que ha empleado para que el juez valore si se adapta a las exigencias del ordenamiento jurídico. Un modelo de prevención adecuado sería el que se ha adoptado e implantado de forma seria y razonable atendiendo a las características de la organización. La referencia a que se hayan considerado con seriedad y de forma razonable una serie de aspectos en la prevención de los riesgos demuestra que lo que importa es el cómo lo ha llevado a cabo la organización. Evidentemente, no se trata de si los documentos que se aportan son adecuados, sino del modelo *en acción* (lo que queda claro con la referencia a "*implementación efectiva*")

También es de destacar que no se realizan distinciones en función de la posición de la persona física que comete el hecho delictivo dentro de la organización. En coherencia con ello en todos los supuestos se entiende que la implantación efectiva de un modelo de prevención de delitos exime de responsabilidad (art. 4).

Si bien existen parentescos con la regulación peruana, la principal diferencia es que los deberes de control, vigilancia y supervisión ya no son personales, girando definitivamente la regulación chilena hacia una perspectiva más organizativa desvinculada de deberes a cumplir por personas concretas. De esta manera queda claro que lo relevante no es la omisión personal de deberes, sino la omisión de un modelo eficaz implantado de forma adecuada (con rigor y seriedad). Y ya no se exige expresamente que el modelo evite o prevenga el delito, sino simplemente que lo favorezca o facilite: "*la perpetración del hecho se vea favorecida o facilitada por la falta de implementación efectiva de un modelo adecuado de prevención de tales delitos, por parte de la persona jurídica*". Esto debe entenderse como que el delito no se haya visto dificultado. En este sentido se podía hacer una cierta comparación con la "teoría de la diminución o reducción del riesgo" en la comisión por omisión, como correlato del "incremento del riesgo" en los delitos activos. Es decir, se tiene que acreditar que con un modelo preventivo adecuado habría sido más difícil cometer el delito o al infractor le hubiera supuesto un mayor esfuerzo. No hace falta que la condena a la PJ pase por acreditar que un modelo preventivo adecuado habría evitado con seguridad la comisión del delito individual. Esto forma parte de la lógica de un modelo más organizativo que se basa en una gestión de riesgos a largo plazo y no en un déficit puntual.

Por las razones expuestas hasta aquí no creo que haya que entender el modelo chileno como una forma de participación en el delito de la persona física. La referencia de la ley a "*la perpetración del hecho se vea favorecida o facilitada por la falta de implementación efectiva de un modelo adecuado de prevención de tales delitos*" quiere resolver el problema práctico ya expuesto: basta para la RPJ la constatación de que el modelo no estaba bien implementado y que una implantación efectiva de un modelo adecuado de prevención habría hecho más difícil o habría exigido mayores esfuerzos para la comisión del delito, pero sin necesidad de comprobar o tener que probar con seguridad que lo habría evitado. La referencia a la facilitación o favorecimiento quiere excluir que la PJ se pueda ver exonerada de responsabilidad en aquellos casos en los que no se pueda probar que una "organización correcta" habría evitado el resultado ("organización alternativa preventivamente adecuada"). Como ya señalé previamente, los modelos preventivos pueden optar por diversas fórmulas para constatar la relación entre el déficit preventivo de la organización y el delito individual concreto. Esta es una de las grandes cuestiones político-criminales que tiene que afrontar cualquier modelo. Considero que es un error establecer equivalencias estructurales entre la RPJ y los delitos de resultado imprudentes. No tienen nada que ver la decisión de si una PJ es responsable de un delito de cohecho con la imputación de una muerte a una conducta imprudente. La relación entre delito y organización es de naturaleza distinta a la relación entre resultado y conducta creadora de un riesgo. Por esa razón es lógico que un modelo que no se basa en un defecto puntual o personal no exija constatar que el modelo alternativo adecuado habría evitado con seguridad o con una seguridad rayana en la certeza la comisión del delito. El legislador chileno no quiere que una PJ que no ha adoptado un modelo adecuado de prevención se vea absuelta porque no se ha podido probar con la certeza necesaria que el modelo adecuado habría podido evitar el delito.

3.4. Valoración

Las tendencias político-criminales actuales apuntan como mejor opción a que lo que he denominado modelos preventivos tengan como referencia no un defecto puntual, sino la gestión de los riesgos de la organización a largo plazo. La referencia doctrinal al defecto de la organización en términos similares al tratamiento de la infracción de la norma de cuidado parece más bien una concepción que se debe entender históricamente como una transición hacia modelos más organizativos basados en la auto-regulación.

La cuestión relativa a que lo relevante no es una omisión puntual, sino que en la RPJ lo relevante es el mantenimiento de la gestión o del modelo defectuoso a lo largo del tiempo se ha buscado legitimar mediante diversas referencias (culpabilidad por defecto de organización permanente o estructural; culpabilidad por conducción de la organización). Con tales referencias la doctrina ha querido poner de manifiesto que la RPJ no tiene su base en una decisión concreta, sino en la gestión de los riesgos de la organización a lo largo del tiempo. En esta línea están evolucionado los modelos preventivos a nivel legislativo.

El Estado tiene toda la legitimidad para implantar en un sistema jurídico mecanismos de Derecho Público que ayuden a la prevención de delitos en organizaciones o en el ámbito empresarial. Pero esto no es suficiente para poder definir el incumplimiento de tales expectativas como genuina responsabilidad penal. Cuando la persona jurídica no es, en realidad, responsabilizada del delito, sino meramente de no haber activado mecanismos para la prevención de delitos estaremos ante una responsabilidad de tipo administrativo (en este caso me parece jurídicamente impecable la decisión del ordenamiento peruano o de otros ordenamientos como el colombiano) o policial (Nieto Martín, 2017, p. 174). Si el modelo del principal presenta una impronta civilista, el modelo de la prevención obedece a una lógica administrativa o policial, que puede ser tan eficiente como el Derecho Penal para proteger bienes jurídicos (o, incluso, más).

El segundo modelo expuesto, que adopta una perspectiva más organizativa, se puede definir como un modelo de autorresponsabilidad limitado, pero tiene el defecto de que a efectos de valoración de la responsabilidad penal de la PJ desatiende aspectos importantes como la detección (funcionamiento de sistemas internos de información, investigaciones internas, etc.) y la reacción frente al delito (sanciones, acciones correctivas, etc.). Aunque estos aspectos puedan tener relevancia para atenuar la sanción, esto puede ser insuficiente. La mera prevención no atiende a todos los aspectos relevantes para valorar el cumplimiento normativo. Se puede entender la prevención en un sentido amplio, como indican algunas regulaciones que introducen elementos en esta dirección y exigen controles de alto nivel (canales de denuncias, sanciones, etc.), pero esto parece indicar más bien una evolución hacia otro tipo de modelos como los que se expondrán en el apartado siguiente y que, en mi opinión, dan una vuelta de tuerca más en el sentido correcto a la idea de autorresponsabilidad.

En conclusión, es mejor un modelo basado en la prevención que un modelo basado en la responsabilidad del principal en sus diversas variantes porque estamos trabajando ya con una lógica de Derecho público y no de Derecho privado, pero eso no significa que se pueda hablar de una responsabilidad que se merezca el calificativo de penal y que implique la responsabilización de la PJ por el hecho desvalorado como delito. Creo que recurrir en este caso a la imagen del delito imprudente nos puede servir para entender mejor esta objeción contra la aceptación extendida de la "culpabilidad por defecto de organización" como déficit de prevención. Existe en este contexto de legitimación un amplio acuerdo en entender que la gestión eficiente, adecuada o razonable de los riesgos de la organización sería algo equivalente al "riesgo permitido", incluso aunque el riesgo se materialice en el resultado (en este caso, el delito individual). La idea de que no debe responder ni, por tanto, sufrir una pena el que ha creado riesgos de forma permitida tiene indudablemente un fondo correcto. El problema surge si vemos la cuestión desde el punto de vista de la fundamentación: ¿Toda persona que crea de forma no permitida un riesgo es siempre culpable? ¿El que conduce a 60 km./h en una zona con límite de 50 km/h ha hecho todo lo necesario para ser culpable? ¿Podemos conformarnos para la culpabilidad con constatar que se ha creado un riesgo no amparado por el ordenamiento primario o el estándar técnico? Quien conteste negativamente estas preguntas se dará cuenta de que el modelo que he denominado como preventivo encierra algo que no resulta satisfactorio. Un descuido preventivo no siempre es suficiente para responsabilizar a alguien de un hecho.

3.5. La solución de los casos

En un modelo preventivo como el expuesto la PJ podría responder tanto del caso expuesto (hay deficiencias en la gestión de los gastos de viajes), como de la variante propuesta. La PJ sólo deja de responder si, a partir de la identificación de los riesgos de la organización, se ha adoptado un paquete de medidas adecuadas y razonables de prevención. Si se habían identificado en la organización riesgos de corrupción en los contactos con servidores públicos, parece que no es razonable ni adecuado que directivos en posiciones de alto riesgo tengan acceso a fondos sin control de los que pueden disponer con suma facilidad.

La conclusión, a partir de las dos variantes propuestas, es que no se discrimina entre casos diferentes una vez que se constatan fallos preventivos, llegando en tales casos a consecuencias prácticas similares que los supuestos de responsabilidad del principal, al menos que los modelos vicariales impuros. Si el modelo legal de responsabilidad penal de personas jurídicas se centra exclusivamente en la prevención, no queda garantizado que la implantación de un robusto sistema de cumplimiento de la legalidad penal que no se reduzca a la prevención y sea más completo excluya la responsabilidad y, por tanto, evite la sanción si se detecta algún defecto preventivo. Sólo en la medida en la que el modelo se entienda de forma más amplia -no sólo como un modelo de prevención- las soluciones podrán acercarse a las del modelo que vamos a exponer a continuación, que me parece político-criminalmente más satisfactorio. Pero eso significa, en mi opinión, que el modelo preventivo ofrece mejores soluciones a medida que va perdiendo sus características esenciales y evoluciona hacia otro tipo de modelo. Tal como sucede con los modelos vicariales, que van paliando sus defectos a medida que se van haciendo menos vicariales y pierden su pureza como tales. Ello nos demuestra que se trata de modelos cuyos defectos se pueden corregir en cierta medida, pero cuya lógica de partida encierra problemas tanto normativos como prácticos en cuanto a sus consecuencias que son insalvables.

4. EL MODELO DE RESPONSABILIZACIÓN DE LA PJ POR EL HECHO TÍPICO. EL PASO DEFINITIVO DE LA HETERO-RESPONSABILIDAD A LA AUTO-RESPONSABILIDAD

4.1. Descripción general del modelo

Diversos ordenamientos han ido avanzando hacia un modelo donde la pena no se impone a la PJ por no prevenir delitos, sino porque es responsabilizada por un hecho propio. La mera no-prevención quedaría relegada al Derecho administrativo o al Derecho de policía (por ejemplo, no es lo mismo una sanción administrativa por la infracción de la ley de prevención del blanqueo de capitales y financiación del terrorismo que una pena por ser responsable de un delito de blanqueo). Una consecuencia natural es que se trata de modelos más exigentes en cuanto a la responsabilidad penal. En una lógica ya estrictamente jurídico-penal, no hay pena para la PJ sin una responsabilidad propia por el hecho y la pena es proporcional a la gravedad del hecho y de la RPJ. Sólo bajo tal lógica es legítimo hablar de responsabilidad corporativa en sentido estricto: de delito corporativo (en el sentido de la teoría jurídica del delito) y pena corporativa (Feijoo Sánchez, 2023, pp. 1 ss.). De esta manera las legislaciones que se pueden caracterizar bajo este tipo de modelo ofrecen criterios, por un lado, para identificar el hecho propio de la organización (qué riesgos de incumplimiento son propios de la organización por lo que su gestión es de su competencia o incumbencia) y, por otro, para excluir la responsabilidad, aunque los riesgos de incumplimiento se materialicen. Tales criterios sirven también para atenuar la pena (eximentes incompletas).

Creo que un buen ejemplo de un modelo de auto-responsabilidad es el CP español. Sobre todo, teniendo en cuenta la evolución desde su regulación original en 2010 hasta la actual tras la reforma operada mediante la LO 1/2015, enormemente influida por el Decreto Legislativo italiano de 8 de junio de 2001, n. 231. La versión de 2010 no contemplaba exenciones o eximentes propias y autónomas de la responsabilidad para las personas jurídicas y todas las atenuantes tenían que ver con actuaciones postdelictivas. Se exigía exclusivamente en los casos de delitos cometidos por representantes legales o administradores que la acción se realizara en nombre y por cuenta de la PJ y en su provecho. En el caso de las personas sometidas a la autoridad de éstos, que los representantes legales o administradores no hubieran ejercido el debido control. Se trataba de una RPJ enormemente vinculada a la actuación de los máximos responsables de la organización, bien por cometer directamente el delito o por incumplimiento de los deberes de control.

En la versión vigente a partir del 1 de julio de 2015 la exención de responsabilidad gira alrededor de la adopción y ejecución con eficacia de modelos de organización y gestión. Es de destacar que se especifica que dichos modelos han de incluir "*las medidas de vigilancia y control idóneas para prevenir delitos de la misma naturaleza o para reducir de forma significativa el riesgo de su comisión*" o se utiliza la expresión "*modelos de organización y de prevención*". No afirma la ley que los modelos consistan en las medidas de vigilancia y control idóneas para prevenir delitos, sino que tales medidas son una parte integrante de los modelos. De hecho se exige que el modelo debe tener componentes que ya no se reducen a la prevención. Por consiguiente, no se trata de un mero modelo de prevención o se trata de un modelo que no se puede reconducir exclusivamente a la prevención de delitos. El cumplimiento no se agota en la prevención, sino que la exención de responsabilidad contempla aspectos adicionales, por lo que se podría excluir la RPJ si los defectos preventivos quedan compensados con un funcionamiento global correcto del sistema o modelo de cumplimiento normativo.

4.2. La solución de los casos

En el modelo de autorresponsabilidad expuesto la PJ de nuestro caso de partida tendría margen para hacer alegaciones sobre su cultura corporativa o estructura de cumplimiento de la legalidad penal y se podría practicar prueba sobre su sistema de gestión de *Compliance* penal para llegar a la conclusión de si debe ser hecha responsable o no del acto de corrupción además de A. Si la PJ se ha organizado como era exigible no tiene sentido la pena.

A diferencia de los modelos expuestos anteriormente, la PJ no responderá en el caso planteado, pero sí responderá en el caso de la variante propuesta.

La solución propuesta para el caso planteado y su variante permite apreciar como este modelo permite discriminar entre (i) el caso de partida, en el que la PJ dispone de un sistema de cumplimiento de la legalidad penal que, aunque presentaba algún defecto preventivo, ha permitido detectar y reaccionar adecuadamente frente a la infracción y (ii) la variante donde el modelo ha fallado en todos los aspectos y el cumplimiento no se ha gestionado de forma correcta. La comparación nos permite apreciar cómo este modelo permite romper definitivamente la identificación entre individuo y organización que ha lastrado las regulaciones clásicas de la responsabilidad penal de las personas jurídicas, diferenciando totalmente entre responsabilidad individual y responsabilidad corporativa. El delito de la persona física no es más que un presupuesto para la responsabilidad corporativa. Se ha de excluir la responsabilidad penal de la corporación (no sólo la punibilidad) en aquellos casos en los que exista realmente un sistema o modelo de organización y gestión del cumplimiento de la legalidad penal eficaz y robusto. Esta conclusión debería poder ser adoptada en cualquier momento del procedimiento.

CONCLUSIONES

1. Los modelos de responsabilidad del principal tienen un evidente problema de supra-inclusión, por lo que resultan disfuncionales si lo que se quiere es promover el cumplimiento de la legalidad en las organizaciones. Acaban contemplando una sanción punitiva accesoria para toda PJ vinculada o conectada con un delito, con independencia de cómo esté gestionada la organización para cumplir con el Derecho. Pagan por igual justos y pecadores. En el caso propuesto, se castiga tanto a la empresa del ejemplo como de la variante a pesar de que existen notables diferencias entre ambos supuestos. Por tal razón estos modelos no estimulan a las organizaciones a colaborar con la legalidad, que debería ser, al menos, una de las aportaciones de la RPJ.
2. En los modelos vicariales impuros la existencia de un adecuado modelo de cumplimiento mitiga la sanción y, con ello, los problemas expuestos, pero no resuelve las deficiencias de fondo. Además, en esos casos el ordenamiento penal sólo podrá tener influencia en el funcionamiento de las organizaciones de conformidad con la ley si éstas llegan a la conclusión de que el ahorro de costes por la disminución de la sanción compensa las inversiones en materia de cumplimiento.
3. En los modelos mixtos, que excluyen de exoneración de responsabilidad los delitos cometidos por los niveles directivos de la empresa, se siguen manteniendo, aun-

que sea parcialmente, los problemas de los modelos vicariales.

4. Los modelos preventivos logran paliar parte de estos problemas, pero no acaban de superar los problemas denunciados de supra-inclusión. Dichos problemas se van diluyendo a medida que se contemplan exclusiones propias y autónomas de la responsabilidad que tengan en cuenta no sólo la prevención de delitos, sino también una gestión global de riesgos penales que abarque su detección y la reacción adecuada tras su identificación.

5. Creo que la tendencia político-criminal adecuada pasa porque la ley despersonalice la gestión del riesgo adoptando una perspectiva organizativa de gestión de los riesgos de incumplimiento propios de la organización o de la actividad social. Las legislaciones deben abandonar una perspectiva individualizada del control, supervisión y/o vigilancia y adoptar una postura más organizacional. En este sentido valoro de forma positiva la reciente reforma de la ley chilena que acaba de entrar en vigor. Esa "despersonalización", como ha hecho la ley chilena, debería tener como consecuencia que se exija simplemente el favorecimiento del delito, pero no que un sistema de gestión mejor o más eficaz habría podido evitar la comisión del delito. Si bien valoro adecuadamente estos aspectos de la ley que entró en vigor el 1 de septiembre, no creo, sin embargo, que el modelo chileno sirva como modelo de referencia en Derecho comparado. La razón es que entiendo como un déficit que no abarque -al menos de forma expresa- un sistema o modelo global de organización y gestión de los incumplimientos que comprenda no sólo su prevención, sino también su detección y respuesta frente a los mismos, de tal manera que lo decisivo sea si se ha gestionado de forma correcta el cumplimiento de la legalidad, incluso aunque se constate algún fallo preventivo. En este sen-

tido me parece mejor un modelo de valoración amplio del modelo de organización y gestión como el español, pero donde los deberes de control, vigilancia y supervisión no residan personalmente en administradores y altos directivos (el nivel dirigente de la organización), sino en un modelo organizativo liderado por administradores y altos directivos como hace el modelo chileno.

6. En mi opinión, una responsabilidad que se merezca el calificativo de penal debe sumar a la perspectiva organizativa de la gestión de riesgos de incumplimiento, la implantación de una estructura (complementaria del negocio), un sistema o un modelo de gestión del cumplimiento de la legalidad que abarque no sólo la prevención de delitos, sino también su detección y gestión con posterioridad a la detección.

BIBLIOGRAFÍA

Amoretti Navarro, Mario F. (2022), *Strafrecht und Criminal Compliance in philosophischer Perspektive. Eine Kritik des postmodernen Zeitgeits im Strafrecht und seiner Wissenschaft*, Berlín.

Arenas Nero, Orestes (2024), "La responsabilidad penal de las personas jurídicas en Panamá", *Estudio penales y criminológicos* Vol. 45.

Artaza Varela, Osvaldo (2024), "Responsabilidad penal de las personas jurídicas", en Navas Mondaca, Iván (Dir.), *Derecho Penal Económico. Parte general*, Valencia.

Caro Coria, Dino Carlos/Ruiz Baltazar, Carmen Elena (2023), "La contrarreforma de la ley de responsabilidad penal de la persona jurídica", *La Ley Compliance penal* nº 14 (Tercer Trimestre).

Chirino Sánchez, Eric Alfredo (2023), "El modelo de responsabilidad penal de personas jurídicas en Costa Rica", *Estudios Penales y Criminológicos* 43.

Espinoza de los Monteros de la Parra, Manuel (2024), "Perspectiva y retos de la responsabilidad penal de las personas jurídicas en México", *Estudios penales y Criminológicos* 45.

Feijoo Sánchez, Bernardo (2023). "La función de la responsabilidad penal de las personas jurídicas en el Derecho Penal español", *Redepec* nº 1.

García Cavero, Percy (2023). "Los sistemas de cumplimiento y su efecto en la responsabilidad de personas jurídicas en el Perú", *Estudios Penales y Criminológicos* 43.

Meini Méndez, Iván (2018), *Guía para la atribución de responsabilidad penal de las personas jurídicas en la República de Panamá. Especial aplicación a la investigación y juzgamiento por delito de blanqueo de capitales.*

Menéndez Conca, Luis Gabriel (2024), "La responsabilidad de las personas jurídicas por los delitos cometidos por sus integrantes en Perú y Argentina", *Revista Jurídica Austral* Vol. 5, Nº 1 (junio).

Nieto Martín, Adán (2017). "La autorregulación preventiva de la empresa como objeto de la política criminal", *Estudios de Derecho Penal homenaje al profesor Santiago Mir Puig*, Madrid y otras.

Ontiveros Alonso, Miguel (2022), "El Estado actual de la responsabilidad penal empresarial en México", idem (Coord.), *La responsabilidad penal de las personas jurídicas*, 2ª ed., Ciudad de México.

Schünemann, Bernd (1979), *Unternehmenskriminalität und Strafrecht*, Colonia y otras.

Sobre la naturaleza jurídica de la eximente de Compliance. Algunas reflexiones a la luz de la circular 1/2016, de la Fiscalía General del Estado, y de la jurisprudencia del Tribunal Supremo

VÍCTOR GÓMEZ MARTÍN
Catedrático de Derecho penal
Universidad de Barcelona

Resumen: Una de las cuestiones más controvertidas del sistema de responsabilidad penal de la persona jurídica modificado por la LO 1/2015 tiene por objeto la naturaleza jurídica de la *eximente de compliance*. Las posturas sostenidas sobre el particular que acaba de ser planteado se dividen, en esencia, en dos grandes grupos: aquellas según las cuales la exención de responsabilidad penal de referencia obedecería a la exclusión de las categorías de la atipicidad o de la culpabilidad, por un lado; y las que consideran, por otra parte, que la eximente de *compliance* se encontraría vinculada, en cambio, a la punibilidad. En las siguientes líneas se expondrán y valorarán críticamente dichos posicionamientos, para desarrollar posteriormente mi propio posicionamiento personal.

Palabras clave: Responsabilidad penal de la persona jurídica, eximente de *compliance*, tipicidad, antijuricidad, culpabilidad.

Abstract: One of the most controversial issues of the system of criminal liability of the legal entity modified by LO 1/2015 is the legal nature of the compliance defense. The positions held on the matter that has just been raised are divided, in essence, into two large groups: those according to which the reference exemption from criminal liability would be due to the exclusion of the categories of atypicality or guilt, on the one hand side; and those that consider, on the other hand, that the compliance defense would be linked, instead, to punishability. In the following lines, these positions will be presented and critically evaluated, to later develop my own personal positioning.

Keywords: Criminal liability of the legal entity, exemption from compliance, typicality, illegality, guilt.

PREÁMBULO

Una de las cuestiones más controvertidas del sistema de responsabilidad penal de la persona jurídica instaurado por la LO 5/2010 fue la relativa a si los modelos de prevención podían servir para eximir de responsabilidad penal a las personas jurídicas que los desarrollaran de manera eficaz con anterioridad a la comisión del delito. Dicha duda quedó resuelta con la LO 1/2015, que consagró la llamada *eximente de compliance.* Se discute desde entonces, en este contexto, cuál es la naturaleza jurídica de dicha eximente, esto es, cuál es la categoría del delito que se excluye con su apreciación. No es de extrañar, por ello, que la Fiscalía General del Estado dedique en su Circular 1/2016 un apartado, el nº 5, al régimen de exención de responsabilidad de las personas jurídicas a través de los modelos de organización y gestión; ni tampoco que en dicho apartado se incorpore un subapartado, el 5.7, destinado al análisis de la naturaleza jurídica de tales modelos, que gráficamente describe como cuestión *"muy discutida doctrinalmente"*.

Apunta la propia Circular, a este respecto, que la cuestión relativa a la naturaleza jurídica de los modelos de prevención de delitos referidos por el CP tras la reforma de 2015 "(...) *en definitiva, depende de la solución que se adopte ante la no menos controvertida cuestión de la naturaleza del modelo de atribución de responsabilidad penal a la persona jurídica"*. Sin perjuicio de otros sugerentes abordajes, las posturas sostenidas sobre el particular que acaba de ser planteado se dividen, en esencia, en dos grandes grupos: aquellas según las cuales la exención de responsabilidad penal de referencia obedecería a la exclusión de las categorías de la atipicidad o de la culpabilidad, por un lado; y las que consideran, por otra parte, que la eximente de *compliance* se encontraría vinculada, en cambio, a la punibilidad. En las siguientes líneas se expondrán y valorarán críticamente dichos posicionamientos, para desarrollar posteriormente mi propio posicionamiento personal.

1. LA EXIMENTE DE COMPLIANCE COMO CAUSA DE ATIPICIDAD O DE EXCLUSIÓN DE LA CULPABILIDAD

Según un destacado sector doctrinal, la solución a los problemas político-criminales planteados hasta 2010 por la ausencia de responsabilidad penal de personas jurídicas en España consistiría en transferir la gestión y el control del riesgo a las empresas. No se trataría de una cesión absoluta de control, sino, antes bien, de una delegación controlada normativamente, esto es, de una autorregulación regulada. Desde este punto de vista, el elemento clave para que tal delegación sea realmente efectiva no sería otro que los ya conocidos programas de cumplimiento penal, de cuya existencia o ausencia cabría deducir, según este punto de vista, la existencia o no de responsabilidad penal de una persona jurídica. De acuerdo con este planteamiento, el cumplimiento efectivo por parte de la empresa de un programa de prevención penal podría servir para eximir a la empresa de responsabilidad criminal.

Partiendo de tal premisa, se sostiene que las razones político-criminales tradicionalmente invocadas a favor de la responsabilidad penal de las personas jurídicas no encontrarían obstáculo alguno en una supuesta imposibilidad dogmática de construir un concepto de delito válido no sólo para personas físicas, sino también para sociedades. Tal paso se daría, según esta dirección, mediante la elaboración de una teoría jurídica del delito paralela para personas jurídicas. El resultado de la misma vendría representado por un concepto de delito constituido por elementos que, en realidad, no serían sino equivalentes funcionales de las diferentes categorías del delito cometido por personas físicas. De acuerdo con este planteamiento, todos y cada uno de los elementos que conforman la definición general de delito para las personas físicas encontrarían en la persona jurídica su correspondiente equivalente funcional. Ello sucedería en aquellas empresas con el suficiente grado de complejidad interna como para atribuirles un nivel de autorreflexión, autorreferencialidad y autorresponsabilidad comparables a la conciencia de las personas físicas. Entendidas como sistemas organizativos compuestos por decisiones o como reproducciones continuas de decisiones, del mismo modo que sucede con personas físicas cabría reconocer a las personas jurídicas libertad de organización y, en correspondencia, responsabilidad por organización.

Sobre la base de dichos presupuestos, la acción, entendida para las personas físicas como comportamiento humano voluntario y externo, tendría su correspondencia en la capacidad de organización de la persona jurídica. En lo que se refiere a la tipicidad, el elemento central de su parte objetiva, la relación de riesgo que necesariamente debe existir entre la acción y el resultado, esto es, la imputación objetiva, que en el caso de la persona física consiste en la creación de un riesgo típicamente relevante mediante la conducta típica y en la realización de dicho riesgo en el resultado, para persona jurídica vendría representado por el conocido elemento del "defecto de organización". En cuanto a la tipicidad subjetiva, el equivalente funcional al dolo sería el conocimiento organizativo del riesgo empresarial. Por fin, en la persona jurídica la culpabilidad residiría -desde este planteamiento- en una determinada cultura empresarial de infidelidad al Derecho o, más concretamente, de incumplimiento de la legalidad. Es culpable, de este modo, aquella empresa cuya actividad no se encuentra orientada a generar su propia fidelidad al derecho, destinando recursos al efecto.

Sin adscribirse al punto de vista que acaba de ser expuesto, la mencionada Circular FGE 1/2016 recuerda que el fundamento de la imputación de la persona jurídica como organización defectuosa conduciría a entender la presencia de un plan de cumplimiento normativo diligentemente implementado como la más inequívoca expresión de una correcta organización corporativa. Tal circunstancia propiciaría, así, la exclusión del defecto de organización como elemento del tipo fundamentador de la responsabilidad penal de la persona jurídica, erigiéndose en una auténtica causa de exclusión de la tipicidad o de atipicidad. En palabras de dicha Circular: "*[N]o se trataría, en puridad de conceptos, de una circunstancia eximente, que remitiría a una conducta antijurídica o que no le fuera personalmente imputable, sino de que, adoptadas con anterioridad a la comisión del delito las oportunas medidas de prevención, no concurriría un elemento básico del hecho típico (tipo objetivo) o, en todo caso, faltaría un elemento del tipo subjetivo, el dolo o la culpa, es decir, la tipicidad subjetiva*". Este planteamiento indicado por la FGE coincide con el de un sector jurisprudencial, representado, entre otras, por las SSTS 154/2016, de 29 de febrero y 221/2016, de 16 de marzo, que se refieren a la infracción penal por la que responde la persona jurídica como "*auténtico delito corporativo*"; y más recientemente, la 949/2022, de 12 de diciembre, que apunta que la inexistencia de medidas de cumplimiento en la empresa representaría el "*núcleo de la infracción*" o el injusto en sí mismo de la persona jurídica.

En una línea parecida, otro sector de la doctrina apunta que el defecto de organización no fundamentaría el tipo de injusto de la persona jurídica, sino su culpabilidad. En el caso de las personas jurídicas, dicha categoría vendría representada por un juicio de reproche que se formularía frente a aquellas por haber omitido la adopción de las medidas que le serían exigibles para garantizar un desarrollo ordenado y no infractor de la actividad relativa al hecho de la empresa. Según esta dirección, en el caso de que la empresa cuente con un modelo de prevención de delitos eficaz, el mismo operaría, en consecuencia, como causa de exclusión de la culpabilidad.

Entre estos dos planteamientos el *compliance* como causa de exclusión de la tipicidad o como causa de la culpabilidad, una parte de la jurisprudencia española viene sosteniendo una suerte de tercera vía, según la cual la eximente que nos ocupa podría desplegar alternativamente, en realidad, cualquiera de los dos efectos mencionados. Así, si se añade al elemento del injusto ("defecto de organización") una dimensión de culpabilidad propia de la persona jurídica (cultura organizativa o actitud interna hacia el derecho), los modelos de prevención de delitos pasarían a erigirse en una doble causa de exención: del tipo de injusto, por ausencia de defecto de organización; y de la culpabilidad, por existencia en la empresa de una adecuada cultura de cumplimiento. Aluden a este doble elemento del *compliance*, por ejemplo, las SSTS 154/2016, de 29 de febrero y la 894/2022, de 11 de noviembre.

2. LA EXIMENTE DE COMPLIANCE COMO EXCUSA ABSOLUTORIA

De conformidad con el modelo de responsabilidad penal de la persona jurídica de naturaleza vicarial o de transferencia que, según la Circular FGE 1/2016, se encontraría recogido en el art. 31 bis CP, la persona jurídica no respondería por un delito cometido por ella misma, esto es, por un hecho penal propio, sino por un hecho delictivo ajeno. Así, la comisión del delito por las correspondientes personas físicas en las condiciones que exige el precepto determinará la transferencia de responsabilidad a la persona jurídica. Según la FGE, ello comportaría que con el delito cometido por la persona física nacería también la responsabilidad penal de la persona jurídica. Esta última responsabilidad quedaría exenta de pena si resultase acreditada la implementación por parte de la empresa de un adecuado modelo de organización y gestión. Para la Circular FGE 1/2016, esta construcción dogmática sobre la responsabilidad penal de la persona jurídica basada en el modelo de la heterorresponsabilidad conduciría indefectiblemente a la categoría de la punibilidad. En concreto, la existencia de un modelo de organización eficaz operaría, de este modo, bien como una causa personal de exclusión o levantamiento de la pena, bien como una excusa absolutoria.

Dicha postura desplegaría, a su vez, una decisiva consecuencia procesal: corresponderá a la defensa subraya la Fiscalía la carga de acreditar de que la persona jurídica cuenta con un modelo de organización y gestión que cumpla las condiciones y requisitos legales, mientras que la acusación simplemente habrá de probar que se ha cometido el delito en las circunstancias que establece el art. 31 bis, 1° CP, sin que nada deba probar en materia de *compliance.* En términos de la propia Circular FGE 1/2016: *"[L]a atribución a la persona jurídica de la carga de la prueba deriva también del hecho de que la propia comisión del delito opera como indicio de la ineficacia del modelo y que, sobre esta base, cabría exigir a la persona jurídica una explicación exculpatoria que eliminara el efecto incriminatorio del indicio, a semejanza de la doctrina jurisprudencial sobre la prueba indiciaria, conforme a la cual no supone inversión de la carga de la prueba ni daña la presunción de inocencia exigir al acusado que facilite para lograr su exculpación aquellos datos que está en condiciones de proporcionar de manera única e insustituible".*

3. A MODO DE VALORACIÓN CRÍTICA: LA EXIMENTE DE COMPLIANCE COMO UN SINSENTIDO DOGMÁTICO

Desde un punto de vista tanto dogmático como político-criminal, la decisión adoptada por la LO 5/2010 en relación con la responsabilidad penal de la persona jurídica fue altamente problemática. Por una parte, se considera que el castigo penal de las personas jurídicas se opone, como mínimo, a dos principios fundamentales del Derecho penal de un Estado democrático: el principio de culpabilidad y una de sus más destacadas manifestaciones, el principio de personalidad de las penas. En cuanto al primer principio, se afirma, con razón, que nadie distinto a una persona física puede ser sujeto adecuado del juicio de reproche ético-social que representa la pena. Por lo que se refiere a lo segundo, se argumenta que la sanción afecta por definición a unos sujetos particularmente los socios distintos de aquellos de cuya administración defectuosa surgió el delito los directivos y administradores. Todo ello no es obstáculo para que la peligrosidad que entrañan algunas personas jurídicas pueda explicar que sobre ellas recaigan medidas de seguridad o consecuencias accesorias (art. 129). Del mismo modo, puesto que no cabe dudar que una persona jurídica puede causar a terceros daños susceptibles de ser evaluados y reparados económicamente, también debe afirmarse la conveniencia de que quepa determinar reglas de responsabilidad civil derivada de delito que obliguen a la persona jurídica a reparar el daño causado. La responsabilidad penal de personas jurídicas puede generar, además, elevados riesgos jurídicos para los intereses de las empresas. Uno de ellos es el importante coste reputacional que una imputación penal puede representar para la sociedad. P. ej., cuando se trate de una sociedad que emita valores en el mercado norteamericano, la legislación estadounidense exige a la empresa, cada vez que realice un proyecto de emisión de valores, la declaración expresa de que no se trata de una sociedad imputada en un procedimiento penal. Con todo, para la parte de la doctrina favorable a sancionar a las corporaciones es precisamente ese extremo el que justifica político-criminalmente el propio sistema: el reproche penal funcionará, se argumenta, como una medida idónea de prevención general, en tanto las corporaciones, temerosas de ese coste reputacional, colaborarán en el control del delito; la contrapartida es que ese reproche debe ir acompañado de las mismas garantías que se imputan al sujeto individual.

Tomando como base las anteriores reflexiones, un sector de la doctrina se muestra partidario de entender que, aunque formalmente el legislador español habría incorporado al catálogo de penas las imponibles a personas jurídicas, desde una perspectiva material tales penas no serían, en realidad, auténticas penas y, por tanto, tampoco el principio *societas puniri potest* ha sido realmente derogado. De acuerdo con este planteamiento, las penas previstas para personas jurídicas en el actual Código penal pueden dividirse en pecuniarias (art. 33, 7 a) CP) e interdictivas (art. 33, 7 b-g CP). Las primeras tendrían por objeto el restablecimiento de una situación económica de enriquecimiento injusto de la persona jurídica como consecuencia de la comisión del delito por parte de una persona física que la representa *"en provecho propio"* (de la persona jurídica). Las segundas, las medidas interdictivas, tendrían más bien la naturaleza propia de medidas de seguridad previstas para controlar la probabilidad de reiteración delictiva inherente a sociedades peligrosas.

Según entiendo, este planteamiento es merecedor de ser ampliamente compartido. En un Derecho penal respetuoso con los límites derivados de un Estado democrático, las penas deben atender a una doble racionalidad: la instrumental, o consecuencialista, y la valorativa, o principialista. En un Derecho penal consecuencialista y, al mismo tiempo, principialista como el indicado, la pena debe servir para algo, pero con la limitación de la observancia de determinados principios o valores. Con otras palabras: las penas deben servir para proteger a la sociedad mediante la prevención de la comisión de delitos, pero con el sometimiento a los límites del *ius puniendi* derivados del carácter social y democrático de Derecho. En el caso de las penas a personas jurídicas, se trata, de forma evidente, de consecuencias jurídicas derivadas de una política criminal eminentemente pragmática y consecuencialista sustraída a límites tan fundamentales como el de *non bis in idem*, personalidad de las penas, responsabilidad por el hecho, imputación subjetiva, imputación personal o proporcionalidad de las penas. Además, se afirma -con toda razón- que por la especial naturaleza del hecho delictivo y la especial gravedad que entraña la pena, la imposición de ésta al autor de una infracción penal implica la realización de un juicio de reproche ético-social que difícilmente puede tener como destinatario a una persona jurídica. Nada de ello obsta, sin embargo, la imposición a la persona jurídica de medidas de seguridad, consecuencias jurídicas interdictivas o reglas de restablecimiento de situaciones económicas de enriquecimiento injusto.

Descartada, por tanto, la viabilidad dogmática de una teoría del delito paralela para personas jurídicas se trata ahora de analizar la segunda de las vías anunciadas *supra*: el recurso a un concepto más amplio de culpabilidad que permita aprehender en su seno formas de responsabilidad objetiva o colectiva, como lo sería la prevista para personas jurídicas en el Código penal español. Esta segunda alternativa se fundamenta en una amplia jurisprudencia del Tribunal Constitucional, en virtud de la cual el principio de culpabilidad debe adaptarse a la distinta naturaleza de las diferentes ramas del ordenamiento jurídico. Así, por ejemplo, a diferencia de lo que sucede (o debería suceder) con el Derecho penal, el Derecho civil o el Derecho administrativo admitirían ciertas formas de responsabilidad objetiva y colectiva, compatibles con el principio de culpabilidad, en el mencionado sentido amplio de la expresión.

En mi opinión, este segundo punto de vista tiene la indudable virtud de llamar a las cosas por su nombre. En efecto, el art. 33, 7 CP se refiere a las nuevas consecuencias para personas jurídicas como "penas", pero resulta evidente que estas penas para personas jurídicas nada tienen que ver con las previstas en el mismo cuerpo legal para personas físicas. Aunque caben diversos sentidos del término "pena", en el sentido más fuerte del término, entendido como reproche ético-jurídico, la "pena" sólo puede serlo para personas físicas. La pena para personas jurídicas, esto es, la pena por hecho ajeno, cumulativa o sin culpabilidad, responde, más bien, a la naturaleza jurídica propia de la responsabilidad civil (singularmente análoga a ésta es la multa prevista en el art. 33, 7 a) o a la de una medida de seguridad (este es el caso de las penas interdictivas del art. 33, 7 b-g CP).

En el caso de la responsabilidad penal de personas jurídicas, tanto los presupuestos como el contenido de las medidas previstas son completamente distintos a los que caracterizan el sistema de responsabilidad de personas físicas. Así, el presupuesto de la responsabilidad no será un hecho propio delictivo, sino un estado de cosas peligroso que genera un enriquecimiento injusto a la persona jurídica. En lo que respecta al contenido de las medidas, el mismo reviste naturaleza fundamentalmente económica (singularmente, la pena de multa) y preventiva (éste es el caso de las llamadas penas interdictivas). Puede afirmarse, en conclusión, que las penas previstas para personas jurídicas en el Código penal español sólo lo son precisamente porque el legislador penal así lo indica, pero nada tienen que ver con las penas para personas físicas. Tanto por sus presupuestos, como en atención a su naturaleza jurídica, las medidas que nos ocupan se encuentran más próximas a las sanciones civiles, a las medidas de seguridad y a las consecuencias accesorias.

Así las cosas, si de acuerdo con el modelo previsto en el CP español la naturaleza jurídica de la responsabilidad de la persona jurídica se aproxima más a la propia del Derecho civil que a la que corresponde al Derecho penal, también jurídico-civil más concretamente, jurídico-mercantil, y no jurídico-penal, será la naturaleza de las normas reguladoras del *compliance* como eventual eximente de aquella responsabilidad. No en vano, el art. 225 de la Ley de Sociedades de Capital impone a la administración de la mercantil, a modo de exigencia de cautela (*Obliegenheiten*), el deber de organizar el estado de cosas que representa la mercantil de acuerdo con un modelo de prevención de delitos eficaz. El cumplimiento efectivo de tal deber implica la elaboración y aplicación de modelos de prevención de la comisión de delitos, detección de tales infracciones penales y reacción frente a las mismas. La infracción de tales deberes comportará como consecuencia directa la responsabilidad social del administrador con multa y medidas interdictivas (art. 367, 1 LSC), que contaría en el CP con la tutela reforzada representada por la responsabilidad penal del administrador societario o la propia responsabilidad penal de la persona jurídica.

Con base en todo lo anteriormente expuesto, cabe concluir, a modo de corolario, dos conclusiones finales, una *de lege lata* y otra *de lege ferenda*. La primera consiste en que la responsabilidad penal de la persona jurídica resulta dogmáticamente insostenible, idéntica valoración deberá realizarse con respecto a su eventual eximente de *compliance*. La segunda, en que si la naturaleza jurídica de los modelos de prevención de delitos viene determinada por el modelo de responsabilidad penal de la persona jurídica consagrado por el legislador, y en el caso del Código penal español dicho modelo es uno vicarial o de heterorresponsabilidad en el que la responsabilidad de la persona jurídica se asemejaría más a la jurídico-civil que a la propia del Derecho penal, la eximente de *compliance* en modo alguno puede verse como una causa de exclusión del tipo de injusto o de la culpabilidad de la persona jurídica. Idéntica fortuna correría su hipotético entendimiento bien como causa personal de exclusión o levantamiento de la pena, bien como excusa absolutoria. Tal y como recuerda Mir Puig, tales causas de exclusión de la punibilidad no excluye ni el injusto penal ni tampoco la posibilidad de imputarlo al sujeto; esto es, no impiden la presencia de un "delito", sino, sólo, excepcionalmente, el castigo del mismo cuando es cometido por una determinada persona. La aplicación de tan incontestable tesis al ámbito de la responsabilidad penal de la persona jurídica, esto es, la afirmación de que la eximente de compliance no excluye el injusto penal o la culpabilidad de la empresa, sino sólo el castigo por el hecho contrario a derecho cometido por un sujeto culpable, supondría lógicamente, de nuevo, la aceptación de dos presupuestos cuya conjunción constituye un sinsentido dogmático: que la persona jurídica puede cometer un hecho típicamente antijurídico y que consiste en un sujeto con capacidad de culpabilidad penal.

BIBLIOGRAFÍA

Bacigalupo Zapater, E. (2010): "La prevención de la responsabilidad penal y administrativa de las personas jurídicas y los programas de compliance", en el mismo, Compliance y Derecho penal.

Boldova Pasamar, M.A. (2022): "Naturaleza jurídica de los programas de cumplimiento", Revista General de Derecho Penal, 37.

Cigüela Sola, J. (2020): "Concepto y función del compliance", en Corcoy Bidasolo, M. / Gómez Martín, V. (Dirs.), Derecho penal económico y de empresa.

Coca Vila, I. (2013): "¿Programas de cumplimiento como forma de autorregulación regulada?", en Silva Sánchez, J.M. (Dir.) / Montaner Fernández, R. (Coord.), *Criminalidad de empresa y Compliance. Prevención y reacciones corporativas.*

Darnaculleta i Gardella, M.M. (2005): *Derecho Administrativo y autorregulación: la autorregulación regulada.*

Díaz y García Conlledo, M. (2019): "La responsabilidad penal de las personas jurídicas: un análisis dogmático", en: Gómez Colomer, J.L. (Dir.) / Madrid Boquín, C. (Coord.), *Tratado sobre compliance penal.*

Responsabilidad penal de las personas jurídicas y modelos de organización y gestión, 2019.

Díez Ripollés, J.L. (2012): "La responsabilidad penal de las personas jurídicas. Regulación española", InDret.

Dopico Gómez-Aller, J. (2009): "Responsabilidad penal de personas jurídicas", en Ortiz de Urbina, I. (coord.), *Memento Experto Reforma Penal.*

Feijóo Sánchez, B. (2015): "Autorregulación y Derecho Penal de la empresa: ¿Una cuestión de responsabilidad individual?", en Arroyo Jiménez, L. / Nieto Martín, A., (Dirs.), *Autorregulación y sanciones*, 2ª ed., pp. 197 ss.

Goena Vives, B. (2017): *Responsabilidad penal y atenuantes en la persona jurídica.*

Gómez-Jara Díez, C. (2005): *La culpabilidad penal de la empresa.*

Gómez-Jara Díez, C. (2011): "Fundamentos de la responsabilidad penal de las personas jurídicas", en Banacloche Palao/ Zarzalejos Nieto / Gómez-Jara Díez, *Responsabilidad penal de las personas jurídicas. Aspectos sustantivos y procesales.*

Gómez Tomillo, M. (2015): *Introducción a la responsabilidad penal de las personas jurídicas en el sistema español*, 2ª ed., Thomson Reuters Aranzadi, Cizur Menor (Navarra).

Langevoort, D. C. (2017): "Cultures of Compliance", American Criminal Law Review, 54.

Mir Puig, S. (2004): "Una tercera vía en materia de responsabilidad penal de las personas jurídicas", RECPC, 06-01.

Mir Puig, S. (2014): "Las nuevas "penas" para personas jurídicas: una clase de "penas" sin culpabilidad", en Mir Puig / Corcoy Bidasolo / Gómez Martín (Dir.), *Responsabilidad de la empresa y Compliance. Programas de prevención, detección y reacción penal.*

Nieto Martín, A. (2007): *La responsabilidad penal de las personas jurídicas: un modelo legislativo.*

Pastor Muñoz, N. (2006): "¿Organizaciones culpables? Recensión a Carlos Gómez-Jara, La culpabilidad penal de la empresa, Marcial Pons, Madrid, 2005", InDret, p. 16.

Pastor Muñoz, " HYPERLINK "https://dialnet.unirioja.es/servlet/articulo?codigo=8183621" Programas de cumplimiento y normas de conducta jurídico-penales : una reflexión desde la perspectiva de la responsabilidad penal de las personas físicas", HYPERLINK "https://dialnet.unirioja.es/servlet/revista?codigo=27208" La Ley compliance penal, ISSN-e 2660-7948, HYPERLINK "https://dialnet.unirioja.es/ejemplar/590967" Nº. 5, 2021.

Robles Planas, R. (2011): "Pena y persona jurídica: crítica del art. 31 bis CP", Diario La Ley, nº 7705, 29-09-2011.

Rodríguez-Vázquez, V. (2020): "Democracia, sistemas de control y Derecho penal- Aproximación al fenómeno del soft law y de la externalización de los deberes estatales de control a través de los compliance programs", Revista Electrónica de Ciencia Penal y Criminología.

Rotsch, T. (2012): "Criminal Compliance" (trad. de Coca Vila, I., revisión de Robles Planas, R.), InDret.

Silva Sánchez, J.-M. (2001): "La responsabilidad penal de las personas jurídicas y las consecuencias accesorias del art. 129 del Código penal", en VV.AA., *Derecho penal económico, Manuales de Formación Continuada CGPJ.*

Turienzo Fernández, A. (2021): *La responsabilidad penal del compliance officer.*

Peculiaridades de las estructuras de la teoría del delito en el Derecho penal económico y de la empresa

CARLOS MARTÍNEZ-BUJÁN PÉREZ
Catedrático de Derecho penal
Universidad de A Coruña

Resumen: Este trabajo se corresponde en lo sustancial con el contenido de la ponencia que impartí en el Curso que propició la publicación del presente libro y que fue concebida como una (necesaria) introducción a las ponencias específicas que se impartieron con posterioridad. Esa es la razón por la cual en el presente trabajo se incluyen diversas alusiones a los trabajos específicos de aquellos colegas que profundizan en materias que aquí se exponen de forma resumida o simplemente se enuncian con carácter propedéutico.

El objetivo del trabajo es, pues, exponer los rasgos generales de las peculiaridades que caracterizan las estructuras de la teoría del delito en el Derecho penal económico y de la empresa y que sirven para diferenciarlas de las que caracterizan la teoría del delito del denominado Derecho penal "clásico". A tal efecto, tras acotar el concepto de Derecho penal económico empresarial, se examinan cuestiones relativas al bien jurídico (con particular mención de los delitos de peligro), a la imputación objetiva (con singular alusión a la técnica de la denominada *"remisión" legislativa,* al riesgo permitido y a los delitos especiales) y a la imputación subjetiva (con especial referencia a la imprudencia, a la ignorancia deliberada y a la teoría del error). El trabajo finaliza con una exposición de las particularidades dogmáticas que ofrece la materia de la autoría y la participación.

Palabras clave: Derecho penal económico y de la empresa. Bien jurídico protegido. Imputación objetiva. Imputación subjetiva. Autoría y participación.

Abstract: This work substantially corresponds to the content of the presentation that I gave in the Course that led to the publication of this book and which was conceived as a (necessary) introduction to the specific presentations that were given subsequently. That is the reason why this work includes various allusions to the specific works of those colleagues who delve into matters that are presented here in a summary or are simply stated as a propaedeutic.

The objective of the work is, therefore, to expose the general features of the peculiarities that characterize the structures of the theory of crime in economic and business criminal law and that serve to differentiate them from those that characterize the theory of crime of the so-called criminal law "classic". To this end, after defining the concept of business economic criminal law, issues relating to the legal good are examined (with particular mention of dangerous crimes), objective imputation (with singular allusion to the technique of the so-called legislative "remission", to the permitted risk and to special crimes) and to subjective imputation (with special reference to recklessness, deliberate ignorance and the theory of error). The work ends with an exposition of the dogmatic particularities offered by the subject of authorship and participation.

Keywords: Economic and business criminal law. Protected legal asset. Objective imputation. Subjective imputation. Authorship and participation.

INTRODUCCIÓN

En términos generales cabe decir (como ya indicó Rodríguez Mourullo) que, cuando la doctrina mayoritaria ha venido utilizando las expresiones "Derecho penal económico", "Derecho penal socioeconómico", "Derecho penal de la economía" u otras similares, no ha pretendido referirse a un Derecho penal "distinto", sino a una simple calificación fijada sobre la peculiar naturaleza del objeto que trata de tutelar. Desde esa perspectiva, tales denominaciones poseen el mismo valor que las expresiones "Derecho penal administrativo, sexual, de la circulación", etc.

En principio, aquí parto también de esta base, puesto que, al menos de *lege lata,* nada autoriza a hablar de un Derecho penal *sustancialmente* diferente en el caso de que el objeto de estudio venga caracterizado por su proyección sobre el aspecto económico. Por consiguiente, el intitulado "Derecho penal económico (o socioeconómico)" se halla regido por los mismos principios jurídico-penales que el Derecho penal común u ordinario y encauzado a través de idénticas instituciones dogmáticas.

Como acertadamente ha escrito Silva, si bien los casos del Derecho penal económico ofrecen retos a la teoría del delito, la dogmática del delito dispone de instrumentos para enmarcar las soluciones a tales casos en un contexto teórico consistente.

Ahora bien, sin merma de lo que antecede, no se puede pasar por alto que nos enfrentamos ante una familia delictiva que ofrece determinadas peculiaridades o características que permiten individualizarla y que sirven para diferenciarla de aquellas agrupaciones delictivas que tradicionalmente se han incardinando en el denominado Derecho penal "clásico", o también adjetivado de "nuclear", "tradicional" o "común".

Y, de hecho, algunos penalistas pretenden ir más allá, propugnando una verdadera *autonomía científica* del Derecho penal económico frente a lo que se califica de Derecho penal "clásico". Evidentemente, dicha autonomía no encuentra una confirmación o reconocimiento explícitos en el Derecho positivo español (al igual que acontece, en general, en otros Derechos); pero sí se postula de *lege ferenda* un tratamiento diferenciado, en la medida en que las diversas instituciones dogmáticas elaboradas por la doctrina penalista permitan llegar a soluciones jurídicas distintas a las que se sustentan para el Derecho penal clásico. En algunos casos se trataría simplemente de efectuar algunas matizaciones o correcciones a instituciones jurídico-penales tradicionales cuando éstas se utilizan como instrumento para la interpretación de los delitos económicos; pero en otros casos se llega a proponer incluso la ideación de nuevos principios jurídico-penales de imputación diferentes de los tradicionales.

En este sentido, merecen ser destacadas dos interesantes propuestas doctrinales:

1) El Corpus iuris de disposiciones penales para la protección de los intereses financieros de la UE, dado a conocer en mayo de 1996. Este texto responde a un encargo oficial que el Parlamento europeo y la Comisión europea hicieron a un grupo de especialistas de diversos países europeos. En dicho *Corpus Iuris* se contienen unas normas de Parte general aplicables a los delitos que se definen en él, circunscritos, eso sí, a la tutela de los medios financieros de la UE.

2) Los familiarmente denominados EURO-DELITOS. Se trata de un texto articulado, que es el fruto de una iniciativa científica privada, debida a un numeroso grupo de penalistas procedentes de diversos Estados miembros de la UE y que, a través de una propuesta similar en su estructura a la de un Código, pretende ofrecer una regulación penal relativa no sólo a la tutela de instituciones de política económica de la Comunidad Europea, sino también la de otras materias tradicionales del Derecho penal económico latamente concebido. Además de una Parte especial, cuenta también con una Parte general, en la que, tras una regulación de los principios penales básicos (legalidad, territorialidad, *non bis in idem*), se contienen normas atinentes a los elementos e instituciones de la teoría del delito.

2. NECESIDAD DE ACOTAR EL CONCEPTO DE DERECHO PENAL ECONÓMICO

Identificar las peculiaridades de las estructuras del Derecho penal económico dependerá en buena medida de *cómo se conceptúe* este sector del Derecho penal.

Ello obliga a efectuar unas someras consideraciones sobre cuáles son los criterios de identificación del denominado Derecho penal económico de los que partimos. Es más, según se seleccionen unos u otros criterios, existirán, consecuentemente, unas u otras peculiaridades dogmáticas en la teoría jurídica del delito económico.

1) El primer criterio y punto de partida ha de ser el señalado ya por los autores del Proyecto alternativo alemán relativo a los Delitos contra la economía en el año 1977 y recogido por el prelegislador español de la década de los años ochenta, esto es, la *proyección conceptual sobre el orden económico* (siquiera sea de modo potencial), trascendiendo la dimensión puramente patrimonial individual. Por tanto, la afectación de alguna manera (siquiera sea de modo mediato) a intereses económicos supraindividuales será el presupuesto imprescindible para integrar una figura delictiva en esta categoría.

Así, por lo pronto, este criterio comportaría excluir de la categoría todos aquellos delitos patrimoniales clásicos que conceptualmente no incorporan de forma indefectible entre sus elementos básicos una afectación –siquiera sea mediata- al orden económico (v. gr., estafa, apropiación indebida, administración desleal, daños); y ello con independencia de que en el caso concreto pudiese acreditarse que la realización de tales delitos llevaba aparejada una cierta afectación al orden económico a la vista de la relevante magnitud del perjuicio producido.

También quedarían excluidas de la categoría de los delitos económicos aquellas infracciones penales que, si bien poseen un indudable contenido económico, se orientan a la vez a la protección de otros bienes jurídicos *clásicos*. Tal es el supuesto de algunos delitos tradicionalmente incluidos entre los delitos contra la Administración pública (v. gr., malversación de caudales públicos), en los que la creación de figuras híbridas aparece justificada por la confluencia de un interés jurídico ulterior que se viene a añadir al puramente económico y que reside en la función pública como actividad o servicio de prestación a los administrados. Y algo parecido podría decirse, asimismo, de determinadas figuras de fraudes alimentarios, en las que de *lege lata* existe un bien jurídico prevalente que es el de la salud de los consumidores, aunque en este caso no cabe desconocer que pueden existir algunas figuras mixtas que se orientan en una doble línea, sin que sea fácil deslindar sustancialmente la vertiente económica y la vertiente relativa a la salud pública; no resulta extraño, por esa razón, que la propuesta de *Eurodelitos* se inclinase por ofrecer una regulación conjunta de todas las figuras de fraudes alimentarios.

2) El segundo criterio que propongo aparece íntimamente ligado al criterio básico que acabo de apuntar, esto es: los delitos económicos se caracterizan por *no pertenecer al núcleo tradicional* del Derecho penal, o, mejor dicho, son delitos que se integran en lo que se ha denominado Derecho penal "*moderno*", al que se le achaca por parte de un sector doctrinal el rebasar los límites del llamado Derecho penal mínimo, por vulnerar las garantías del liberalismo, desde el momento en que – se argumenta- se otorga plena autonomía a lo que se consideran bienes jurídicos puramente instrumentales con respecto a los bienes individuales.

En consecuencia, con arreglo a este criterio los delitos económicos aparecen amalgamados por una serie de características comunes y, paralelamente, por el hecho de tener que enfrentarse a determinadas objeciones que, en mayor o menor medida, son también predicables de todos ellos.

Por de pronto, cuestión común será el problema de su *legitimidad* y de su compatibilidad con el principio de proporcionalidad, tanto desde una perspectiva abstracta (en la que se debe comprobar la racionalidad en el proceso de creación de la legislación penal económica) como desde una perspectiva concreta (atinente a la técnica de tipificación utilizada en la figura delictiva de que se trate).

Y, desde este último punto de vista (que es el que aquí nos interesa), cabe subrayar entonces que este Derecho penal económico moderno se caracteriza por su *accesoriedad*, en el sentido de que se inscribe en un contexto social, económico y regulatorio complejo, en el que las pautas de actuación que sirven para redactar el tipo penal no son definidas originariamente por el Derecho penal (es más, en ocasiones, ni siquiera son definidas por el Derecho). De ahí que se califique como un Derecho *accesorio*, en cuyo seno los delitos económicos incorporan, por regla general, las pautas de actuación que rigen la regulación primaria del sector de actividad de que se trate. En suma, son delitos que *presuponen* ya la existencia de un ilícito extrapenal (administrativo, tributario, civil, mercantil o laboral), un ilícito con relación al cual el Derecho penal tiene la teórica misión de reforzar su tutela, sancionando como infracción penal los ataques más intolerables para los bienes jurídicos económicos implicados. A tal efecto, el legislador penal adopta como base la regulación extrapenal y tipifica como delito una infracción *cualificada* de esa regulación (una cualificación que se plasma, pues, en determinados elementos añadidos). Naturalmente, ello hace exigible, ante todo, una cuidadosa técnica de coordinación de los respectivos ilícitos.

A mayores, como ha explicado recientemente Montaner, en el Derecho penal económico concurre la peculiaridad de que, a consecuencia de la globalización económica, estamos ante una rama del Derecho penal que va adquiriendo progresivamente una mayor extensión y una mayor complejidad, caracterizadas fundamentalmente por la proliferación de normas (lo que dificulta fijar con claridad un sistema de fuentes) e incluso por la existencia de otras fuentes de regulación no jurídicas (propiciadas por el fenómeno de la desregulación). Y a todo ello hay que añadir la existencia de numerosas remisiones que el sistema jurídico se ve obligado a efectuar a diferentes ramas de la ciencia y la tecnología, así como la multiplicación de organismos públicos que, si bien carecen de potestades legislativas parlamentarias, ostentan determinadas competencias reguladoras que inciden en la delimitación de lo que se considera como riesgo permitido en un concreto sector de actividad económica.

En fin, esta caracterización como Derecho penal *accesorio* impone en todo caso unas *determinadas pautas de tipificación y de interpretación* de los diversos tipos a las que me referiré después, pautas que se erigen en peculiaridades propias de este grupo de delitos.

De momento, baste con anticipar lo siguiente. En cuanto a la *labor de tipificación*, y a diferencia de lo que sucede por regla general en la esfera del Derecho penal clásico, es nota característica de los delitos económicos el dato de que el legislador se vea obligado a incorporar abundantes elementos normativos, así como incluso remisiones expresas a la regulación jurídica extrapenal que sirve de base a la infracción delictiva. Tales elementos conllevan peculiaridades tanto en materia de imputación objetiva como de imputación subjetiva, según explicaré después.

Y, en lo que atañe a las *pautas de interpretación*, hay que destacar que los tipos económicos están vinculados al contexto estructural o de sentido extrapenal en el que se insertan, de tal manera que el significado o la relevancia jurídico-penal de un determinado comportamiento dependerán del contexto de las normas extrapenales en el que se inscribe la figura delictiva de que se trate. Ello posee determinadas consecuencias, singularmente en lo que se refiere a la caracterización del riesgo permitido, según explicaré después. Y a todo ello cabe añadir que en los delitos especiales la definición del círculo de autores debe ser realizada también de forma integrada con las normas del orden primario extrapenal.

3) En tercer lugar, no se puede preterir la importancia que ostenta el criterio relativo a *las características del autor*. Es un criterio mixto (criminológico y jurídico) que, en lo que aquí nos interesa desde la perspectiva estrictamente jurídica, cobra relevancia en la medida en que lo normal en la tipificación

de los delitos económicos es que la caracterización del sujeto activo exija *cualidades especiales*, por tratarse de personas que, por su condición de operadores económicos, se hallan en una relación de proximidad con la vulneración del bien jurídico protegido. Es más, será frecuente que los tipos penales económicos presupongan la infracción de un especial deber extrapenal por parte del sujeto activo.

De otro lado, reviste interés también el examen de las cualidades criminológicas del autor, vinculadas tradicionalmente a la figura del "delincuente de cuello blanco" y más modernamente al delincuente perteneciente a las clases sociales poderosas, y, en todo caso, vinculadas a un tipo de delincuente que recurre a un sofisticado *modus operandi*. Con relación a esto último, en el presente Curso existen interesantes ponencias sobre la inteligencia artificial referidas al Derecho penal económico, así como sobre la justicia digital y algorítmica.

4) Concebido también como una relevante particularización del criterio relativo a las características del autor, se ha resaltado por parte de la doctrina más autorizada el importante dato de que los delitos económicos son realizados *a través de una empresa* o, dicho con mayor precisión, son delitos que se perpetran a través de una actuación que se desarrolla en interés de una empresa (o sea, lo que podríamos convenir en denominar "criminalidad *de* empresa", que no "criminalidad *en* la empresa").

En la "criminalidad *de* empresa", se plantean cuestiones dogmáticas, político-criminales y criminológicas específicas, muy distintas de las que se suscitan en relación con los delitos clásicos. En particular, en lo que atañe a las cuestiones dogmáticas, cabe resaltar, ante todo, las dificultades que surgen a la hora de esclarecer la problemática de la autoría y de la participación.

Además, en los delitos cometidos a través de una empresa cobra singular relieve la responsabilidad penal de las personas jurídicas.

Este criterio de la realización del delito *a través de una empresa* ha venido cobrando últimamente una importancia significativa en los trabajos académicos, hasta el punto de que cada vez posee mayor consistencia la idea de sustituir el objeto de estudio en el sentido siguiente: en lugar del denominado "Derecho penal económico", en el sentido estrictamente jurídico-penal que acabo de apuntar, abordar el estudio de un "Derecho penal de la empresa". Y es que, desde luego, no puede desconocerse que los delitos económicos se ejecutan habitualmente "salvo irrelevantes excepciones" por parte de una "criminalidad empresarial" (Schünemann).

Personalmente, no propongo una *sustitución* (que conduciría a una notable ampliación del objeto de estudio, al incluir delitos que no pueden ser calificados de económicos con arreglo a los criterios básicos del bien jurídico protegido y del Derecho penal "moderno") sino una *integración* de este criterio empresarial en los citados criterios básicos.

5) Además de los criterios anteriores, todos ellos relativos al Derecho penal *material*, no cabe duda de que la conveniencia de singularizar la familia de los delitos económicos también puede basarse en criterios *procesales*. Baste con señalar al respecto que la persecución de los delitos económicos posee una nota común negativa que paralelamente hace deseable un tratamiento unitario de diversos problemas que por este motivo se plantean. Dicha nota común reside en los múltiples obstáculos que surgen para su adecuada persecución, a diferencia de lo que suele acontecer por regla general en los delitos pertenecientes al Derecho penal tradicional, a saber: la gran complejidad que presentan los hechos objeto de investigación judicial, las dificultades tanto jurídicas como económicas de la materia, la ausencia de especialistas apropiados para hacer frente a di-

cha complejidad y a dichas dificultades y, en fin, la insuficiente asistencia judicial en las relaciones internacionales.

A todo ello hay que añadir que los obstáculos se multiplican cuando los delitos se realizan a través de una empresa: surgen, sobre todo, dificultades de prueba en orden a averiguar la identidad de los verdaderos responsables, así como su grado de intervención.

En este Curso hay diferentes trabajos que se ocupan de las variadas cuestiones que se plantean en la vertiente procesal, por parte de reputados especialistas en la materia.

3. PECULIARIDADES EN MATERIA DE BIEN JURÍDICO PROTEGIDO

En contraposición a los delitos que se integran en el Derecho penal clásico o nuclear, que tutelan bienes jurídicos individuales y fácilmente identificables, los delitos económicos (pertenecientes al Derecho penal moderno) se caracterizan por orientarse a la protección de bienes jurídicos supraindividuales que, además, no siempre son fácilmente identificables.

Por otra parte, a diferencia de los delitos clásicos, que normalmente se construyen como delitos de lesión para bienes jurídicos individuales, los delitos económicos suelen aparecer configurados como delitos de peligro para bienes supraindividuales y, en caso de que se conciban como delitos de lesión, se trata, desde luego, de una lesión *sui generis*.

A mayores, los delitos económicos ofrecen la peculiaridad añadida de englobar bienes jurídicos de muy diversa naturaleza, sobre la cual existen notables divergencias en la doctrina y en la jurisprudencia, divergencias que, en ocasiones, poseen incidencia en la discrepancia que se puede observar sobre el momento en el que se produce la vulneración del bien jurídico.

En no pocos casos las divergencias provienen de la circunstancia de que en los delitos económicos sea frecuente distinguir entre un bien jurídico inmediato (o bien jurídico directamente protegido en sentido técnico) y un bien jurídico mediato (vinculado al más amplio concepto de *ratio legis* o finalidad objetiva de la norma), con la dificultad añadida de que en algunos delitos no hay acuerdo a la hora de reconocer cuál es el bien inmediato y cuál el bien mediato.

En especial, hay que destacar la necesidad de conseguir establecer una correcta y precisa definición del bien jurídico protegido por el tipo penal, evitando las definiciones excesivamente vagas e indeterminadas, de tal manera que se identifique un bien jurídico susceptible de ser puesto en peligro o lesionado por una conducta individual.

La doctrina más autorizada (Paredes) ha llamado la atención sobre la enorme vaguedad y ambigüedad de las definiciones de los bienes jurídicos en el Derecho penal económico que en ocasiones se ofrecen. Y también ha criticado la creciente desaparición de referencias empíricamente perceptibles de forma directa en dichas definiciones. Ello debilita las funciones que debe cumplir el bien jurídico tanto en el plano de control de legitimidad de la intervención penal como en el plano de la interpretación de los tipos. Y es que, efectivamente, aunque se admita que la forma que adopte una definición es siempre convencional, no es aceptable cualquier definición de los bienes jurídicos o, cuando menos, no lo es como instrumento operativo de la dogmática, dado que definiciones tales como, v. gr., "estabilidad del sistema crediticio", "buen funcionamiento del mercado de valores" (y no digamos ya conceptos aún más genéricos como el orden económico o la economía nacional), carecen de la necesaria potencialidad crítica (porque siempre podrá hallarse alguna conexión entre una conducta irregular y la "estabilidad" o el "buen funcionamiento" de un sector de la actividad económica). Pero además dichas definiciones carecen también de la necesaria potencialidad interpretativa (porque la referida conexión del bien jurídico con la conducta infractora será tan laxa que no podrá establecerse el momento de la vulneración del bien jurídico ni, consiguientemente, el modo de restringir teleológicamente la esfera de aplicación del tipo). De ahí que sean preferibles definiciones de bienes jurídicos que contengan elementos con una referencia empírica clara y que describan concretas pautas de conducta con el fin de permitir una más fácil verificación empírica (p. ej., es preferible la pauta de conducta "dar una información correcta sobre determinada materia a los clientes" que el genérico concepto de "comportamiento correcto con los consumidores").

Y, por supuesto, si una figura delictiva puede ser interpretada sobre la base de un bien jurídico genuinamente penal y claramente perfilado, tal comprensión debe prevalecer sobre sedicentes bienes jurídico-penales. Esto es lo que sucede de forma paradigmática con los denominados delitos socioeconómicos de consumo y, en particular, con su figura arquetípica, el delito de publicidad falsa del art. 282. Lo que en última instancia se protege como auténtico bien jurídico directamente protegido en sentido técnico no es la "veracidad publicitaria" en sí misma considerada (que no puede merecer la consideración de un bien jurídico-penal), sino que el bien jurídico es el patrimonio (o si se quiere, la libertad de disposición económica) del grupo de consumidores de que se trate: por tanto, el (indudable) carácter supraindividual del bien jurídico de este delito proviene, en rigor, de la circunstancia de que su titularidad corresponde a una colectividad difusa de personas (el sujeto pasivo son los "grupos colectivos de consumidores", cuyo círculo es *a priori* indeterminado e inabarcable). Ciertamente, no hay inconveniente en definir el bien jurídico como el interés económico difuso del grupo colectivo de consumidores en la veracidad de los medios publicitarios, concebido como un aspecto particular del orden global del mercado, pero siempre que se matice que tal definición es válida en la medida en que este bien jurídico se interprete como bien "espiritualizado" o "institucionalizado": esto es, siempre que se advierta de que los intereses económicos de los consumidores en el orden del mercado no se tutelan como bienes jurídicos autónomos o propios, sino que se preservan en tanto en cuanto van ineludiblemente referidos a genuinos bienes jurídicos individuales o individualizables (como son el patrimonio o la libertad de disposición económica de las personas), que son los intereses que legitiman la intervención del Derecho penal. Y por eso el delito de publicidad falsa del art. 282 es dogmáticamente un delito de peligro abstracto para los intereses patrimoniales individuales del grupo de consumidores de que se trate, y no para el bien jurídico de la "veracidad publicitaria", concebido como bien "espiritualizado" o "institucionalizado" (que no es sino una mera abstracción conceptual). Es más, desde esta segunda perspectiva cabría hablar de un bien jurídico que se "lesiona" en su abstracción, pero se trata de una lesión que únicamente se produce desde el momento en que se pone en peligro el patrimonio de todos los consumidores potencialmente afectados por la publicidad falsa.

Ello nos pone en contacto con la materia referente a las *modalidades de vulneración del bien jurídico.* Aquí, los delitos económicos ofrecen la peculiaridad de construirse con frecuencia como tipos de peligro abstracto, o sea, como tipos que se integran ya con la mera realización de la acción del sujeto activo, siendo suficiente la comprobación de una peligrosidad general de dicha acción para algún bien jurídico, y sin que, por ende, se requiera concreción alguna del peligro, que denote una probabilidad inmediata o próxima de lesión. Por consiguiente, para evaluar el riesgo en los delitos de peligro abstracto, basta con un juicio *ex ante* acerca de la peligrosidad de la acción, a diferencia de lo que sucede en los delitos de peligro concreto, en los que habrá que recurrir a una perspectiva *ex post* para enjuiciar el resultado de peligro.

Además, en el Derecho penal económico podemos verificar la existencia de tipos de peligro abstracto *puramente formales*, carentes de todo contenido de injusto material, o sea, tipos que en la doctrina han sido calificados de delitos "de pura desobediencia" (Jakobs) o delitos "con función puramente organizativa formal" (Schünemann), caracterizados por el hecho de que el pretendido "interés abstracto" resulta ya vulnerado con la mera infracción de la prohibición extrapenal y sin que el injusto penal incorpore restricción típica material alguna. En puridad de principios, se trata de auténticos ilícitos extrapenales (administrativos o civiles). En el CP español un claro ejemplo es el delito societario de obstaculización a la actuación supervisora de la Administración (art. 294), en el que se tutela el simple cumplimiento de funciones de control o vigilancia por parte de ciertos órganos administrativos, o sea, el mero mantenimiento del sistema de organización impuesto, de tal modo que el delito consiste en la pura infracción u obstaculización de tales funciones de control y vigilancia: en síntesis, la mera infracción de un deber, desconectada de cualquier afectación efectiva a auténticos bienes jurídico-penales "finales" (como podrían ser, v. gr., los intereses patrimoniales de la sociedad, los de los accionistas o socios, o los de los acreedores).

Por supuesto, el sector de los delitos económicos contiene también una variada muestra de *genuinos tipos de peligro abstracto*, que, a diferencia de los acabados de citar, no son delitos puramente formales sino delitos de peligro real (por abstracto o genérico que sea) para bienes jurídicos penales, con un contenido material de injusto que rebasa la mera ilicitud extrapenal. En suma, son delitos que no se consuman con la simple concordancia formal de la conducta humana con la mera infracción de la prohibición extrapenal, sino que requieren que el juez compruebe la existencia de un efectivo peligro para el bien jurídico penalmente protegido (formulado a través de un juicio *ex ante*), o, lo que es lo mismo, la infracción del deber objetivo de cuidado en relación con la eventual lesión de dicho bien jurídico.

Ahora bien, en el seno de la categoría de los delitos de peligro abstracto hay que incluir, según la opinión actualmente dominante, una clase en cierto modo intermedia entre los delitos de peligro abstracto y los delitos de peligro concreto. Me refiero a los denominados *delitos de peligro de aptitud para la producción de un daño*, llamados también delitos de "peligro abstracto-concreto" (Schröder), delitos de "peligro potencial" (Keller) o delitos "de peligro hipotético" (como los ha calificado en la doctrina española Torío), delitos cuya utilización es cada vez más frecuente en el Derecho penal económico.

Lo verdaderamente identificador de estos delitos es la incorporación explícita de elementos típicos normativos "de aptitud o idoneidad para la producción de un daño", o sea, elementos de valoración sobre la potencialidad lesiva de la acción, cuya concurrencia habrá de ser constatada por el juez. Sirvan como ejemplo en materia de delitos económicos los elementos de aptitud contenidos en los arts. 282 ("de modo que puedan causar un perjuicio grave y manifiesto a los consumidores"), 290 ("de forma idónea para causar un perjuicio económico a la sociedad") y 325-2 ("pudieran perjudicar gravemente el equilibrio de los sistemas naturales").

4. PECULIARIDADES DEL TIPO DE ACCIÓN (O TIPO OBJETIVO)

Como ya esbocé, una de las características más representativas del Derecho penal económico es la utilización de una determinada técnica legislativa para describir los tipos penales, una técnica que plantea un cúmulo de cuestiones comunes de notable trascendencia, tanto desde un punto de vista de política legislativa, como desde la perspectiva dogmática. Me refiero a la técnica de la denominada *"remisión" legislativa*, concebida como un concepto genérico, que engloba diversas reglas técnicas particulares, a saber: las denominadas "leyes penales en blanco", los elementos normativos jurídicos y las llamadas cláusulas de autorización ("sin estar autorizado", ej. arts. 260-2, 275, 319, 327).

Comparto la idea de que todas estas técnicas son admisibles siempre que no se trate de las denominadas "remisiones totales" y, consecuentemente, siempre que el tipo penal económico, además de la remisión, fije expresamente el núcleo de la prohibición (ej. art. 325). Pero la admisibilidad de estas técnicas debe fundamentarse también en el dato de que la norma de complemento (o de remisión) debe quedar integrada en el seno del contexto sistemático y teleológico del delito de que se trate, en el que existe un bien jurídico penalmente protegido que debe ser vulnerado de conformidad con el criterio de la imputación objetiva (Silva).

Es más, en rigor la *remisión* no es un fenómeno vinculado exclusivamente a las referidas técnicas legislativas, sino que está presente en la definición de todo injusto penal económico (o, dicho con mayor precisión, en la definición de todos los estándares de conducta jurídico-penales) y se halla intrínsecamente unida a la institución del riesgo permitido, en cuanto que primer eslabón en el análisis de la desaprobación jurídico-penal de la conducta (Pastor).

Y con respecto a ello se ha aludido acertadamente (Feijoo) a la "vinculación de sentido" que debe existir entre los delitos económicos y la normativa extrapenal que les sirve de base. Una vinculación de sentido que se construye como una "*accesoriedad asimétrica*", esto es: de un lado, el Derecho penal debe asumir las valoraciones básicas del orden primario extrapenal de referencia, sin que pueda independizarse totalmente de él, en virtud de lo cual lo que en el orden primario está permitido no puede ser un hecho penalmente típico; pero, de otro lado, la infracción del orden primario no puede suponer automáticamente una conducta penalmente típica, en la medida en que la infracción del orden primario tendrá que ser re-valorada de acuerdo con las funciones propias del Derecho penal.

Con razón ha podido hablarse también de una *accesoriedad interpretativa o material* (Montaner), en la medida en que los tipos penales económicos que consisten en un refuerzo sancionatorio a lo previamente previsto en la regulación extrapenal deben ser reconstruidos dogmáticamente con arreglo a los fines del Derecho penal. Solo así podrá conseguirse que el Derecho penal económico siga siendo un auténtico Derecho penal, de tal modo que preconizar una cierta autonomía en la interpretación de los términos de los tipos penales permitirá sentar las bases para que, más allá de la acreditación formal de los elementos del tipo, el delito sea concebido en un sentido material, que posibilite su nítida distinción de los ilícitos extrapenales.

Por lo demás, comparto también la idea de que hay que identificar *sustancialmente* las nociones de leyes penales en blanco y de elementos normativos jurídicos (siempre que remitan a auténticas disposiciones prescriptivas extrapenales, o sea, a mandatos y a prohibiciones, y no a simples proposiciones descriptivas, esto es a meras definiciones ubicadas en la normativa extrapenal). Y también cabría sostener que la cláusula de autorización es un elemento normativo jurídico del tipo, o, si se prefiere, una remisión concluyente a actos administrativos que hacen del tipo uno "parcialmente en blanco".

Así las cosas, desde la perspectiva dogmática que aquí interesa, leyes penales en blanco y elementos normativos jurídicos recibirán exactamente el mismo tratamiento en el ámbito del error y en materia de retroactividad de disposiciones favorables.

De la cuestión referente al error me ocuparé después. Y, con respecto a la retroactividad, baste con recordar que la opinión dominante entiende que la ley penal en blanco o con elementos normativos puede apreciarse retroactivamente si la modificación de la normativa extrapenal complementadora obedece a un auténtico cambio en la valoración jurídica; algo que, por cierto, será excepcional, en casos concretos y correctamente fundamentados (así, p. ej., en materia urbanística únicamente pueden gozar de eficacia retroactiva los cambios normativos que obedezcan a un cambio valorativo en la normativa administrativa que sirve de complemento a la ley penal, pero no cuando es un cambio meramente fáctico, que afecta únicamente al objeto material del delito, y menos aún si se trata de la pura modificación del planeamiento con la sola finalidad de legalizar *ex post* lo previamente realizado).

Dentro de la tipicidad las peculiaridades existen también en punto a la doctrina de la imputación objetiva. De hecho, es lugar común afirmar que las soluciones referentes al problema de la imputación objetiva han surgido en la dogmática penal para resolver las cuestiones planteadas con relación a los delitos clásicos, y, más concretamente, a cuestiones vinculadas a delitos de resultado material lesivo como, fundamentalmente, el homicidio o las lesiones, extendiéndose después a otros delitos clásicos como la estafa; sin embargo, en el ámbito de los modernos delitos económicos existen peculiaridades propias que impiden efectuar un mero traslado de las construcciones elaboradas para los tipos penales clásicos.

Las peculiaridades dimanan, ante todo, del especial contenido de injusto que presentan los delitos económicos, y, en concreto, de la circunstancia de que en muchos supuestos el legislador tenga que renunciar a la descripción de tipos de resultado material e incluso de resultado de peligro, en beneficio de tipos que no requieren resultado alguno.

Obviamente, la imputación objetiva también debe ser acreditada en los tipos *de peligro abstracto de mera actividad*, en los que no hay resultado, ni material ni de peligro concreto. Concebida como desvalor de resultado, la imputación objetiva en tales tipos debe ser entendida exclusivamente en el sentido de ataque al bien jurídico: esto es, en el de comprobar que concurre la puesta en peligro de un bien jurídico-penal y que ese peligro es imputable a la conducta.

Precisamente, para evitar la anfibología en estos casos, algunos penalistas (como Maraver) prefieren emplear la expresión *imputación objetiva de la conducta*, con el fin de subrayar que la labor interpretativa se limita a constatar la creación de un riesgo típicamente desaprobado, por lo que los criterios para valorar el comportamiento son únicamente criterios *ex ante*, y no *ex post*, porque los criterios *ex post* solo se exigen para determinar la relación entre el riesgo y el resultado concretamente producido.

En particular, la confección de los tipos económicos que afectan directamente a intereses supraindividuales impone unas pautas de tipificación que, desde la perspectiva de la imputación objetiva, traerán como consecuencia la adopción de unas reglas hermenéuticas diferentes a las que rigen en otros delitos estructuralmente parecidos, pero orientados a la protección de bienes jurídicos de naturaleza patrimonial individual (ej., delito de estafa vs. delito de defraudación tributaria, delito que además se fundamenta en deberes de veracidad).

Especial referencia merece la cuestión del *riesgo permitido*, concebido como una institución que posibilita reputar conforme a Derecho acciones que entrañan un peligro de vulneración de bienes jurídicos, siempre que el nivel de riesgo se mantenga dentro de unos límites razonables y que el agente haya adoptado las medidas de precaución y de control impuestas precisamente para disminuir el peligro de vulneración de dichos bienes jurídicos. Con todo, dado que de esta institución se ocupa el trabajo de Silva, baste simplemente con decir que el riesgo permitido cobra una amplia operatividad en la esfera del Derecho penal económico, habida cuenta de que en un modelo de economía de mercado resulta consustancial al adecuado funcionamiento del sistema económico la realización de actividades peligrosas para bienes jurídicos. Los beneficios que estas actividades pueden reportar para la sociedad hacen que, si se mantienen dentro de determinados límites y si se respetan las susodichas medidas de precaución y de control, el Derecho las considere legítimas, aunque sean aptas para vulnerar el bien jurídico y aunque sean realizadas con conocimiento de esa aptitud lesiva.

Finalmente, en el ámbito de la tipicidad hay que hacer referencia al elemento relativo al sujeto activo del tipo, como elemento conceptual de la *proposición normativa*, que, por tanto, define en *abstracto* al sujeto descrito en los diferentes tipos de la Parte especial.

Pues bien, como consecuencia de lo que apunté anteriormente con respecto al criterio de identificación de la categoría de los delitos económicos concerniente a las características del autor, hay que resaltar que la mayoría de los delitos económicos se construyen como *delitos especiales*, y, en particular, como delitos *especiales propios*, en los que las específicas condiciones o cualidades personales no encuentran correlato en un tipo común paralelo, ejecutable por cualquier persona.

Así las cosas, en la esfera del Derecho penal económico es muy importante establecer con nitidez una ulterior diferenciación en el seno de los delitos especiales propios, con el fin de sentar las bases que permitan fijar de manera adecuada el criterio que debe ser utilizado para entender que un determinado sujeto ha *realizado* una conducta típica y que, por tanto, puede llegar a ser caracterizado como *autor*.

Por un lado, cabe aludir a delitos especiales de *dominio* (o, mejor, delitos especiales de pura realización típica); por otro lado, a delitos especiales que consisten en la *infracción de un deber* jurídico extrapenal específico.

Normalmente, los *delitos de dominio (o de pura realización)* se configuran en los tipos penales como delitos *comunes*, cuyos destinatarios son todos los ciudadanos; pero puede suceder que algunos delitos de dominio se construyan como delitos *especiales*, en virtud de lo cual el círculo de posibles autores se restringe a determinadas personas que se hallan en una situación de mayor proximidad en relación con el bien jurídico protegido. Ahora bien, hay que tener en cuenta que, a efectos de determinar la autoría en estos delitos, el criterio de imputación del hecho continúa siendo la creación o el aumento del riesgo no permitido, dado que las personas que aparecen descritas como sujetos activos no están obligadas a la tutela de un bien jurídico con anterioridad a la configuración de la norma penal, sino que lo que hace el tipo es limitar el mandato penal a cierta clase de sujetos caracterizados por ostentar una determinada posición dentro del ámbito de protección de la norma.

En el vigente CP español existen ejemplos de delitos especiales de pura realización típica en diversos grupos de delitos económicos: así, en materia de frustración de la ejecución e insolvencias punibles, las figuras de los arts. 257, 259 y 261; en el ámbito de los delitos contra el mercado y los consumidores, la figura de los arts. 282 y 285; en la esfera de los delitos societarios, las figuras de los arts. 291, 292 y 293.

Por el contrario, los delitos económicos que presuponen la *infracción de un deber* se caracterizan siempre por el dato de que la fundamentación del injusto queda restringida a la vulneración de especiales deberes jurídicos extrapenales.

Ahora bien, dentro de esta categoría hay que efectuar una importante matización. La inmensa mayoría de los delitos especiales de infracción de deber incluidos en el CP español se configuran como *delitos especiales propios de naturaleza mixta* (o, en la terminología de Peñaranda "delitos que se fundamentan en un elemento limitadamente personal") esto es, con un componente de infracción de un deber y un componente de dominio (o de pura realización típica). Son delitos que, indudablemente, se construyen sobre la base de la infracción de un deber extrapenal, pero que presentan un contenido de ilicitud que no se agota exclusivamente en ese dato, en la medida en que el tipo exige un requisito ulterior (un elemento de dominio imputable al autor según el criterio del dominio del riesgo) y que comporta la lesión o el peligro para un bien jurídico firmemente delimitado, cuya preservación compete en principio (antes de la tipificación de la norma penal) genéricamente a todos los ciudadanos, y que posee, por tanto, una dimensión general accesible a la responsabilidad de terceros no cualificados. En otras palabras, en estos delitos la infracción del deber extrapenal es ciertamente un elemento integrante del tipo y, por consiguiente, delimita el círculo de sujetos activos, pero no fundamenta exclusivamente el injusto, con lo cual la determinación de la autoría no sólo exige la presencia de tal infracción del deber, sino además la atribución del ulterior o ulteriores requisitos típicos, con arreglo al criterio del dominio social sobre la vulnerabilidad del bien jurídico.

La necesidad de diferenciar este *tertium genus* en los delitos especiales se comprenderá al analizar las diversas consecuencias que se derivan en materia de autoría y participación.

A mi juicio, un genuino ejemplo de la clase de delitos mixtos sería el delito del art. 305 (consecuentemente, también el delito del art. 307). También serían claros ejemplos el delito del art. 279-1° (en materia de secretos de empresa) y el delito del art. 316 (delito contra la vida o la salud de los trabajadores).

En fin, los *delitos económicos puros de infracción de deber* -en los que su injusto consiste exclusivamente en la infracción del deber- son un fenómeno bastante escaso en el CP español. Serían ejemplos los citados delitos de peligro abstracto formal de los arts. 294 y 310-a).

5. PECULIARIDADES DE LA IMPUTACIÓN SUBJETIVA (O TIPO SUBJETIVO)

En la imputación subjetiva, la regla general en los delitos económicos es que los tipos sólo pueden ser ejecutables a título de dolo, y que únicamente de forma excepcional se admite la comisión imprudente.

No obstante, cobra aquí singular relevancia la doctrina de la denominada ignorancia deliberada (o "ceguera intencionada"), puesto que, si bien nace en nuestra jurisprudencia para ser aplicada a los delitos de tráfico de drogas, inmediatamente pasa a ser invocada en el blanqueo de bienes y después en otros delitos de naturaleza económica, como son los delitos de insolvencia punible, delitos contra la Hacienda pública o delitos contra los derechos de los trabajadores. Asimismo, la importancia de dicha doctrina dimana del mencionado dato de que en la mayoría de los delitos económicos no se admite la comisión imprudente, de tal suerte que la negación del dolo conduciría (de no reconocerse esta forma de imputación) a la exclusión de responsabilidad penal.

Por lo demás, si bien la doctrina de la ignorancia deliberada nace como un indicio del elemento volitivo del dolo eventual, con posterioridad va ampliándose paulatinamente hasta llegar a suplir al propio elemento *cognitivo* del dolo, de tal manera que, en realidad, se configura como un dolo que no requiere el elemento cognitivo en el sentido que tradicionalmente se ha venido concibiendo por parte de la doctrina y la jurisprudencia, esto es: supone introducir la suficiencia del conocimiento *potencial* de los elementos del tipo en lugar de exigir el conocimiento actual y efectivo. Incluso llega a caracterizarse como un auténtico sustitutivo del dolo eventual, o sea, como un nuevo título autónomo de imputación subjetiva que, en la jurisprudencia española, se equipara al dolo a efectos punitivos.

En lo que concierne a la referida excepcionalidad de los delitos imprudentes, baste con indicar que tal excepcionalidad es una consecuencia del principio de intervención mínima, el cual aconseja ya con carácter general limitar el castigo penal a las conductas dolosas, admitiendo la punición de las imprudentes tan sólo en delitos que comportan ataques verdaderamente intolerables para bienes jurídicos fundamentales. Si esto es así, se comprenderá con facilidad que en un sector del Derecho penal que ha sido calificado de "accesorio" o "moderno" la modalidad imprudente de comisión ostente un papel marginal en la tarea de tipificación de infracciones.

Así, en el CP español la regla general es que los delitos económicos solamente pueden ser ejecutados en la modalidad dolosa. Las excepciones son: arts. CP 259-3 (insolvencias punibles, introducido en 2015), 301-3 (blanqueo) y 317 (seguridad en el trabajo), 324 (patrimonio histórico) y 331 (recursos naturales y medio ambiente).

También en algunos delitos relativos a la protección de la flora y la fauna (arts. 332-3 y 334-3).

En todos los casos mencionados la imprudencia se califica de "grave". La única excepción es la contenida en el art. 259-3. No obstante, habrá que exigir necesariamente la gravedad de la negligencia.

En fin, aparte de los supuestos previstos en el CP hay que añadir que, tras la reforma efectuada por la LO 6/2011 (art. 3º-1, párrafo 3º), se castiga también la imprudencia en los delitos de contrabando, imprudencia que tampoco aparece calificada expresamente de grave, pero que, obviamente, deberá asimismo requerirse.

La decisión de no tipificar, como regla general, los comportamientos imprudentes posee una indudable repercusión *práctica* en la esfera del *error* en esta clase de delitos.

En efecto, caracterizados los delitos económicos, como ya indiqué, por una abundante utilización de elementos normativos jurídicos y, en general, por remisiones a disposiciones extrapenales, también se caracterizan además por la frecuencia en que resulta posible apreciar en la actuación del autor un error *vencible* sobre los términos que definen el tipo.

Pues bien, si con la opinión mayoritaria admitimos que el error sobre términos normativos jurídicos y sobre las disposiciones extrapenales debe ser tratado como un error de tipo (art. 14-1 CP) y no como un error de prohibición, la consecuencia es obvia: en los casos de error vencible sobre un elemento del tipo la no previsión de la versión imprudente tendrá el efecto de que la infracción no pueda ser castigada penalmente, procediendo la absolución del sujeto.

Y tal consecuencia adquiere plena relevancia en los casos en los que, como sucede en el CP español, el tratamiento del error sobre el tipo es diferente al que posee el error sobre la prohibición, porque el error vencible sobre la prohibición se castiga en todo caso (art. 14-3).

La cuestión relativa al error sobre términos normativos jurídicos y, en general, sobre disposiciones extrapenales ha sido una cuestión muy debatida en el Derecho penal económico, pero, como acabo de indicar, la solución de tratarlos como errores sobre el tipo es actualmente dominante en la doctrina.

Y esta es también la solución que se acoge en el Corpus iuris para la protección de los intereses financieros de la U.E., en cuyo art. 11 apdo. 1 se señala que "el error sobre los elementos esenciales de la infracción excluirá el dolo", lo que permite fundamentar sin problemas que el error sobre términos normativos jurídicos debe ser conceptuado como un error sobre el tipo, diferenciado del error sobre la prohibición, que se regula en el apdo. 2 del propio art. 11. Desde luego, en el comentario de los redactores del *Corpus iuris* se indica paladinamente que el error sobre los elementos esenciales de la infracción a que alude el apdo. 1 del art. 11 va referido "no solo a los hechos, sino también a las nociones de derecho que forman parte de la incriminación, incluyendo las remisiones a norma extrapenales".

Del mismo modo, dicha solución aparece claramente plasmada en el texto que contiene la Propuestas de "*Eurodelitos*", en cuyo art. 5 apartado 1 se indica que "cuando existan elementos normativos, el autor debe conocer además su correspondiente valoración normativa" y "en el supuesto de normas penales en blanco resulta además necesario el conocimiento de las normas de complemento". Por su parte, en el apdo. 2 del art. 5 se define el error sobre los elementos del hecho (error sobre el tipo) del modo siguiente: "No actúa dolosamente quien desconoce el hecho en el momento de su realización. Tampoco existe dolo cuando el desconocimiento se debe a un error de valoración o a un error de derecho o era evitable". Por tanto, es evidente que el dolo debe abarcar el conocimiento de las valoraciones en los supuestos de términos normativos.

Por lo demás, en la Propuesta de "Euro-delitos" esta regulación del error sobre el tipo se diferencia de las normas que disciplinan el error sobre la prohibición, contenidas en el art. 7, destinado a regular el conocimiento de la antijuridicidad, en cuyo apdo. 4 se señala que el desconocimiento de la antijuridicidad puede deberse "a que el autor no conozca un determinado precepto legal, lo considere nulo o inaplicable, lo interprete incorrectamente o considere aplicable una autorización legal inexistente, inaplicable o nula".

Por último, en cuanto al juicio político-criminal que merece la solución de calificar como errores de tipo los errores sobre términos normativos jurídicos y sobre remisiones a disposiciones extrapenales, baste con señalar que la opinión dominante considera que se trata de una solución adecuada a la vista de las características que presentan los delitos económicos, concebidos como el ejemplo más conspicuo del Derecho penal moderno: se entiende que la intervención del Derecho penal en esta materia debe reservarse para aquellos casos de abierta discrepancia con el Derecho y, por lo tanto, de incumplimiento *intencional* de las disposiciones extrapenales, dejando los restantes casos (de imprudencia, aunque esa imprudencia verse sobre normas jurídicas) para el ámbito de las sanciones administrativas.

6. PECULIARIDADES EN MATERIA DE AUTORÍA Y PARTICIPACIÓN

Esta materia representa una de las particularidades dogmáticas más importantes de los delitos económicos. Emerge aquí a un primer plano la tensión existente entre el Derecho penal clásico y el Derecho penal "moderno" o accesorio, en la medida en que, quizá más que en cualquier otro ámbito de la teoría del delito, resulta particularmente sentida la necesidad de matizar las reglas clásicas de imputación y aun la de crear, en su caso, nuevos principios de imputación jurídico-penal diferentes de los tradicionales.

Evidentemente, pretendo aludir con ello, ante todo, a reglas o principios dogmáticos generales de imputación, susceptibles de ser aplicados a toda clase de delitos económicos. No obstante, además de esa incidencia en principios generales aplicables a todas las figuras delictivas, también podremos constatar, en referencia solamente a algunos delitos en concreto, una modificación de las estructuras básicas de imputación que se derivan de los principios regulados en la Parte General, e incluso una abierta contradicción con los preceptos generales que disciplinan la autoría y la participación. Semejantes excepciones, presentes en algunas figuras de delito, se basan en criticables razones político-criminales o puramente utilitarias, y consisten en describir tipos abiertos, en la línea del concepto unitario o extensivo de autor, que permiten considerar como autor a todo interviniente en el hecho delictivo, con tal de que preste una mera contribución causal de favorecimiento a la realización del hecho, normalmente muy alejada de la puesta en peligro del bien jurídico. Así sucede, v. gr., en materia de delitos contra el medio ambiente (art. 325-1: "provoque o realice"); asimismo, hay otras reglas extensivas de autoría en el "blanqueo" de capitales (art. 301: "... o realice cualquier otro acto para ocultar o encubrir su origen ilícito o para ayudar a la persona que haya participado en la infracción..."); también en el ámbito de los delitos societarios (art. 292 "impusieren o se aprovecharen").

Pero, volviendo a los principios dogmáticos generales, cabe indicar que la razón de las particularidades estriba en algo que ya apunté, esto es: en el hecho de que en la mayor parte de los casos los delitos económicos se ejecutan a través de una empresa, o, mejor dicho, son delitos "de empresa", en el sentido de que se vulneran bienes jurídicos por medio de una actuación que se lleva a cabo para una empresa. Y es que, en efecto, surgen problemas específicos de imputación penal, derivados de una criminalidad organizada, que en el plano vertical se apoya en el principio de jerarquía y en el plano horizontal se estructura a través de la división del trabajo entre diversas personas. Dicho más concretamente, tales problemas son debidos fundamentalmente a la característica *disociación* entre acción y responsabilidad, o sea: una disociación que se produce en el seno de la empresa entre los sujetos subordinados que ejecutan inmediatamente la conducta delictiva (sujetos que en ocasiones ni siquiera serán criminalmente responsables -por hallarse en situación de error, de coacción o en un estado de falta de autonomía decisoria- o no serán desde luego los únicos responsables) y los sujetos realmente responsables de la decisión criminal, que se hallan en la cúpula de la organización y que han trazado el plan ejecutivo. Por otro lado, los problemas provienen asimismo de la escisión (o fragmentación) de los elementos del tipo, habida cuenta de que, a la vista de la división funcional del trabajo, tales elementos (v. gr., condiciones subjetivas de autoría, capacidad de decisión, ejecución material del hecho) pueden hallarse repartidos entre diferentes sujetos.

Por lo demás, hay una ulterior cuestión (también ya apuntada) que viene a superponerse al dato de la presencia de una criminalidad empresarial, a saber: en materia de delitos económicos es muy frecuente que las diversas figuras de delitos se construyan como *tipos especiales.*

Esta particularidad de la criminalidad empresarial suscita una nueva y compleja problemática, toda vez que lo normal es que en el seno de la empresa el sujeto que ejecuta inmediatamente la acción típica no sea el que ostenta la especial cualidad de la autoría; y, viceversa, este último sujeto no suele ser el que actúa. Semejante particularidad nos pone en contacto con el problema (de carácter más general) de las actuaciones en lugar de otro, en la medida en que una persona obra como representante de otra (art. 31 CP). Y la cuestión se complica todavía más si se acepta que en el seno de los delitos especiales las reglas de imputación presentarán ulteriores peculiaridades en el caso de que la especial cualidad de autoría venga proporcionada por la atribución de un específico deber extrapenal.

A mayor abundamiento, es habitual que la empresa despliegue su actividad bajo la forma de una sociedad mercantil, en atención a lo cual tenemos que enfrentarnos asimismo al problema más específico de las actuaciones de una persona física que obra en lugar de una persona jurídica, a la responsabilidad por la toma de decisiones en el ámbito de los órganos colegiados y también a la cuestión de la propia responsabilidad penal de las personas jurídicas.

Pues bien, a todas estas cuestiones se da cumplida respuesta en este Curso: de la responsabilidad penal a nivel individual en el ámbito de la empresa se ocupan los trabajos de Núñez Castaño y Galán; de la responsabilidad en los órganos colegiados, Cornacchia; y de la responsabilidad penal de las personas jurídicas, Gómez Martín y Feijoo.

Además, con respecto a la participación en sentido estricto se suscita una interesante problemática en lo referente a las denominadas "conductas neutrales".

Ciertamente, se trata de un problema que no es privativo de los delitos económicos, puesto que es predicable de cualquier delito, pero no se puede desconocer que la doctrina recurre usualmente a ejemplos de genuinos delitos socioeconómicos (v. gr., defraudación tributaria y a la Seguridad social, blanqueo de bienes, delitos relativos a la propiedad industrial) para determinar cuándo estamos ante una conducta neutral de participación y cuándo ante una participación punible, subrayando además que en esta clase de delitos concurren algunas peculiaridades que no están presentes en los delitos clásicos. De explicar estas peculiaridades se encarga el trabajo de De la Cuerda.

7. ACLARACIÓN FINAL

El contenido de este trabajo constituye un apretado resumen de algunas de las principales conclusiones incluidas en mi Manual (2022) *Derecho penal económico y de la empresa. Parte general,* 6ª ed., Valencia, ed. Tirant lo blanch. Por tanto, en él podrán hallarse las referencias bibliográficas específicas y completarse todas las cuestiones que se han expuesto a lo largo de las páginas anteriores.

A dicho libro hay que añadir dos importantes libros, relativos a materias nucleares del Derecho penal económico y de la empresa, que cito en en este trabajo y que han sido publicados con posterioridad a la aparición de la 6ª edición de mi Manual. Se trata de la monografía de Silva Sánchez, Jesús Mª, (2023) *El riesgo permitido en Derecho penal económico*, Barcelona, ed. Atelier, y la monografía de Montaner Fernández, Raquel

(2024) *Accesoriedad, regulación y Derecho penal económico,* Valencia, ed. Tirant lo blanch.

Principio de legalidad y «soft law privado». Su incidencia en el ámbito de la responsabilidad penal corporativa

FERNANDO NAVARRO CARDOSO
Catedrático de Derecho Penal
Universidad de Las Palmas de Gran Canaria

Resumen: Producto, entre otros motivos, pero sobremanera, de la expansión del Derecho Penal económico y de la empresa, el principio de legalidad penal ha ido perdiendo nitidez y rotundidad en sus contornos. Una de las causas concretas es la incidencia del llamado *soft law*. Dentro de este se ubican los estándares técnicos normalizadores. Su presencia se hace notar en el ámbito de la responsabilidad penal de los entes colectivos, a raíz del papel otorgado a los programas de cumplimiento normativo penal. Puede sostenerse que a esos estándares hay que otorgarles poca o ninguna relevancia sustantiva o, desde luego, probatoria.

Palabras clave: Estado social y democrático de Derecho, principio de legalidad, *soft law*, «normas ISO/UNE», responsabilidad penal de las personas jurídicas, programas de cumplimiento normativo penal.

Abstract: The expansion of Economic and Corporate Criminal Law has, among other things, caused the principle of criminal legality to lose its clarity and roundness. One of the concrete causes is the incidence of so-called *soft law*. Within this category are the technical normalizing standards. Their presence is noted in the area of criminal liability of collective entities, following the role given to the penal compliance programs. It can be understood that these standards are not to be given little or no substantive relevance and, of course, evidentiary.

Key words: Social and Democratic Rule of Law, principle of legality, *soft law*, "ISO/UNE standards", criminal liability of legal persons, criminal compliance programs.

INTRODUCCIÓN

El concreto objeto de esta investigación es el esbozo de un análisis crítico del papel que un sector de la doctrina —y, al parecer (sic), de la jurisprudencia española— le otorga a las «normas ISO/UNE» en la configuración de los programas de cumplimiento normativo penal (*criminal compliance programs*), y su incidencia en la conformación del injusto penal en relación con tipos penales donde se prevé la responsabilidad penal de las personas jurídicas y, en su caso, su exención por cumplimiento normativo.

Se hacen precisas varias consideraciones iniciales, necesarias pero inevitablemente breves por razones de limitación editorial del espacio.

En primer lugar, el presente trabajo participa de una naturaleza indefectiblemente crítica, lo cual debe ser consustancial al quehacer propio de la investigación científica. De resultas, la descripción del estado de la cuestión va acompañada de una razonada toma de postura; eso sí, con la concisión y brevedad que demanda la limitación advertida.

En segundo lugar, se toman como referencia las normas UNE, expresión española de las normas internacionales ISO. UNE es la Asociación Española de Normalización, entidad privada, hoy sin ánimo de lucro (aunque cobra por el acceso al documento, como bien advierte De la Mata Barranco, 2017, 2), constituida en el año 1986 al amparo de la Ley de Asociaciones entonces vigente. Está integrada en las distintas asociaciones regionales e internacionales normalizadoras. Recientemente, en el año 2017, se separa la actividad de normalización de la de certificación, actividad de negocio esta (junto con la de formación) que se traslada a la mercantil AENOR; eso sí, dentro del grupo UNE (https://www.une.org ; https://www.aenor.com).

En tercer lugar, "El principal objetivo de la normalización es la definición de especificaciones técnicas o cualitativas voluntarias con las que pueden ser conformes actuales o futuros productos, procesos de producción o servicios", de acuerdo con el Considerando 1 del Reglamento (UE) nº 1025/2012 del Parlamento Europeo y del Consejo de 25 de octubre de 2012, sobre la normalización europea (*Tol 2696272*). Bien es verdad que, en algunos supuestos, una legislación nacional puede promover o, incluso, imponer una determinada especificación. Así sucede en el caso español, tal como informa el Ministerio de Industria y Turismo del Gobierno de España en su web: "Las normas UNE con carácter general tienen carácter voluntario. No obstante, en algunos casos, la legislación hace referencia a las normas como medio privilegiado, o incluso requisito obligatorio, para dar cumplimiento a disposiciones específicas, especialmente en materia de seguridad o interoperabilidad"[1]. Con carácter general, empero, y de seguro en el ámbito europeo, no son jurídicamente obligatorias, al punto de que un fabricante puede elegir para la elaboración de sus productos seguir las normas técnicas armonizadas o bien otros documentos de naturaleza técnica (Álvarez García, 2020, p. 25).

En cuarto lugar, con la expresión «normas ISO/UNE» me quiero referir al conjunto de esas normas/especificaciones técnicas emanadas bien en el ámbito internacional, bien en el ámbito comunitario (expresión clásica para referirnos a la actual Unión Europea), o bien en el terreno nacional, por las organizaciones normalizadoras respectivas. Son manifestaciones del denominado *soft law*, nacido en el marco del Derecho Internacional (Guzman & Meyer, 2010, pp. 171 y ss.; Klabbers, J., 1998, pp. 381 y ss.; Alarcón García, 2010, pp. 271 y ss.), y que ha llegado, incluso, al Derecho Penal.

---

1 En línea: https://industria.gob.es/es-es/Servicios/calidad/Paginas/legislacion-basica.aspx?Faq=Normalización. Último acceso: septiembre de 2024.

En quinto lugar y último lugar, valorar la relevancia jurídico-penal que le puede corresponder a las «normas ISO/UNE» en la conformación y ulterior validación de un programa de cumplimiento normativo penal ("modelos de organización y gestión", en expresión literal del art. 31 bis CP español), requiere abordar exigencias, en términos de garantías, derivadas del modelo político y constitucional de referencia en las democracias occidentales actuales.

1. ESTADO DEMOCRÁTICO DE DERECHO Y PRINCIPIOS ORDENADORES DE LA POTESTAD SANCIONADORA

1.1. El estatuto jurídico del sistema sancionador constitucional y sus principios

Baste ahora recordar que los tradicionalmente llamados «límites del *ius puniendi*» son, en expresión moderna, los principios ordenadores de la potestad de sancionar. Y así como no es objeto de especial controversia que, básicamente, el estatuto jurídico del sistema sancionador constitucional (esto es, las manifestaciones normativas de aquella potestad) viene conformado por el Derecho Administrativo sancionador y el Derecho Penal (Navarro Cardoso, 2001, pp. 23 y ss.)[2], no hay unanimidad a la hora de concretar aquellos principios: ni en su denominación (lo que de por sí no tiene que tener especial

---

2 Sin entrar en ulteriores precisiones, como, por ejemplo, si el Derecho disciplinario es un subsistema dentro del Derecho Administrativo sancionador, o si tiene autonomía propia, en cuyo caso el estatuto jurídico estaría formado por tres manifestaciones (Nieto García, 1992, pp. 7 y ss.).

relevancia), ni en los contenidos, resultando ilustrativo Lascuraín Sánchez al referirse a esta cuestión como "El babel de los principios penales" (2021, pp. 15 y ss., 15).

Es cierto que no es objeto de discusión el reconocimiento del principio de legalidad, ni, al menos, de sus contenidos básicos, cualquiera que sea la denominación: principio de reserva de ley; principio de determinación, certeza o taxatividad; principio de irretroactividad; y principio *non bis in idem* (Arroyo Zapatero, 2016, pp. 122 y ss.; Muñoz Conde, García Arán, 2022, pp. 94 y ss.). Pero es igualmente cierto que la primera manifestación del principio de legalidad ya obliga a realizar un importante esfuerzo de concretización, en lo que ahora interesa, debido a la tradicional adjetivación del sustantivo reserva: principio de reserva *absoluta* de ley. Tal es así que un relevante sector de la doctrina aboga por la asunción de un «principio de legalidad limitada» (Pastor Muñoz, 2019, p. 52).

Precisamente, esa sugerente propuesta surge a colación del objeto central de estas sucintas reflexiones: los estándares, de conducta en la propuesta de Pastor, de procesos y procedimientos, aquí; y, desde luego, de distinta naturaleza unos y otros, cuestión que, adelanto, va a resultar crucial, en mi opinión, en la valoración político-criminal y dogmática de los estándares aquí tratados.

Esto obliga a centrar el debate en torno a dos concretas cuestiones en relación con las fuentes normativas: su origen (vinculado al Estado de Derecho) y su contenido (ligado al Estado democrático).

1.2. Estado de Derecho y monopolio de la actividad legislativa

Cabe recurrir al art. 1 de la Constitución española como síntesis del ineludible punto de partida. En su apartado 1 —esto es, en su pórtico de entrada— proclama que "España se constituye en un Estado social y democrático de Derecho…". En el apartado 2 afirma: "La soberanía nacional reside en el pueblo español, del que emanan los poderes del Estado".

A lo anterior se suma, si se quiere, una peculiaridad en el texto constitucional español: el art. 25.3 CE restringe expresamente el recurso a la pena privativa de libertad a los supuestos en que se ha cometido un delito, en tanto impide que una sanción administrativa pueda consistir en tal privación[3] (Sobre este precepto, Sánchez Tomás, 2018, pp. 955 y ss.).

Traigo a colación lo dicho en materia de penas porque, así como esta concreta cuestión atinente a la consecuencia jurídica resulta indubitada y, por ende, pacífica, no lo es el contenido del otro elemento estructural de toda norma sancionadora, incluida, pues, la penal: el supuesto de hecho.

Expresión material del Estado de Derecho es la seguridad jurídica entendida, en lo que ahora interesa, como el imperio de la ley.

La ley penal debe reunir una serie de requisitos para superar el juicio de constitucionalidad. Dichas exigencias no son, empero, claras, diáfanas e indubitadas, de modo que su materialización pueden ser objeto de modulación. En el caso de la pena, por hacer una rápida referencia a ella, se discute, *v.gr.*, si la pena de multa debe estar fijada por ley del mismo rango que la de prisión (ley orgánica), o puede serlo por una norma jurídica de rango inferior, en tanto la antes aludida prescripción constitucional contenida en el art. 25.3 CE se refiere solo a la pena privativa de libertad, y no a otras (Orts Berenguer, González Cussac, 2023, pp. 108 y 109; Mir Puig, 2015, p. 120).

El debate en torno a la conformación del delito es, en todo caso, mucho más complejo, al punto de que se habla, precisa-

---

3 "La Administración civil no podrá imponer sanciones que, directa o subsidiariamente, impliquen privación de libertad".

mente por la irrupción de actores no públicos en el proceso de creación normativa, de «crisis del Estado de Derecho» (Rodríguez Vázquez, 2020, pp. 2 y ss.).

En lo que atañe a las exigencias derivadas del Estado de Derecho (distintas de las provenientes del Estado democrático, objeto del siguiente epígrafe), la cuestión tiene que ver, en primer lugar, con las remisiones normativas dentro del derecho estatal. Y, en segundo lugar, por la aparición de fuentes normativas supraestatales.

Las remisiones normativas aparecen, entre otras expresiones, en los tipos penales que responden a la técnica de tipificación denominada «normas penales en blanco». En el marco de estas sucintas reflexiones baste decir que ya hay una doctrina y una jurisprudencia constitucional y penal aquilatadas. En apretada síntesis, son razonables e inevitables por razón de la materia, admitidas, pues, siempre que reúnan los requisitos fijados; sobremanera, que el supuesto de hecho contenga "el núcleo esencial de la prohibición", en afortunada expresión de la STC 127/1990, de 5 de julio, FJ 3 (*Tol 80398*) (García Arán, 1993, pp. 63 y ss.; Lascuraín Sánchez, 2021, pp. 48 y ss.)[4].

---

[4] Los otros dos requisitos fijados por la jurisprudencia constitucional son: "que el reenvío normativo sea expreso y esté justificado en razón del bien jurídico protegido por la norma penal". Suele esgrimirse otra razón que entiendo que merece una pausada y honda reflexión, siendo a todas luces evidente que no es este el momento ni el lugar, aunque mucho tiene que ver con el soft law. Dejo el tema planteado (inicialmente, Navarro Cardoso, 2020, pp. 16 y ss.). Se arguye la incapacidad del Estado de Derecho, y de su proceso de creación normativa, para dar respuestas rápidas, eficaces y eficientes, acomodadas a los vertiginosos avances científicos y tecnológicos; objeciones que, eso sí, salvan otros modernos "productos normativos" (entrecomillas, desde luego). Tengo mis serias dudas al respecto. De momento, tengo serias dudas de la neutralidad ideológica que algunos propugnan de tal parecer. Pero es que, a fortiori,

Las fuentes normativas supraestatales son también razonables e inevitables, y admitidas por igual. Es el caso de la legislación comunitaria y de las obligaciones derivadas de la adhesión a un tratado o convenio internacional; no carentes, pues, de legitimidad democrática.

Aquí aparece un «*soft law* público», y no plantea problemas: dicho de forma harto expresiva con solo vocación plástica, la Unión Europea a través de sus directivas dicen el qué y cada país, a través de sus leyes, dice el cómo; aunque, de seguro, las recomendaciones y los dictámenes, *v.gr.*, expresan mejor el sentido de ese “derecho blando” público[5].

1.3. Estado democrático y monopolio de la actividad legislativa

El debate acerca del monopolio de la actividad legislativa en clave de Estado democrático tiene que ver con la aparición de “fuentes normativas” (expresión ahora que empezamos a entrecomillar) que carecen de legitimidad democrática en origen. Aquí hay que distinguir dos fuentes: las provenientes de organizaciones supraestatales regionales e internacionales, y

---

creo que no es del todo exacto. Las respuestas a la pandemia son un buen ejemplo en sentido contrario, al menos en términos conceptuales; más allá, pues, de las anomalías y disfuncionalidades en su ejecución. Por el contrario, el proceso de aprobación de un estándar ISO puede prologarse hasta tres años (Montaner Fernández, 2024, p. 130), lo que es a todas luces evidente que no se condice con la rapidez que se predica de los “productos normativos” propios de la desregulación por razón de la cualificación técnica.

5 No me detengo a acomodarme a propuestas doctrinales clasificatorias más o menos depuradas de naturaleza dogmática (Sarmiento, 2006, pp. 221 y ss.; Rodríguez Vázquez, 2020, pp. 1 y ss.). Ahora solo busco, como he dicho, expresiones plásticas con meros fines didácticos.

las provenientes de entes privados[6]. Las primeras pueden ser etiquetadas como «*soft law* público-privado». Las segundas, me permito, al menos de momento, calificarlas directamente como «*soft law* privado».

Las primeras son las recomendaciones de entes regionales o internacionales al que el país que las incorpora pertenece. Las otras son directamente provenientes de entidades privadas, con las que el país puede tener o no una vinculación (Montaner Fernández, 2024, pp. 125 y ss.).

Las primeras pueden ser problemáticas, cierto es, cuando sus recomendaciones lo son solo en el plano formal, pues materialmente se conforman como auténticos mandatos[7]. Es el caso paradigmático de «Las Recomendaciones del GAFI» (GAFI/FAFT), el Grupo de Acción Financiera Internacional, creado en 1989 por el entonces G8. Se trata de "Estándares internacionales sobre la lucha contra el lavado de activos y el financiamiento del terrorismo y la proliferación". Contienen 40 recomendaciones, más sus notas interpretativas, así como un glosario de términos (https://www.fatf-gafi.org). A pesar de su naturaleza, como quiera que los integrantes del actual G7 aglutinan más del 40% de los votos en el seno del Banco Mundial y del Fondo Monetario Internacional, es materialmente imposible que un país que pretenda acceder a la financiación de tales entidades —esto es, la inmensa mayoría— no se sienta intensamente constreñido por tales "recomendaciones".

---

6 A estos entes no públicos los llama, con acierto, Capella Hernández (1999, p. 85) "soberano privado supraestatal difuso", expresión que hace suya Terradillos Basoco (2006, p. 93).

7 No es el caso, v.gr., de las recomendaciones de la OCDE, a nivel internacional, o de las agencias autonómicas, caso de la Agencia Antifraude de Cataluña, en materia de integridad pública (Lascuraín Sánchez y Nieto García, 2024, pp. 1 y ss., 5 y ss.).

Las segundas son mucho más problemáticas, y es aquí donde sitúo, al menos provisionalmente, las «normas ISO/UNE»[8], al inicio del presente trabajo breve, aunque espero que suficientemente explicadas, al menos en el marco de esta investigación.

2. LAS «NORMAS ISO/UNE». ESTADO DE LA CUESTIÓN Y TOMA DE POSTURA

2.1. Los términos del debate

Como es por todos sabido, la reforma del Código Penal español por mor de la LO 1/2015 introdujo, con una nueva redacción del art. 31 bis CP, por un lado, la posibilidad de eximir de responsabilidad penal a la persona jurídica[9], y, por otro, unas especificaciones acerca del contenido del programa de cumplimiento normativo que sirve de base para la atenuación o exención del reproche penal.

---

[8] Aunque un sector de la doctrina especializada también participa de esta consideración, calificándolas como "privat law" (Lascuraín Sánchez y Nieto García, 2023, p. 6).

[9] Queda muy extramuros de este trabajo el interrogante acerca de si, vinculado al debate sobre los fundamentos de la responsabilidad penal de la persona jurídica, del tenor literal se puede o debe inferir que el programa de cumplimiento no es, en realidad, optativo sino imperativo (Galán Muñoz, 2017, pp. 211 y ss.). La posibilidad de atenuación estaba prevista en la redacción originaria del art. 31 bis dada por la conocida como «Reforma 2010», que introdujo la responsabilidad penal de los entes colectivos. En la letra d) del apartado 4 del citado precepto se preveía una atenuación postdelictual: "Haber establecido, antes del comienzo del juicio oral, medidas eficaces para prevenir y descubrir los delitos que en futuro pudieran cometerse con los medios o bajo la cobertura de la persona jurídica".

Son muchas las cuestiones dogmáticas que esta previsión genera: su naturaleza jurídica; el carácter agotador o no de los contenidos previstos en el apartado 5 del citado precepto; etc. Y el debate sobre todos esos extremos no es una peculiaridad del Derecho punitivo español, de modo que está presente, y de manera intensa, en la literatura comparada, allí donde no están resueltos.

Hay cierto consenso en la doctrina acerca de, cuando menos, los contenidos mínimos que debe poseer un modelo de organización y gestión de los riesgos penales (León Alapont, 2020, pp. 113 y ss.). Pero, como debe resultar obvio en términos de una razonable política legislativa, la norma jurídico-penal no entra a desarrollar dichos contenidos de manera prolija. Es en este punto donde cobran virtualidad determinadas «normas ISO/UNE» —recuerdo que en expresión aquí empleada—, caso de la internacional ISO 19600:2014 ("Directrices para un sistema de gestión de cumplimiento normativo")[10] —UNE-ISO 19600:2015, en España— y de la española UNE 19601:2017 ("Sistemas de gestión de *compliance* penal. Requisitos con orientación para su uso"). Esta última tiene la vocación declarada de aportar una guía completa que permite alinear el *compliance* penal de la empresa con las exigencias del texto punitivo español, así como con todos los estándares internacionales en la materia. De hecho, se advierte por un sector de la doctrina especializada que la diferencia entre la ISO 19600 y la UNE 19601 es que la primera contiene "directrices" mientras que la segunda "requisitos" (Gómez-Jara Díez, 2019, p. 313).

---

[10] La nueva versión es la ISO 37301:2021.

2.2. La posición a favor de su integración

Sirva de expresión referencial lo sostenido por Gómez-Jara al poner en valor las normas ISO e UNE-ISO en esta materia de cumplimiento normativo: "En términos generales puede observarse claramente el esfuerzo realizado en definir no sólo en qué consiste la cultura de *compliance,* sino en proporcionar indicadores válidos que permiten su verificación. De esta manera se pretende —y en opinión de quien escribe estas líneas, se logra— que la cultura de *compliance* sea algo 'medible' de manera que las críticas fundadas en el carácter 'etéreo' del concepto de 'cultura de *Compliance*' reciben respuesta acertada. Por otro lado, resulta sumamente útil la imbricación de la cultura de *compliance* dentro de la estructura de alto nivel [*High Level Structure*] de las normas ISO. En este sentido, dicha estructura de alto nivel ha sido testeada desde hace décadas por miles de procesos de certificación y auditoría respecto de los sistemas de gestión (*Management Systems*) y permite sostener unas expectativas razonables de que sucesiva adopción y actualización de los sistemas de gestión de *Compliance* por parte de las empresas resultará en la verdadera existencia de dichas organización de una verdadera cultura de cumplimiento de la legalidad" (Gómez-Jara Díez, 2019, pp. 313 y 314).

Por su parte, Dopico Gómez-Aller (2018, p. 148) apunta, en la misma línea, aunque con más cautela, que "Normas técnicas como la UNE 19601 nos dan pautas sobre la diligente gestión del compliance penal en el seno de la empresa; otras como la UNE-ISO 37001 establecen las pautas de prevención de la corrupción. Aunque no se trate de normas jurídicas estatales, sin embargo, pueden emplearse a la hora de interpretar cuál es el estándar de diligencia preventiva que se maneja en este sector".

2.3. Argumentos en contra

Sirva como advertencia preliminar que no puede perderse de vista en ningún momento que, en definitiva, se pretende, o se puede pretender, que la determinación del injusto penal —o de la culpabilidad de la empresa, en su caso—, primero, y de la posible exoneración de responsabilidad penal, después, se haga depender, al fin y a la postre, de un estándar técnico, elaborado por una entidad privada (UNE), con la posibilidad de que otra empresa privada —incluida una mercantil (AENOR) del mismo grupo empresarial (Grupo UNE)— certifique que el cliente, otra empresa, implementó un *compliance* penal adecuado para prevenir delitos, el cual fue ejecutado eficazmente.

2.3.1. Vulneración del principio de legalidad penal en la vertiente del principio de reserva de ley

Aun admitiendo cuanto relajamiento del principio de legalidad se pretenda (lo que, ciertamente, ya puede ser admitir demasiado), que un estándar técnico pueda de algún modo equipararse a una norma jurídica con vocación exoneradora de una responsabilidad penal es, en efecto, desarmar hasta un límite insoportable al Estado democrático de Derecho.

En apretada síntesis, los efectos de un producto de la «desregulación regulada», como son los programas de cumplimiento normativo penal, por mucho que se encuentren acomodados —si se quiere, de manera agotadora— a unas normas/especificaciones privadas, avaladas, en su caso por certificaciones igualmente privadas, no debieran, en ningún caso, alcanzar a la exoneración de responsabilidad penal, porque, en este caso, no asistiríamos a una «crisis» sino a un «desmantelamiento» del Estado democrático de Derecho. Lo que sea delito debe decirlo una norma jurídico-penal, y lo que no lo sea, admitiendo sin ambages que lo exonerado (dicho en sentido amplio, incluyendo las causas de atipicidad, las de justificación, y las de exclusión de la punibilidad) pueda decidirse por autorizaciones extrapenales, operará por razón de otra norma jurídica habilitante[11].

Además, supondría un arrumbamiento, por igual, de garantías procesales, haciendo desaparecer el principio de libre valoración de la prueba por el juez penal —cuestión sobre la que volveré al final—; y es que, en apretada síntesis y con confesada vocación didáctica, también es democracia saber a ciencia cierta que al final del camino (*rectius*, del conflicto) hay un juez independiente sometido únicamente al imperio de la ley.

2.3.2. Vulneración del principio de legalidad en la vertiente del principio de determinación, certeza o taxatividad

Es por todos sabido que seguridad jurídica no equivale a respuestas iguales, pero lo cierto es que aquí lo que cambian son ya las preguntas: la estandarización no evita la necesaria concretización en cada empresa, de acuerdo con sus procesos y procedimientos, su estructura organizativa, etc. Tal es así, que existe unanimidad a la hora de censurar el llamado «*compliance* cosmético» (León Alapont, 2020, pp. 72 y ss.).

Violenta tanto el principio de taxatividad un tipo penal desmesuradamente abierto, caso paradigmático del delito de blanqueo de dinero (Ferré Olivé, 2024, p. 52), como una exoneración desmesuradamente abierta. Y lo es que, al final, en

---

11 Incluso en el caso de la adecuación social (criterio normativo extrapenal, que remite a una fuente de costumbre conforme a la ley; dicho sea desde un punto de vista extrasistemático) en relación con el regalo tolerado y el concepto penal de dádiva, pues el primero tiene su fundamento en una norma administrativa; y ello al margen del debate acerca de la ubicación sistemática de aquella —en la tipicidad, en la antijuricidad, o en otra, dicho sea desde un punto de vista intrasistemático— (Navarro Cardoso, 2018, pp. 91 y ss.).

tanto los programas de cumplimiento son elaborados por las propias empresas, avalados (certificados) también por empresas, donde la norma jurídica solo alcanza a delimitar los requisitos generales mínimos, termina resultando «impredecible» su contenido y, por ende, carente de la exigible taxatividad *ex ante*, pues la especificación técnica, que es *de facto* el criterio de acomodación, la «norma ISO/UNE», no alcanza la categoría de norma jurídica (Ragués Vallés, 2021, pág. 2).

2.3.3. Vulneración del principio de proporcionalidad en la vertiente del principio de lesividad, ofensividad o de exclusiva protección de bienes jurídicos

Entre las controversias más clásicas en torno a la responsabilidad penal de las personas jurídicas está la relativa al propio modelo, heterorresponsabilidad versus autorresponsabilidad. El modelo segundo, parece que con predicamento mayoritario en la doctrina especializada, se caracteriza, en algunas de las versiones teóricas, por el hecho de que el delito que comete la persona física es solo fundamento de la responsabilidad penal del ente colectivo, de modo que este comete "su propio delito" (sic), el llamado «delito corporativo» (González Cussac, 2024, pp. 1 y ss.). Y lo comete de acuerdo a su propio injusto y culpabilidad, en el mejor de los casos —esto es, cuando se admiten ambas categorías en este ámbito de la responsabilidad criminal de la empresa—. Desde esta perspectiva se entiende mejor que, al menos para cierto sector de la doctrina, se sostenga que más que de lesividad se hable "de otra cosa", fundamentalmente, relacionado con lo funcional o disfuncional para el sistema (como critica, con acierto, Busato, 2017, pp. 1 y ss.). Pero el modelo constitucional contemporáneo es manifiestamente antropocéntrico. Recurro de nuevo a la Constitución española: conforme a su art. 10, la dignidad de la persona, y el resto de derechos que le son inherentes, son el fundamento del orden político y de la paz social. Que un defecto de organización, o una ausencia de cultura de cumplimiento, *v.gr.*, sustenten el injusto o la culpabilidad, parece que con ello, al menos *prima facie*, se está renunciando a identificar un interés digno de tutela penal en tanto en la dirección de ataque de la conducta reprochada se encuentra un derecho humano (en el más amplio sentido de la expresión), individual o colectivo, cuando menos puesto en peligro

De resultas, el recurso a los programas de cumplimiento penal, por lo menos en los supuestos en los que su validación se hace depender de un estándar privado, como elemento sobre el que pivota la responsabilidad penal de las personas morales, supone, igualmente para Rodríguez Vázquez, eludir el principio de lesividad, ofensividad o de exclusiva protección de bienes jurídicos (2020, p. 39).

2.3.4. Vulneración del principio de proporcionalidad en la vertiente del principio de intervención mínima

Esta crítica asumo que la formulo también aún en estado embrionario. En apretada síntesis, la hipótesis que planteo es la siguiente: se vulnera el principio de proporcionalidad en cuanto se provoca la inmediata intervención del Derecho Penal, de *ultima ratio* a *prima ratio*. Pero no como otra manifestación de «Derecho Penal del riesgo», donde en el Derecho Penal económico y de la empresa encuentra, en opinión de un sector de la doctrina, un caldo de cultivo (Navarro Cardoso, 2004, pp. 1321 y ss.); donde el bien jurídico deja de ser freno a la intervención para pasar a ser motor de la intervención penal. No. Ahora, de entrada, bajo el paraguas de la no vulneración del principio *non bis in idem*, se ha suprimido la intervención sancionadora administrativa, pero, al mismo tiempo, se hace intervenir rápidamente al Derecho Penal, pero para que exonere a la empresa del delito cometido en su seno y en su beneficio. Esta reflexión, que ya he sostenido en otro lugar (Navarro Cardoso, 2020, pp. 1074 y 1075), cobra aquí una nueva dimensión igualmente rechazable: se hace intervenir al Derecho punitivo para poder lograr la exención de responsabilidad penal vía un programa elaborado bajo criterios privados, y certificado por otra empresa privada que, como resulta lógico en términos de negocio, va a decir lo que va a decir (de hecho, de si se pone al lobo a cuidar del ganado hablan en la doctrina, entre otros: Busato, 2017, pp. 3 y ss.; Lascuraín Sánchez y Nieto García, 2023, p. 6; Pastor Muñoz, 2019, p. 62).

2.3.5. Vulneración del principio de eficacia de la norma penal

Sostiene Rodríguez Vázquez (2020, p. 39), que los programas de cumplimiento, en general, ponen en tela de juicio el principio de eficacia de la norma penal, en la medida en que "las posibilidades de su aplicación [del programa de cumplimiento] quedan condicionadas a la autogestión reguladora de los destinatarios de aquélla", de suerte que "parece que se está poniendo tierra de por medio a la posibilidad de que el derecho penal, a través de la pena, pueda desempeñar en el marco empresarial un papel verdaderamente preventivo".

Este principio (también llamado de utilidad), en opinión de sus valedores, mide la capacidad de que el bien jurídico sea protegido, de modo que la intervención del Derecho Penal pueda resultar eficaz; claramente vinculado, pues, al criterio de necesidad de pena —del Derecho Penal, si se prefiere— (Luzón Peña, 2016, pp. 44 y 45; Mir Puig, 2015, p. 127).

La reflexión crítica, por mi parte, ahondaría en la línea de Rodríguez Vázquez: si el programa de cumplimiento responde estrictamente a los dictados de un estándar ISO/UNE, de carácter privado, no protege ningún bien jurídico, sino su estabilidad y correspondientes expectativas. Al contrario de lo que sostiene un sector de la doctrina, los programas no son, como bien dice Lascuraín Sánchez, "estándares de cuidado públicos" (2013, p. 129).

CONSIDERACIONES FINALES

Es cierto que el valor del programa de cumplimiento como eximente no depende, en términos conceptuales, de la acomodación de su contenido a unas «normas ISO/UNE». Pero, al menos en apariencia, al final puede resultar que el seguimiento ajustado a esas normas/especificaciones técnicas sea el que determine la existencia o no de responsabilidad penal de la empresa. Eso es lo que confesadamente pretenden los promotores de la norma técnica, y sus verificadores, claro.

Estos estándares desempeñan un papel relevante, en algunos casos, crucial, en el ámbito de la competitividad estratégica de las empresas. Por ejemplo, al acomodar un producto a las exigencias estandarizadas del mercado, su ajuste a una competencia leal aporta valor añadido en la cadena de valor del producto. De las bondades de la normalización técnica no toca aquí hablar, pero son, sin duda alguna, una realidad (Álvarez García, 2020).

El inconveniente surge cuando se le pretenden atribuir un papel sustantivo y probatorio que excede en mucho de lo que de ellas cabe esperar conforme a determinada inteligencia de los principios ordenadores de la potestad de sancionar.

No se trata de discutir que aportan criterios orientativos (Fernández Teruelo, 2020, p. 206), pero solo pueden aspirar a tener valor técnico (fáctico), en ningún caso jurídico-penal, ni sustantivo, ni probatorio de lo jurídicamente relevante (*grosso modo*, Silva Sánchez, 2022, pp. 164 y 165; de otra opinión, Bernardi, 2011, pp. 536 y ss.). Y ello sin entrar a discutir el propio valor eximente del programa en sí mismo (Galán Muñoz, 2017, pp. 129 y ss.; González Cussac, 2020, pp. 163 y ss.;

González Cussac, 2024, pp. 1 y ss.), extremo este que, sin duda alguna, es "harina de otro costal".

BIBLIOGRAFÍA

Alarcón García, G. (2010). El *soft law* y nuestro sistema de fuentes. En A. Báez Moreno *et al.*, *Tratado sobre la Ley General Tributaria. Homenaje a Álvaro Rodríguez Bereijo.* T. I. Cizur Menor: Aranzadi, 271-298

Álvarez García, V. (2020). *Las normas técnicas armonizadas.* Madrid: Iustel

Arroyo Zapatero, L. (2016). Lección 6. Derecho Penal y Constitución (I). En I. Berdugo Gómez de la Torre *et al.*, *Curso de Derecho Penal. Parte General.* 3ª edic. Barcelona: Ediciones Experiencia, 117-141

Bernardi, A. (2011). Sui rapporti tra diritto penale e *soft law. Rivista italiana di diritto e procedura penale* (54-2), 536-583

Busato, P.C. (2017). Lo que no se dice sobre *criminal compliance. Revista Electrónica de Estudios Penales y de la Seguridad* (1), 1-31

Capella Hernández, J.R. (1999). Estado y derecho ante la mundialización: aspectos y problemáticas generales. *Estudios de Derecho Judicial* (16), 83-122

De la Cuerda Martín, M. (2021). La incidencia del *soft law* en la expansión del Derecho Penal. *Anales de la Cátedra Francisco Suárez* (nº extra 1), 211-234

De la Mata Barranco, N.J. (2017). ¿Qué cabe esperar de la norma UNE 19601 sobre sistemas de gestión de compliance penal? *Almacén de Derecho* [blog]. Acceso: https://almacendederecho.org

Dopico Gómez-Aller, J. (2018). Responsabilidad penal de las personas jurídicas. En N.J. De la Mata Barranco *et al.*, *Derecho Penal económico y de la empresa,* Madrid: Dikynson, 129-168

Fernández Teruelo, J.G. (2020). *Parámetros interpretativos del modelo español de responsabilidad penal de las personas jurídicas y su prevención a través de un modelo de organización o gestión (compliance).* Aranzadi: Cizur Menor

Ferré Olivé, J.C. (2024). *El delito de blanqueo de dinero.* Valencia: Tirant lo Blanch

Galán Muñoz, A. (2017). *Fundamentos y límites de la responsabilidad penal de las personas jurídicas tras la reforma de la LO 1/2015.* Valencia: Tirant lo Blanch

García Arán, M. (1993). Remisiones normativas, leyes penales en blanco y estructura de la norma penal. *Estudios Penales y Criminológicos* (16), 63-104

Gómez-Jara Díez, C. (2019). Cultura de cumplimiento de la legalidad y su plasmación en los estándares nacionales e internacionales de *compliance*. En J.L. Gómez Colomer (dir.), *Tratado sobre compliance penal*. Valencia: Tirant lo Blanch, 299-315.

González Cussac, J.L. (2020). *Responsabilidad penal de las personas jurídicas y programas de cumplimiento*. Valencia: Tirant lo Blanch

González Cussac, J.L. (2024). La huida de la responsabilidad penal de las personas jurídicas. *Revista Electrónica de Responsabilidad Penal de Personas Jurídicas y Compliance* (4-2024), 1-21

Guzman, A.T., Meyer, T.L. (2010). International Soft Law. *Journal of Legal Analysis* (2-1), 171-225

Klabbers, J. (1998). The Undesirability of Soft Law. *Nordic Journal of International Law* (67), 381-391

Lascuraín Sánchez, J.A. (2013). Compliance, debido control y unos refrescos. En L. Arroyo Zapatero y A. Nieto Martín (dirs.), El Derecho penal económico en la era *compliance*. Valencia: Tirant lo Blanch, 111-135

Lascuraín Sánchez, J.A. (2021). *Principios penales democráticos*. Madrid: Iustel

Lascuraín Sánchez, J.A., Nieto García, A. (2023). ¿Qué valor tienen los estándares ISO/UNE para los programas de cumplimiento? *Almacén de Derecho* [blog]. Acceso: https://almacendederecho.org

Lascuraín Sánchez, J.A., Nieto García, A. (2024). Las fuentes de los programas de cumplimiento normativo. *Almacén de Derecho* [blog]. Acceso: https://almacendederecho.org

León Alapont, J. (2020). *Compliance penal. Especial referencia a los partidos políticos*. Valencia: Tirant lo Blanch

Luzón Peña, D.M. (2016). *Lecciones de Derecho Penal. Parte General*. 3ª edic. Valencia: Tirant lo Blanch

Mir Puig, S. (2015). *Derecho Penal. Parte General*. 10ª edic. 3ª reimpr. (2022). Madrid: Edisofer

Montaner Fernández, R. (2024). *Accesoriedad, regulación y Derecho Penal económico*. Valencia: Tirant lo Blanch

Muñoz Conde, F., García Arán, M. (2022). *Derecho penal. Parte General.* 11ª edic., Valencia: Tirant lo Blanch

Navarro Cardoso, F. (2001). *Infracción administrativa y delito: límites a la intervención del Derecho Penal.* Madrid: Colex

Navarro Cardoso, F. (2004). El Derecho penal del riesgo y la idea de seguridad. Una quiebra del sistema sancionador». En F. Pérez Álvarez (ed.), *Serta. In Memoriam Alexandri Baratta.* Salamanca: Servicio de Publicaciones de la Universidad de Salamanca, 1321-1347

Navarro Cardoso, F. (2018). *El cohecho en consideración al cargo o función.* Valencia: Tirant lo Blanch

Navarro Cardoso, F. (2020). Retos del Derecho Penal global. *Estudios Penales y Criminológicos* (40), 1043-1092

Nieto García, A. (1992). Prólogo. En J.M. Trayter Jiménez (1992). *Manual de Derecho disciplinario de los funcionarios públicos.* Madrid: Marcial Pons

Orts Berenguer, E., González Cussac, J.L. (2023). *Compendio de Derecho Penal. Parte General.* 10ª edic. Valencia: Tirant lo Blanch

Pastor Muñoz, N. (2019). *Riesgo permitido y principio de legalidad.* Barcelona: Atelier

Ragués Vallés, R. (2021). Un nuevo avance en la estandarización de los modelos de prevención de delitos: la ISO 37002 sobre gestión de sistemas de denuncia. La Ley Compliance (7), 1-9

Rodríguez Vázquez, V. (2020). Democracia, sistemas de control y Derecho penal. Aproximación al fenómeno del *soft law* y de la externalización de los deberes estatales de control a través de los *compliance programs. Revista Electrónica de Ciencia Penal y Criminología* (22-11), 1-48

Sánchez Tomás, J.M. (2018). Artículo 25.3. La prohibición de sanciones privativas de libertad impuestas por la administración civil. En M. Rodríguez-Piñero y Gómez-Ferrer, y M.E. Casas Baamonde (dirs.), *Comentarios a la Constitución española.* T. I. Madrid: Wolters Kluwer, 955-960

Sarmiento, D. (2006). La autoridad del Derecho y la naturaleza del *soft law. Cuadernos de Derecho Público* (28), 221-266

Silva Sánchez, J.M. (2022). *El riesgo permitido en Derecho penal económico.* Barcelona: Atelier

Terradillos Basoco, J. (2006). Globalización, administrativización y expansión del Derecho penal económico. *Nuevo Foro Penal* (70), 86-115

Criminal compliance y funciones del compliance officer. Especial atención a la delincuencia medioambiental

LAURA ZÚÑIGA RODRÍGUEZ
Catedrática de Derecho Penal
Universidad de Salamanca.

Resumen: En el marco de la responsabilidad penal de las personas jurídicas por delitos medioambientales, la aplicación del *criminal compliance* como un auténtico instrumento preventivo, requiere de un sistema normativo claro y eficaz para la prevención y la sanción de estos delitos. El *compliance* ambiental se configura como un proceso integral y dinámico, en el que las funciones específicas del *compliance officer* juegan un papel crucial para la identificación y gestión de riesgos, así como en la promoción de una cultura de cumplimiento dentro de la organización. El tema cobra especial importancia tras la reciente Directiva (UE) 2024/1203 del Parlamento Europeo y del Consejo, de 11 de abril de 2024, relativa a su defensa a través del Derecho penal, que refuerza la protección del medio ambiente mediante sanciones penales y la armonización de las infracciones y sanciones.

Palabras claves: Criminal compliance, responsabilidad penal de las personas jurídicas, delincuencia medioambiental, compliance officer.

Summary: Within the framework of criminal liability of legal entities for environmental crimes, implementation of criminal compliance as an authentic preventive instrument requires a clear and effective regulatory system for the prevention and punishment of these crimes. Environmental compliance is configured as a comprehensive and dynamic process, in which specific functions of compliance officer, play a crucial role in identifying and managing risks, as well as in promoting a compliance culture within organization. The issue takes on special importance following the recent Directive (EU) 2024/1203 of the European Parliament and of the Council, of April 11, 2024, relating to the protection of the environment through criminal law, which reinforces its defense by means of sanctions penalties and the harmonization of infractions and sanctions.

Keywords: Criminal compliance, criminal liability of legal entities, environmental crimes, compliance officer.

INTRODUCCIÓN: DELITOS MEDIOAMBIENTALES Y RESPONSABILIDAD DE LAS PERSONAS JURÍDICAS

Hace ya varios años que la doctrina penal viene prestando especial atención a los *compliance* sin que se agoten las diversas aristas de su contenido conceptual. Se ha acordado que es un instrumento que proviene de la cultura jurídica estadounidense, que es un híbrido entre lo público y lo privado (autorregulación regulada), que va más allá del Derecho Penal porque abarca aspectos multidisciplinares, que tiene incidencia en la responsabilidad penal (o administrativa, en su caso) de la persona jurídica, etc., pero aún estamos muy lejos de una teoría consolidada de los *compliance* como lo reclama, con razón, Khulen (2013, p. 63 y ss).

Efectivamente, estamos aún muy lejos de lograr una *teoría del compliance* aceptable para el Derecho Penal porque los presupuestos son muy diversos, la aceptación de la responsabilidad penal de las personas jurídicas es aún contestada por algunos autores, los legisladores les otorgan diverso peso en la determinación de la sanción y la jurisprudencia va a paso lento en la configuración de este dúo: *compliance*/responsabilidad penal de las personas jurídicas.

Se trata, sin duda, de una institución que aparece primero en la realidad fenomenológica, especialmente de la economía y la empresa, y luego se le da forma en el mundo jurídico y, más concretamente, en la responsabilidad empresarial. De ahí que el proceso de su consolidación sea arduo y lento. Además, ello explica el detenimiento de seguir estudiando el *compliance* y su incidencia en la responsabilidad penal de las personas jurídicas.

En este trabajo se hará una aproximación al tema del *compliance* relacionado con las funciones que debe cumplir el *compliance officer*, oficial de cumplimiento o encargado del cumplimiento, según diversas denominaciones y enfocado todo ello en la delincuencia medioambiental.

Se ha elegido el enfoque de la delincuencia medioambiental porque, precisamente, la responsabilidad penal de las personas jurídicas y los *compliance* parecen poco contestados ante la evidencia empírica que son las empresas o las organizaciones con actividad económica los principales destinatarios de las normas medioambientales al ser los posibles agentes criminógenos de afectación del bien jurídico tan preciado medio ambiente. Como advierte Montaner, "la mayoría de los casos de delito ecológico son la consecuencia de una actividad empresarial irregular. De ahí que la actividad de algunas empresas sea considerada uno de los focos de peligro más grave y evidentes para el medio ambiente" (2008, p. 207).

Además, los delitos contra el medio ambiente constituyen el ideal-tipo de delitos económicos, con todas las características fundamentales que provocan indiscutibles tensiones con la teoría del delito clásica y sus garantías: adelanto de la intervención penal, abundantes elementos normativos, tipos abiertos que denotan cierta ambigüedad, uso de leyes penales en blanco, accesoriedad administrativa y, especialmente, son protagonizados en su inmensa mayoría dentro de la actividad económica de una empresa. De ahí que se muestren mucho más evidentes las constataciones que se van a realizar en este trabajo, toda vez que la persona jurídica es la principal destinataria de la norma penal.

Asimismo, a pesar de ser un ámbito altamente normativizado, resulta incontestable la necesidad y el merecimiento de pena para las infracciones más graves al medio ambiente, dado que la conciencia social sobre la protección de dicho bien jurídico exige el uso, inclusive, del último recurso que posee el

Estado, en el entendido que merecen repuestas "efectivas, proporcionadas y disuasorias".

En efecto, los delitos medioambientales son una clara expresión del Derecho Penal del riesgo, pues se entiende que la sociedad acepta un margen controlable de actividades capaces de vulnerar el medio ambiente, siempre que se desarrollen dentro de los límites de las reglas establecidas para tal actividad (riesgo permitido), bajo la comprensión que dichas actividades son beneficiosas finalmente. Esto es, como sociedad hemos asumido ciertos costes contra el medio ambiente, siempre que haya una ponderación en favor de los beneficios que las actividades empresariales generan (Silva Sánchez, 2022, p. 31 y ss.). Además, como expresión de un Derecho Penal del riesgo, el instrumento de control social está anclado en la *prevención*, es decir, en evitar un daño futuro, en este caso, al medio ambiente. Ahora bien, como se sabe el concepto de prevención es totalmente abierto, pues se trata de *evitar algo*, pero queda sin delimitar cuánto se puede evitar, qué concretamente se puede evitar, para cuándo se pretende evitar, con qué herramientas se puede evitar.

El banco de prueba de los delitos medioambientales para profundizar sobre la responsabilidad penal de las personas jurídicas y la valoración de los *compliance* en la atribución de dicha responsabilidad deviene atrayente siendo así que confluyen dos características fundamentales del riesgo: que la tutela del medio ambiente se inscribe nítidamente en las actividades de riesgo necesitadas de controlar y que la empresa es el principal agente que genera esos riesgos en el desarrollo de su actividad económica. Ello denota, también, que se trata de conductas desarrolladas necesariamente en el seno de una organización, o que cobran solo sentido jurídico-penal en el ámbito organizacional, debido a que únicamente se perseguirán las *conductas graves*, que desarrollen un verdadero peligro/daño al medio ambiente, conductas que adquirirán dicha magnitud en la actividad empresarial.

El tratamiento de la delincuencia ambiental resulta de suma actualidad no solo por la cada vez mayor conciencia de la necesidad de intervención social en el deterioro del medio ambiente, sino también porque últimamente se van actualizando las legislaciones en dicha materia ante la constatación de la ineficaz regulación anterior. Buena muestra de ello es la Directiva (UE) 2024/1203 del Parlamento Europeo y del Consejo, de 11 de abril de 2024, relativa a la protección del medio ambiente mediante el Derecho penal y por la que se sustituyen las Directivas 2008/99/CE y 2009/123/CE.

Los pasos a seguir en este trabajo serán los siguientes. Primero abordaré los problemas más relevantes de la prevención de la delincuencia medioambiental. En segundo lugar, el abordaje se centrará en los *compliance* o programas de cumplimiento que se ajustan a la prevención de la delincuencia medioambiental. Y, finalmente, se abocará dichas conclusiones en las funciones que debe desarrollar un *compliance officer* u oficial de cumplimiento respecto de estos delitos.

1. LA PREVENCIÓN DE LA DELINCUENCIA MEDIOAMBIENTAL. PRINCIPALES PROBLEMAS

Como se ha dicho, en materia de prevención de la delincuencia medioambiental el enfoque se dirige a las empresas, como principales agentes contaminantes en su actividad productiva. Ciertamente que las empresas no son los únicos agentes contaminantes, pues también se puede evocar a la criminalidad organizada que trafica con residuos tóxicos o con especies protegidas, o el desarrollo urbanístico que en España ha tenido un protagonismo especialmente en las costas. Lo que resulta certero es que detrás siempre encontramos personas jurídicas, ya sea para ocultar los negocios ilícitos como sucede con la criminalidad organizada (EU SOCTA, 2021, p. 54) o para facilitar la corrupción con empresas constructoras como sucedió por mucho tiempo en nuestro país.

Se reconoce que las empresas son los principales agentes capaces de vulnerar el medio ambiente y asociado a ello la necesidad de desarrollar la *prevención desde el ámbito de la organización/persona jurídica.* En efecto, si los principales agentes criminógenos que ponen en riesgo el bien jurídico medio ambiente son organizaciones, los destinatarios de las normas penales y administrativas son organizaciones, no personas físicas. Este es el principal argumento para comprender los *compliance* en clave organizacional. Es decir, las normas de prevención (control de riesgos), tanto administrativas como penales, se dirigen a las empresas/personas jurídicas, quienes se deben organizar diligentemente para que los riesgos contra el medio ambiente que generan con su actividad productiva, se desarrollen dentro de los límites permitidos (normalmente establecidos con leyes administrativas). Esto será importante, como se verá, para la determinación de las funciones/responsabilidad del *compliance officer*, pues, aunque se determine una persona física (o colegiada) como sujeto visible de la prevención de riesgos, la obligación jurídica de la prevención de riesgos recae en la organización. Como recuerda Paliero, la prevención de los delitos de riesgo en entidades colectivas no es tanto un problema de personas, sino sobre todo un problema de "organización de la organización" (2021, p. 71).

Respecto a la determinación del riesgo permitido por las leyes administrativas del sector, en este caso por las leyes ambientales, que son amplias e ingentes, se debe subrayar la proliferación de normas multinivel que le dan contenido. Desde disposiciones europeas hasta nacionales, autonómicas, locales; *hard law, soft law.* Todas dicen del control de riesgos y, a veces, pueden entrar en contradicción entre ellas. No olvidemos que detrás de la actividad económica de riesgos están intereses, a veces particulares, muchas veces contrapuestos al interés general, que pueden ser contrarios al medio ambiente.

Es importante el control de riesgos no sólo en el ámbito nacional sino también en el extranjero. El sistema de producción posfordista que favorece el *outsourcing* o la subcontratación de parte de la producción en países que se ven favorecidos por una fiscalidad baja, menores niveles de derechos laborales o leyes laxas de protección del medio ambiente, resulta un problema para las autoridades protectoras del medio ambiente.

Está claro que no es admisible que las multinacionales respeten las leyes en los territorios en los que están domiciliadas (normalmente Europa y Estados Unidos), mientras que esa conformidad hacia el cumplimiento normativo no se realiza fuera de estos países. Como se sabe, para contrarrestar esta práctica vulneradora de los derechos humanos, han sido aprobadas una serie de normativas que intentan someter a responsabilidad a las empresas transnacionales respecto a las actividades de sus proveedores y contratistas, así como de sus filiales. Se trata de la *diligencia debida en materia de derechos humanos* desarrollada a partir de los Principios Rectores de Naciones Unidas de 2011 sobre responsabilidad de las empresas multinacionales por vulneración de los derechos humanos (conocidos como Principios Ruggie). Esto es, la obligación jurídica de prevenir, proteger y remediar la vulneración de derechos humanos por parte de las multinacionales, entre ellos los daños contra el medio ambiente, consiste en la prevención también de conductas extranjeras. El empresario (normalmente el directivo), debe prever una organización de la cadena de valor respetuosa de los derechos humanos y el medio ambiente, de lo contrario, tendrá que responder con indemnizaciones reparadoras del daño causado. De la diversa legislación y propuestas de regulación que se han ido promulgando en los últimos años, para este trabajo ha de subrayarse la *Propuesta de Directiva de la UE en materia de diligencia debida y sostenibilidad de febrero de 2022*, que incide sobre el respeto al medio ambiente.

La proximidad de los *compliance* como instrumento de prevención de riesgos en la empresa y la diligencia debida en materia de derechos humanos es evidente (Zúñiga Rodríguez, 2022). El Principio Ruggie N° 13 dice: "La responsabilidad de respetar los derechos humanos exige que las empresas: a) Eviten que sus propias actividades provoquen o contribuyan a provocar consecuencias negativas sobre los derechos humanos y hagan frente a esas consecuencias cuando se produzcan; b) Traten de prevenir o mitigar las consecuencias negativas de sus actividades". En todos los casos se trata de la obligación legal de la empresa de establecer mecanismos para detectar los riesgos que se desarrollan en su proceso de producción y que puedan dar lugar a daños, algunos constitutivos de delitos, en todo caso, conductas prohibidas por afectar derechos básicos como son los derechos humanos. Interesante diferencia es que la diligencia debida en materia de derechos humanos se extiende a toda la cadena de valor y suele consistir en una reparación o indemnización, más próxima a la responsabilidad civil. No obstante, el temor de los activistas en materia de derechos humanos es que esta diligencia debida se convierta en un *compliance* entendido como instrumento de defensa de la empresa para exonerar o atenuar su responsabilidad (Zúñiga Rodríguez, 2022, p. 14). En este punto creo importante distinguir prevención entendida como evitar el riesgo/delito a entender la prevención para evitar la responsabilidad, que son cuestiones distintas. El *compliance* y el *compliance officer* deben buscar evitar el riesgo/delito y, como consecuencia de ello, el riesgo de responsabilidad; pero en ningún caso la finalidad principal ha de ser la evitación de la responsabilidad.

En suma, la prevención en materia del medio ambiente no solo se refiere a las actividades empresariales nacionales, sino también al proceso de producción que se desarrolla en el extranjero, sin importar que las leyes extranjeras sean laxas, pues la obligación jurídica nace de pactos internacionales de respeto a los derechos humanos, entre ellos los derechos sociales, como lo es el derecho a un medio ambiente limpio, saludable y sostenible. Se trata, pues, de una *responsabilidad de mínimos* exigible a las empresas en todas las etapas de su actividad económica, en cualquier territorio en el que desarrollen dicha actividad. La diligencia debida en materia de derechos humanos tiene la virtualidad de que la empresa multinacional ha de llevar su ley (normalmente europea o norteamericana) a cualquier país con el que tenga vínculos económicos.

Este aspecto transnacional de la problemática de la delincuencia medioambiental resulta crucial. El medio ambiente no es un bien jurídico que pertenece a un país, sino es de carácter global. La herramienta penal se plantea limitada por el principio de territorialidad, pero si lo que importa es que haya una responsabilidad que ha de satisfacerse reparando el daño o indemnizando a las víctimas y la prevención tiene un alcance transnacional, la función del Derecho parece cumplida.

Otro asunto relevante al que ha de hacer frente la prevención en materia de delincuencia medioambiental es *la vaguedad de muchos elementos típicos,* como "daño sustancial" de nuestro art. 325 CP. Si el *compliance* tiene que prevenir el riesgo/delito ecológico, parece evidente que los términos imprecisos de los tipos penales no ayudan mucho a la prevención, pues no queda claro qué es lo que realmente se pretende evitar. La Directiva (UE) 2024/1203 tiene como objetivo proporcionar definiciones comunes de los delitos medioambientales y la disponibilidad de sanciones penales efectivas, disuasorias y proporcionadas para los delitos graves (Considerando Nº 73). El art. 3 establece un catálogo detallado de conductas que se consideran dañinas para el medio ambiente.

Como ya apuntaba Siracusa (2023, p. 5), refiriéndose al art. 3 de la Propuesta de Directiva en la que se fundamenta la Directiva (UE) 2024/1203, estos constituyen una serie de indicadores sintomáticos de la relevancia de la lesión al bien jurídico. Con respecto al resultado de daño, el art. 3.6 de la Directiva hace referencia a: 1) las condiciones originarias del ambiente contaminado; 2) la duración del daño; 3) el alcance del daño; y 4) la reversibilidad del daño.

La Directiva también apunta la necesidad de utilización de delitos de peligro para una mayor eficacia de la intervención penal. Este adelantamiento de la intervención se corresponde con la tutela preventiva de actividades de riesgo para el medio ambiente, plasmada en la expresión "que pueda causar" un daño ambiental recogida en la ya derogada Directiva 2008/99/CE y en el art. 325 CP vigente. El art. 3.7 intenta clarificar los umbrales de peligro relevante: 1) que la conducta se refiera a una actividad considerada de riesgo o peligrosa, que requiera una autorización que no se haya obtenido o que no se haya cumplido; 2) la medida en que se supere un umbral o valor normativos u otro parámetro obligatorio establecido en el Derecho de la Unión o nacional o en una autorización expedida para la actividad; y 3) si el material o sustancia está clasificado como peligroso o catalogado de otro modo como nocivo para el medio ambiente o la salud humana.

Otro aspecto destacable de la problemática preventiva de la delincuencia medioambiental son las relaciones entre infracciones administrativas e infracciones penales, conforme también señala la Directiva. Como ya se ha apuntado, el sector tutela del medio ambiente es altamente normativizado y existe una ingente normativa multinivel. En este punto parece importante discernir si la prevención debe consistir en intentar evitar el riesgo/delito o el riesgo/infracción administrativa. Dado que la prevención fundamental se centra en la normativa administrativa contenedora de los riesgos, parece lógico que la prevención en materia medioambiental debe orientarse a evitar el riesgo/infracción grave. La dinámica comisiva de los delitos contra el medio ambiente muestra que no suelen ser delitos instantáneos, sino que se producen por una serie de conductas diversas, entre ellas infracciones administrativas. Por tanto, hay que evitar las continuas infracciones para no llegar a la comisión de delitos. El *compliance* en materia medioambiental debe tener como horizonte el cumplimiento normativo del sector, de acuerdo con la propia actividad de la empresa.

La Directiva parece ir en esta dirección al señalar que para que una conducta constituya un delito medioambiental, debe ser “ilícita” y han de considerarse como tal, las infracciones del Derecho medioambiental de la Unión o aquellas que infringen “disposiciones legales, reglamentarias o administrativas de algún Estado miembro, o decisiones adoptadas por una autoridad competente de un Estado miembro, que den efecto a dicho Derecho de la Unión” (Considerando N° 9). Esto es, la prevención ha de dirigirse a evitar delitos e infracciones, especialmente las graves, en la medida que todas ellas se consideran parte de la delincuencia medioambiental. Por tanto, el encargado del cumplimiento tendrá que tener en cuenta toda la normativa correspondiente de autorizaciones, permisos, licencias, umbrales de contaminación, etc. El concepto de ilicitud referido en el Considerando N° 9 de la Directiva, señala claramente que lo integra en primer lugar la legislación europea, dejando en evidencia la superioridad de las disposiciones europeas sobre otras de menor rango. También se refiere a que la conducta será considerada ilícita “aunque se lleve a cabo con una autorización expedida por una autoridad competente de un Estado miembro si dicha autorización se hubiera obtenido de manera fraudulenta o mediante corrupción, extorsión o coerción”.

Es importante resaltar la apuesta por el instrumento penal, además del Derecho administrativo sancionador, para la tutela del medio ambiente. Desde la Directiva 2008/99/CE de protección del medio ambiente mediante el Derecho penal, la UE mostró su decidido afán por una protección reforzada del medio ambiente utilizando, en los casos más graves, el instrumento más contundente de los Estados, la sanción penal; compromiso que reitera con la Directiva (UE) 2024/1203. Esta protección reforzada del medio ambiente mediante sanciones penales y la necesidad de armonización de las infracciones y sanciones, se inscribe en el art. 83.2 TFUE "Cuando la aproximación de las disposiciones legales y reglamentarias de los Estados miembros en materia penal resulte imprescindible *para garantizar la ejecución eficaz* de una política de la Unión en un ámbito que haya sido objeto de medidas de armonización, se podrán establecer mediante directivas normas mínimas relativas a la definición de las infracciones penales y de las sanciones en el ámbito de que se trate".

Es curiosa la conexión entre "garantizar la ejecución eficaz" y la utilización de infracciones y sanciones penales, otorgando a la tutela penal un nivel claro de merecimiento y necesidad de pena al más alto nivel, correspondiente con la importancia del bien jurídico para la política de la UE. La Propuesta de Directiva, en la que se fundamenta la Directiva (UE) 2024/1203, después de realizar un estudio sobre el funcionamiento de la Diretiva de 2008 realizado entre los años 2019 y 2020, publicó sus conclusiones en octubre de 2020 (Consejo de la Unión Europea, 28 de octubre de 2020), el cual constató que "no fue muy efectiva en la práctica: en los últimos diez años, el número de casos de delincuencia medioambiental investigados y condenados con éxito se había mantenido muy bajo. Además, *los niveles de las sanciones impuestas eran demasiado bajos para resultar disuasorios* y la cooperación transfronteriza no se llevaba a cabo de manera sistemática". Se trata, pues, de una evidente decisión de política criminal de reforzar la tutela con un sistema más contundente de infracciones y sanciones penales, con el objetivo de aumentar la eficacia en la persecución de conductas infractoras contra el medio ambiente. Lo cierto es que la medición de la eficacia en la persecución de la delincuencia deviene siempre complicada (Torrente Robles, 2001, p. 86 y ss.). Y, en el caso de la medición de la delincuencia medioambiental las dificultades son aún mayores por varias razones: se realizan en ámbitos empresariales o de criminalidad organizada siempre amparados por la organización, suelen protagonizarlos delincuentes de cuello blanco, sujetos poderosos, etc.

Lo que sí puede ser un dato significativo es el aumento de las incidencias de las infracciones medioambientales, que el estudio cifra en un crecimiento entre 5-7% anual.

En todo caso, lo que sí parece muy consensuado es que el delincuente económico determina su comportamiento por la relación costes-beneficios. De manera que el aumento de los costes con la sanción y el desprestigio que acarrea la sanción penal pueden ser suficientemente disuasorios. De ahí que la Directiva haya establecido un umbral mínimo de sanciones con el objeto de homogenizar de manera cuantitativa y cualitativa las consecuencias jurídicas de los delitos medioambientales. Particularmente el art. 7 se centra en sanciones para las personas jurídicas, destacando en el apartado 2º letra a) subinciso i) la obligación de restablecer el medio ambiente en un plazo determinando (si el daño es reversible), o ii) pagar una indemnización por los daños al medio ambiente (si el daño es irreversible), en clara consonancia con el principio del Derecho ambiental que "quien contamina, paga". La sanción de reparación del daño causado que es bien considerada como una de las consecuencias jurídicas contra las personas jurídicas más auspiciada, en la medida que cumple con fines de prevención especial y de indemnización de las víctimas, lo es especialmente en el ámbito de los daños medioambientales en los que la empresa, con su capacidad económica y los beneficios obtenidos, puede realizarla idóneamente. Es, además, la sanción por excelencia del Derecho estadounidense, con claros beneficios sociales.

El art. 7.1 de la Directiva remarca que las sanciones para las personas jurídicas deben ser "efectivas, proporcionadas y disuasorias" conforme lo establecen los Convenidos Internacionales que se ocupan del tema. Lo que es destacable es la previsión de porcentajes mínimos para las multas, vinculados al "*volumen de negocios mundial total* de la persona jurídica, bien en el ejercicio económico anterior a aquel en que se cometió el delito, bien en el ejercicio económico anterior al de la decisión de imposición de la multa" (art. 7.3, inc. a) y b)). Esta previsión resulta trascendente para la prevención general y prevención especial en la medida que la empresa no puede considerar la multa como un coste asumible fácilmente, sino más bien el impacto es proporcional a la capacidad económica no solo de la filial, sino de toda la multinacional.

Los umbrales cuantitativos y cualitativos de las definiciones de delitos medioambientales también contribuyen a una persecución más cierta y eficaz, como la esperada. Como se ha observado líneas arriba, la Directiva se ocupa de definir más claramente los delitos medioambientales, pero importa también delinearlos en relación a las infracciones administrativas. Si bien la Directiva, en su parte considerativa destaca el carácter crucial de la complementariedad del Derecho penal y del Derecho administrativo para prevenir y disuadir las conductas ilícitas perjudiciales para el medio ambiente, deja que sean los Estados los responsables de establecer el alcance de las garantías de cumplimento administrativo y penal; de adoptar las medidas (de Derecho administrativo, civil y penal) que integran el sistema de garantía y coordinar la cooperación interna y la comunicación entre todas sus autoridades competentes que participen en la garantía del cumplimiento administrativa y penal (Considerandos Nº 4, 46 y 62). Particularmente en su art. 19 se refiere a la necesidad de adopción de medidas que establezcan mecanismos adecuados de coordinación y cooperación en los aspectos estratégico y operativo entre todas sus autoridades competentes implicadas en la prevención y la lucha contra los delitos medioambientales, destinada entre otros objetivos, a "garantizar prioridades comunes y la comprensión de la relación entre la garantía del cumplimiento de la ley en el ámbito penal y en el administrativo". Dada la fuerte normativización del sector, donde la antijuricidad prácticamente está definida por el ámbito administrativo, hubiera sido sumamente conveniente que la Directiva estableciera criterios cuantitativos y cualitativos para señalar las diferencias entre infracciones administrativas y penales medioambientales. Es decir, una buena coordinación entre el Derecho administrativo y el Derecho penal necesaria para una mejor prevención, amerita establecer estándares más nítidos que alumbren las legislaciones para que existan verdaderas sinergias. Se trataría de dejar claras recomendaciones de las líneas deseables entre infracciones administrativas y penales, y entre sanciones administrativas y penales. Ello merece un detenimiento.

Como justificación la Directiva establece que "los Estados miembros deben tipificar como delito determinadas conductas ilícitas, proporcionar una mayor precisión por lo que respecta a la definición de los delitos pertinentes y armonizar las clases y grados de las sanciones" (Considerando N° 6), y el art. 19, inc. e) al referirse al sistema de coordinación y cooperación hace mención a "las redes europeas de profesionales que trabajan en asuntos relacionados con la lucha contra los delitos medioambientales y las *infracciones conexas*", denotando claramente con esa expresión la accesoriedad administrativa del Derecho penal en este ámbito. Sin embargo, no contempla ninguna disposición, por ejemplo, sobre la lesividad de la conducta típica, la prohibición de considerar delitos meras desobediencias, el grado de peligrosidad considerados legítimos para una conducta típica, etc., respecto a las infracciones. Y respecto a las sanciones, hubiera sido deseable recomendar a los legisladores una escala de sanciones administrativas y penales conforme a los principios de intervención mínima y de proporcionalidad del Derecho Penal, coordinando bien con los ilícitos de acuerdo con la menor y mayor gravedad. Algo que es evidente en la teoría, pero que en la práctica legislativa deja mucho que desear. Es preciso que los tipos penales y las definiciones correspondientes respeten el principio de que las conductas deben poner al menos en peligro (siquiera hipotético) el bien jurídico medio ambiente. De lo contrario, una anticipación excesiva de la tutela, inspirada en el principio de precaución, conducirá irremediablemente a un Derecho penal simbólico o irracional por aplicarse de manera arbitraria.

Preocupante es el aumento de los delitos medioambientales relacionados con los residuos de todo tipo, la mayoría de las veces protagonizados por organizaciones criminales. Este es un fenómeno que no ha sido especialmente alarmante en España, pero afecta de manera importante a otros países como Italia, donde se evidencian casos de empresas mafiosas dedicadas al reciclaje o directamente al tráfico de residuos. La denominada *criminalidad organizada ambiental* va en aumento al consistir en un negocio altamente rentable traficar con residuos. Diversas conductas protagonizan esta vertiente de la delincuencia organizada, desde exportaciones ilegales de residuos, quemas, gestión y vertidos ilegales, hasta la contaminación de actividades lícitas e ilícitas, puesto que la mayoría de las veces realizan estos tráficos amparados en empresas legales o utilizando testaferros, con lo cual, además de dañar el medio ambiente y realizar prácticas corruptas, socaban las inversiones legítimas de tratamiento de desechos que pretenden desarrollar actividades de reciclaje (Muñoz, 2023). La Propuesta en la que se fundamenta la Directiva se ocupaba del tema al fragor del Informe de Europol *SOCTA 2021, Informe sobre la amenaza de la delincuencia grave y organizada* y en particular, a partir de las *Conclusiones del Consejo sobre la determinación de las prioridades de la UE para la lucha contra la delincuencia grave y organizada durante el ciclo 2022-2025 de la EMPACT*, que señala: "la gestión de residuos es una industria lucrativa y en rápido desarrollo, que atrae cada vez a más delincuentes", resaltando también el uso de empresas legales y testaferros (Consejo de la Unión Europea, 12 de mayo de 2021). El art. 8 inc. b) de la Directiva considera este supuesto como una circunstancia agravante, cuando "el delito se haya cometido en el marco de una organización delictiva en el sentido de la Decisión Marco 2008/841/JAI del Consejo". Este tratamiento del asunto resulta discutible en tanto que podría concurrir con otras agravantes como la de "obtener beneficios sustanciales" (art. 8 inc. f) de la Directiva), o concurrir con otros tipos penales como nuestro art. 326.2 CP que tipifica el delito de traslado de residuos en cantidades "no desdeñables", con todos los problemas penológicos que los concursos plantean. La opción de un tipo específico de delito de organización criminal ambiental se encuentra en el horizonte, teniendo como modelo el tipo especial italiano, toda vez que se ha mostrado eficaz para la lucha contra la eco-mafia (Siracusa, 2022, p. 158) y, dado que se percibe en el panorama europeo un aumento de este fenómeno criminal, apunta a constituir un asunto relevante para la cooperación internacional y la política criminal europea.

2. ¿QUÉ CARACTERÍSTICAS HA DE TENER EL COMPLIANCE AMBIENTAL?

En el ámbito de la prevención medioambiental destaca la *Norma ISO 14001 de 2015*, que diseña un Sistema de Gestión Ambiental (SGA) cuyos objetivos principales son (02): 1°) protección del ambiente utilizando la prevención; 2°) mitigación de los impactos medioambientales; y 3°) ayuda a la empresa a cumplir con la legislación. Se puede señalar que se trata de un instrumento que traza los lineamientos de un *compliance* ambiental idóneo, pues "contiene todos los requisitos necesarios para realizar una evaluación del cumplimiento" (05).

Teniendo en cuenta los problemas anunciados de la prevención de la delincuencia ambiental en el epígrafe anterior, muchas cuestiones se abren para la determinación de un *compliance ambiental idóneo* para prevenir la delincuencia ambiental.

Conviene recordar que precisamente los *compliance* como instrumento para prevenir la delincuencia y especialmente la delincuencia ambiental provienen de la experiencia estadounidense, confluyendo capacidad preventiva de los *compliance* y prevención ambiental. Los especialistas en el tema, tanto Elena Górriz (2019, p. 35 y ss.) como el fiscal Vercher Noguera (2016, p. 2 y ss.), nos recuerdan que donde más se ha desarrollado la prevención medioambiental es en los Estados Unidos, como una de las muestras de la *corporate crime* y la *white collar crime* por excelencia. En efecto, en el país donde ya ha habido un reconocimiento de la responsabilidad penal de las personas jurídicas desde comienzos del siglo XX, el tratamiento de la prevención de la delincuencia ambiental por medio del Derecho Penal no ha planteado ningún problema. El consenso social sobre la utilización de las penas para los daños ambientales graves protagonizados por empresas, especialmente las petroleras, es prácticamente unánime. Particularmente se ha obligado a las empresas contaminantes a reparar el daño ambiental causado, bajo el principio de que "quien contamina, paga", idea a la que se acercan también las multas impuestas. Por ello conviene revisar su funcionamiento para compartir su experiencia considerada eficaz.

En primer lugar, en los Estados Unidos el *compliance* no tiene efectos de eximente, ni como mecanismo de defensa, como se ha regulado especialmente en Italia y España, sino más bien es una herramienta para la negociación con la empresa a los efectos de que muestre su afán de cooperación, pueda favorecer un acuerdo de no acusación o pueda atenuar la sanción (Górriz Royo, 2019, pp. 39-40), según los casos. Obviamente esta dinámica corresponde a un modelo jurídico distinto al nuestro, eurocontinental, en el que las penas están aferradas al principio de legalidad. No obstante, a futuro se debe tener en cuenta esta dinámica estadounidense y debe servir para repensar si esa fórmula del art. 31 bis 4 CP de eximente del *compliance*, se configura fácilmente como un mecanismo de defensa para la irresponsabilidad de la persona jurídica. Porque en la experiencia de los Estados Unidos el fiscal no tiene que probar la existencia del *compliance*, como arguyen las sentencias que disponen que se trata de un elemento del tipo, sino más bien la carga de la empresa es mostrar su grado de colaboración con las autoridades para demostrar la idoneidad de su *compliance* o el haber sido defraudado por los subordinados sin culpa de los apicales. Y esto es mucho más lógico, si se tiene en cuenta que las empresas son organizaciones privadas, cerradas, donde las autoridades no pueden tener información directa de las dinámicas internas. Donde las pequeñas infracciones que pueden dar lugar a graves infracciones o las subculturas de ilegalidades concurrentes no se conocen desde fuera.

Por tanto, en la disyuntiva prevención del riesgo/delito vs. prevención de la responsabilidad, está claro que el *compliance* debe apostar por la prevención del riesgo/delito. Su foco de atención no puede ser el que la empresa sea descubierta o el de sortear la intromisión de las autoridades, sino evitar en todo lo posible los potenciales daños al medio ambiente que la actividad empresarial genera.

Los estudios sobre dinámicas organizacionales y funcionamiento del *compliance* muestran los posibles conflictos de intereses que se desarrollan al interior entre objetivos empresariales y cumplimiento de la ley. Tradicionalmente las organizaciones empresariales han comprendido a la ley y las autoridades como extraños, elementos exógenos, perturbadores de la actividad empresarial. Las dinámicas modernas del *compliance* dan un giro a esta comprensión centrándose en los procesos a través de los cuales las propias organizaciones construyen el significado de cumplimiento de la ley (Monciardini, et al., 2021, p. 292).

La Norma ISO 14001 se ocupa de este asunto señalando que los SGA deben prever los objetivos ambientales que recaen en la empresa, señalando las funciones correspondientes en los niveles pertinentes. Los objetivos deben ser coherentes, medibles, monitorizables, comunicables, actualizados (6.2.1). Asimismo advierte que: "el éxito del SGA depende del compromiso que tengan las personas que integran la organización a todos los niveles, liderada por la alta dirección". Así como "la integración de la gestión ambiental con los procesos de negocios, estrategia y toma de decisiones. Alineándolos con otras prioridades del negocio" (03).

En suma, el SGA que propugna la ISO 14001 se centra en los objetivos ambientales (que hemos dicho son protección, prevención, mitigación y cumplimiento de la ley) alineados con los objetivos de negocios, como parte del proceso de gestión.

2.1. ¿Qué riesgos debe prevenir el compliance ambiental?

Se ha señalado que el ámbito de la prevención en materia del medio ambiente es amplio y puede ser indeterminado en la medida que la dañosidad de las conductas son difícilmente medibles y los efectos pueden ser a corto, medio o largo plazo, acumulativos, dependen de diversos factores, etc. (Zúñiga Rodríguez, 2020, p. 2007 y ss.). Sin embargo, también hay que tener en cuenta que es un sector altamente normativizado, por lo que el riesgo permitido lo delimitan las normas accesorias correspondientes de todos los niveles. Es decir, el primer cumplimiento del *compliance* ambiental es el de la normativa nacional, internacional, local, autonómica, correspondiente, en la medida de que la antijuricidad de estas conductas se centra en dichas leyes. Se ha dicho, también, que muchos elementos del tipo son abiertos e indeterminados. Curiosamente los estudios sobre dinámicas de organizaciones, precisamente para conjugar objetivos empresariales y cumplimiento de la ley, saludan la ambigüedad de la normativa, en la medida que mejora el potencial para la construcción generencial del Derecho (Monciardini, et al., 2021, p. 326). Es decir, esa textura abierta de la ley sería idónea para adaptar las situaciones cambiantes de la realidad empresarial al cumplimiento normativo. Queda claro que las dinámicas económicas son cambiantes y sumamente competitivas, por lo que no es una foto fija, mientras que sí lo es la ley. Ello permitiría al juez aplicar la ley lo más ajustado a los parámetros económicos-sociales del momento. Para eso se requieren jueces, fiscales, órganos de investigación sumamente especializados, indudablemente. Y, también de un órgano de cumplimiento especializado en la materia.

Pero la intervención penal confirmaría el fracaso de las leyes administrativas del sector o el incumplimiento de algunas. Significaría que no ha habido un cumplimiento de la normativa correspondiente. Por ello, el *compliance* debe apuntar a prevenir el riesgo/infracción, más que el riesgo/delito. Es decir, más que buscar identificar las actividades que puedan dar lugar a delitos ambientales, el *compliance* ambiental debe enfocarse en la prevención de infracciones cotidianas del sector, incluso las pequeñas infracciones. Como señalan Monciardini/Bernaz/Andhov, es preciso apuntar hacia "la prohibición radical de infracciones menores" (2021, p. 328), más aún en sectores de alto riesgo, como el petrolero, farmacéutico, minero, etc. Porque como se ha reiterado, la prevención real y eficaz en el Derecho ambiental se centra en las regulaciones del sector que delimitan el riesgo permitido.

2.2 ¿Cuándo estamos ante un compliance ambiental idóneo (aspectos materiales)?

Sobre la idoneidad de los *compliance* para que sea valorado como atenuante o eximente de la responsabilidad penal de la persona jurídica se ha escrito mucho, pero parece importante ceñir la cuestión a la clase de infracciones que se pretende prevenir, en este caso, a la prevención de daños ambientales o a la salud humana relacionada con dicho daño ambiental.

Un primer elemento del enfoque nos dice que la idoneidad debe ser, por consiguiente, vinculada a la *capacidad ex ante de conjurar las conductas empresariales que pongan en peligro real o futuro al bien jurídico medio ambiente*, independientemente del peso que esto tenga en la determinación de la responsabilidad penal de las personas jurídicas. De lo contrario, estaríamos ante un pensamiento utilitarista, insostenible bajo criterios de justicia y prevención. Ciertamente que los supuestos de riesgo presunto, o daño potencial, o daños a largo plazo, muchas veces acumulativos, son los que resultan más problemáticos. Como se ha expuesto líneas arriba, la de Directiva ha hecho un esfuerzo por delimitar los delitos de peligro en el art. 3.7 al señalar elementos para determinar si la actividad "puede causar daños a la calidad del aire, etc.". No obstante, se vuelve a reiterar que, teniendo en un país una normativa medioambiental idónea, el cumplimiento normativo constituye la mejor forma de prevención. Ahora bien, en los países fuera de la UE donde la normativa no está tan desarrollada, pueden ser importantes los principios y leyes de diligencia debida en materia de derechos humanos en la cadena de valor. Al menos las empresas domiciliadas en la UE tendrán que velar porque sus filiales, proveedores y contratistas no contaminen gravemente el medio ambiente en otros hemisferios, conforme la *Directiva (UE) 2024/1760 del Parlamento Europeo y del Consejo, de 13 de junio de 2024, sobre diligencia debida de las empresas en materia de sostenibilidad y por la que se modifican la Directiva (UE) 2019/1937 y el Reglamento (UE) 2023/2859*, y el futuro desarrollo de leyes nacionales de transposición. Bajo estas reglas, no pueden excusarse que no sabían o no podían conocer de las prácticas de sus proveedores vulneradoras del medio ambiente, porque existe la obligación legal de vigilar y controlar estas prácticas dentro de la cadena de suministro, bajo amenaza de responsabilidad civil. Si bien en estos casos no llega la ley penal por mor del principio de territorialidad, al menos hay una respuesta jurídica para reparar el daño ocasionado a las víctimas particulares y sociales.

Otro aspecto sustancial del *compliance* es no caer en *compliance* simbólicos, de papel o de maquillaje. Como se sabe, este es un gran riesgo que se corre sobre todo si conllevan la exención de responsabilidad, porque se conmina a las empresas a realizar de manera coercitva un programa de cumplimiento, pero no hay un compromiso real de la organización de respeto a las leyes. Como ponen de relieve los especialistas en dinámicas de organización, un programa de cumplimiento simbólico puede ser engañoso y peor que un enfoque pasivo o un incumplimiento, porque las estructuras simbólicas pueden interponerse entre las víctimas o la sociedad civil y las investigaciones judiciales (Monciardini, et al., 2021, p. 328). Una de las mejores maneras de conjurar este riesgo es establecer un *compliance* dinámico, en continuo fucionamiento, que efectivamente se esté desarrollando en la práctica, donde la labor del *compliance officer* será, como se verá, fundamental.

En los aspectos sustanciales un *compliance* es un proceso de gerenciamiento del riesgo, por tanto no puede quedar en una hoja de papel. Como tal, no puede ser obra de una persona, sino *un proceso de detección, control y vigilancia del riesgo que corresponde a toda la organización.* El cumplimiento de la ley es un *problema colectivo*, no una elección racional tomada por sujetos racionales (Monciardini, et al., 2021, p. 325). Los comportamientos en organizaciones se caracterizan por dinámicas de grupos, culturas y subculturas que se desarrollan en el interior y, por tanto, las infracciones y los delitos también lo son. Como se ha dicho, los delitos medioambientales no son instantáneos, sino que responden a una fenomenología organizacional de muchos comportamientos que se fraguan en el tiempo. De ahí que sea necesario recalcar el *carácter organizacional del compliance* que, aunque se personalice en sujetos concretos, no deja de ser organizacional.

La Norma ISO 14001 establece en todos los casos deberes, obligaciones, objetivos dirigidos a la empresa o la organización, focalizando el desarrollo del SGA en la dirección de la organización, quienes tienen que mostrar su liderazgo y compromiso con los objetivos ambientales. “Tienen la responsabilidad por la eficacia del SGA” (5.1).

2.3. *¿Qué características ha de tener el compliance ambiental idóneo (aspectos formales)?*

Como apunta Górriz (2019, p. 49 y ss.), un primer aspecto formal básico es que el *compliance* ambiental debe estar plasmado en un documento por escrito, de acuerdo con las condiciones del art. 31 bis 5 CP. Además, debe tener los siguientes elementos:

1°) Identificación de los riesgos ambientales

La empresa deberá realizar un estudio del impacto de sus actividades productivas en el medio ambiente que dependerá de muchos factores como el tipo de actividad que desarrolla, el tamaño, la complejidad de la organización, su cadena de valor, su actividad en el extranjero, etc. Es lo que se suele conocer como *mapa de riesgos.*

Esta detección debe ser dinámica, es decir, especialmente en caso de actividades de impacto ambiental la empresa tendrá que revisar periódicamente los posibles riesgos en que puede incurrir. La tipificación de los delitos es un riesgo de máximos, pero considero que a lo que se debe aspirar es a un riesgo de mínimos, que consiste en el cumplimiento de las regulaciones administrativas, esto es, lo que hay que conjurar es el riesgo/infracción administrativa. El tipo penal es el riesgo futuro, indeseable, que no está en el horizonte temprano, pues la verdadera prevención está en el cumplimiento de las leyes administrativas correspondientes. Poner el foco en el riesgo/delito se inclina más por una prevención de la responsabiidad penal de la empresa y menos por la verdera prevención del impacto ambiental propio de una tutela eficaz del bien jurídico. Dado que, como se ha insistido, el delito es expresión del fracaso de la prevención y esta se realiza con la normativa medioambiental correspondiente al riesgo desarrollado por la empresa.

La Norma ISO 14001 señala que corresponde a la empresa el deber de establecer, implementar, controlar y mantener los procesos necesarios para cumplir con los requisitos del SGA. Asimismo, adoptar las medidas para mitigar los efectos adversos (8.1). También dispone que "la empresa se debe asegurar de que las personas realizan su trabajo bajo el control de la organización" (7.3). En suma, que todo el dominio de la elaboración y gestión del *compliance* ambiental está en manos de la organización.

2°) Identificación de la normativa aplicable

Se considera que el primer paso para la prevención es identificar los riesgos con el fin de evitarlos. Como se ha afirmado líneas arriba, en el caso de los riesgos ambientales las leyes correspondientes suelen delimitar los riesgos permitidos y, por tanto, la atención del cumplimiento de esas regulaciones, puede ser -en muchos casos- suficiente para actuar dentro de la prevención. No obstante, el paso de identificación de los riesgos es técnico y determinante para que la empresa sea consciente de *qué normativa le resulta aplicable*. Así, en caso de mayor riesgo ambiental, de actividades peligrosas por su impacto en el medio ambiente, la empresa tendrá que verificar la normativa correspondiente que suele ser una regulación mayor.

Este aspecto ha sido resaltado por los especialistas. Tratándose de un sector altamente normativizado, la Administración suele establecer los controles de riesgos, señalando requisitos previos para la actividad, autorizaciones, licencias, permisos, etc. Una compleja normativa suele concurrir: regulaciones local, autonómica, estatal y comunitaria (Górriz Royo, 2019, pp. 52-53). Como se ha observado, la Directiva de la UE ha dispuesto que en primer lugar estará la normativa europea, con lo cual un poder local no puede aprobar reglamentos contrarios a dicha normativa. Por consiguiente, la ilicitud de la actividad económica respecto al impacto ambiental estará marcado por la normativa europea, principalmente. Este dato es importante en la experiencia española, si se tiene en cuenta que, como reconoce Vercher, "la problemática ambiental ha estado más centrada en problemas de corrupción, con un fuerte componente urbanísitico y la conocida involucración de autoridades locales" (2016, p. 10).

3°) *Designación de personal responsable de la prevención*

La persona jurídica es un ente cuya actividad se materializa en comportamientos individuales. Precisamente en lo que respecta a la prevención es importante la determinación de los sujetos individuales (en su caso, colectivos) responsables de llevar a cabo las diversas tareas correspondientes a la identificación de los riesgos ambientales y de la vigilancia y control en la cadena interna de la organización y en la cadena externa (o cadena de valor, cadena de suministro) de la misma.

Los problemas de impunidad que tradicionalmente han conllevado la comisión de delitos desde las personas jurídicas precisamente se deben a la indeterminación de los sujetos responsables de las diversas actividades que dan lugar a la comisión de delitos. De ahí que un asunto clave sea la identificación de los sujetos responsables en todas las etapas de la actividad empresarial en materia de prevención.

En este aspecto cabe señalar dos cuestiones. Una cuestión es quién o quiénes tienen la obligación jurídica de elaborar el programa de cumplimiento y, otra, quién o quiénes han de llevar a cabo la vigilancia y control para que se ejecute idóneamente dicho programa de cumplimiento.

Hay unanimidad en señalar que quienes tienen la obligación jurídica de elaborar el *compliance* son los directivos, los administradores del vértice de la organización, quienes tienen el poder de decisión y establecen la cultura de la empresa. Los estudios criminológicos avalan esta idea puesto que son los directivos quienes establecen *the tone at the top*. Es en la cúpula de la organización donde se establecen la política, estrategia, objetivos, selección de personal, gerenciamiento de los riesgos, etc. Por tanto la cultura de cumplimiento o incumplimiento, hasta llegar a comportamientos delictivos, se establecen en la mayoría de los casos desde el vértice de la organización. Ahora bien, cierto es que los subordinados también pueden cometer comportamientos ilícitos, pero los directivos detentan la posición de garante para vigilar y controlar que sus subordinados actúen conforme a ley, así como poseen todos los mecanismos materiales y jurídicos para hacer que esto suceda. Por eso los modelos italiano y español distinguen la responsabilidad de la persona jurídica cuando el comportamiento es propio de directivos del correspondiente a los subordinados, dando un mayor peso a la responsabilidad de los primeros.

Cuestión distinta es quién o quiénes han de llevar a cabo la ejecución del *compliance* elaborado por los directivos. En este punto entra a tallar el *compliance officer* u oficial de cumplimiento, según nuestra normativa, quien tampoco tiene que ejecutar personalmente el *compliance*, pero sí es responsable de designar las personas que conjuntamente con él realizarán las tareas concretas de prevención. Sobre sus funciones se detallará en el siguiente epígrafe.

La Norma ISO 14001 es clara al respecto. Señala que "la gerencia de la organización tiene que asegurarse de que las responsabilidades y las autoridades sean asignadas y comunicadas dentro de la organización" (5.3). Asimismo, advierte que "la dirección de la organización dirige y apoya a las personas que favorecen la eficacia del SGA" (5.1). Respecto a las competencias, dispone que "la empresa debe determinar la competencia necesaria para cada persona que realiza el trabajo bajo el control. Asegurarse de que son personas competentes (educación, formación, experiencia)" (7.2).

4º Códigos de conducta

La mayoría de programas de cumplimiento poseen códigos de conductas, manuales de buenas prácticas, hasta régimen disciplinario para dar respuesta a las disfunciones que puedan ocurrir al interior de la empresa. Dado que los impactos medioambientales no son instantáneos, sino que suelen consistir en la acumulación de una serie de infracciones, la prevención al menos de la no reiteración, resulta relevante. Y ello se puede hacer codificando las irregularidades a la vez que asociando consecuencias jurídicas a las mismas.

El art. 31 bis 5.5.º CP señala que los modelos de organización y gestión establecerán un sistema disciplinario que sancione adecuadamente el incumplimiento de las medidas que establezca el modelo. Por tanto, una buena manera de verificar la ejecución efectiva de los *compliance* es estableciendo mecanismos de cumplimiento normativo de las reglas internas de la organización.

Los *compliance* consisten en un proceso de gestión. Su funcionamiento puede estar plagado de vicisitudes que deben preverse para que sea realmente efectivo. Por ejemplo, desobediencias del subordinado, no informar de riesgos detectados, no prever presupuesto para la compra de material de control de los riesgos, etc. Algunas de estas conductas, las más graves al menos, deberían estar contempladas expresamente en códigos éticos públicos para todos los miembros de la organización.

5º Canales de denuncias

Como complemento de los códigos de conductas están los mecanismos para hacer llegar a las autoridades correspondientes los incumplimientos graves, las infracciones menores y mayores, las dificultades detectadas para hacer efectivo el programa de cumplimiento.

El art. 31 bis 5.4.º CP dispone que los mecanismos de organización y gestión "impondrán la obligación de informar de posibles riesgos e incumplimientos al organismo encargado de vigilar el funcionamiento y observancia del modelo de prevención". Por tanto, el legislador establece la obligación de informar de las irregularidades al *compliance officer*, es decir, al encargado de vigilar el funcionamiento del *compliance*. No establece un canal de denuncias propiamente, pero la doctrina entiende que resulta vital para el funcionamiento de los controles de riesgos que la organización disponga de mecanismos que canalicen dicha información y, uno de los más utilizados es el canal de denuncias.

Las reglas ISO 31000 sobre gestión de riesgos, señalan que la organización deberá establecer mecanismos de comunicación internos y externos para que se desarrolle la información sobre el cumplimiento de dicha gestión. Uno de esos mecanismos son los "canales de denuncias" que suelen considerarse un elemento esencial para el éxito de los sistemas de prevención y detección de delitos. Se ha expresado anteriormente que la empresa, las personas jurídicas, constituyen organizaciones privadas y cerradas, donde la información sobre lo que sucede dentro no es pública y, más aún, de difícil acceso para las autoridades. Para el buen funcionamiento de los *compliance*, no solo son importantes buzones de denuncias, sino también un nivel de transparencia mínimo en lo referente a la gestión de riesgos. Se puede decir que si bien los buzones eventualmente permiten descubrir comportamientos irregulares dentro de la empresa no son ni los únicos, ni quizás los mejores mecanismos de información, pues las denuncias se suelen producir cuando se trata de infracciones graves. La transparencia que se viene exigiendo a las empresas en la gestión general (*corporate governance*), debe ser el marco dentro del cual se desarrollan los *compliance*. Además, puede ser expresión de su idoneidad para prevenir eficazmente los riesgos y para que la empresa se vea, finalmente, favorecida con la exención o atenuación de la responsabilidad penal.

La Directiva se ocupa de la necesaria protección de los denunciantes en el Considerando Nº 54 al señalar que: "los delitos medioambientales perjudican la naturaleza y la sociedad. Quienes denuncian infracciones del Derecho medioambiental de la Unión prestan un servicio de interés público y desempeñan un papel clave en la detección y prevención de tales infracciones, salvaguardando así el medio ambiente y el bienestar de la sociedad. Las personas que están en contacto con una organización en el contexto de sus actividades laborales suelen ser las primeras en conocer las amenazas o los daños para el interés público y el medio ambiente. Las personas que denuncian irregularidades o denunciantes son conocidos como «whistleblowers» (alertantes). Los posibles denunciantes con frecuencia renuncian a informar sobre sus preocupaciones o sospechas por temor a sufrir represalias. Esos denunciantes se benefician de una protección equilibrada y eficaz con arreglo a la Directiva (UE) 2019/1937 del Parlamento Europeo y del Consejo (12), incluye a las Directivas 2008/99/CE y 2009/123/CE (13) del Parlamento Europeo y del Consejo. Tras la sustitución de las Directivas 2008/99/CE y 2009/123/CE por la presente Directiva, las personas que informen sobre infracciones del Derecho medioambiental de la Unión deben, en virtud de la presente Directiva, seguir disfrutando de esa protección por parte de los Estados miembros vinculados por ella". El art. 2.1 inc. a) sub inciso v) sobre ámbito de aplicación de la Directiva (UE) 2019/1937, más conocida como *Whistleblower*, expresamente se refiere a la protección del medio ambiente (2019, p. 17).

Esta protección también se debe ampliar, según el Considerando N° 55 a "las personas que denuncien delitos medioambientales, así como las que cooperen en garantizar el cumplimiento de las normas en relación con tales delitos, deben recibir el apoyo y la asistencia necesarios en el contexto de los procesos penales, de modo que no se vean perjudicados como resultado de su cooperación, sino que, al contrario, les reporte apoyo y asistencia. [...]También debe protegerse a estas personas, de conformidad con sus derechos procesales en el Derecho nacional, de ser perseguidas por denunciar delitos medioambientales o por su cooperación en los procesos penales".

Dada la dinámica comisiva de estos delitos muy probablemente sean los externos a la organización, los *stakeholders*, dirigentes medioambientales, ONGs, etc., los que realicen las denuncias.

6º) Mecanismos de sensibilización y de formación

Este es un tema al que la Directiva ha dado vital importancia para la prevención de la delincuencia ambiental. El art. 18 insta a los Estados miembros a que programen mecanismos de formación periódica y especializada de los jueces, fiscales, aparatos policiales y las autoridades vinculadas a la protección del medio ambiente. La ingente normativa al respecto, la peculiaridad de los delitos y las infracciones administrativas contra el medio ambiente aconsejan incluso una especialización de todos los aparatos estatales que se ocupan del asunto.

Asimismo, la Directiva en su Considerando Nº 65 recoge que "para garantizar un planteamiento coherente de la lucha contra los delitos medioambientales, los Estados miembros deben adoptar, publicar, aplicar y revisar periódicamente una estrategia nacional de lucha contra este tipo de delitos, en la que se establezcan los objetivos, las prioridades y las correspondientes medidas y recursos necesarios".

Dentro de la propia empresa también se deben establecer mecanismos de formación en la materia, especialmente en actividades empresariales de riesgo para el medio ambiente. Es decir, el *compliance* ha de prever dicha formación periódica como parte de la prevención de delitos e infracciones medioambientales, con especial énfasis en el personal encargado de la gestión del riesgo medioambiental.

La Norma ISO 14001 también dispone que es deber de la empresa "determinar la necesaria formación de su personal" (7.2).

7º) Concurrencia de diversos riesgos

Como es lógico, en la actividad empresarial pueden no solo producirse riesgos mediambientales, pues pueden concurrir otros muchos más, como los referentes a delitos alimentarios, respeto a los derechos humanos, protección de datos, anticorrupción, etc. Dependiendo de la actividad empresarial, el *compliance* deberá reconocer esta pluralidad de riesgos, dándole soluciones cooperativas y de transparencia en la información entre el personal responsable concurrente.

Este es un tema escasamente tratado por la doctrina aunque de gran interés en la práctica. Parece poco plausible sumar exigencias de prevención de diferentes riesgos: ambiental, corrupción, blanqueo, seguridad laboral, acoso, protección de datos, etc. Algunos internos y otros externos. Los relacionados con la prevención de delitos son riesgos hacia fuera de la empresa que pueden dar lugar a resultados típicos. Concretamente, el riesgo ambiental debería estar alineado con los otros riesgos típicos, algo posible si el *compliance officer* es capaz de conjugar los objetivos cumplimiento normativo con objetivos empresariales. Además, tendrá que difundir la información entre todas las personas responsables.

8º) Actividad internacional

Uno de los aspectos destacables de la problemática medioambiental es que sus efectos y, por tanto, las respuestas jurídicas no pueden ceñirse a unas fronteras nacionales. No solo por la actividad internacional de la empresa que suele subcontratar parte de su producción a empresas o proveedores extranjeros, sino también porque los ecosistemas no son divisibles por países y pueden tener incluso alcances globales, como sucede con los ecocidios.

La Directiva hace énfasis en este aspecto, en el carácter transfronterizo de los delitos medioambientales y sus implicancias para la detección, juzgamiento y condenas de los mismos. El Considerando Nº 51 refiere que habida cuenta "de la movilidad de los autores de los delitos, así como del carácter transfronterizo de los delitos definidos en la presente Directiva y de la posibilidad de realizar investigaciones transfronterizas, los Estados miembros deben establecer su jurisdicción para combatir dichos delitos de manera eficaz" y "cooperar con Eurojust, en particular sobre la base del Reglamento (UE) 2018/1727 del Parlamento Europeo y del Consejo(11), en los casos en que puedan surgir conflictos de jurisdicción". Hay que tener en cuenta que la Euro Orden de Detención contempla los delitos contra el medio ambiente, incluído el tráfico ilícito de especies animales protegidas y de especies y variedades vegetales protegidas.

De ahí que el *compliance* ambiental tendrá que considerar no sólo el impacto medioambiental de las actividades empresariales en el territorio nacional, sino también la posibilidad de afectar más allá de las fronteras. Además, deberá verificar, de acuerdo a las reglas de la diligencia debida en materia de derechos humanos, si los proveedores, contratistas, los que se encuentren en su cadena de valor, también respetan las normas elementales de cuidado del medio ambiente.

9º) Elaboración de un plan de contingencias

Las normas medioambientales de actividades de riesgo prevén la necesidad de un Plan de contingencias para que se produzca una reacción inmediata en caso de impacto medioambiental, con el fin de aminorar los daños lo máximo posible. El *compliance* ambiental deberá tener especificado un plan previendo las posibilidades de riesgos no corrientes, pero sobre todo previendo qué respuesta inmediata ha de darse en caso de ocurrencia de un impacto medioambiental. Esto especialmente cuando se trata de actividades de alto riesgo o tratamiento de sustancias peligrosas.

El art. 17.2 de la Ley 26/2007 de 23 de octubre de responsabilidad medioambiental establece: "cuando se hayan producido daños medioambientales causados por cualquier actividad económica o profesional, el operador de tal actividad tiene el deber de adoptar en los mismos términos las medidas apropiadas de evitación de nuevos daños". Por tanto, es una obligación jurídica contener los daños pese a que ya se haya producido un impacto ambiental.

Esta planificación dice de la voluntad de la empresa de establecer mecanismos ante y post impacto ambiental y, por tanto, de iniciativas de prevención de largo alcance. Como destaca Beatriz Goena, la Circular de la Fiscalía de 2016 da mucha importancia a la prevención y detección de delitos a los que están llamados los *compliance officer* y lo más destacable es el señalamiento de que para eximir de responsabilidad penal, la Fiscalía señala que el *compliance* debe permitir y promover una adecuada reacción frente a la crisis (2018, p. 96).

Ciertamente que no existe el riesgo cero y, menos aún, en el ámbito de la prevención medioambiental. Hay actividades empresariales de sumo riesgo. Pero lo que se exige a la empresa es la prevención del impacto ambiental y, en su caso, una reacción rápida y eficaz para mitigarlo.

La Norma ISO 14001 contempla disposiciones al respecto. Desde uno de los objetivos del SGA, "mitigación de los impactos medioambientales" (02), hasta la obligación de la empresa de "adoptar medidas para mitigar los efectos adversos" (8.1). Específicamente señala que la empresa debe "prepararse para responder por la planificación de acciones para prevenir impactos ambientales" y, "responder a situaciones actuales de emergencia" (8.2).

10º) Colaboración con la justicia

Como se ha expuesto líneas arriba, en la experiencia estadounidense el *compliance* ha sido un instrumento útil para localizar las posibles infracciones que se pudieran haber cometido dentro de la empresa. Ello porque la elaboración de un plan de prevención de riesgos en el que se pone en blanco y negro los mecanismos de gestión de los mismos, ha sido una herramienta para la negociación de las empresas con las autoridades judiciales, con el fin de verse beneficiadas con una atenuación de la responsabilidad o un archivo de acusación. Por tanto, la colaboración con la justicia, pese a ser una cuestión *post-delictum* se erige como una herramienta de prevención de no reiteración de la infracción y de evitación de futuras infracciones.

El *compliance* ambiental claro, transparente, detallando responsabilidades necesariamente ha de tenerse en cuenta para las investigaciones judiciales. El peso en la responsabilidad penal de esta colaboración normalmente es contemplada en las regulaciones de nuestro entorno cultural, al menos como atenuante.

El art. 31 quater CP establece como atenuantes de la responsabilidad penal de las personas jurídicas: "a) Haber procedido, antes de conocer que el procedimiento judicial se dirige contra ella, a confesar la infracción a las autoridades; b) Haber colaborado en la investigación del hecho aportando pruebas, en cualquier momento del proceso, que fueran nuevas y decisivas para esclarecer las responsabilidades penales dimanantes de los hechos; c) Haber procedido en cualquier momento del procedimiento y con anterioridad al juicio oral a reparar o disminuir el daño causado por el delito; d) Haber establecido, antes del comienzo del juicio oral, medidas eficaces para prevenir y descubrir los delitos que en el futuro pudieran cometerse con los medios o bajo la cobertura de la persona jurídica".

Todas estas disposiciones dicen del grado de colaboración con la justicia penal y, por tanto, de la voluntad de la empresa de alinearse con el cumplimiento normativo. Por supuesto, una empresa que esconde información o no aporta datos para esclarecer los hechos desencadenantes del delito, parece claro que no está alineada con el cumplimiento normativo. La forma de reacción frente al impacto ambiental, la existencia o no de un plan para mitigar los daños ocasionados, son expresión, como se acaba de comprobar, del interés de la empresa por el cumplimiento normativo.

11º) Evaluación del compliance ambiental

Un *compliance* ambiental "vivo", es decir, en continuo y real funcionamiento evalúa periódicamente cómo se está desarrollando y qué riesgos nuevos pueden haberse presentado en la empresa. La Norma ISO 14001 señala este aspecto de suma importancia: "la emprea debe seguir, medir, analizar y evaluar el desempeño ambiental" (9.1.1). Asimismo: "la organización debe establecer, implantar y mantener los procesos necesarios para evaluar el cumplimiento de sus obligaciones" (9.1.2).

Como se ha expresado líneas arriba, el mismo instrumento señala: "la Norma ISO contiene todos los requisitos necesarios para realizar una evaluación del cumplimiento" (0.5). Es decir, el SGA conforme a los requisitos establecidos en la ISO 14001 es el referente para evaluar el *compliance* ambiental. Por su parte, respecto al liderazgo, establece que la dirección de la organización "dirige y apoya a las personas que favorecen la eficacia del SGA". Evaluación y eficacia están estrechamente unidas, señalándose como una obligación de la dirección de la organización.

12º) Mejora continua

De acuerdo a la Norma ISO 14001 "la empresa debe mejorar de forma continua la idoneidad, adecuación y eficacia del SGA para mejorar el desempeño ambiental" (10.3). Es una muestra del funcionamiento real del *compliance* ambiental y de la voluntad efectiva de la empresa de diseñar y verificar el desarrollo del mismo.

El art. 31 bis 5.6.º CP se ocupa de este aspecto del *compliance* idóneo para constituir eximente de responsabilidad penal: "Realizarán una verificación periódica del modelo y de su eventual modificación cuando se pongan de manifiesto infracciones relevantes de sus disposiciones, o cuando se produzcan cambios en la organización, en la estructura de control o en la actividad desarrollada que los hagan necesarios".

Como afirma Ballesteros, “lo que en todo caso debe quedar claro es que el *compliance* es una cuestión de acción y no sólo de buenas intenciones. Es una cuestión de hechos acreditables y no de palabras” (2021, p. 404) y, precisamente estos hechos, plan de contingencia, colaboración con la justicia, evaluaciones y mejoras son constatables en la dirección de hacer efectiva la prevención de delitos.

3. FUNCIONES DEL COMPLIANCE OFFICER

El *compliance officer* cumple un papel clave en la formulación y gestión de la tensión entre los objetivos legales de cumplimiento normativo y los objetivos empresariales de maximizar los beneficios. Se trata de un “intermediador regulatorio”, en la medida que tiene que diseñar estructuras organizativas en respuesta (anticipada) a los continuos riesgos que se van presentando en la actividad empresarial (Monciardini, et al., 2021, p. 293 y ss.).

Las funciones del *compliance officer* están relacionadas con su responsabilidad, pero no son lo mismo. No todo incumplimiento o cumplimiento erróneo de las funciones genera responsabilidades, puesto que si esto fuera así viviríamos en un Estado policial.

En este apartado, se tratará de verificar qué funciones le asigna la ley, el contrato o las reglas de la materia de cumplimiento al *compliance officer*, que pueden acarrearle posibles responsabilidades. Aunque no voy a centrarme en estas responsabilidades porque merecería una reflexión detenida, alejada del objeto de estudio, pero sí es preciso señalar cómo estas funciones que se van a desarrollar a continuación enmarcan las posibles responsabilidades del *compliance officer*.

Desde la función más general, en el *compliance officer* o en el órgano de cumplimiento como lo denomina el CP, se personifica *la ejecución del deber de organización y control de la prevención de la comisión de delitos*, en el caso de este trabajo la prevención de delitos e infracciones medioambientales. Debe puntualizarse que este deber recae originariamente en los directivos de la empresa y solo por delegación recae en la persona o el órgano designado como oficial de cumplimiento (Gómez Martín, 2020, p. 6 y ss.). Y esto es así porque la organización de la prevención es una obligación dirigida a la empresa como un todo, como organización, tal como se ha desarrollado anteriormente, que luego se individualiza en los directivos que son quienes poseen el poder de dirección.

Se entiende, por tanto, que la elaboración del *compliance* y los deberes de supervisión y vigilancia son funciones propias de la organización y, más concretamente, de los órganos directivos. Cierto es que el *compliance officer* puede participar en dicha elaboración por sus conocimientos especiales, pero ello no implica cesión de una obligación jurídica que en todo caso recae en los directivos.

Curiosamente la Norma ISO 14001 no contempla ninguna disposición acerca de los deberes ni funciones del *compliance officer*, pues directamente responsabiliza a la empresa de la organización y gestión de la prevención ambiental, liderada por los órganos de dirección. Por tanto, ese protagonismo que dan las legislaciones española y italiana al oficial de cumplimiento no es predicable en el caso del *compliance* ambiental, según estos estándares internacionales. Tampoco la Directiva se refiere al oficial de cumplimiento disponiendo para las empresas "la obligación de establecer programas de diligencia debida para mejorar el cumplimiento de las normas medioambientales" (art. 7.2 inc. i) sanciones a las personas jurídicas). En suma, las reglas internacionales reconocen la obligación jurídica dirigida a la organización empresarial en relación a la prevención ambiental.

A continuación, comentaremos las funciones del *compliance officer* en relación a las características anteriormente desarrolladas del *compliance* ambiental.

1º) Identificación de los riesgos ambientales: Es una obligación directamente dirigida a la organización, piedra angular del *compliance* ambiental, en la que el *compliance officer* puede participar dados sus conocimientos especializados. Asimismo, la identificación de los riesgos no es una cuestión estática, sino más bien dinámica, dado que pueden presentarse nuevos riesgos que el *compliance officer* debe identificar.

2º) Identificación de la normativa aplicable. Como especialista en materia ambiental, el *compliance officer* debe tener presente el cumplimiento de toda la normativa ambiental aplicable a la actividad empresarial concreta de la organización. Las ingentes disposiciones aplicables, resultan determinantes en el cumplimiento normativo.

3º) Designación del personal responsable de la prevención. El *compliance officer* es simplemente un designado para verificar la ejecución del cumplimiento normativo que es obligación de la empresa. Este, a su vez, debe designar a las personas concretas que desarrollarán esta labor. La Norma ISO 14001 se ocupa especialmente de este tema al señalar que la empresa debe ser transparente en la designación del personal encargado de la prevención ambiental, debiendo ser personas competentes para ello. Nuevamente, es preciso tener en cuenta que la empresa resulta un artificio que se materializa en la labor concreta de personas, que deben ser identificadas cuando se trata la prevención de delitos.

4º) Códigos de conductas. La labor del *compliance officer* en la elaboración de los códigos de conductas puede ser relevante. Como especialistas, pueden identificar las conductas negativas que se desarrollen dentro de la empresa y establecer sistemas disciplinarios con consecuencias concretas por los pequeños y medianos incumplimientos.

5º) Canales de denuncias. La obligación de las empresas respecto a la transparencia en la información se cristaliza en el acceso de canales de denuncias o buzones éticos que el *compliance officer* debe agenciar y verificar su funcionamiento.

6º) Mecanismos de sensibilización y formación. Una de las funciones más importantes que suele reclamarse al *compliance officer* es la de formación del personal. En materia medioambiental esta tarea se ve reforzada por la relevancia del bien jurídico tutelado y por los requerimientos de los estándares internacionales para visibilizar la percepción social de los impactos ambientales en la vida y salud de los habitantes del planeta.

7º) Concurrencia de diversos riesgos. Como se ha señalado, uno de los aspectos destacables de la prevención de delitos es la concurrencia de varios riesgos. El oficial de cumplimiento tendrá que desarrollar la tarea de coordinación, canalización de la información y distribución de responsabilidades sobre los riesgos/delitos más importantes que puede desarrollar la empresa. No es posible que en una empresa se designen diversos *compliance officer* para cada riesgo, pero quien o quienes se dediquen a estas funciones de prevención tendrán que hacerlo planteando sinergias entre las personas concretamente designadas para ello.

8º) Actividad internacional. El *compliance officer* tendrá que verificar si el cumplimiento normativo se desarrolla en toda la cadena de valor de la producción de la empresa y, en general, en su actividad internacional. Nuevamente, en este aspecto la coordinación entre los encargados concretamente en la prevención de delitos será una cuestión relevante.

9º) Elaboración de un plan de contingencias. En materia ambiental la prevención no es solo de posibles delitos, sino también en caso de impactos ambientales mitigar el daño ambiental. La función del *compliance officer* tendrá que ser crucial en la identificación de planes de contingencias para actividades de alto riesgo ambiental.

10º) Colaboración con la justicia. Una vez producido un impacto ambiental, la labor del *compliance officer* debe ser la de aportar luces en el esclarecimiento de los hechos para identificar las conductas contrarias a Derecho y los incumplimientos normativos que dieron lugar al resultado típico o a las infracciones administrativas graves.

11º) Evaluación del compliance ambiental. La labor del *compliance officer* de realizar informes del desarrollo del SGA y evaluaciones periódicas es de suma relevancia. La verificación de un *compliance* idóneo y en efectivo funcionamiento se expresa con evaluaciones periódicas que son tarea del *compliance officer.*

12º) Mejora contigua. Una vez hecha una evaluación la siguiente tarea es corregir los fallos y replantear el plan de prevención con planteamientos de mejoras. Esta función dice del efectivo funcionamiento del SGA y de su idoneidad para una eficaz prevención ambiental.

Como ha podido verificarse en este trabajo, las características de un SGA o *compliance* ambiental están relacionadas con las funciones del *compliance officer* quien personaliza las tareas que corresponden al plan de prevención ambiental que es responsabilidad de la empresa. Los órganos de dirección detentan la obligación jurídica de esta tarea que delegan en una persona designada para tal fin. La complejidad de las características de un *compliance* ambiental recomienda que estas tareas se especifiquen claramente y se designen concretamente las personas encargadas de la ejecución directa de dichas tareas.

BIBLIOGRAFÍA

Ballesteros Sánchez, J., 2021. *Responsabilidad penal y eficacia de los programas de cumplimiento normativo en la pequeña y la gran empresa.* México DF: Tirant lo Blanch.

Consejo de la Unión Europea, 12 de mayo de 2021. *8428/1/21 REV 1. Conclusiones del Consejo sobre la determinación de las prioridades de la UE para la lucha contra la delincuencia grave y organizada durante el ciclo 2022-2025 de la EMPACT,* Bruselas: s.n.

Consejo de la Unión Europea, 28 de octubre de 2020. *SWD(2020) 259 final, Documento de trabajo de Evaluación de la Directiva 2008/99/CE del Parlamento Europeo y del Consejo, de 19 de noviembre de 2008, relativa a la protección del medio ambiente mediante el Derecho penal (Directiva sobre delitos ambientales),* Bruselas: Comisión Europea.

Donini, M., 2018. Compliance, negozialità e riparazione dell'offesa nei reati economici. Il delitto riparato oltre la restorative justice. En: C. E. Paliero, F. Basile, G. L. Gatta & F. Vigano, edits. *La pena, ancora fra attualità e tradizione. Studi in onore di E. Dolcini.* Milano: Giuffrè, pp. 579-606.

El Periódico, 2023. *California demanda a cinco de las mayores petroleras del mundo por su impacto en el cambio climático.* [En línea] Available at: https://www.elperiodico.com/es/economia/20230916/california-demanda-cinco-mayores-petroleras-cambio-climatico-92166986 [Último acceso: 25 9 2023].

EU SOCTA, 2021. *A corrupting influence: the infiltration and undermining of Europe's economy and society by organised crime,* Luxembourg: Publications Office of the European Union.

Goena Vives, B., 2018. El compliance officer y la Fiscalía. En: J. Navarro & R. Montaner, edits. *El compliance officer, ¿un profesional en riesgo? perspectiva penal, empresarial, procesal, de la fiscalía y jurisprudencial.* Barcelona: Profit Editorial, pp. 87-104.

Gómez Martín, V., 2020. El "compliance officer" en los modelos de prevención de delitos: siete preguntas, ¿sin respuesta?. *La Ley compliance penal,* Issue 1.

Górriz Royo, E., 2019. Criminal compliance ambiental y responsabilidad de las personas jurídicas a la luz de la LO1/2015, de 30 de marzo. *Indret: Revista para el Análisis del Derecho,* Issue 4, pp. 1-66.

Kuhlen, L., 2013. Cuestiones fundamentales de compliance y derecho penal. En: L. Kuhlen, J. P. Montiel & Í. Ortiz de Urbina Gimeno, edits. *Compliance y teoría del derecho penal.* Madrid: Marcial Pons, pp. 51-76.

Larrañaga, P., 2004. *El Concepto de responsabilidad.* México DF: Fontamara.

León Alapont, J., 2020. Retos jurídicos en el marco de las investigaciones internas corporativas: a propósito de los compliances. *Revista electrónica de ciencia penal y criminología,* Issue 22-04, pp. 1-34.

Liñán Lafuente, A., 2019. *La responsabilidad penal del "Compliance Officer"*. Navarra: Aranzadi.

Ministerio del Interior, 2023. *Investigadas ocho personas por el tráfico ilegal de más de 5.700 toneladas de residuos plásticos.* [En línea] Available at: https://www.interior.gob.es/opencms/es/detalle/articulo/Investigadas-ocho-personas-por-el-trafico-ilegal-de-mas-de-5.700-toneladas-de-residuos-plasticos/ [Último acceso: 28 9 2023].

Monciardini, D., Bernaz, N. & Alexandra, A., 2021. The Organizational Dynamics of Compliance With the UK Modern Slavery Act in the Food and Tobacco Sector. *Business and Society,* 60(2), pp. 288-340.

Montaner Fernández, R., 2008. *Gestión empresarial y atribución de responsabilidad penal individual. A propósito de la gestión medioambiental.* Barcelona: Atelier.

Muñoz, C., 2023. *Aumento de los delitos relacionados con los desechos. Las empresas de residuos toman medidas para luchar contra los delitos relacionados residuos.* [En línea] Available at: https://es.linkedin.com/pulse/aumento-de-los-delitos-relacionados-con-desechos-las-empresas-mu%C3%B1oz [Último acceso: 25 9 2023].

Paliero, C. E., 2018. La colpa di organizzazione tra responsabilità collettiva e individuale. *Rivista trimestrale di diritto penale dell`economia,* 31(1-2), pp. 175-219.

Paliero, C. E., 2021. Colpa di organizzazione e persone giuridiche. En: M. Donini, ed. *Enciclopedia del diritto – I tematici, vol. II, Il reato colposo.* Milano: Giuffrè, pp. 64-90.

Paredes Castañón, J. M., 2023. Recensión a Cornelius PRITTWITZ, Derecho penal y riesgo, Marcial Pons, Madrid, 2021, 373 páginas. *Indret: Revista para el Análisis del Derecho,* Issue 3.

Parlamento Europeo y Consejo de la Unión Europea, 2019. *Directiva (UE) 2019/1937, de 23 de octubre de 2019, relativa a la protección de las personas que informen sobre infracciones del Derecho de la Unión.* Estrasburgo: Diario Oficial de la Unión Europea, L 305, 26 de noviembre de 2019.

Patrono, P., 2017. La tutela penale dell'ambiente: dal diritto penale del rischio al rischio di diritto penale. *Rivista trimestrale di diritto penale dell`economia,* 3-4(30), pp. 597-609.

Portilla Contreras, G., 2023. Responsabilidad penal omisiva del órgano de cumplimiento de compliance. En: Á. Matallín Evangelio & A. Fernández Hernández, edits. *Criminal compliance programs y mapas de riesgos.* Valencia: Tirant lo Blanch, pp. 223-300.

Saad Diniz, E., 2020. *Ética en los negocios y "compliance". Entre la educación ejecutiva y la interpretación judicial.* Buenos Aires: Hammurabi.

Sachs, T. & Tricot, J., 2020. La loi sur le devoir de vigilance : un modèle pour (re)penser la responsabilité des entreprises. *Droit et société,* 3(106), pp. 683-698.

Silva Sánchez, J. M., 2022. *El riesgo permitido en Derecho penal económico.* Barcelona: Atelier.

Siracusa, L., 2022. Note brevi a margine della Proposta di reforma dei reati ambientali del Gruppo dei sudio dell´Associazione dei Professori di Diritto Penale. *Rivista trimestrale di diritto penale dell`economia,* Issue 1-2, pp. 137-159.

Siracusa, L., 2023. Novità normative dell'Unione europea in materia di tutela penale dell'ambiente. *Giustizia Insieme,* pp. 1-7.

Torrente Robles, D., 2001. *Desviación y delito.* Madrid: Alianza.

Vercher Noguera, A., 2016. La persona jurídica y el sistema de compliance en el Código Penal. *Diario La Ley (Estudios doctrinales),* Issue 8833.

Zúñiga Rodríguez, L., 2018. Tratamiento jurídico penal de las sociedades instrumentales entre la criminalidad organizada y la criminalidad empresarial. En: J. A. Celorio Vela & P. J. Carrasco Parrilla, edits. *Temas actuales sobre fraude fiscal y cuestiones conexas.* Ciudad de México: Centro Mexicano de Estudios en lo Penal Tributario, pp. 9-50.

Zúñiga Rodríguez, L., 2020. Delitos medioambientales y responsabilidad penal de las personas jurídicas el daño ambiental. En: J. d. V. Remesal, y otros edits. *Libro homenaje al Profesor Diego Manuel Luzón Peña con motivo de su 70º aniversario, II.* Madrid: Reus, pp. 2007-2017.

Zúñiga Rodríguez, L., 2021. *Corrupción corporativa: el precio de la deslealtad ¿Está justificado un delito de administración desleal societario?.* 1 ª ed. Madrid: Dykinson.

Zúñiga Rodríguez, L., 2022. Compliance penal, diligencia debida, culpa organizacional ¿juego de abalorios para la responsabilidad (penal) de las personas jurídicas?. *La Ley compliance penal,* Issue 10.

Justicia digital & Justicia inteligente: De la imbatibilidad del dato a la incertidumbre del juicio[1]

JACOBO BARJA DE QUIROGA
Magistrado
Presidente de la Sala 5ª del Tribunal Supremo

SONIA CALAZA LÓPEZ
Catedrática de Derecho procesal
Universidad Nacional de Educación a Distancia (UNED)

Resumen: La Justicia es el arte de juzgar. El juicio está hecho de la aplicación del Derecho objetivo al caso concreto, pero no solo… Ese "arte de juzgar" también está hecho de la conjugación/ponderación (de riesgos, como entre otros, de: reincidencia, manipulación probatoria, fuga, desaparición, ocultación o destrucción del patrimonio, etc.), de la anticipación de la respuesta

---

1 Este trabajo se enmarca en una RED y en tres Proyectos de investigación del MICIU: «RED DE INVESTIGACIÓN»: "Alianzas estratégicas de la Justicia: Educación, Igualdad e Inclusividad" (RED2024-153961-T), coordinada por Sonia Calaza, Programa Estatal de Transferencia y Colaboración del Ministerio de Ciencia, Innovación y Universidades, Plan Estatal de Investigación Científica, Técnica y de Innovación 2024-2027 financiada por MICIU/ AEI /10.13039/501100011033; "Ejes de la Justicia en tiempos de cambio" (PID2020- 113083GB-I00); "Transición Digital de la Justicia", Plan de Recuperación, Transformación y Resiliencia, Ministerio de Ciencia e Innovación, financiado por la Unión Europea: Next Generation UE (RED 2021-130078B-100); y Proyecto I+D+i de generación de conocimiento y fortalecimiento científico y tecnológico, «Claves de una Justicia resiliente en plena transformación, (IP. Sonia Calaza), del Ministerio de Ciencia e Innovación, con REF PID2024-155197OB-I00.

(medidas cautelares personales y reales), de la valoración probatoria, de la motivación, de (cierta) tolerancia, de (imprescindible) flexibilidad, de (razonable) humanidad, de (la importancia de los) detalles y desde luego, de interpretación, sobre todo, de interpretación (tarea esta, además, cargada de creatividad, criticismo, improvisación, ingenio, sentido común). Todo ello, además, en un contexto jurídico, social, económico, político y cultural determinado. Todos estos factores, entre muchos otros, pueden convertirse en infalibles algoritmos, patrimonio de una imbatible IA, la robótica judicial -exenta de perturbaciones, de influencias, de crisis, de perversiones; pero también de emociones, de sensaciones y de sentimientos- o mantenerse en el plano artesanal, dónde siempre ha estado, con su humanización imperfecta pero sin la cronificación de sesgos, así como con la publicidad, transparencia, contradicción y defensa de las garantías procesales que han ubicado al proceso español, entre los más avanzados de Europa. A este dilema dedicamos el presente estudio, con dos voces corales -desde la Academia y la Jurisprudencia- que parecen entonar la misma melodía: sin presunción de inocencia, sin derecho de defensa, sin juicio público, sin debate contradictorio, sin garantías, sin inmediación personal y sin motivación/razonamiento... No hay Justicia.

Palabras Clave: Digitalización de la Justicia, Inteligencia Artificial, proceso.

Abstract: Justice is the art of judging. The judgment is made of the application of objective Law to the specific case, but not only... This "art of judging" is also made of the conjugation/weighting (of risks, such as: recidivism, manipulation of evidence, escape, disappearance, concealment or destruction of assets, etc.), of the anticipation of the response (personal and real precautionary measures), of the evidentiary assessment, of motivation, of (certain) tolerance, of (essential) flexibility, of (reasonable) humanity, of (the importance of the) details and of course, of interpretation, above all, of interpretation (a task that is also loaded with creativity, criticism, improvisation, ingenuity, common sense). All of this, moreover, in a specific legal, social, economic, political and cultural context. All these factors, among many others, can become infallible algorithms, heritage of an unbeatable AI, judicial robotics - free of disturbances, influences, crises, perversions; but also of emotions, sensations and feelings - or to remain at the artisanal level, where it has always been, with its imperfect humanization but without the chronification of biases, as well as with the publicity, transparency, contradiction and defense of the procedural guarantees that They have placed the Spanish process among the most advanced in Europe. We dedicate this study to this dilemma, with two choral voices - from the Academy and Jurisprudence - that seem to sing the same melody:

without presumption of innocence, without right of defense, without public trial, without contradictory debate, without guarantees, without immediacy personal and without motivation/reasoning... There is no Justice.

Keywords: Digitalization of Justice, Artificial Intelligence, process.

INTRODUCCIÓN

Deberíamos comenzar por exponer la polémica sobre si la técnica es valorativa o no y, en su caso, su carácter ideológico, pero por razones de espacio ello no será posible en esta ocasión; no obstante, a nuestro juicio, no debe existir duda al respecto: también la técnica es valorativa e ideológica. Y, puede ser utilizada como arma para la dominación.

Los sistemas sociales suponen la existencia de múltiples contactos anónimos, cada vez más en función de la complejidad de la sociedad. Y, el derecho, ante un conjunto de expectativas fácticas y contrafácticas, tiene por función asegurar esas expectativas y decepciones[2]. En definitiva, a través de actos comunicativos[3].

El Derecho procesal, como derecho, es un conjunto de actos comunicativos. En el sistema procesal se produce, tal como señala Luhmann (2013, p. 51), «la certeza de que se llegará a una decisión; y, la incertidumbre de cuál será la decisión». Añade que la característica de la incertidumbre es básica, pues ella motiva la asunción de un rol; «proporciona a los involucrados el incentivo de contribuir al progreso del procedimiento con sus propios intentos de reducción, mantiene viva la esperanza y, al mismo tiempo, los guía por el camino que conduce a una decisión según las reglas del procedimiento». Así pues, debe

---

2 Véase, (Luhmann, 1993).

3 En el sentido de la teoría de la acción comunicativa; al respecto, véase por todos, (Habermas, 1981).

resaltarse que el proceso es un acto comunicativo en el que es básica la incertidumbre.

Esto no está enfrentado con lo que puede denominarse "Justicia predictiva". Las predicciones se utilizan en el Derecho desde siempre. La distinción entre las normas del ser y las del deber ser o, sin perjuicio, de diferencias entre normas de determinación y normas de deber (Goldschmidt, 2010, p. 343), etc., implica que existen predicciones. Cuando se habla de expectativas nos referimos a lo que se espera que suceda o pueda suceder.

También la denominada relación de causalidad está fundada en una predicción en orden a las máximas de experiencia[4]. La ley de la causalidad es una ley basada en probabilidades, de manera que hablar de una Justicia predictiva no tiene que ser algo incómodo. Todo abogado debe realizar un cálculo de probabilidades sobre el éxito de la demanda y hacérselo saber al cliente. En la medicina existen pruebas, estadísticas y, de ahí, probabilidades; etc.

En muchos campos es habitual la utilización del cálculo de probabilidades para en su función concluir en predicciones y actuar en razón a ellas. Que en esta tarea se utilice la inteligencia artificial no debe extrañar.

Pero la Justicia decisional es otra cosa. El Real Decreto-Ley 6/2023, de 19 de diciembre (TOL 9803574), se refiere a actuaciones automatizadas (art. 56 del Real Decreto-Ley) y a las actuaciones asistidas (art. 57 del Real Decreto-Ley). Pero, ahora queremos reparar en otra cuestión, concretamente en lo dispuesto en el nuevo art. 258 bis de la LECrim (TOL 214466) (conforme a la redacción que le da el citado Real Decreto-Ley). Aquí se establece que *«los actos de juicio, vistas, audiencias, comparecencias, declaraciones y, en general, todas las actuaciones procesales,*

---

4 Véase, en contra de la «causa», a (Hume, 2003, p. 48).

se realizarán preferentemente, salvo que el juez o jueza o tribunal, en atención a las circunstancias, disponga otra cosa, mediante presencia telemática». En otras palabras, el juicio debe realizarse en lo que llama sala de vistas virtuales (art. 65 del Real Decreto-Ley), sin presencia del acusado, etc.: todos actuando telemáticamente.

En estudios recientes[5], hemos dado puntual cuenta de la heterogénea utilización de sistemas de predicción, en España y fuera de ella, así como de los grandes inconvenientes que se plantean al respecto, especialmente con la Inteligencia Artificial generativa y decisoria, y hemos destacado la «opacidad algorítmica carente de todo control judicial» (Calaza López, 2024). El Juez robot supone, sin duda, la falta de creatividad y, con ello, la fosilización de las decisiones judiciales.

Pero, además, si las actuaciones judiciales -todas incluido el juicio- van a ser practicadas telemáticamente, esto implica, por un lado, un acto comunicativo absolutamente fallido, una deshumanización completa de la justicia. Sin interacción física no es posible apreciar la realidad. Supone separar completamente la justicia de la realidad social, cuando la justicia tiene que ser un acto comunicativo de carácter social. Precisamente, al sistema penal se le critica porque tanto el acusado como la víctima son entes abstractos en los que su persona es escasamente analizada. Por eso, se ha subjetivado mucho más la culpabilidad para examinar en concreto la persona, sus circunstancias, y las alternativas sociales y, al tiempo, se pretende que el proceso penal esté más orientado en esa dirección; de ahí la polémica sobre la conveniencia de introducir en el proceso penal una fase sobre el examen de la persona. Si la pena ha de tener los fines que se le asignan, antes de su imposición en concreto será

---

5 Vid., Calaza López, S (2025),"La prueba como pieza clave para la construcción de la realidad procesal", Ed. Dykinson, Madrid, 2025.; y Calaza López, S (2025), "Economía circular de la Justicia", Ed. Dykinson, Madrid, 2025.

preciso un mayor conocimiento sobre el autor del hecho y sus circunstancias concretas[6].

Por otra parte, todo el concepto de inmediación tiene que ser repensado y reconceptuado. También la cuestión de la segunda instancia, pues si cabe ver las cosas por la pantalla, no es preciso repetir el juicio: la segunda instancia consistirá en visibilizar lo grabado. Lo mismo en relación a la apreciación de la prueba por un Tribunal que no ha visto ni oído la misma, etc.

Todo el sistema penal cambia y no a mejor. Los derechos olvidados y preteridos en aras de la telemática. Y, todo ello, para nada. Mejor dicho, para una peor justicia.

Los sujetos actúan comunicativamente en la sociedad. Los subsistemas generados en la misma también han de actuar comunicativamente y, sin duda, el proceso penal precisa necesariamente el actuar comunicativamente de forma racional. Una parte importante de su legitimación se encuentra en ese actuar, pues, los participantes deben poder alcanzar un consenso en relación con acciones de dicho subsistema. Hay una práctica comunicativa intersubjetiva dentro del subsistema que se difumina hasta resultar fallida, cuando dejan de ser actos comunicativos y pasan a ser máquinas. La naturaleza no es lo que conforma la sociedad, el mundo.

Las máquinas, la inteligencia artificial, tiene una importancia relevante en la vida de los hombres, pero, existen determinadas acciones que tienen que ser comunicativas y no pueden quedar fuera de ese ámbito.

La deshumanización no se produce necesariamente por la utilización de máquinas, sino por la ausencia de actos de comunicación. Los actos de comunicación, necesarios en la sociedad, no pueden desaparecer, pues, ello conlleva la misma

---

6 No es posible extenderse, véase (Hassemer, 1990).

desaparición de la sociedad; ésta precisa de una práctica comunicativa cotidiana, en la que existen relaciones interpersonales. Esto ocurre en el subsistema de enjuiciamiento penal.

Señala Max Weber (2002, p. 5) que «por "acción" debe entenderse una conducta humana (bien consista en un hacer externo o interno, ya en un omitir o permitir) siempre que el sujeto o los sujetos de la acción *enlacen* a ella un *sentido* subjetivo. La "acción social", por tanto, es una acción en donde el sentido mentado por su sujeto o sujetos está referido a la conducta de *otros,* orientándose por ésta en su desarrollo».

Las máquinas son instrumentos de trabajo (Weber, 2002, p. 94) y Giddens (2001, p. 480) en esa línea, considera que «la tecnología crea instrumentos (como son las máquinas) que utilizan los seres humanos en su interacción con la naturaleza»; por eso, dice que «la tecnología es la utilización de la ciencia en la mecánica, con el fin de alcanzar una mayor eficacia productiva» (Giddens, 2001, p. 480). La técnica mejora la producción.

El concepto de sociedad señala Adorno «es un concepto dialéctico», pues «no puede ser pensado como una mera aglomeración de individuos» (Adorno, 1996, p. 57), sino que existe interacción entre los individuos. Una sociedad sin interacción supone una suma (aglomeración) de individuos que implica una deshumanización extrema.

La revolución digital, la revolución tecnológica, es buena, muy buena, pero no se la puede encauzar hacia la deshumanización de la Justicia. Ésta necesita ser comunicativa, humana. Celebrar juicios en zapatillas, viendo a las personas por una pantallita, no es comunicativo y ha deshumanizado el acto del juicio.

Y a todo ello, cabe añadir, ya desde otra perspectiva, que la Justicia es el arte de juzgar. El juicio está hecho de la aplicación del Derecho objetivo al caso concreto, pero no solo... Ese "arte de juzgar" también está hecho de la conjugación/ponderación (de riesgos, como entre otros, los de: reincidencia, manipulación probatoria, fuga, desaparición, ocultación o destrucción del patrimonio, etc.), de la anticipación de la respuesta (medidas cautelares personales y reales), de la valoración probatoria, de la motivación, de (cierta) tolerancia, de (imprescindible) flexibilidad, de (razonable) humanidad, de (la importancia de los) detalles y desde luego, de interpretación, sobre todo, de interpretación (tarea esta, además, cargada de creatividad, criticismo, improvisación, ingenio, sentido común). Todo ello, además, en un contexto jurídico, social, económico, político y cultural determinado. Todos estos factores, entre muchos otros, pueden convertirse en infalibles algoritmos, patrimonio de una imbatible IA, la robótica judicial -exenta de perturbaciones, de influencias, de crisis, de perversiones; pero también de emociones, de sensaciones y de sentimientos- o mantenerse en el plano artesanal, dónde siempre ha estado, con su humanización imperfecta pero sin la cronificación de sesgos, así como con la publicidad, transparencia, contradicción y defensa de las garantías procesales que han ubicado al proceso español, entre los más avanzados de Europa. A este dilema dedicamos el presente estudio, con dos voces corales -desde la Academia y la Jurisprudencia- que parecen entonar la misma melodía: sin presunción de inocencia, sin derecho de defensa, sin juicio público, sin debate contradictorio, sin garantías, sin inmediación personal y sin motivación/razonamiento… No hay Justicia.

1. CONDICIONES GENERALES DE LA CONTRATACIÓN CON LA IA JUDICIAL

En plena elaboración de la inminente Ley europea de Inteligencia Artificial (IA), ya hemos estrenado en España, con el Real Decreto-ley 6/2023, de 19 de diciembre, antes referido, por el que se aprueban medidas urgentes para la ejecución del Plan de Recuperación, Transformación y Resiliencia en materia, entre otras, de servicio público de Justicia, una batería de reformas que aspiran a ser auténticas "políticas palanca" que promuevan el cambio hacia una Justicia, la del siglo XXI, más moderna, dinámica, eficaz, ágil, económica; también, en definitiva, más eficiente. La primera "medida urgente", la eficiencia procesal -a la que se dedica un solo Título, concretamente el VIII con un *Programa kit procesal*- modifica, como puntos nucleares, el acceso a la Justicia de las personas mayores y/o con discapacidad, el juicio verbal, los procesos testigo, la extensión de efectos y el recurso de apelación -después de haber reformado, no se olvide, el recurso de casación[7], esta vez por Real Decreto Ley 5/2023, de 28 de junio-. La segunda "medida urgente", *la eficiencia digital* -ahora integrada por VII Títulos- con todo un *Programa Kit Digital,* promueve una profunda transformación tecnológica de la Justicia e instaura unas nuevas "reglas del juego" electrónico -digitalización (actuaciones automatizadas y proactivas) e IA (actuaciones asistidas)- para operar en el tablero procesal de siempre: derecho de acción/derecho de defensa.

La transformación digital de la Justicia -finalidad esencial del Estado de Derecho[8]- se afronta, por tanto, desde dos frentes claramente diferenciados: primero, la *digitalización* -con reformas estructurales en su campo, pero de matizado impacto en el marco de los principios, reglas y valores que informan nuestros derechos fundamentales y garantías esenciales-; y segundo, la *automatización inteligente* -esto es, la inserción de toda suerte de herramientas, técnicas o instrumentos de IA en la Justicia[9]-, cuya asunción, como veremos, puede comprometer -y mucho- la misma concepción, filosofía y fines de nuestro sistema procesal democrático.

---

7 Vid., (VV.AA, 2023).

8 Vid., en este sentido, (Barja de Quiroga, 2021, p. 150).

9 Vid., por todos, (Barona Vilar, 2021), (2022); (2023).

La *digitalización de la Justicia* se conforma con trasladar a un entorno íntegramente virtual, un buen número de actuaciones procesales que -pese al impulso de la ya decaída *Ley 18/2011, de 5 de julio, reguladora del uso de las tecnologías de la información y la comunicación en la Administración de Justicia*-, no llegaron a ser -en su día- convenientemente implementadas -sea por falta de medios, por insuficiente cobertura normativa, por inercia analógica, por escasa alfabetización electrónica, por mitigado avance de los objetivos tecnológicos programados, por (razonable) desconfianza ante la inexistencia de un entorno digital seguro-.

Esta renovada apuesta de eficiencia digital incorpora, en esencia, los siguientes puntos: realización electrónica del primer emplazamiento y subsiguiente publicación en el Tablón Edictal Judicial Único, en caso de que el destinatario no acceda a su contenido en los tres primeros días; digitalización documental; generalización de las vistas telemáticas, con la salvedad de las declaraciones o interrogatorio de partes, testigos o peritos (que también podrán, en todo caso, acogerse a la intervención digital cuando residan en distinto domicilio al del Juzgado/Tribunal); posibilidad de conferir el apoderamiento apud acta al procurador por comparecencia electrónica -que debe llevarse a cabo en el momento de presentación del primer escrito-: con creación de un Registro Electrónico de Apoderamiento de la Administración General del Estado; refuerzo de la publicidad -traducida en transparencia- de las actuaciones judiciales en *streaming*; interoperabilidad ad intra -entre Juzgados/Tribunales y Fiscalías- y ad extra -con el resto de Administraciones públicas-; impulso del expediente judicial electrónico (con incorporación de los documentos, trámites, actuaciones electrónicas y grabaciones audiovisuales que forman parte de cada procedimiento judicial) y correlativa creación de la Carpeta Justicia para la consulta -por partes e interesados- de dicho expediente; introducción del principio de orientación al dato con inserción de -más o menos sofisticadas- técnicas de Inteligencia Artificial, respecto de actividades de apoyo judicial con seudonimización automática, acceso directo -mediante vínculos- a la legislación y jurisprudencia citadas en las resoluciones judiciales, gestión e incluso, y esto es lo realmente relevante -pese a su aparente neutralidad, generación documental.

Entre tanto la digitalización de la Justicia incorpora la totalidad de materias recién enunciadas, la inserción de técnicas de IA en el nuevo "servicio público" Justicia tan solo afecta, en verdad, a la *generación documental*, por cuánto el resto de acciones -*comunicaciones, emplazamientos, comparecencias, consultas*; incluso las automatizadas y proactivas: *avisos, alarmas, copias, certificaciones, representaciones, declaraciones de firmeza*- apenas comprometen la respuesta judicial, o al menos, no lo hacen -ni siquiera en los casos más incisivos: *vistas telemáticas, actuaciones judiciales en* streaming, *grabaciones audiovisuales*- de forma radical.

Así, de la escasa incidencia que todas estas acciones pueden tener en el sentido -absolutorio o condenatorio- y motivación -también en la congruencia- de la resolución judicial, puede colegirse que, desde luego, ningún algoritmo -opaco, dañino, sesgado, confuso- de esta liviana digitalización puede provocar un atentado a la presunción de inocencia, una quiebra del derecho de acción, ni un déficit defensivo; tampoco un condicionante -en ningún sentido- de la respuesta judicial.

Sin embargo, la generación documental -propia de las *actuaciones asistidas*- sí precisa de un concierto de datos, combinados con algoritmos, que comprometen la respuesta. Y esa es la clave de la IA: su impacto en el enjuiciamiento.

La digitalización de la Justicia se refuerza, no sólo con las acciones recién señaladas, sino también con el expreso reconocimiento legal de dos tipos de actuaciones; a saber, las *actuaciones automatizadas* -aquellas producidas por un sistema de información adecuadamente programado sin necesidad de intervención humana en cada caso singular (*numerado o pagi-*

nado de expedientes, remisión de asuntos al archivo cuando se den las condiciones procesales para ello, generación de copias y certificados, generación de libros, comprobación de representaciones, declaración de firmeza de acuerdo con la ley procesal)- y las *actuaciones proactivas* -aquellas automatizadas y autoiniciadas por los sistemas de información sin intervención humana, que aprovechan la información incorporada en un expediente o procedimiento de una Administración Pública con un fin determinado, para generar avisos o efectos directos a otros fines, en el mismo o en otros expedientes, de la misma o de otra Administración Pública, en todo caso conformes con la ley.

Sin embargo, la IA se incorpora a la Justicia, tan sólo a través de las *actuaciones asistidas*, que son, precisamente, aquellas para las que, el sistema de información de la Administración de Justicia *genera un borrador total o parcial de documento complejo basado en datos, que puede ser producido por algoritmos, y puede constituir el fundamento o apoyo de una resolución judicial o procesal.*

En esta generación algorítmica del documento -potencialmente destinado a convertirse en resolución judicial o procesal- han de cumplirse las siguientes premisas: (i) precisa la validación de la autoridad competente; (ii) la generación del referido borrador documental se producirá por *voluntad del usuario*, pudiendo, además, este mismo usuario modificarlo *libre y enteramente*; (iii) la *constitución de* -esto es: la conversión de ese borrador documental en- *resolución judicial o procesal requerirá siempre la validación del texto definitivo, por el juez o jueza, magistrado o magistrada, fiscal o letrado o letrada de la Administración de Justicia, en el ámbito de sus respectivas competencias y bajo su responsabilidad, así como la identificación, autenticación o firma electrónica que, en cada caso, prevea la ley, además de los requisitos que las leyes procesales establezcan.*

2. LISTADO DE RECLAMACIONES

La generación automática de documentos decisorios, pese a la aparente sencillez de esta formulación teórica, conlleva -en verdad- grandes dificultades dogmáticas y prácticas[10]: no sólo porque la aplicación del Derecho objetivo (cuando resulta diáfano) al caso concreto precisa -en no pocos casos- una interpretación[11]; sino porque este Derecho objetivo no es perfecto: en ocasiones, es difícilmente seleccionable (¿confiamos en un *iura novit curia* digital o acaso en un *daha mihi factum et dabo tibi ius* tecnológico?), tiene lagunas, vacíos, imprecisiones, conceptos jurídicos indeterminados, conflictos normativos: y este es -tan sólo- el punto de partida; la dificultad va subiendo el volumen cuando el objeto litigioso es, además, especialmen-

---

10 (Castillejo Manzanares, 2022, pp. 24 y 25): "las labores de calificación jurídica generalmente son bastante difíciles de incluir en un algoritmo. La principal causa de ello es lo que se ha venido a denominar "*textura abierta del derecho*", que provoca que, para ciertos casos, las normas sean vagas e indeterminadas. Esta característica del derecho, unida a que su práctica argumentativa, al menos en la labor de motivación del juez, se convierte en muchos casos en largas cadenas de razonamiento complejo, también complican las labores de análisis, sistematización y elaboración automática. A esto se le suma que la argumentación jurídica consiste en una actividad persuasoria, que al aplicar las normas al caso concreto lo hace inscrita en un determinado contexto social. En este sentido, el juzgador, en la resolución y motivación de sus decisiones, no solo realiza inferencia lógico-jurídica, sino que también ha de recurrir a la consideración de elementos sociológicos y retóricos".

11 Vid., (Pérez Daudí, 2022, p. 186), quién señala que "la aplicación de la Inteligencia Artificial a la adopción de resoluciones judiciales es asimilable a defender la teoría del silogismo judicial, que ha resultado insuficiente al ser incompleta, ya que excluye las sentencias subjetivas del derecho, hace una distinción artificial entre hecho y derecho y no explica la aplicación de la equidad. Por lo tanto, en este momento no es posible utilizarla para sustituir la decisión jurisdiccional".

te complejo o cuando hay una multiplicidad de personas en cada parte procesal (activa/pasiva); también cuando hay una considerable heterogeneidad de pretensiones/resistencias o cuando se precisa una anticipación de la respuesta a través de la adopción de medidas cautelares personales y reales -*¿cuantificación algorítmica del riesgo de fuga, manipulación de las fuentes de prueba o reincidencia? ¿fumus boni iuris artificial? ¿Periculum in mora tecnológico? ¿prestación de caución electrónica?*-; ya no digamos cuando se requiere una valoración de prueba compleja -*¿iudex iudicare debet secundum allegata et probata IA?*- o incluso, cuando se provoca un imprescindible "volantazo procesal" en el diseño de la estrategia jurídica con el planteamiento judicial de nuevas tesis jurídicas al término del proceso para no dejar comprometida la misma congruencia penal.

Todos los parámetros de decisión -procesal o de fondo- pueden tener apoyo en algoritmos: desde la anticipación de la prueba hasta la resolución última fruto de la sentencia ante nuestro Tribunal Supremo, cúspide del Poder Judicial. La nueva legislación ofrece una cobertura legal amplia a cualquier mecanismo de IA que se llegue a implementar en el marco de la Justicia, con tres únicos límites: (i) la validación humana del texto definitivo (por el/la Juez/a, Magistrado/a, Fiscal, Letrado/a de la Administración de Justicia; (ii) la alternatividad, traducida en la libertad individual de generación (o no) del documento, pudiendo estos profesionales -como es lógico- renunciar al referido apoyo de la Inteligencia Artificial generativa en favor de su exclusiva Inteligencia Humana; y (iii) la reversibilidad o posibilidad (también humana, se entiende) de modificación -total o parcial- del documento. Además de estos tres límites, los algoritmos -en lenguaje del Real-Decreto Ley ómnibus: "los criterios de decisión"- *serán públicos y objetivos dejando constancia de las decisiones tomadas en cada momento.*

Con esta declaración de principios -nada menos que de los principios de transparencia y publicidad, a los que luego se sumarán otros de identificabilidad, trazabilidad y explicabilidad- se neutralizan los riesgos tantas veces apuntados ante la -¿antigua?- opacidad del algoritmo[12] -aquella Blackbox[13]-, absolutamente incompatible con nuestros derechos procesales más elementales, principalmente el derecho a la presunción de inocencia y el derecho de defensa, tanto durante la tramitación del procedimiento, como una vez terminado -incluso por sentencia firme- y en plena ejecución: con el tratamiento penitenciario, ahora amparado en algoritmos predictivos, respecto de su efectiva reinserción -o potencial peligrosidad- y adecuación/inadecuación social.

Con esta nueva declaración de principios -y aunque las decisiones de Justicia adoptadas con apoyo de la IA siguen siendo "de alto riesgo"-, lo cierto es que la balanza entre ventajas e inconvenientes de su inserción en nuestra Administración de Justicia -siempre como apoyo de decisiones humanas- parece revertirse. Las mayores ventajas de la IA judicial generativa[14] en apoyo de la resolución decisoria, frente al enjuiciamiento exclusivamente humano se circunscriben a: (i) una mayor rapidez de la respuesta (la máquina, ya se sabe, no descansa ni desconecta jamás); (ii) una aplicación de la norma exenta de emociones y, por tanto, menos discrecional (al tiempo que más objetiva); (iii) un tratamiento más igualitario; (iv) un proceso más económico; (v) un procedimiento menos fatigoso psicológicamente; (vi) un bloqueador de estrategias procesales am-

---

12 "¿Algoritmos secretos en la Justicia penal?" se pregunta, de forma provocadora, (Martínez Garay, 2018, p. 497).

13 (Alonso Salgado, 2022, p. 522), ha sido extraordinariamente clara en este punto: "la ausencia de *explicabilidad*, la perpetuación y retroalimentación de sesgos discriminatorios y, lo que es peor, su blanqueamiento, entre otros aspectos, implican no pocos riesgos en un ámbito que exige certeza, certidumbre, inteligibilidad y seguridad", "El problema de la falta de transparencia en la interacción de la Inteligencia Artificial y la Justicia".

14 Vid., (Calaza López, 2024).

paradas en intereses tan espurios como mantener el litigio con una finalidad amenazante o tan solo para "ganar tiempo"; (vii) un proceso más asistido; y desde luego, (viii) un resultado más previsible: la máquina -que es una y solo una- ofrecerá siempre la misma solución -*la imbatibilidad del dato*- frente a tantas respuestas -a veces similares; pero otras disonantes, incoherentes y hasta contradictorias- como pueden ofrecer los distintos Jueces/Magistrados -la incertidumbre del juicio-

Los mayores inconvenientes de la IA judicial decisoria también han sido advertidos: (i) ausencia de empatía, solidaridad y asertividad -en las respuestas que deben conciliar la inexcusable aplicación de la norma con una razonable carga emocional-; (ii) petrificación y anquilosamiento, auténtica fosilización del Derecho, traducidos en ausencia de actualización de las normas antiguas a una renovada sensibilidad social, así como de implementación de las nuevas a una realidad jurídica todavía indefinida[15]; (iii) falta de creatividad, criticismo o capacidad de improvisación; (iv) inhumanidad (y posible deficiencia o, incluso, insuficiencia) de la motivación; (v) ausencia de razonamiento específico, individual y propio; (vi) complejidad de la congruencia; (vii) aplicación (o más bien, replicación) de respuestas judiciales anteriores (en lugar de la renovada validación *ad hoc* de la norma vigente en cada momento: fuente primera del derecho).

---

15 Vid., (Bonet Navarro, 2018, p. 89), quién destacó "la incapacidad del juez robot para crear e innovar en derecho, de tal manera que, y a pesar de que se optase por su incorporación en nuestro sistema de justicia, será necesario contar con jueces humanos, al menos a modo de órgano superior o supervisor, a los cuales se les encargue la tarea de dictar la primera jurisprudencia cuando la norma aplicable carezca de ella; de unificar jurisprudencia, o de procurar su evolución cuando así se requiera para su adaptación a los valores sociales vigentes".

La IA ya ha llegado a la Justicia y a partir de ahora no sólo en su modesta versión de *Justicia inteligente predictiva* -aquella que permite conocer las probabilidades de éxito -de cada una de las partes- en relación con una determinada controversia, a la vista de una analítica de litigios pasados; sino también de *Justicia inteligente generativa,* referida a la tecnología diseñada para la automatización de tareas tan complejas como la misma toma de decisiones con generación de texto autónomo que da respuesta a problemas concretos incorporados y, por supuesto, supervisados por la IH. En el momento actual, resulta muy difícil imaginar una respuesta exclusivamente robótica a un problema humano (especialmente, a uno que comprometa derechos de la personalidad y/o lazos afectivos, familiares, sociales); pero desde luego son muchas las opciones de -lícito y legítimo- aprovechamiento de datos[16] con apoyo en la IA que pueden desahogar la labor judicial: desde la construcción del texto de la sentencia[17], en esos tramos meramente informativos -fecha, encabezamiento, desarrollo fáctico, enumeración

---

16 Vid., (Esparza Leibar, 2022).

17 (Ercilla García, 2023, p. 27), ha destacado que "la automatización en la redacción de resoluciones judiciales pasa, por una parte por automatizar aquellos elementos repetitivos que no aportan valor, por utilizar herramientas de procesamiento de lenguaje natural que permitan la inclusión automática en los modelos de Sentencia de los datos concretos de cada caso (nombres, apellidos, cantidades etc...), la selección de los modelos posibles ante el litigio propuesto por la partes y por último –de lo que es objeto el presente artículo– la redacción de pequeños párrafos de Sentencias, en elementos muy concretos, para redactar textos que se correspondan con la apreciación concreta del Juzgador y con sus instrucciones. En este caso la IA no valora la prueba, sólo traduce a lenguaje natural las instrucciones y argumentos –estereotipados o del caso concreto (texto libre)– dados por el Juzgador para creer o no un testimonio, ofreciendo así un texto cuya aceptación o no correrá en última instancia a un ser humano, a saber, al Juzgador que la incluya en su resolución".

de pretensiones, redacción de hechos probados- hasta la propuesta de conclusión. Introducción, nudo y desenlace: las tres fases podrían encontrar apoyo en la IA; si bien, resulta evidente el "valor añadido" de la Inteligencia Humana a la hora de contrastar -con cierta empatía- los datos empíricos, así como los algoritmos y el distinto predominio de su porcentaje; todos ellos de gestación, actualización y escrutinio, por el momento, exclusivamente humanos (todo llegará, es de prever que también la *responsabilidad de las máquinas,* similar a la de las *personas jurídicas* -que ya, incluso, *delinquere potest-* cuando lleguen a gozar de total autonomía respecto de sus creadores[18]); pero entre tanto los humanos tengamos el control jurídico de nuestros actos, también debemos reclamar -salvo casos exactamente idénticos (idéntica *rebus sic stantibus,* igual condición general de la contratación, exacto acuerdo social de la misma sociedad de capital, similar retraso aéreo, semejante cláusula de un análogo seguro) una respuesta personalizada, así como una interpretación y aplicación de la norma, individualizadas, en función de cada caso concreto. Y todo ello en un contexto espacial, temporal, económico, sociológico, psicológico y hasta político determinado[19]; pues la respuesta judicial no es una flor que ofrece la maravilla de una Justicia rediviva en un desierto -hasta ese día- inexplorado, sino otra -bien distinta: personal, directa, detallada, así como- perfectamente anclada en un lugar y tiempo determinados.

---

[18] Vid., sobre la -indiscutible- exigencia de responsabilidad, (Martín Diz, 2021, p. 298).

[19] Recuérdese, con (Barja de Quiroga, 2014, p. 17), que "si para legitimar las decisiones queremos recurrir a los valores, basta con recordar cómo estos han sido utilizados en la historia y el rendimiento que han dado: importante en la conciencia colectiva e individual, pero, de escasa utilidad cuando han desaparecido o se han difuminado. Además, ha de tenerse en cuenta que los valores cambian a lo largo del tiempo y en función de la sociedad de que se trate".

Las herramientas de Inteligencia Artificial predictiva diseñadas en España hasta el momento son, entre otras, las siguientes: P3-DSS (*Predictive Police Patroling*) -desarrollado en el Cuerpo Nacional de Policía (Distrito Central de Madrid), para la implementación de un paradigma predictivo de patrullaje policial-; VeriPol -aplicación informática que detecta las denuncias falsas interpuestas en casos de robos con violencia e intimidación o tirones-; Sistema VioGén (Sistema de Seguimiento Integral en los casos de Violencia de Género) del Ministerio del Interior -permite determinar el nivel de peligro de sufrir nuevas agresiones, determinar los protocolos más adecuados para darle la necesaria protección a las víctimas y sus hijos, así como realizar el seguimiento de cada caso para ajustar las medidas de seguridad-; RisCanvi, sistema de predicción del riesgo de futuras conductas violentas de internos en centros penitenciarios de Cataluña[20]. Fuera del ámbito de la predicción y dentro del campo exclusivamente matemático, pueden destacarse otras herramientas tan útiles como LEXTools Tasaciones, sistema de cálculo de las costas judiciales del proceso o la Calculadora 988, para la cuantificación de la acumulación de condenas.

La predicción se encuentra, por tanto, a día de hoy, muy desarrollada -y seguramente, por ello (a pesar de los inevitables "falsos positivos" y "falsos negativos") bastante perfeccionada- tanto en el ámbito represivo -penitenciario- como en el preventivo -previsión de futuras conductas -esto es, la "predicción del riesgo", sea de acciones violentas (individuales o en grupo); sea de reincidencias delictivas (con idénticos u otros delitos);

---

20 (Llorente Sánchez-Arjona, 2022, p. 120), destaca el indudable acierto de la construcción -a cargo de dos instituciones públicas- de RisCanvi, "a diferencia de lo que viene siendo común en la mayor parte de países, que es comprar la tecnología a una empresa privada con todos los problemas que ello acarrea de falta de transparencia".

sea, incluso, de salud mental. Sin embargo, esta predicción todavía no se ha ensayado, en España, en otras fases del procedimiento anteriores o coincidentes con la propia la absolución o condena; y ello, seguramente, por la ausencia de cobertura legal existente hasta el momento, además de por el vértigo que genera toda premonición -nada menos que- del mismo enjuiciamiento, máxime cuando, además, se trata de la anticipación de un resultado mecánico, que puede sugestionar -y mucho-, tanto consciente como inconscientemente, la decisión judicial. Pero este vertiginoso momento ha llegado.

CONCLUSIONES

La propuesta del "Juez-Robot" como mecanismo de IA que otorgue puntual respuesta -sin la menor interacción/supervisión humana- a los conflictos cotidianos que acucian, en todos los ámbitos -civil, penal, administrativo y/o laboral, por supuesto también militar- a la ciudadanía, ha sido radicalmente rechazada por la totalidad de la doctrina; toda ella consciente de que ello supondría no sólo la defunción de un sistema amparado en principios de ideación y formulación humana (con la desaparición de actividades procesales tan enriquecedoras como el mismo debate); sino incluso -y nada menos que- un auténtico retroceso en la misma historia de nuestra democracia[21].

---

21 Son muchas las voces autorizadas de la disciplina que así lo han verbalizado; Vid., entre otras, (Marcos González, 2021, p. 339), cuando pone énfasis en que "los ciudadanos no pueden ser compelidos a estar y pasar por la ejecución de una declaración judicial que carezca de garantías en cuánto al modo como se ha adoptado o al contenido de la misma. Permitirlo socavaría, como parece obvio, los cimientos del Estado de Derecho y de la propia justificación de la existencia del Poder Judicial". Llorente Sánchez-Arjona (2022, p. 393), ha advertido, a su vez, que "la IA va a cambiar el concepto y la práctica del Derecho, es más, podemos decir que ya lo está cambiando, pero a

La respuesta exclusivamente automatizada, y sin intervención humana, comportaría -sin lugar a dudas- una radical quiebra del derecho de defensa[22], no sólo en su primera y más elemental proyección de la contradicción, publicidad y hasta concentración -principios todos ellos característicos de las actuaciones procesales físicas o, a lo sumo, híbridas- que debe presidir el debate -como sangre que bombea el corazón del proceso[23], en cada latido, con el consiguiente suministro de

---

lo que no se puede renunciar, en aras de una mayor eficiencia, es al conjunto de derechos fundamentales y garantías procesales que ha costado tanto esfuerzo conquistar". Gómez Colomer (2023, pp. 178 y 179) ha destacado, en este punto, después de una profunda disertación sobre esta cuestión, que "el punto central (...) es si estamos dispuestos a negar principios esenciales de la constitución democrática por la que tantos seres humanos han luchado, muchos incluso han dado sus vidas, renunciando a principios que jamás deberían desaparecer ni de nuestras leyes ni de nuestra práctica, a cambio de aligerar la Justicia civil o penal y conseguir juicios más rápidos. Ésa es la cuestión. En mi opinión, de momento el Juez-Robot vulneraría el estado democrático de derecho, la independencia judicial, la imparcialidad judicial y el principio del juez legal. Vulneraría otros más, (...), pero ahí están cuatro sin los que la Revolución Francesa habría sido una rutinaria pelea de barrio. Mi respuesta por tanto es negativa. A ese precio no quiero acabar con la sobrecarga judicial. Hay que dar alas a la imaginación y buscar otras vías de solución.

22 Castillejo Manzanares, (2022, p. 287), también lo tiene claro: "las partes deben poder conocer todos los materiales de hecho y de derecho que puedan influir en la convicción del juez en el momento de dictar sentencia y la facultad de poder alegar, probar y argumentar con la misma idea de incidir en la convicción judicial. Es por ello que la opacidad en el contenido de los datos que presente la herramienta de IA que pueda llegar a utilizar en el proceso lesionará el derecho de defensa cuando el propio desconocimiento de la estructura que contiene el algoritmo afecte al derecho de defensa del investigado o acusado".

23 Guzmán Fluja (2022, p. 327), es el inspirador de esta cautivadora reflexión: "el derecho procesal, el proceso, por supuesto el proceso

oxígeno y nutrientes, a todas sus fases procedimentales-, sino también en la motivación -y razonamiento- de la respuesta, que sería muy difícil -por no decir, imposible- de cuestionar; ya no digamos de revertir -vía recurso- sin conocer -exactamente (y caso a caso) las razones, motivos y/o argumentos que impulsaron al Juez Robot a adoptar esa respuesta y no otra.

Pero incluso la proposición de la respuesta judicial -mediante el nuevo mecanismo de "generación documental"- presenta riesgos difíciles de conjurar; por cuánto -y a pesar de la publicidad/transparencia del algoritmo- no será fácil deslindar, respecto de una resolución determinada, cuánta parte de la misma -en términos matemáticos- será de creación humana -fruto del ingenio, la creatividad, la originalidad y el propio empeño- del Juez; y cuánta la traslación automatizada -sin la menor reflexión adicional- de otros casos -a juicio, esta vez, de la máquina- similares: El siguiente reto será precisamente este, el de la deconstrucción -consciente- de la inercia de la respuesta, frente a la construcción -individualizada- de una solución amparada -pero no ideada- en las técnicas -cada día más sofisticadas- de IA con las que -es de prever, muy pronto- contarán los profesionales de nuestra Administración de Justicia[24].

---

penal, solo tiene razón de ser en cuánto se integra por un conjunto de principios y garantías sustanciales e identificadoras cuyo menoscabo, desconocimiento, desnaturalización, vulneración o ausencia determinan la imposibilidad de reconocer no ya el resultado o solución del conflicto, sino la existencia del propio método procesal (es bien sabido que el proceso judicial se integra por dos principios estructurales: igualdad de armas y contradicción)".

24 Y así lo percibió Nieva Fenoll (2022, p. 436): "hay que luchar porque todo lo conseguido gracias al derecho al juez independiente e imparcial, no se pierda si algún día las máquinas influyen en mayor medida en el enjuiciamiento", "Inteligencia Artificial y proceso judicial: Perspectivas ante un alto tecnológico en el camino".

Finalmente, ha de aceptarse que todo este estado embrionario de la IA judicial, que tantas incógnitas (también recelos y hasta rechazo) presenta, todavía a día de hoy, es -tan sólo- el comienzo de un nuevo ecosistema digital judicial interconectado, cuya siguiente aspiración ha de pasar, forzosamente, por la homogeneización de la IA judicial en el ámbito de la UE[25].

BIBLIOGRAFÍA

Adorno, Theodor W. (1996), *Introducción a la sociología,* trad. Eduardo Rivera López.

Alonso Salgado, C. (2022), "El problema de la falta de transparencia en la interacción de la Inteligencia Artificial y la Justicia", en *Inteligencia Artificial legal y Administración de Justicia,* Dir.: Sonia Calaza López y Mercedes Llorente Sánchez-Arjona, Ed. Aranzadi, Navarra.

Arangüena Fanego, Montserrat De Hoyos Sancho y Esther Pillado González; Coord. Pedro Miguel Freitas, Ed. Aranzadi, Navarra.

Barja de Quiroga, J. (2014) *Introducción a la Teoría del Estado. La legitimación,* Ed. Tirant lo blanch, Valencia.

Barja de Quiroga, J. (2021), *La Justicia y la política,* Ed. Tirant lo blanch, Valencia.

Barona Vilar, Silvia (2021), *Algoritmización del Derecho y de la Justicia. De la Inteligencia Artificial a la Smart Justice,* Ed. Tirant lo blanch, Valencia, 2021.

---

25 Vid., (De Hoyos Sancho, 2021, p. 24), cuando señala que "la necesaria creación del "ecosistema de confianza" en la Unión Europea en materia de Inteligencia Artificial, la implantación de un marco jurídico destinado a lograr una IA fiable y respetuosa de los derechos y garantías fundamentales, repercutirá también sobre el éxito de la imprescindible cooperación judicial y policial transfronteriza en los supuestos cada vez más frecuentes en que se hayan podido usar sistemas IA", en "El uso jurisdiccional de los sistemas de Inteligencia Artificial y la necesidad de su armonización en el contexto de la Unión Europea".

Barona Vilar, Silvia (2022), "Persona, algoritmización y posthumanismo, una ecuación hacia la «persona maquínica» y su responsabilidad", *Actualidad Civil,* Nº 10, Octubre de 2022, Editorial LA LEY

Barona Vilar, Silvia (2023) "Ecosistema digital de justicia eficiente (De la Justicia digital orientada al documento a la Justicia orientada al dato)", *Actualidad Civi*l nº 5, mayo, 2023.

Bonet Navarro, J. (2018) "La tutela judicial de los derechos no humanos. De la tramitación electrónica al proceso con robots autónomos", *CE-FLegal,* 208.

Calaza López, S (2025),"La prueba como pieza clave para la construcción de la realidad procesal", Ed. Dykinson, Madrid.

Calaza López, S (2025), "Economía circular de la Justicia", Ed. Dykinson, Madrid.

Calaza López, S. (2024), Next Generation Justice: ¿Magia procesal o Inteligencia Artificial?, en "Justicia: eficiencia, seguridad y servicio público", *Libro Homenaje al Prof. Víctor Moreno Catena,* Coord. Helena Soleto, Raquel López, Amaya Arnáiz y Sabela Oubiña, Ed. Tirant lo Blanch, Valencia.

Castillejo Manzanares, R. (2022), "Las nuevas tecnologías y la Inteligencia Artificial como retos post-covid19", *Revista General de Derecho Procesal* nº 56.

Castillejo Manzanares, R. (2022), "Digitalización y/o Inteligencia Artificial", en *Inteligencia Artificial legal y Administración de Justicia,* Dir.: Sonia Calaza López y Mercedes Llorente Sánchez-Arjona, Ed. Aranzadi, Navarra.

Ercilla García, J. (2023), "Integración de GPT-3 en la redacción de argumentos de Sentencias: Un ejemplo práctico", *Revista Aranzadi de Derecho y Nuevas Tecnologías* num.61/2023.

Esparza Leibar, I. (2022), "Derecho fundamental a la protección de datos de carácter personal en el ámbito jurisdiccional e Inteligencia Artificial. En especial, la LO 7/2021, de protección de datos personales tratados para fines de prevención, detección, investigación y enjuiciamiento de infracciones penales y de ejecución de sanciones penales", en *Inteligencia Artificial legal y Administración de Justicia,* Dir.: Sonia Calaza López y Mercedes Llorente Sánchez-Arjona, Ed. Aranzadi, Navarra.

Goldschmidt, James (2010), El concepto normativo de la culpabilidad, trad. Christian Celdrán Kuhl / Jacobo Barja de Quiroga, también en

Goldschmidt, James, El estado de necesidad, un problema de la culpabilidad, trad. Miguel Ángel Cano Paños, ambos en Goldschmidt, James, *Derecho, Derecho penal y proceso,* I, ed.

Gómez Colomer, J.L. (2023), "Problemas legales del Juez robot desde una perspectiva procesal y orgánica", en *El proceso penal ante una nueva realidad tecnológica europea,* Dir. Coral

Giddens, Anthony (2001), *Sociología,* trad. Jesús Cuéllar Menezo.

Guzmán Fluja, V. (2022: 327), "Ideas para un debate sobre la predicción del crimen", en *Inteligencia Artificial legal y Administración de Justicia,* Dir.: Sonia Calaza López y Mercedes Llorente Sánchez-Arjona, Ed. Aranzadi, Navarra, 2022, p. 327.

Habermas, Jürgen (1981), *Theorie des Kommunikativen Handelns,* 1981.

Hassemer, Winfried (1990), *Einführung in die Grundlagen des Strafrechts,* 2ª ed.

Hume, David (2003), *A Treatise of Human Nature,* (1ª ed. 1739).

Llorente Sánchez-Arjona, M. (2022), "Hacia una justicia penal predictiva", *Cuadernos de Política Criminal* Número 136, I, Época II.

Llorente Sánchez-Arjona, M. (2022), "Inteligencia Artificial, valoración del riesgo y derecho al debido proceso", en *Inteligencia Artificial legal y Administración de Justicia,* Dir.: Sonia Calaza López y Mercedes Llorente Sánchez-Arjona, Ed. Aranzadi, Navarra;

Luhmann, Niklas (1993), *Das Recht der Gesellschaft.*

Luhmann, Niklas (2013), *Legitimation durch Verfahren,* 9ª ed., pág. 51.

Marcos González, M. (2021), "Procesos judiciales y procesos automatizados", en *Digitalización de la Justicia: Prevención, Investigación y Enjuiciamiento,* Dir.: Mercedes Llorente Sánchez-Arjona y Sonia Calaza López, Ed. Aranzadi, Navarra, 2021

Martín Diz, F. (2021), "Herramientas de IA y adecuación en el ámbito del proceso judicial", *Derecho procesal, retos y transformaciones,* Ed. Atelier, Barcelona.

Martínez Garay, L. (2018), "Peligrosidad, algoritmos y due process: El caso State v Loomis", *Revista de derecho penal y criminología,* 3.ª Época, n.º 20.

Nieva Fenoll, J. (2022), "Inteligencia Artificial y proceso judicial: Perspectivas ante un alto tecnológico en el camino", en *Inteligencia Artificial legal y Administración de Justicia,* Dir.: Sonia Calaza López y Mercedes Llorente Sánchez-Arjona, Ed. Aranzadi, Navarra.

Pérez Daudí, V. (2022), *De la Justicia a la Ciberjusticia,* Ed. Atelier, Barcelona.

Weber, Max (2002), *Economía y sociedad,* trad. José Medina Echavarría / Juan Roura Parella / Eugenio Ímaz / Eduardo García Máynez / José Ferrater Mora, 2ª reimpresión de la 2ª ed.

VV.AA. (2023), *La casación Civil,* Coordinadores: Calaza López, S. y García Vicente, J.R., Ed. La IIILALEY, Madri

Digitalización y algoritmización de la justicia para una sociedad en constante tránsito[1]

SILVIA BARONA VILAR
Catedrática de Derecho Procesal
Universitat de València

Resumen: La Justicia se digitaliza y se va algoritmizando, aparecen herramientas asistenciales, complementarias y caminamos hacia las sustitutorias -ya se han hecho presentes de forma incipiente y sectorial- en todos los órdenes jurisdiccionales y en las manifestaciones de tutela no judicial ni jurisdiccional. Sus bondades pueden generar paz y bienestar social; sus maldades pueden propulsar discriminación, desigualdad, perversión del sistema y aniquilación de las libertades y garantías. Solo desde la capacidad del ser humano y de la mirada jurídica seremos capaces de conseguir la humanización de los algoritmos y no la algoritmización de los humanos.

Palabras clave: Expediente digital; Digitalización del proceso; Software en Justicia; Afectación de derechos; Juez Robot.

Abstract: Justice is becoming digitized and increasingly algorithmic. Assistive and complementary tools are emerging, and we are progressing towards substitutive ones -which have already begun to appear in an incipient and sectoral manner -across all jurisdictions and in non-judicial and non-jurisdictional forms of protection. Their benefits can generate peace and social well-being; their detriments can lead to discrimination, inequality, systemic corruption, and the destruction of freedoms and guarantees. Only through the human capacity and legal perspective will we be able to achieve the humanization of algorithms rather than the algorithmization of humans.

---

1 Redactado en el marco del Proyecto CIPROM 2023-64 GVA (Justicia sostenible en estado de mudanza global)

Keywords: Digital judicial file; Digitalization of the judicial process; Justice Software; Rights Violation; Robot Judge.

1. SOCIEDAD-JUSTICIA. DEL ENTORNO DIGITAL A LA JUSTICIA DIGITAL

La tecnología y sus avances han ido paulatinamente asentándose en la sociedad actual, ofreciendo un tratamiento adecuado a la patología que acompaña a la sociedad moderna: desencanto (algo que WEBER, 1904, pp. 1-54, expresó como el "desencantamiento del mundo", *die Entzauberung),* desilusión, vacío existencial. Algo que probablemente surgió con la crisis de la modernidad, tildada de decadencia por la Escuela de Frankfurt, creada en torno al Instituto para la investigación social (1923) en la Universidad de Frankfurt. Una decadencia que ha propulsado paulatinamente, primero, la búsqueda de la uniformidad, de la masa, y, segundo, una necesidad de ilusión, magia, fantasía, y hasta en ocasiones supercheria y conspiranoia. Todo ello abrigado con esa ráfaga expansiva de las últimas décadas del siglo XX de la globalización.

La irrupción de la globalización en el Siglo XX y su consolidación en el S. XXI arrastró una gran fascinación por lo "global". La globalización, más allá de lo económico, alcanzó a todos los ámbitos de la vida y presentó a la Humanidad una sociedad uniformizada en muchos ámbitos, dirigida hacia lo bello, lo perfecto, lo económico, lo cosmético, lo eficiente, lo material, que fagotizó a la espiritualidad, a lo inmaterial o lo intangible, sosteniendo el principio que le fundamenta de que lo contrario, lo feo, imperfecto, ineficiente, singular, independiente, etc., no es útil y, por ende, la sociedad lo excluye, lo aparta, lo disgrega, algo que llevó a considerar como la sociedad "de masas" (Ortega, 1966, p. 70). Y es en esa imparable evolución o mejor mutación social global en la que aparece la herramienta que se ofrece como la pócima para integrar las falencias humanas y sociales: la tecnología. Ciertamente… la irrupción de la tecnología en las sociedades globales ha venido a paliar el desencanto, desasosiego, tristeza y melancolía, que parecía acompañar durante un largo periodo de tiempo a la Humanidad (Barona, 2021, p. 23). Y así surge la sociedad de masas tecnológica, abrigadas por el capitalismo global a ultranza, bajo la gran influencia de Silicon Valley y las grandes multinacionales tecnológicas, que ofrecen la fascinante pócima para salvar la Humanidad, para culminar la modernidad como proyecto: la tecnología, digitalización y algoritmización de la vida, la sociedad, la cultura y por supuesto el derecho. Una mutación sistémica.

Si el primer nivel comenzó con la Revolución 3.0., nucleado sobre el internet y una manera instrumental de fomentar la comunicación, caminando hacia una vida cada vez más híbrida, con la fascinante e inquietante magia algorítmica penetrando en la humanidad y favoreciendo el impulso del transhumanismo o posthumanismo, le siguió y se instaló la Revolución del 4.0., que más allá de lo instrumental ofrece una humanidad aumentada, en la que cambia el *modus vivendi*, generando lo que se ha venido denominando como servidumbre maquínica o enjambre digital o incluso proletariado digital. Una magia algorítmica que alcanza la Justicia (*Ad extensum*, BARONA, 2021 bis). La tecnología puede favorecer, garantizar, simplificar y ofrecer un mayor acceso a la Justicia, empero también puede negar, restringir o limitar derechos, y puede *deconstruir* el mismo modelo de Justicia.

2. METAMORFOSIS DIGITAL Y COMPUTACIONAL DE LA JUSTICIA. ÚLTIMOS IMPULSOS: RDLEY 6/2023, DE 19 DE DICIEMBRE Y REGLAMENTO (UE) 2024/1689, DE 13 DE JUNIO

En este contexto, la transformación de la Justicia ha venido siendo imparable. Nuevas normas, nuevos instrumentos, nuevos principios de actuación, nuevos protagonistas, nuevos espacios (presenciales y virtuales), acompañan a una humanidad, una sociedad y una Justicia que transita en periodo constante de mudanzas. Una mudanza que supone abandonar la vieja "Justicia con manguitos", que dio lugar al modelo analógico de Justicia, para mutar hacia una Justicia primero digital y poco a poco a una "Justicia con algoritmos". Uno de los últimos escalones ha sido el Real Decreto-Ley 6/2023, de 19 de diciembre, con introducción de diversas reformas en las leyes procesales, que incorpora un modelo digital de comunicación con la Administración de Justicia, comunicaciones electrónicas, Carpeta Justicia, sede judicial electrónica, actos de comunicación electrónicos, Tablón Edictal único digital, vistas telemáticas, actuaciones automatizadas y un largo etcétera que suponen la consolidación de la digitalización de la Justicia (Barona, 2024, pp. 40-55).

Si bien el RDLey 6/2023 supone el cambio legislativo que ha culminado el proceso que desde 2011 se venía gestando en España en busca de esa metamorfosis digital, cierto es que no es "oro todo lo que reluce". El escenario tecnológico favorece una mejora de la Justicia, pero también hace peligrar algunos derechos. En este sentido, concurre el peligro de los sesgos algorítmicos y la afectación con ellos de derechos fundamentales, algo que hasta el momento ha venido a tratar de paliarse con la conformación de protocolos o de códigos éticos. Han sido especialmente destacables las herramientas algorítmicas que han provocado decisiones sexistas, racistas, xenófobas, clasistas, homófobos. Precisamente la aprobación del Reglamento

(UE) 2024/1689, de 13 de junio de 2024, establece normas armonizadas en materia de inteligencia artificial, para garantizar la protección de los derechos fundamentales, incidiendo en las claves en las que los Estados, la cooperación internacional y la sociedad y profesionales de IA deben actuar conjuntamente, trabajando sobre la explicabilidad, fijando los estándares para evaluar la equidad, la evitabilidad de decisiones discriminatorias, y fomentando la seguridad a través del trabajo conjunto de los sectores público, privado y académico. Se insiste en el valor de la robustez, la seguridad y la protección, con un modelo efectivo de participación de los humanos en la IA, especialmente en la toma de decisiones, y fijando un sistema de sanciones que garantice la responsabilidad. El Reglamento es la presentación normativa en sociedad de las múltiples acciones propositivas, de recomendación, etc., se habían venido trabajando en el marco de la UE, reflejando la preocupación, amén del interés de la Unión Europea por favorecer el desarrollo de la inteligencia artificial, empero siempre desde un techo intraspasable, que es el de las personas. Quedan numerosas incógnitas que habrá que ir paulatinamente resolviendo, dado que no queda claro qué entidades y sistemas están sujetos al Reglamento, la propia definición del sistema de IA y la categorización de los sistemas IA de alto riesgo, la gobernanza de la IA, los posibles recursos que puedan plantearse frente a las infracciones del Reglamento IA, de manera que se configuren medios para proteger los derechos especialmente los de carácter individual, entre otros. El Reglamento es un paso adelante, una apuesta por generar marco adecuado, empero quedan muchas cuestiones por resolver.

3. REALIDADES COMPUTACIONALES "ALGORÍTMICAS" QUE AFECTAN AL MUNDO DE LA JUSTICIA

Allende la digitalización, se han ido presentando también en la Justicia herramientas que emulan el pensamiento jurídico humano, en sus múltiples manifestaciones, más débiles o más sólidas (asistenciales, complementarias o sustitutorias), pero que arrojan un escenario digital que ha alcanzado la disrupción innovativa, y va camino hacia la algoritmización de la Justicia. El impulso se ha producido de forma espectacular con la pandemia y el confinamiento.

La primera fase se produce con la incorporación de las tecnologías en la Administración de Justicia. A través de las TIC se permite archivar, tratar y transmitir grandes cantidades de datos cada vez crecientes en el contexto de la compleja organización judicial, con abaratamiento de costes y reducción de plazos, lo que permite incrementar los niveles de eficacia y calidad de la Justicia (Delgado Martín, 2020, p. 3). Por otro, mejora el servicio al ciudadano, con transparencia y rendición de cuentas, amén de mayor accesibilidad. Finalmente, mejora la organización del sistema judicial, su eficiencia estructural, estratégica y de gestión, amén de optimizar el trabajo personal, su distribución y la formación y el perfeccionamiento. Los primeros proyectos españoles comenzaron a mitad de los años ochenta y han culminado con el RDLey 6/2023, que consolida la digitalización y abre la puerta a la IA, orientando la Justicia al dato.

Paralelamente, de forma asimétrica y sin demasiado control, hemos asistido a la proliferación masiva de sistemas computacionales, software, modelos asistenciales, con mayor o menor capacidad de sustitución de actuaciones propias de los profesionales del derecho. Los cambios se producen a una velocidad inusitada y las maneras tradicionales de gestión, organización y funcionamiento de las firmas de abogados, de procuradores, etc., necesitan mudar su esencia, reinventarse, so pena de ser "ineficientes", algo que la sociedad actual valora subliminalmente (Ashley, 2017, p. 6). Son plurales los grados o manifestaciones de incidencia. Pueden enunciarse algunos ejemplos de ese retrato tecnológico y digital en la Justicia.

1.- En una primera etapa surgieron los modelos computacionales asistenciales (Navas, 2017, p. 27), basados en la lógica computacional clásica, que no se adaptaban al modelo lógico argumentativo jurídico, en cuanto actividad razonadora de los juristas (Kalinowski, 1973, p. 67).

2.- Uno de los hitos importantes fue la Jurimetría *(Legal Decision Support System)*, que penetró en el mundo jurídico con la Escuela americana de jurimetría, gracias a Norbert Wiener (1953), padre de la Cibernética (1950), y su sucesor Lee Loevinger (1949, pp. 456-493). Es una herramienta predictiva con análisis del caso, magistrado, hecho, administración, abogado, etc. Es un instrumento asistencial -no sustitutivo- que puede permitir gestionar tiempos, ahorrar recursos y ser más eficientes en la elaboración de la estrategia a seguir.

3.- Poco a poco fueron incorporándose los *Expert Systems*, programas computacionales que se construían (con asistencia de expertos humanos) con el fin de actuar en determinados campos como expertos, convirtiéndose en asistentes inteligentes. Aun cuando inicialmente actuaron como herramientas para efectuar diagnóstico en sectores como la medicina, farmacia, genética, pronto encontraron acomodo como expertos en diagnóstico legal (CHALTON, 1980, pp. 13-15). Estos sistemas han ido proliferando, especialmente vinculados a la función de argumentación jurídica, ora de forma analítica e interpretativa, ora creativa (por ejemplo, ECHO es un programa que plantea hipótesis de acusación y defensa para la estrategia procesal; o ALIBI pronostica el comportamiento de defensa de los sujetos pasivos; Nissan, 2015, p. 11 y Nissan, 2009, pp. 1 y siguientes). Son sistemas que ejercen una función complementaria de las habilidades humanas.

4.- Hay otras herramientas que permiten la sustitución del profesional del derecho por modelos computacionales. Estas herramientas ofrecen numerosas actuaciones: a) Analizar textos, resoluciones, documentos, extrayendo información relevante para ofrecer respuestas; b) Generar documentos escritos, redactar contratos, proponer informes; c) Tareas de planificación y organización cruzada que permita coordinar agendas de jueces, fiscales, policía, abogados, procuradores; d) Realizar predicciones económico-financieras que asesoran en mercados, estrategias inversoras, determinación de riesgos en inversiones internas o internacionales, etc.; e) Redacción de demandas en procesos judiciales y arbitrales; f) *On line Dispute Resolution Systems,* como el modelo UE para la resolución de conflictos de consumo; g) Actividad de redacción, control y valoración legislativa, con redacción de normas legales *ex novo,* propuestas de redacción, revisión gramatical de textos, sistemas de detección de contradicciones, etc.; h) Sistemas inteligentes de negociación; i) Contratos a través de agentes inteligentes; j) Actividades de prevención, investigación, argumentación probatoria y decisión judicial, en todos los órdenes jurisdiccionales.

Argumentos en contra se han manifestado, alegándose que estos sistemas no pueden sustituir al abogado, por la especial relación cliente-abogado; que no presentan inteligencia emocional y juicio humano, entre otras habilidades (negociación, mediación, etc.), o se dice que no pueden atender estos sistemas cuestiones morales; incluso se argumenta que en el ámbito jurídico hay creatividad humana, que no es extrapolable al sistema computacional (Sartor, 1992, pp. 209-235). Todo ello ha propulsado un área para los abogados, que se denomina LegalTech, en la que se han incorporado una suerte de herramientas que favorecen la gestión en los despachos, la relación con los clientes, las estrategias de defensa, la búsqueda de argumentación jurídica y un largo etcétera, que permiten facilitar las tareas desempeñadas en el marco de la Abogacía. Parece indiscutible que el camino es impensable y que no solo supone incorporar herramientas e instrumentos de actuación o de facilitación de la actuación, sino que provoca incluso cambios de hábitos en los operadores jurídicos, incorporando fórmulas de *coworking* a través de "negocios de plataforma" de servicios jurídicos; reformulándose tiempos y espacios; reorganizándose la estructura de los despachos jurídicos, con un soporte tecnológico continuado; mayor formación de los abogados, etc. (Mateo Borge, 2017, pp. 143-144).

4. ESPECIAL REFERENCIA A LOS ALGORITMOS PREDICTIVOS POLICIALES Y ALGORITMOS EN LA INVESTIGACIÓN PENAL

Especial mención merece la proliferación de estos sistemas algorítmicos en la predicción y en la investigación delictiva. Aunque se presentan con valor instrumental, son en muchos casos soporte de las resoluciones judiciales, convirtiéndose en decisivas. Y no solamente en el proceso penal, sino en todo tipo de procesos. Estas herramientas encuentran un terreno muy adecuado en el seno de la ideología del control y de la seguridad, facilitando decisiones de política criminal de prevención, que han favorecido el derecho penal *ex ante,* la "Justicia predictiva" -que realmente tiene poco de Justicia (BARONA, 2021, p. 38), la *predictive policing* o *PredPol,* "justicia predictiva policial", o vigilancia predictiva, propulsando la construcción de la denominada criminología ambiental o criminometría. Ofrecen respuestas desde el uso de técnicas cuantitativas de análisis que permiten identificar objetivos que potencian la intervención policial, además de "prevenir delitos o resolver crímenes pasados mediante pronósticos estadísticos" (Perry; Mcinnis; Price; Smithm Hollywood, 2013, pp. 33-41). Se han ido perfeccionando tanto la alimentación de datos (ya no se busca mucho e indiscriminado, sino la calidad de los datos y, por ende, su selección y discriminación), como las técnicas analíticas. En la actualidad se obtienen más datos, a través de la información policial, foros, webs, redes sociales u otros medios que pueda emplearse en el mundo digital, sin olvidar la información que puede obtenerse a través de las aplicaciones de los móviles (Miró Llinares, 2018, pp. 98-99).

En primer lugar, en relación con los algoritmos predictivos policiales, éstos pueden ser de dos tipos: a) Herramientas de detección de los lugares identificados como de alto riesgo o *hot spots,* en los que invertir esfuerzos y medios para reducir la delincuencia y, con ello, garantizar la seguridad pública, realizando mapas digitales del delito (técnica del *mapping*), dirigiendo la implementación de más recursos personales y materiales en la lucha contra la misma. b) Herramientas predictivas subjetivas, siendo la primera en Europa en 1994 en Francia, *Anacrim,* reemplazada en 2005 por *i2 Analyst Notebook* (i2AN). Rastrea redes sociales, el software establece conexiones entre personas y crímenes, más complicada para el investigador-analista humano. Es herramienta esencial para identificar, predecir, prevenir e interrumpir actividades fraudulentas terroristas y redes criminales. Le siguieron otras herramientas: *Salvac* (análisis de crímenes violentos o sexuales), *Chardon* (identifica hechos criminales perpetrados por la misma persona). Tras Francia, en Italia *KeyCrime* en 2007, un programa que permite predecir crímenes en serie además de dónde, cuándo y cómo. Reino Unido con el *PredPol,* elaborado en California en 2011, empleado por la Policía de Kent en 2013 para procesar datos y analizarlos, ofreciendo predicciones sobre dónde y cuándo podrían tener lugar (previsión) esos hechos delictivos. Les siguió Bélgica y posteriormente se aplicaron en Países Bajos las herramientas *Crimen Anticipation System* (*CAS*), desarrollado por la policía de Amsterdam en 2013 y aplicado en todos los Países Bajos en 2017, predice dónde, cuándo y por quién (supone un aporte objetivo-subjetivo, por lo que es más amplio que los anteriores) y *Visual Analytics for sense-making in Criminal Intelligence Analysis (VALCRI)*, que es un sistema que permite generar ideas plausibles acerca de cómo, cuándo y por qué se cometió un delito, inclusive quién podría ser su autor, realizando un análisis de la escena del delito, configurando patrones sospechosos y reconstruye escenas, empleando el reconocimiento facial; en ambos casos, la extensión a la esfera subjetiva es palmaria. En Alemania el primer programa de análisis predictivo implementado fue *Precobs*, referido a predicción de robos en una vivienda; y posteriormente, *Skala*, para el robo de vehículos. La mayoría de los programas desarrollados en Europa inicialmente se circunscriben a centros urbanos, evaluación de riesgos comunitarios (*predictive mapping)*, no individuales, para evolucionar hacia herramientas que tratan de predecir la reincidencia, pasando de la predicción objetiva a la subjetiva, por lo que anticipan la posible comisión de hechos delictivos de las personas en función de unos criterios que alimentan el algoritmo.

En España, *SIG (sistema de información geográfica*) permite identificar las concentraciones delictivas, en atención a características sociales de la zona, meteorología, topología. Se permite una mejor gestión de medios policiales en lugares y momentos determinados. Se ha utilizado por la Policía Municipal de Madrid a través del Centro Integrado de Seguridad y Emergencias (CISEM), para realizar mapas de riesgo, permitiendo planificar los servicios. El *CISEM* se constituye como una modalidad de "geo-prevención", un análisis de las relaciones existentes entre los agentes del crimen y el territorio, la integración de estrategias preventivas necesarias y su implementación mediante las tecnologías SIG, para favorecer la reducción de la delincuencia y una mayor seguridad. Desde 2015 la Policía Nacional lo emplea para la delimitación de las zonas o lugares de patrullaje, según las características sociales de la zona, meteorología, topología, empleándose estos modelos de información geográfica, que ofrece identificación de concentraciones delictivas, de manera que permita una mejor gestión de medios policiales en lugares y momentos determinados.

Todos estos sistemas algorítmicos y herramientas predictivas de riesgos han propulsado una metamorfosis del modelo policial, dado que la actuación *ex post* se traslada a la actuación *ex ante*, o si se quiere de la función reactiva a una función preventiva (proactiva). Y ello muestra un escenario con una actora protagonista, la Policía, que abandona el viejo *modus operandi* intuitivo humano para actuar con estas herramientas predictivas de riesgos, lo que favorece la neutralización de la delincuencia, amén de su persecución. Tarea que realiza *ex ante*. Estas herramientas permiten la optimización de los medios y de la gestión, amén de recopilar y elaborar un número importante de datos que facilitan la elaboración de patrones, tendencias o relaciones secuenciales que pueden ser empleadas para prevenir la delincuencia o para favorecer futuras investigaciones.

En segundo lugar, la policía no solo actúa en su función preventiva, sino también en la investigación criminal. Adquiere un enorme protagonismo en sede procesal. Ese protagonismo ha llevado a lo que en EEUU se denomina "inteligencia de fuentes", que consiste en recopilar información de distintas fuentes accesibles que tienen origen en datos de diversa naturaleza (Kahan, 2021, pp. 67-92, y en España, Bueno De Mata, 2023, p. 58); pueden provenir de fuentes humanas (información obtenida a través de foros abiertos, webs, redes sociales -por ejemplo a través de imágenes o de fotografías-, etc), o incluso a través de la interceptación de comunicaciones entre personas y máquinas o dispositivos (como sucede con el dispositivo SIGINT), o quizás las denominadas informaciones en fuentes abiertas, que se basan en la facilidad de su accesibilidad, siendo especialmente conocida la técnica OSINT, que facilita la recopilación de información de diferentes fuentes abiertas (Rodriguez Rodriguez, 2019). OSINT permite investigar delitos de odio en redes sociales, dada la enorme posibilidad que tiene de obtener información relevante y detallada de fuentes accesibles en línea, derivando en un "informe formado por contenidos extraídos de fuentes de prueba públicas y de acceso abierto en internet sobre los que se ha aplicado la metodología propia para extraer conclusiones relevantes en el proceso penal" (Sala Ordoñez, 2022, p. 152). Estas "herramientas inteligentes" permiten especialmente ciberrastrear, y perseguir la ciberdelincuencia. Su traslación a la investigación, primero, y posteriormente a la prueba, es indudable, pasando de la prevención al proceso y alterando las reglas, principios y garantías probatorias en muchos casos y provocando, en términos baumanianos, una suerte de liquidez de la prueba. Se genera, por ende, en ciertos casos, una difuminación entre la naturaleza jurídica de las diversas actuaciones, principios, sujetos y consecuencias, de manera que las medidas de investigación tecnológicas se permiten para actuaciones preventivas y para la investigación. Esa confusión no es neutra y supone la reformulación de un derecho penal *ex post* hacia un derecho penal *ex ante*, que reacciona ante riesgos y amenazas, y lo hace con carga en profundidad sobre las garantías y los derechos; nuestro núcleo esencial de preocupación (BARONA, 2024 bis, p. 104); una involución, consecuencia de las políticas neoliberales anglosajonas, origen de la globalización, con decisiones de política criminal dirigidas a paliar el descontento social, a través de la adopción de múltiples medidas (GARLAND, 2001, p. 127). Y esta manera de investigar no solo afecta a quien investiga, sino también a quien es investigado, asistiendo a una expansión subjetiva de la investigación a terceros que ni son sospechosos ni son imputados ni guardan relación con los hechos delictivos objeto de la investigación. Todo ello favorecido por la sofisticación de estos sistemas técnicos y tecnológicos que favorecen la vigilancia preventiva policial.

En esta fase de investigación son numerosas las herramientas. Por ejemplo, la herramienta predictiva empleada para configurar perfiles de posibles incendiarios forestales (Perfilnet. Pyros); era un sistema en el que, a partir de indicios encontrados en el incendio, buscaban la identificación y localización de sus posibles autores (Sotoca y otros, 2013, pp. 31-38). En España el empleo en las causas por violencia de género de *VIOGÉN* es indiscutible, fijando un nivel de riesgo (son cinco niveles: "No apreciado", "Bajo", "Medio", "Alto" y "Extremo") que será ponderado por el analista policial, y se adentrará en el proceso, siendo sustento esencial en la toma de decisiones cautelares o sentencia final del proceso. Otras son las que efectúan riesgos de idoneidad o fiabilidad de testigos (Advocate). No se trata de determinar con ellos un criterio de veracidad sino de riesgo de no veracidad, que no es lo mismo.

Por su parte, se están diseñando herramientas que pretenden objetivar riesgos o peligros a la hora de adoptar medidas cautelares, incluido el *fumus boni iuris*, de manera que los datos que se incorporen pueden llegar a conjugar variables que permitan a los jueces contar con asistencia en la toma de decisiones. El dilema se halla en la respuesta a la atribución funcional de estas herramientas que incorporadas a la investigación terminan convirtiéndose en prueba (¿plena?) convincente del juez en la decisión en uno u otro sentido, como sucedió en EEUU con COMPAS (*Correctional Offender Management Profiling for Alternative Sanctions*), una de las herramientas más conocidas, que realizaba cálculos probabilísticos sobre la posible comisión de delitos por una persona, permitiendo la adopción de medidas cautelares más gravosas o una condena más grave; su aplicación en el caso del ciudadano americano Eric Loomis en 2013 suscitó un enorme debate, al condenarle con pena más grave por aplicación de esta herramienta, que avizoraba una reincidencia delictiva. Planteada apelación, se solicitaba conocer la herramienta, para ejercitar el derecho de defensa, lo que se negaba por la empresa diseñadora de la herramienta al considerar que se vulneraba la protección de los derechos de autor y de propiedad inmaterial. Se plantea el equilibrio entre los derechos de autor de la empresa y el derecho al debido proceso (LARSON y otros, 2016).

En los últimos años, además, han proliferado los sistemas biométricos. Son plurales y heterogéneos y su funcionalidad en la actualidad es indiscutible (controles laborales, instrumentos de lucha contra fraude, acceso a dispositivos individuales, etc.). Existen los sistemas de identificación basados en el análisis de sus huellas dactilares, geometría de la mano, retina o iris del ojo, imagen facial, la oreja (otograma), los movimientos, etc., procediendo a su registro para poder desarrollar posteriormente su identificación. Su objetivo es identificar (reconocimiento) o autenticar (verificación) a las personas a partir de algunas características fisiológicas o morfológicas. De entre los múltiples medios biométricos el más cuestionable es el del reconocimiento facial, que permite reconocer a una persona por los rasgos de su cara, empleando algoritmos, a través de "búsqueda de la apariencia". La amplia experiencia en China, Japón, Corea del Sur, Singapur, EEUU, etc., es larga. Este ha sido uno de los ámbitos de enorme preocupación de la Unión Europea, como se refleja en los diversos instrumentos presentados, amén del Reglamento IA de 13 de junio de 2024.

5. LA ALGORITMIZACIÓN JUDICIAL. ¿PUEDEN LOS ALGORITMOS PENSAR JUDICIALMENTE?

Una de las cuestiones más sensibles que se plantean en la doctrina es hasta dónde puede llegar la incidencia de los sistemas y herramientas algorítmicas en la toma de decisiones judiciales.

Por un lado, es posible referenciar un número elevado de herramientas que se pueden emplear de forma asistencial para el ejercicio de la función judicial. Han proliferado los denominados software de argumentación jurídica, que se basan en algunos casos en las técnicas de procesamiento de datos, que permiten trabajar con la reconstrucción de los hechos, basándose en existentes o en otros hechos similares, como sucede con Stevie (Nissan, 2009, p. 11), que se presenta como un programa informático que construye historias coherentes atendiendo a los datos existentes; o aquellas que formulan hipótesis sobre cómo llegaron a suceder los hechos, con propuestas exculpatorias o inculpatorias (Nissan 2015, pp. 11 y 13); y ofrecen valoración acerca de la fiabilidad de testigos o peritos (Andino López, 2017, pp. 473-485), a través de la valoración de una serie de datos que concurren en los contenidos, el lenguaje corporal y la forma de declarar, valorándose de forma quizás más objetiva que lo puede realizar un juez. Por ejemplo, Advokate es un sistema de asesoramiento de experto que se diseñó para evaluar a los testigos. E igualmente, existen programas computacionales que permiten el análisis de los documentos, su comparación con otros que se hallan en bases estadísticas, determinar el grado de veracidad, de autenticidad, de complejidad, de contradicción, etc..

Asimismo, existen herramientas predictivas de riesgos que tienen un enorme predicamento a la hora de tomar decisiones ya en medidas cautelares o ya en la sentencia condenatoria. La decisión es humana, pero la empleabilidad de esas herramientas puede facilitar la tarea, convirtiéndose en una suerte de orientación de la decisión mediante el uso del *software* de ayuda a la decisión. ASSYST es una herramienta que pretende ayudar a los jueces a aplicar las directrices en la sentencia, criticada por la automatización de la condena; otra herramienta es LIST. En ambos casos se critica la incapacidad de estas herramientas de asimilar en cada caso la posible complejidad real del supuesto y del razonamiento a seguir en la sentencia (SCHILD, 1998, p. 159). Otra herramienta es la australiana SIS (*Sentencing Information System)* que busca promover uniformidad de las sentencias, de manera que caminara poco a poco hacia la "robotización judicial".

El dilema se encuentra no en lo que puede ser soporte algorítmico para la toma de decisiones (herramientas asistenciales o complementarias), sino en si los algoritmos pueden pensar judicialmente. La respuesta es negativa. Cardon considera que no se hacen máquinas inteligentes, sino máquinas estadísticas (2018, p. 78). No existe el pensar maquínico, sino la traslación del pensamiento, interpretación-razonamiento, argumentación jurídica a una suma ágil, rápida y efectiva de cálculos de probabilidad basada en el tratamiento de explotación de datos, que son los que vienen a conformar una jurisprudencia. Las máquinas carecen de memoria perceptiva, de sensación de tiempo, de recuerdos, de sensaciones ante éstos, creatividad, etc.., todas las que, de alguna forma constituyen la *Judge Craft* u oficio de ser juez, incluidas las emociones, percepciones, intuiciones (Barona, 2021, p. 47).

Uno de los argumentos que se esgrimen a favor de la justicia decisional judicial algoritmizada es la neutralidad, ausencia de subjetividad en la decisión judicial, si bien la concurrencia de sesgos niega la mayor. Aun cuando se alega mayor rigor de las matemáticas y la frialdad de los datos, se argumenta ya con cierto fundamento que los algoritmos no son neutros y que, cada vez más, los sesgos pueden alterar esa objetivización de la Justicia, provocando desigualdades poco justificables. Los sistemas computacionales, las estructuras inteligentes, son simulaciones, son artefactos, no son humanos, no tienen pensamientos, ni memoria, no dudan, sino que aplican información, aplican datos, aplican normas de forma mecánica, desde la información recibida de numerosos casos pasados, de decisiones adoptadas. En cualquier caso, merece diferenciarse las estructuras computacionales inteligentes, que son o caminan hacia la IA y las plataformas que permiten la tramitación automatizada de determinados procedimientos. Puede pensarse en estos modelos automatizados en relación con los monitorios (Alemania lo tiene, todo está automatizado), o en relación con conflictos en materia de consumo, que permiten desde la función propositiva a la función decisora.

Otra cuestión son las verdaderas IA decisoras judiciales, que han encontrado un sustento potente en China, por ejemplo, país en el que desde 2017 se han venido creando tribunales o cortes de internet (así se les denomina o "cortes inteligentes"). El primero se creó en Hangzhou a finales de 2017, siendo competente para conocer disputas por contratos que involucran compras, servicios u pequeños préstamos en línea, derechos de autor y demandas de incumplimiento, disputas por nombres de dominio, difamación en internet y algunas demandas administrativas. Todo el procedimiento se despliega a través de la red. Tras Hangzhou, se abrió una segunda en Beijing y, posteriormente, en Guangzhou. Se publicó el denominado "Libro blanco de la Corte Suprema de China ("Chinese Courts and Internet Judiciary). Permite que a través del móvil pueda plantearse, mediante un formulario, una demanda judicial (incluso pedir el divorcio), presentar o subir materiales, identificándose a través de los datos biométricos, e incluso pagar las tasas judiciales. Ofrecen, una especie de tribunal multipuertas on-line (que integra los distintos métodos de solución de conflictos y asesora sobre el más indicado para la solución del concreto conflicto).

Igualmente, en Estonia, país europeo muy digitalizado, con poca densidad de población e igual tasa de litigiosidad, ha diseñado en 2017 el sistema de jueces robot (IA) que resuelven sobre asuntos de cuantía inferior a los 7.000 Euros (*small claims*) y, previsiblemente, asuntos que "sólo" requieran para su solución la aplicación de normas o cláusulas contractuales, para lo cual los litigante sólo tendrían que subir a internet la documentación de que intenten valerse. Y el procedimiento tramita: las dos partes suben sus documentos e información relevante del caso en una plataforma, donde el sistema computacional tomará una decisión, que puede ser apelada por un juez humano, dado que se asume que también la instancia robótica puede fallar.

En los Emiratos Árabes se emplea un sistema denominado REEM, creado por una empresa española, que ofrece una suerte de sede electrónica judicial, a la que cualquier ciudadano puede acudir para encontrar asistencia judicial, para pagar una multa o para denunciar discusiones, reyertas, accidentes de tráfico, etc. (Bueno De Mata, 2017, p. 244).

Se apuntan las bondades de incorporar "sistemas IA" decisores, y muy especialmente anudados a la idea de eficacia y eficiencia, a los costes, a la rapidez, a la proximidad (digital) e incluso se habla de neutralidad, con todas las falencias que puede suponer cuando se visibilizan sesgos, si bien se generan numerosas cuestiones que habrá que resolver integrándolas al modelo procesal, cuestiones que afectan a la competencia judicial, a la independencia e imparcialidad del sistema IA, a la alteración del juez predeterminado por la ley, amén de la afectación de principios actuacionales consolidados en las normas procesales y en la LOPJ. Hay quien considera que es más sencillo garantizar la independencia judicial y la imparcialidad con las máquinas que con los humanos, dado que el sistema de diseño, programación y actuación es objetivo y objetivable, a diferencia de lo que sucede con los humanos y que se puede diseñar máquinas independientes e imparciales. Los menos entusiastas refutan esta afirmación argumentando que, del mismo modo que se puede programar a las máquinas para ser imparciales e independientes, se puede "educar" a humanos para ser jueces independientes e imparciales. Y a todo ello se objeta la inexplicabilidad de las decisiones. Los algoritmos no pueden explicar el porqué de sus resultados. Hay que construir una auténtica *IA explicada*. Y, en todo caso, mantenemos serias dudas acerca de si efectivamente un juez robot puede hacer mejor Justicia que los jueces humanos; La Humanidad es imperfecta pero humana, mientras que la máquina puede ser inhumanamente perfecta. Repensemos bien los valores y a partir de ahí, avancemos.

BIBLIOGRAFÍA

Ashley, K.D., (2017) "Introducing artificial intelligence&Law and its role in Future Legal Practice".

Barona Vilar, S., (2021 bis) *Algoritmización del Derecho y de la Justicia. De la Inteligencia Artificial a la Smart Justice,* Valencia, Tirant lo Blanch.

Barona Vilar, S. (2021), "Una Justicia digital y algorítmica para una sociedad en estado de mudanza", en obra Justicia algorítmica y Neuroderecho, valencia, Tirant lo Blanch, 2021.

Barona Vilar, S., (2024), "Tramitación electrónica de los procedimientos judiciales orientada al dato, una realidad anunciada e iniciada", en *Guía Práctica sobre la Reforma Procesal y Digital,* Madrid, Aranzadi-La Ley.

Barona Vilar, S. (2024 bis), "Justicia con algoritmos e Inteligencia artificial, ¿acuerpando garantías y derechos procesales o liquidándolos?", en *Revista Derechos y Libertades,* n. 51, junio.

Bueno De Mata, F. (2017) "Robótica y derecho procesal: retos inminentes", en la obra colectiva *Fodertics 6.0. Los nuevos retos del derecho ante la era digital* (coord. Por BUENO DE MATA), Granada, Comares.

Bueno De Mata, F. (2023) *Odio, Internet y Proceso penal.*

Cardon, D., (2018) *Con qué sueñan los algoritmos.*

Chalton, S., (1980) "Legal Diagnostics", *Computers and Law,* N. 25 agosto.

Delgado Martín, J. (2020), "Desafíos del Poder Judicial ante las nuevas tecnologías: una concepción integral del expediente judicial electrónico", en https://www.fiscal.es/documents/20142/297666/Ponencia+Joaqu%C3%ADn+Delgado+Mart%C3%ADn.pdf/f5ba74b5-1bf8-9f93-30df-77501a8e7c17?version=1.0.

Garland, D., (2001), *The Culture of Control,* Oxford University Press, Oxford.

Kahan, J.P. (2021), "The intelligence of sources: A neglected dimensión of intelligence análisis", en *Journal of Strategic Studies,* n. 34.

Kalinowski, G., (1973), *Introducción a la lógica jurídica,* Buenos Aires, Ed. Eudeba.

Loevinger, L., (1949) "JURIMETRICS -The Next Step Forward", 33 *Minnesota Law Review.*

Mateo Borge, I., (2017) "La robótica y la inteligencia artificial en la prestación de servicios jurídicos", en la obra colectiva *Inteligencia Artificial Tecnología Derecho,* con GÒRRIZ LÓPEZ, C.; CAMACHO CLAVIJO, S.;

ROBERT GUILLÉN, S.; CASTELLS, M.; MATEO BORGE, I.), Valencia, Tirant lo Blanch.

Miró Llinares, F., (2018) "Inteligencia Artificial y Justicia Penal: más allá de los resultados lesivos causados por robots", *Revista de Derecho Penal y Criminología,* 3, Epoca nº 20.

Navas Navarro, S. (2017), "Derecho e Inteligencia Artificial desde el Diseño", (en obra colectiva con GÒRRIZ LÓPEZ, C.; CAMACHO CLAVIJO, S.; ROBERT GUILLÉN, S.; CASTELLS, M.; MATEO BORGE, I.), *Inteligencia artificial,* Valencia, Tirant lo Blanch.

Nissan, E., (2009) "Legal Evidence, Police Intelligence, Crime Analysis or Detection, Forensic Testing, and Argumentation: An Overwie of Computer Tools or Techniques", 17 *Int'l J.L. &Info. Tech,* 1.

Nissan, E., (2015) "Digital technologies and artificial intelligence's present and foreseeable impacto in lawyering, juding, policing and law enforcement", en Artificial Intelligence&Society.

Ortega Y Gasset, J., (1966) *La rebelión de las masas,* Madrid, Ed. Revista Occidente.

Perry, W.L.; Mcinnis, B.; Price, C.C.; Smith, S.C., Hollywood, J.S, (2013) *Pre- dictive Policing. The role of crime forecasting in Law Enforcement operations,* RAND Corporation, Santa Monica.

Sala Ordoñez, R., (2022), "OSINT: El informe de inteligencia de fuentes abiertas, su valor probatorio", *Fodertics 10.0. Estudios sobre derecho digital,* Granada.

Sartor, G., (1992) "Normative Conflicts in Legal Reasoning", en *Artificial Intelligence and Law,* 1.

Sotoca, A.; González, J.L.; Fernández, S.; Kessel, D.; Montesinos, O; M. Ruiz, M. (2013) "Perfil del incendiario forestal español: aplicación del perfilamiento criminal inductivo", Anuario de Psicología Jurídica n. 23.

Weber, M. (1904), Die protestantische Ethik un der Geist des Kapitalismus, en "*Archiv für Sozialwissenschaft und Sozialpolitik*".

Wiener, N. (1953), *The Human Use of Human Beings,* Torino.

Las micro-expresiones faciales como detectores de mentiras: ¿una herramienta válida para la jurisdicción? Un análisis a partir del apoyo empírico de su fundamento

MIQUEL JULIÀ-PIJOAN

Profesor de Derecho procesal

Universidad Nacional de Educación a Distancia (UNED)

Resumen: La inteligencia artificial ha vigorizado los análisis de las micro-expresiones faciales como detectores de mentiras, que ya han sido introducidos como prueba en el proceso judicial. En este trabajo, se analiza la validez de esta herramienta a partir del examen de la vigencia de su principal fundamento teórico: la universalidad de las emociones. Se concluye que dicho fundamento adolece de una ausencia de apoyo empírico que debe prevenir la utilización jurisdiccional de dicha herramienta.

Palabras clave: proceso judicial, prueba, detectores de mentiras, inteligencia artificial, micro-expresiones faciales, emociones.

Abstract: Artificial intelligence has invigorated the analysis of facial micro-expressions as lie detectors, which have already been introduced as evidence in the judicial process. In this chapter, the validity of this tool is analyzed by examining its main theoretical foundation: the universality of emotions. It is concluded that this foundation suffers from a lack of empirical support that should prevent the jurisdictional use of this tool.

Key words: judicial process, evidence, lie detectors, artificial intelligence, facial micro-expressions, emotions.

INTRODUCCIÓN: LA IRRUPCIÓN DEL ANÁLISIS DE LAS MICRO-EXPRESIONES FACIALES EN EL PROCESO JUDICIAL

En los últimos años, la inteligencia artificial se ha ido introduciendo en la esfera jurisdiccional (Nieva Fenoll, 2018), siguiendo la estela de lo que sucedió -y sigue sucediendo- con la neurociencia (Demetrio Crespo 2013 y 2022).

Uno de los ámbitos que ha sido vigorizado por la inteligencia artificial es el de la detección de mentiras; una ambición perenne de nuestros contemporáneos. Concretamente, en este trabajo me centraré una herramienta que se basa en el análisis de las micro-expresiones faciales. La razón de este interés descansa en su utilización jurisdiccional -aún sin el apoyo de la inteligencia artificial- (SAP Madrid, de 4 de junio de 2022; igualmente se han utilizado durante la instrucción: AAP Tarragona, de 21 de diciembre de 2021)[1]. Un uso que, por otro lado, no se constriñe a la jurisdicción penal (*vid.* al respecto, ATSJ Cataluña, Sala de lo Civil y Penal, de 3 de noviembre de 2021). Su utilización viene articulada como una prueba pericial que se anuda a la declaración, según el caso, de las partes acusadas o de los testigos-víctima en casos de violencia en el seno de la familia (como lo pueden ser las agresiones de familiares a menores) o en supuestos de incumplimiento de régimen de visitas, por ejemplo.

El uso de estas herramientas rebasa el ámbito jurisdiccional y también se ha utilizado, por ejemplo, en un programa finan-

---

1 A pesar de que esta "prueba" ha sido propuesta en muchos otros casos, ha sido rechazada por varios motivos entre los que destacan la ausencia de argumentos científicos que permitan afirmar su valor científico (en materia civil: AAP Barcelona, de 8 de octubre de 2021 y SAP Barcelona, de 18 de diciembre de 2020).

ciado por la Unión Europea denominado *iBorderCtrl*[2] -aún no implementado-, dirigido a efectuar un control "inteligente" de las fronteras de la Unión[3].

Dado que tales herramientas ya han accedido a la función jurisdiccional y se advierte una divergencia de pronunciamientos —algunos rechazan su valor probatorio, mientras que otros lo respaldan—, en este trabajo examinaré si sus fundamentos cuentan con apoyo empírico, extremo que es vital para evaluar su validez y, en consecuencia, la pertinencia de su admisión como prueba.

A tales efectos, primero expondré los presupuestos teóricos de esta herramienta y posteriormente, los confrontaré con investigaciones empíricas a fin de poder advertir si son vigentes.

1. FUNDAMENTOS DEL ANÁLISIS DE LAS MICRO-EXPRESIONES FACIALES COMO DETECTOR DE MENTIRAS

El análisis de las micro-expresiones faciales como detector de mentiras se asienta sobre una determinada visión de las emociones, que se ha denominado *la visión clásica* (Barrett, 2018). Esta se sustenta sobre dos principales ideas. Por un lado, se asume que todos los seres humanos experimentamos las emociones básicas (ira, asco, miedo, felicidad, tristeza) de un

---

2 Sobre el proyecto: https://cordis.europa.eu/project/id/700626/reporting/es (Consultado en fecha 14 de julio de 2024).

3 Así, esta herramienta prevé, como una de sus fases, que un agente de fronteras virtual (un avatar) interrogue al interesado en acceder a la Unión sobre distintas cuestiones de su viaje. Paralelamente, se irán analizando sus micro-expresiones faciales del entrevistado, con el propósito de detectar si dice la verdad o miente en sus respuestas, lo que condicionará su acceso a la Unión.

modo similar, independientemente de nuestra edad o cultura. Se consideran innatas y producto de la evolución, de ahí que se pueda predicar su universalidad. Por el otro, y partiendo de esta asunción, se considera que hay una expresión universal de las emociones: una serie de cambios físicos que se manifiestan siguiendo un patrón o pauta[4] que, una vez identificada, puede servir para su reconocimiento. Es por ello que autores como EKMAN han desarrollado métodos para identificar la emoción de un sujeto a partir de dichos cambios físicos (Ekman 1992 y 2007; Ekman y Cordaro, 2011).

Una de las zonas en las que se centra la búsqueda de estos patrones es la cara, habida cuenta de que se considera que el rostro es uno de los principales vehículos para expresar el estado emocional: la mirada, el parpadeo de los ojos, los movimientos sacádicos[5] o los músculos de la cara son objeto de estudios empíricos, que están experimentando un crecimiento (Constâncio *et al.*, 2023). Cabe señalar que DARWIN ya identificó una serie de expresiones faciales universales que vinculó a la experimentación de determinadas emociones (Darwin, 1872), circunstancia que ha inspirado a investigadores actuales a seguir indagando.

En particular, uno de los parámetros que más atención está copando es la micro-expresion facial, es decir, movimientos

4 BARRETT lo denomina metafóricamente *huella dactilar de la emoción*. Esta denominación es interesante, por cuanto evoca al hecho de que no es necesario que haya una identidad entre todas las huellas dactilares para poder identificar a una persona (esta será distinta, dependiendo de la presión, el sudor…). Sin embargo, a pesar de estos condicionantes, sí que existe una cierta similitud (que no identidad) entre todas ellas que permite la identificación. Pues bien, el mismo razonamiento se puede predicar respecto de las emociones.

5 Movimientos rápidos de los ojos.

musculares efímeros[6] e involuntarios, de difícil advertencia por el ojo humano, y que se desencadenan y exteriorizan ante la experimentación de las emociones. Su relevancia radica en el hecho que son difíciles de ocultar: cuando una persona está experimentando una emoción estos músculos faciales son difíciles de controlar conscientemente por el sujeto, se disparan automáticamente y, en consecuencia, pueden evidenciar el estado emocional en el que se encuentra (Ekman 1992 y 2007), sin que este pueda boicotear o manipularlo.

Habida cuenta de que estas micro-expresiones son difíciles de advertir humanamente, dadas sus características, la inteligencia artificial -en todas sus modalidades: aprendizaje automático, redes neuronales y aprendizaje profundo- brinda un apoyo técnico extraordinario a la configuración de sistemas capaces de detectar estas micro-expresiones: permite detectar micro-movimientos que hasta ahora escapaban de la detección del ojo humano (Constâncio *et al.*, 2023).

En resumen, a partir de la identificación de determinados patrones ubicados en el rostro del declarante se pretende transparentar su fuero interno emocional.

Efectuada esta sucinta presentación, procede analizar la vinculación entre este reconocimiento emocional y la detección de mentiras. A este respecto, se considera que las características emocionales son relevantes para la detección de las mentiras, habida cuenta de que al engañar se desencadenan en el sujeto determinados estados emocionales (como la culpa, el miedo o el placer) que pueden ser detectados mediante los referidos patrones. De tal manera que serían los estados emocionales desencadenados por el acto de engañar los que se detectarían

---

6 Uno de los puntos a dilucidar es la duración que debe tener el movimiento para ser categorizado como "micro-expresión", *vid.* al respecto: Matsumoto, y Hwang, 2018.

mediante las micro-expresiones. Estas, pues, son las señales del engaño. Algunas investigaciones ya han concluido su plausibilidad (Matsumoto, y Hwang, 2018 y Shuster, A. *et al.*, 2021).

2. CONFRONTACIÓN EMPÍRICA DE SU FUNDAMENTO: EL EXAMEN DE SU VALIDEZ

Como hemos visto, estas herramientas ya han sido incorporadas en procesos jurisdiccionales, aunque el tratamiento no es uniforme. Es por este motivo que en esta parte del trabajo reflexionaré acerca de la validez de los fundamentos científicos sobre los que se vertebra esta herramienta.

Como evidencia el informe President's Council of Advisors on Science and Technology (PCAST) de Estados Unidos -publicado en 2016-[7], en ocasiones, las técnicas o instrumentos forenses que se emplean en el marco de un proceso judicial, a pesar de que tengan una apariencia científica, carecen de tal naturaleza, puesto que no están respaldados por estudios empíricos. En consecuencia, a continuación, pondré el énfasis en el análisis de la validez del conocimiento utilizado por el perito en el desarrollo de esta herramienta, un extremo que, como apunta VÁZQUEZ, queda eclipsado por otras cuestiones como pueden ser las relativas al análisis de la formación del perito (Vázquez, 2022).

Por consiguiente, procede meditar acerca de si los fundamentos sobre los que se asienta esta técnica ostentan un apoyo empírico que permita afirmar su validez. Dicho en otras palabras, *si lo que mide dicho instrumento es lo que dice medir* (Vázquez, 2022). Esta reflexión es sumamente relevante para la actividad

---

7 Se encuentra traducido al castellano en la Revista Quaestio Facti. Revista Internacional sobre Razonamiento Probatorio, núm. 3 del año 2022.

probatoria. Primeramente, por cuanto la utilización de pruebas periciales que no estén respaldadas por investigaciones empíricas nos alejará de poder reconstruir los hechos tal y como han sucedido efectivamente; que es el hito de una actividad probatoria racional (Ferrer Beltrán, 2007). Por el otro, la ausencia de dicho abordaje allana el camino a la reprochable utilización de la intuición en el campo de la valoración de la prueba (que también comprende la fase de admisión de esta) (Nieva Fenoll, 2010), como así lo atestigua la diversidad de pronunciamientos jurisdiccionales sobre los estudios de micro-expresiones faciales.

En concreto, voy a centrarme en el fundamento principal de estas herramientas, a saber, la universalidad de la experimentación de las emociones, que da lugar a que estas se expresen a través de determinados patrones; que es lo que detectan precisamente las mentadas herramientas.

Que me centre en este particular no implica que sea la única cuestión relevante que concierne a estas herramientas. Todo lo contrario, hay una miríada de cuestiones que se deben tomar en consideración, por ejemplo: el reducido tamaño de la muestra que se utiliza, la delimitación de los estudios a concretos tipos de mentira (Matsumoto, y Hwang, 2018), la incidencia que puede tener que se experimente con figurantes y actores que siguen instrucciones -dado que afectan a la autenticidad de la emoción- (Zloteanu, 2020), la fiabilidad de los resultados que arrojan o cómo se traspone un resultado estadístico a un caso concreto.

Me concentro en esta cuestión, puesto que es la más inmediata y de la que se derivan las restantes. Dicho en otras palabras, de nada sirve preguntarse sobre la fiabilidad de una prueba, si su fundamentación teórica no cuenta con una corroboración empírica suficiente.

2.1. *Los propios estudios que dan cobertura a esta herramienta socaban su presupuesto teórico*

Como ya he señalado, en la actualidad y gracias al impulso de la inteligencia artificial, son numerosos los estudios que se van desarrollando en este sentido. Su lectura sosegada proporciona datos sumamente relevantes para el objeto de este trabajo. Principalmente, por cuanto los propios estudios que se nutren de un marco teórico en el que las emociones tienen un patrón de expresión único reconocen explícitamente que dicho patrón no es universal. Así, por ejemplo, no todas las personas exteriorizaban la mentira de la misma manera: si bien algunas *revelaban* sus mentiras al mover sus mejillas, otras lo hacían moviendo sus cejas. Sin embargo, el particular más significativo descansa en el hecho de que los autores admiten en el propio estudio la concurrencia de múltiples manifestaciones de que una persona está mintiendo, de las que ellos han sido capaces de detectar únicamente dos (Shuster, A. *et al.*, 2021). Por tanto, a la luz de esta información, la interpretación de dichos resultados queda transfigurada.

Es más, se sostiene que una misma persona puede manifestar de distintas maneras que está mintiendo. De lo que se colige que la mentira no siempre adopta la misma forma en un mismo individuo; cuestión que agrega una dificultad notoria al presupuesto de la universalidad (Shuster, A. *et al.*, 2021).

2.2. *La ausencia de patrones consistentes en la investigación científica*

El anterior argumento podría ser anecdótico, particular. Por ello, en lo que sigue analizaré si en lo concreto se han hallado esos patrones. A tales efectos, existe una tipología de estudio empírico que nos será de utilidad: los meta-análisis. Estos son *combinaciones estadísticas de al menos dos estudios para obtener una estimación global sobre el efecto de una intervención.* Es una tipología de estudio que permite combinar datos de múltiples investigaciones sobre una cuestión en particular. Además, estos están situados en la cúspide de la pirámide de la evidencia científica, es decir, los que merecen *a priori* una mayor confianza debido a su diseño (Alonso Coello, 2013).

Pues bien, los meta-análisis que se han desarrollado al respecto no han concluido la existencia de patrones constantes y universales en la experimentación de las emociones. Así sucedió en un metaanálisis de 202 estudios que medían la respuesta del sistema nervioso autónomo ante la experimentación de una emoción. Las conclusiones que se alcanzaron fueron las opuestas: en lugar de patrones rígidos, constantes y universales, se detectó variabilidad en la manera en que se experimentaban las emociones (Siegel *et al.*, 2018). Otros no tan recientes ya habían evidenciado estos problemas al no encontrar una relación entre los movimientos faciales y la veracidad (DePaulo *et al.*, 2003).

Estos resultados se muestran consistentes con otras conclusiones alcanzadas en otros meta-análisis en los que tampoco se concluyó que las emociones estuvieran contenidas en ninguna área o sistema cerebral, sino más bien diseminadas en múltiples redes cerebrales. No se encontró un patrón específico para cada emoción, reproducible en todos los estudios (Wagner *et al.*, 2015).

Esta variabilidad que arrojan los estudios puede ser advertida en nuestro día a día, dado que una emoción como la ira puede ser expresada de distintas formas dependiendo de la persona con la que interactuemos.

2.3. La advertencia de la diferencia en el reconocimiento de emociones entre culturas

Otra de las cuestiones que tensiona la universalidad de las emociones como base para construir estas herramientas es el hecho de que muchos de los estudios parten de la lengua inglesa, de forma muy desproporcionada. Esta circunstancia es relevante, toda vez que los gestos dependen de la cultura en la que se está inmerso (Constâncio *et al.*, 2023). Si no se idean estudios que partan de otras culturas difícilmente se podrá constatar empíricamente la existencia de dicha universalidad y lo que es más grave, se estará tomando una falsa medida como criterio de referencia.

Si bien es cierto que hace más de cuarenta años se efectuaron algunos estudios al respecto que sostuvieron la universalidad de las emociones, estos son criticados por haberse practicado con participantes que no estaban aislados de la cultura occidental (además de otros problemas metodológicos). En respuesta a estas limitaciones, en los últimos años se han realizado investigaciones con poblaciones culturalmente apartadas, como los Himba de Namibia. En uno de estos estudios, se les mostraron fotografías de rostros y se les pidió que las agruparan según las emociones percibidas. Los resultados mostraron que los Himba clasificaron las expresiones de manera distinta a los participantes occidentales (estadounidenses), quienes lo hicieron de forma más alineada con los patrones considerados "universales" (Gendron et al., 2014).

Del mismo modo, investigaciones realizadas en las islas Trobriand, en Papúa Nueva Guinea, compararon las respuestas emocionales de los habitantes locales con las de participantes españoles, obteniendo resultados similares a los del estudio anterior (Crivelli et al., 2016).

2.4. La existencia de otras visiones de las emociones

Estas inconsistencias han provocado la aparición de nuevas visiones de las emociones, que tratan de explicarlas de una manera distinta. Una de ellas, por ejemplo, es la *teoría de la emoción construida* (Barrett, 2018). Esta sostiene que las emociones, en lugar de ser innatas y universales, se construyen gracias a los conceptos que se manejan y existen en una determinada sociedad (cultura). Es la existencia de estos conceptos los que nos permiten reconocer la emoción que tenemos. Así, es el concepto de *miedo* el que nos permite experimentarlo, si no lo tuviésemos difícilmente podríamos identificarlo, dado que nos faltaría el medio para reconocerlo.

Esta visión de la emoción, por otra parte, es coherente con la explicación de la percepción según el estado actual de la neurociencia y psicología cognitiva. Estas disciplinas nos indican que atribuimos un significado a la realidad (esto es, percibimos) no como meros receptores pasivos de una información que discurre en el mundo, sino que proyectamos nuestra experiencia -y, por tanto, nuestros conceptos- a los estímulos sensoriales que advertimos.[8]

Desde esta perspectiva, al depender de los conceptos que posea cada uno, se aleja la uniformidad del patrón, para abrazar su variabilidad: una emoción puede ser experimentada de distintas maneras; no existe una única manera de experimentarlas.

Esta visión parece acomodarse en mayor proporción a las conclusiones empíricas referidas en apartados anteriores y, además, nos pone de manifiesto la ausencia de un consenso científico, por el momento, en torno a cómo funcionan las

---

8 Una explicación de este proceso junto con su trascendencia para la prueba testifical se puede hallar en Julià Pijoan, 2023.

emociones; lo que debería invitar a la cautela. La ausencia de consenso también merece ser señalada por cuanto el *test Daubert*, creado por la jurisprudencia estadounidense para asistir la admisión de la prueba pericial -y de influencia para nuestro sistema-, exige para su admisión que concurra una aceptación general y amplia de la comunidad experta; aceptación general y amplia que, a pesar de sus problemas de identificación[9], no se da en este caso a la luz de lo consignado anteriormente.

CONCLUSIONES

A pesar de que el análisis de micro-expresiones faciales como instrumento de detección de mentiras pueda encajar en nuestra visión de las emociones más intuitiva (consolidada por series y películas), un acercamiento al estado actual de la psicología de las emociones pone de manifiesto que sus presupuestos teóricos no gozan de una apoyatura empírica sólida: (i) hay un conjunto de evidencias empíricas que concluyen que la expresión de las emociones no es universal, sino que puede ser variable tanto intrapersonal como interpersonal y (ii) bajo el término "universal" se puede estar aludiendo únicamente a la manera occidental de expresión de las emociones. Por consiguiente, no se puede afirmar que esta herramienta mida (efectivamente) lo que dice medir. Así las cosas, su introducción en el marco de un proceso judicial es del todo precipitada, al no quedar constatada su validez.

---

9 Se hace notar la presencia de problemas para la identificación de la comunidad experta ¿Quiénes son?, ¿cómo se detecta una aceptación general? *vid.* al respecto Nieva Fenoll, 2010 y Vázquez, 2015. Aun con esos problemas, considero que es útil su consideración para hacer evidente la controversia que presenta; circunstancia que debería ser tratada con la prudencia como criterio.

BIBLIOGRAFÍA

Alonso Coello, P. (2013) La confianza en los resultados de la investigación y el sistema GRADE, en Casino, G. *Bioestadística para periodistas y comunicadores*. Barcelona: Fundació Antoni Esteve.

Barrett, L. (2018). *La vida secreta del cerebro. Cómo se construyen las emociones*. Barcelona: Paidós.

Constâncio, A. S., Tsunoda, D. F., Silva, H. D. F. N., Silveira, J. M. D., y Carvalho, D. R. (2023). Deception detection with machine learning: A systematic review and statistical analysis. *Plos one, 18*(2), e0281323.

Crivelli, C., Jarillo, S., Russell, J. A., y Fernández-Dols, J. M. (2016). Reading emotions from faces in two indigenous societies. *Journal of Experimental Psychology: General, 145*(7), 830.

Demetrio Crespo, E. (Dir.) (2013). *Neurociencias y Derecho penal. Nuevas perspectivas en el ámbito de la culpabilidad y tratamiento jurídico-penal de la peligrosidad*. Madrid: Edisofer.

Darwin, C. (1872). *The expression of the emotions in man and animals*. Chicago: University of Chicago Press.

Demetrio Crespo, E. (Dir.) (2022). *Derecho penal y comportamiento humano. Avances desde la neurociencia y la inteligencia artificial*. València, Tirant Lo Blanch.

DePaulo, B. M., Lindsay, J. J., Malone, B. E., Muhlenbruck, L., Charlton, K., y Cooper, H. (2003). Cues to deception. *Psychological bulletin, 129*(1), 74.

Ekman, P. (1992). An Argument for Basic Emotions". *Cognition and Emotions*, Vol. 6, 169-200.

Ekman, P. (2007). *Emotions Revealed. Recognizing Faces and Feelings to Improve Communication and Emotional Life*. New York: Henry Holt.

Ekman, P. y Cordaro, D. (2011). What is meant by calling emotions basic. E*motion review*, Vol. 3(4), 364–370.

Ferrer Beltrán, J. (2007). La valoración racional de la prueba. Marcial Pons.

Gendron, M., Roberson, D., van der Vyver, J. M., y Barrett, L. F. (2014). Perceptions of emotion from facial expressions are not culturally universal: evidence from a remote culture. *Emotion, 14*(2), 251.

Julià Pijoan, M. (2023). Una razón de ser para el proceso judicial. *Revista General de Derecho Procesal, 61*.

Matsumoto, D., y Hwang, H. C. (2018). Microexpressions differentiate truths from lies about future malicious intent. *Frontiers in psychology*, *9*, 2545.

Nieva Fenoll, J. (2010). *Valoración de la prueba*. Madrid: Marcial Pons.

Nieva Fenoll, J. (2018). *Inteligencia artificial y proceso judicial*. Madrid: Marcial Pons.

Shuster, A., Inzelberg, L., Ossmy, O., Izakson, L., Hanein, Y., y Levy, D. J. (2021). Lie to my face: An electromyography approach to the study of deceptive behavior. *Brain and Behavior*, *11*(12), e2386.

Siegel, E. H., Sands, M. K., Van den Noortgate, W., Condon, P., Chang, Y., Dy, J.,... y Barrett, L. F. (2018). Emotion fingerprints or emotion populations? A meta-analytic investigation of autonomic features of emotion categories. *Psychological bulletin*, *144*(4), 343.

Vázquez, C. (2022). Presentación de la traducción al castellano del informe del PCAST sobre la ciencia forense en los tribunales penales. *Quaestio facti. Revista internacional sobre razonamiento probatorio*, (3), 275-284.

Vázquez, C. (2015). *De la prueba científica a la prueba pericial*. Madrid: Marcial Pons.

Wager, T. D., Kang, J., Johnson, T. D., Nichols, T. E., Satpute, A. B., y Barrett, L. F. (2015). A Bayesian model of category-specific emotional brain responses. *PLoS computational biology*, *11*(4), e1004066.

Zloteanu, M. (2020). Reconsidering facial expressions and deception detection. Handbook of facial expression of emotion, 3, 238-284.

La prisión preventiva y el derecho penal del enemigo y del amigo en los delitos de corrupción pública en Latinoamérica

JAVIER LLOBET RODRÍGUEZ
Profesor Emérito
Universidad de Costa Rica

Resumen: En los últimos tiempos, una serie de escándalos políticos de corrupción pública ha provocado el dictado de la prisión preventiva contra políticos y empresarios en Latinoamérica, lo que ha llevado a que la prisión preventiva haya adquirido una gran visibilidad pública. De todo ello, ha surgido una gran presión mediática para el dictado de la prisión preventiva en esos asuntos. Se puede afirmar la existencia de un Derecho Penal del enemigo que lleva inexorablemente al dictado de la prisión preventiva a los imputados por delitos de corrupción. En forma paralela se encuentra en Latinoamérica un Derecho Penal del amigo, tendiente a que los imputados no sean perseguidos por delitos de corrupción y que no se llegue a dictar la prisión preventiva. Se suma a ello, la persecución de aquellos que denuncian o investigan actos de corrupción, los que son objeto de procesos penales en su contra, dictándose la prisión preventiva.

Palabras claves: Corrupción pública. Prisión preventiva. Derecho Penal del enemigo. Delitos no excarcelables. Derecho Penal del amigo.

Abstract: In recent times, a series of political scandals involving public corruption has led to the imposition of preventive detention against politicians and businessmen in Latin America, giving preventive detention a high public profile. All this has led to great media pressure for the use of preventive detention in these cases. It is fair to say that there is an Enemy Criminal Law that inexorably leads to the use of preventive detention for those accused of corruption offences. At the same time, in Latin America there is a Criminal Law of the friend, which tends to guarantee that the accused are not prosecuted for corruption offences and that preventive detention is not ordered. Added to this is the persecution of those who denounce or investigate acts of corruption, who are subject to criminal proceedings against them, with orders for preventive detention.

Keywords: Public corruption. Preventive imprisonment. Criminal law of the enemy. Crimes not subject to release on probation. Criminal law of the friend.

1. LA PROBLEMÁTICA DE LA CORRUPCIÓN PÚBLICA EN LATINOAMÉRICA

La corrupción pública es uno de los mayores problemas de Latinoamérica. Varios países latinoamericanos son calificados entre los más corruptos del mundo y en la mayoría de los países el nivel de corrupción es alto o sumamente alarmante. De acuerdo con el índice de percepción de la corrupción de transparencia internacional de 2022, varios países latinoamericanos se ubican dentro de los peores del mundo. El promedio mundial se mantiene sin cambios durante más de una década, en solo 43 puntos sobre 100. Más de dos tercios de los países tienen una puntuación inferior a 50. Casi todos los países de Latinoamérica estuvieron por debajo del promedio mundial. Sobre 180 países en 2023. Venezuela ocupó el puesto 177, con 13 puntos sobre 100, en donde 0 es corrupto y 100 es transparente. Debido a que compartió ese puesto con varios países, solo un país en el mundo ocupó una posición peor. Haití y Nicaragua se ubicaron en el puesto 172, con 17 puntos, Honduras y Guatemala ocuparon el puesto154 con 23 puntos; Paraguay 136 con 28 puntos. Solo 3 países latinoamericanos obtuvieron más de 50 puntos. Costa Rica apenas los superó con 55 en el puesto 45 del mundo. Chile y Uruguay se ubicaron mucho mejor. Chile con 66, en el puesto 29 del mundo y Uruguay con 73 puntos, en el puesto 16 del mundo (Transparencia Internacional 2023).

El indicador de Corrupción CESLA de 2023, colocó a Chile y Uruguay con un nivel moderado de corrupción, a Costa Rica lo calificó como preocupante. México, Paraguay, República Dominicana, Bolivia, El Salvador, Panamá, Ecuador, Cuba, Brasil, Perú, Colombia y Argentina, los calificó con un nivel alto de corrupción, mientras que a Honduras, Guatemala, Nicaragua, Haití y Venezuela los calificó con un nivel alarmante. En general, los resultados y los puntajes asignados no difieren en mayor medida de los dados por transparencia internacional, aunque se acude también a otras fuentes para fijarlos (Círculo de Estudios Latinoamericanos 2023).

2. LA PROBLEMÁTICA DE LA PRISIÓN PREVENTIVA EN LATINOAMÉRICA

Varios países latinoamericanos son de los que presentan un mayor porcentaje de presos en prisión preventiva del mundo. 3 países de Latinoamérica mantienen un porcentaje superior al 60% de presos en prisión preventiva, lo que los coloca entre los países del mundo con un porcentaje mayor. Paraguay tenía el 67% el 31 de mayo de 2023. Bolivia tenía aproximadamente el 66% en enero de 2023 y Venezuela el 62.5% en 2020. República Dominicana presentaba el 58.2% el 31 de julio de 2023. Honduras el 53.7% el 31 de agosto de 2020. Guatemala el 46.8% el 31 de octubre de 2023 (Word Prison Brief 2024).

Los delitos por los que las personas están privados de libertad, cumpliendo pena de prisión o en prisión preventiva, son, especialmente los de homicidio, lesiones, delitos en contra de la propiedad, delitos de tráfico de drogas y delitos sexuales. Son pocos los que están privados de libertad por delitos de corrupción pública.

Sin embargo, en los últimos años en una serie de casos muy mediáticos se ha llegado a disponer la prisión preventiva en contra de empresarios, exministros de Estado, expresidentes, lo que ha convertido la prisión preventiva en un tema más visible que nunca, por ejemplo, en México, Guatemala, El Salvador, Ecuador, Brasil, Perú, Bolivia, Argentina y Costa Rica. En el caso de la constructora brasileña Obedrecht, de diversas ramificaciones en gran cantidad de países latinoamericanos, han sido encarcelados importantes políticos y empresarios (Mendoza Maldonado 2019; Laynes Valentín 2020). Ello ha provocado la atención sobre el dictado de la prisión preventiva más allá de los delitos atribuidos a los sectores más desfavorecidos socialmente.

3. LA PRISIÓN PREVENTIVA EN DELITOS DE CORRUPCIÓN PÚBLICA

Algunas ideas fundamentales desarrolladas por la Corte Interamericana de Derechos Humanos con respecto a la prisión preventiva son: a) debe respetarse la presunción de inocencia. La prisión preventiva no puede ser una pena anticipada. No es admisible el fin de prevención de delitos, c) solo son admisibles las causales de peligro concreto de fuga y de obstaculización, c) debe respetarse la proporcionalidad. La prisión preventiva debe tener un carácter excepcional. Deben tener prioridad las alternativas. Además, la prisión preventiva no debe superar el plazo razonable en su duración (Llobet Rodríguez 2020). Fundamental con respecto a la prisión preventiva fue la sentencia de 12 de septiembre de 1997, dictada por la Corte Interamericana de Derechos Humanos en el caso Suárez Rosero contra Ecuador. Esta sentencia inició una línea jurisprudencial sobre la prisión preventiva, sobre la base de evitar que se convierta en una pena anticipada.

La Corte Interamericana de Derechos Humanos ha establecido como requisitos materiales de la prisión preventiva: a) la probabilidad de la responsabilidad penal del imputado, b) la existencia de peligro concreto de fuga o de obstaculización y c) debe respetarse el principio de proporcionalidad (Llobet Rodríguez 2020). Este supone el respeto de la idoneidad, excepcionalidad y la proporcionalidad en sentido estricto. Requiere la prioridad de las alternativas y la no superación del plazo razonable.

Los principios elaborados sobre la prisión preventiva por la Corte Interamericana de Derechos Humanos tienen un carácter general, de modo que son aplicables también a los delitos de corrupción pública. No es admisible una prisión preventiva de diversas velocidades. La prisión preventiva en los delitos de corrupción pública, no puede ser más gravosa, ni en la legislación ni en la práctica, que, con respecto a los otros delitos, pero tampoco debe darse un trato más benévolo y eximirse de prisión preventiva aun cuando sea necesario su dictado. Sin embargo, en la realidad latinoamericana tenemos que la legislación y la práctica, en general, se alejan de esos estándares, y han desarrollado, por un lado, un Derecho Penal del enemigo, con respecto a la prisión preventiva, pero también un Derecho Penal del amigo.

Dos ideas fundamentales deben expresarse: a) no son admisibles privilegios para impedir la prisión preventiva en delitos de corrupción pública, como se ha tratado, en ocasiones, de prever, incluso, legalmente. En otras palabras, no es admisible un Derecho Penal del amigo, con respecto a los delitos de corrupción pública y b) no es admisible en los casos de corrupción pública una relativización de las garantías establecidas por la Corte Interamericana de Derechos Humanos, derivadas de los principios de presunción de inocencia y de proporcionalidad. En otras palabras, no es admisible un Derecho Penal del enemigo, como el pretendido por Günther Jakobs en relación con delitos relacionados con la delincuencia económica (Jakobs 2000).

En la prisión preventiva conviven con frecuencia, en Latinoamérica, el Derecho Penal del amigo y el Derecho Penal del enemigo. En otras palabras, en los delitos de corrupción pública en forma ambivalente pueden coexistir un Derecho Penal del enemigo y un Derecho Penal del amigo.

El derecho penal del enemigo ha encontrado acogida, especialmente, con respecto a la delincuencia tradicional, aunque tiene expresiones actualmente también con respecto a la delincuencia económica, incluyendo los delitos de corrupción pública y la delincuencia organizada. Se parte de la relativización o negación de las garantías a los enemigos.

El Derecho Penal del amigo ha tenido expresión, en particular, con respecto a la delincuencia económica, los delitos de corrupción pública y la delincuencia organizada.

Dentro de los aspectos que favorecen que se esté ante un Derecho Penal del amigo, o bien ante un Derecho Penal del enemigo, según sea el caso, se encuentran los déficits de independencia judicial que existen en diversos países en Latinoamérica que convierten al Poder Judicial en un instrumento de los gobernantes y de los poderosos, aliados de estos. A ello se unen los problemas de un Ministerio Público sin autonomía suficiente, de modo que se convierte en ocasiones en un mero instrumento de persecución selectiva, de acuerdo con los intereses políticos y económicos. Se suma a esto, la extensión de la corrupción pública y, con ello de la penetración del crimen organizado dentro del sistema judicial.

4. LA PRISIÓN PREVENTIVA Y EL DERECHO PENAL DEL ENEMIGO EN DELITOS DE CORRUPCIÓN PÚBLICA

El Derecho Penal del enemigo opera cuando se pretende que la prisión preventiva desempeñe una función de pena anticipada, lo que tiene expresión cuando se dicta la prisión preventiva por la alarma social, por la mera gravedad del hecho, o bien por el peligro de reiteración delictiva. Igualmente, opera como expresión de la gravedad del hecho, cuando se establece la prisión preventiva oficiosa o se regulan delitos no excarcelables. Ello que, usualmente, tenía expresión solo con respecto a los delitos de la delincuencia convencional, ha encontrado también expresión en la prisión preventiva en delitos de corrupción.

La alarma social ha justificado dentro del populismo punitivo el dictado de la prisión preventiva. Los políticos y la prensa, que, como dice Garland, constituyen junto a las víctimas, los actores principales del populismo punitivo (Garland 2005), han reclamado la prisión preventiva frente a la alarma social provocada por los delitos de la delincuencia convencional. Ello se ha vuelto en los últimos años contra los políticos. Como se indicó antes, una serie de casos mediáticos, ha provocado la atención de los políticos en cuanto a la posibilidad de que en contra de ellos mismos se dicte la prisión preventiva.

En los últimos tiempos no puede desconocerse que los delitos de corrupción pública han recibido una gran difusión mediática, lo que ha llevado a una gran presión para el dictado de la prisión preventiva. Indica Jordi Nievas Fenoll que en los delitos de corrupción pública la opinión pública actualmente no concede la más mínima oportunidad a la inocencia del imputado (Nievas Fenoll 2013). La falta de dictado de la prisión preventiva provoca una gran alarma social y se afirma que provoca impunidad. Se llega incluso a cuestionar al juez que no dictó la prisión preventiva.

Debe reconocerse la problemática que implican los juicios paralelos y la afectación que puede producirse a través de estos a la independencia judicial y a la imparcialidad de los jueces. Se ha llegado a reconocer por los jueces, en varias investigaciones, la importancia que le dan a la presión mediática para el dictado de la prisión preventiva (Chinchilla Calderón, Rosaura/García Aguilar 2003; Zapata Vite 2022). La alarma social como causal de prisión preventiva ha sido desautorizada por la Corte IDH, por ejemplo, en el caso Manuela Vs. El Salvador, sentencia de 2 de noviembre de 2021.

La Corte IDH ha dicho que no puede justificarse la prisión preventiva simplemente en la gravedad del delito (Llobet Rodríguez 2020). La mera gravedad del hecho como justificante de la prisión preventiva es propia del Derecho Penal del enemigo. Debe considerarse que Günther Jakobs califica la causal alemana de gravedad del hecho, como expresión del Derecho Penal del enemigo (Jakobs 2003; Jakobs 2007). Ello tiene expresión en particular en Latinoamérica a partir de la prisión preventiva oficiosa y de las prohibiciones de excarcelación, que siguen existiendo, en contra de dicho por la jurisprudencia de la Corte IDH.

Ha sido frecuente en Latinoamérica la regulación de delitos que exigen el dictado de la prisión preventiva, sin valoración de un riesgo procesal, o bien que prohíben la excarcelación. Ello ha sido considerado como una causa del alto porcentaje de presos en prisión preventiva, por ejemplo, en Honduras y en México. Dentro de los delitos que se incluyen, se regula en algunos países, delitos relacionados con la corrupción pública, o bien delitos de crimen organizado. Sobre ello debe considerarse que existe una tendencia a considerar los delitos de corrupción pública como parte del crimen organizado, a partir de la definición amplia que da la Convención de Palermo.

En México, la reforma al art. 19 de la Constitución Política de 2019, estableció dentro del amplio listado de delitos en que procede la prisión preventiva oficiosa, el uso de programas sociales con fines electorales, la corrupción tratándose de los delitos de enriquecimiento ilícito y el ejercicio abusivo de funciones. La Corte IDH en el caso García. sentencia de 25 de enero de 2022 consideró la prisión preventiva oficiosa como contraria a la Convención Americana sobre Derechos Humanos. En México, en setiembre de 2022 se decía que había 1458 presos por delitos de corrupción pública, de los que 1027 estaban en prisión preventiva, lo que implica aproximadamente el 70% en prisión preventiva (Saldierna 2023). El porcentaje de presos en prisión preventiva en México, en general, era de 39.6% el 31 de agosto de 2023 (Word Prision Brief 2024). De acuerdo con ello, el porcentaje de presos en prisión preventiva por delitos de corrupción pública era mucho mayor que el porcentaje de presos en prisión preventiva, en general, a lo que contribuye la llamada prisión preventiva oficiosa.

La Corte IDH en el caso García Rodríguez versus México, sentencia de 25 de enero de 2023, consideró que el arraigo contemplado en la legislación procesal penal mexicana y en el art. 16 de la Constitución Política de México es contrario a la Convención Americana de Derechos Humanos y dispuso que México debía eliminar dicho instituto. Ha partido de que se trata de una medida pre-procesal con fines investigativos, que no son conforme a los fines que legitiman la privación de libertad. El art. 16 de la Constitución Política de México regula la figura del arraigo, en casos de delincuencia organizada, que permite la autoridad judicial disponga la privación de libertad del imputado hasta por cuarenta días, cuando sea necesario para el éxito de la investigación, la protección de personas o bienes jurídicos, o cuando exista riesgo fundado de que el imputado se sustraiga a la acción de la justicia. La aplicación del arraigo a la delincuencia organizada, posibilita su dictado en los delitos de corrupción pública, debido a la tendencia a considerar estos como parte del crimen organizado.

La reforma y adición al Código Procesal Penal de Nicaragua, aprobada por Ley 1060 de 2 de febrero de 2021 presenta relación con el arraigo previsto por la Constitución Política mexicana. En esa reforma se introdujo un artículo 253 bis, diría yo mal llamado, audiencia especial de tutela de las garantías constitucionales, que permite que el juez disponga la detención judicial por un plazo razonable, no menor de quince, ni mayor de noventa días. Se señala en forma vaga que se aplica en los "delitos vinculados al crimen organizado, o se trate de delitos de relevancia social y trascendencia nacional". Se trata de una disposición que se ha utilizada para prolongar la privación de libertad con fines de investigación, con respecto a opositores políticos, defensores de los derechos humanos, periodistas y estudiantes. Como se dijo, está relacionada con el arraigo, desautorizado por la Corte IDH.

La Corte IDH ha dicho que no son admisibles los delitos no excarcelables con base en la pena prevista para el delito atribuido. En ningún caso la prohibición de excarcelación estará determinada por el tipo de delito que se atribuye. Ello se afirmó, por ejemplo, en el caso López Álvarez *Vs.* Honduras, sentencia de 1 de febrero de 2006 (Llobet Rodríguez 2020). Los delitos no excarcelables son frecuentes en Latinoamérica y se ha señalado que es una de las causas del alto porcentaje de presos en prisión preventiva. Entre los delitos no excarcelables, algunos de los Códigos mencionan los delitos de corrupción pública y los delitos relacionados con el crimen organizado. Debe recordarse una vez más que se ha tendido a considerar los delitos de corrupción como parte de la delincuencia organizada.

El art. 331 del Código Procesal Penal de El Salvador, establece que no procederá aplicar medidas alternas, ni sustituir la detención provisional, en una serie de delitos, dentro de los que contempla los cometidos por agrupaciones, asociaciones y organizaciones de naturaleza criminal.

El artículo 314 del CPP de Colombia prohíbe que se disponga la sustitución de la prisión preventiva por detención domiciliaria en delitos de peculado por apropiación en cuantía superior a cincuenta (50) salarios mínimos legales mensuales (C. P. artículo 397); concusión (C. P. artículo 404); cohecho propio (C. P. artículo 405); cohecho impropio (C. P. artículo 406); cohecho por dar u ofrecer (C. P. artículo 407); enriquecimiento ilícito (C. P. artículo 41 2); soborno transnacional (C. P. artículo 433); interés indebido en la celebración de contratos (C. P. artículo 409); contrato sin cumplimiento de requisito legales (C. P. artículo 410); tráfico de influencia (C. P. artículo 411).

La causal de peligro de reiteración delictiva no ha sido considerada ilegítima por el Tribunal Europeo de Derechos Humanos, aunque sí por la Corte IDH, esto en el caso Norín Catrimán y otros versus Chile, sentencia de 29 de mayo de 2014. La Corte IDH ha rechazado que la prisión preventiva pueda perseguir la prevención general, lo mismo que la prevención especial Ha señalado que las características del imputado por sí solas no pueden justificar el dictado de la prisión preventiva (Llobet Rodríguez 2020). La causal de peligro de reiteración delictiva es propia de un derecho penal de autor, a lo que se suma que es característica del Derecho Penal del enemigo, como lo reconoce Günther Jakobs (Jakobs, Günther, 2003; Jakobs 2007).

A pesar de ello, debe reconocerse que, en el Derecho Comparado, en general, se contempla dicha causal, lo que ocurre también en Latinoamérica, a pesar de lo dispuesto por la Corte IDH, por ejemplo, en los Códigos de Colombia, El Salvador, Cuba, Uruguay, Costa Rica. A ello se agrega Chile, que prevé la causal de peligro para la seguridad de la sociedad, la que fue desautorizada por la Corte IDH en la sentencia del caso Norín Catrimán de 29 de mayo de 2014, en cuanto no sea relacionada con el peligro concreto de fuga o de obstaculización. En ocasiones en los delitos de corrupción pública se invoca la causal de prisión preventiva de peligro de reiteración delictiva.

Debe agregarse que no puede desconocerse que con frecuencia la gravedad de hecho, la alarma social y el peligro de reiteración delictiva, funcionan como causas apócrifas del dictado de la prisión preventiva en Latinoamérica, pero que no encuentran expresión en las resoluciones judiciales. La Comisión Interamericana de Derechos Humanos ha resaltado la importancia que en la práctica tiene la presión mediática, lo mismo que la presión del Poder Ejecutivo y de los órganos disciplinarios del Poder Judicial (Comisión IDH 2013).

5. DERECHO PENAL DEL ENEMIGO, PARA DESACREDITAR A LOS OPOSITORES POLÍTICOS O NEUTRALIZARLOS

En Latinoamérica se ha discutido mucho en los últimos tiempos lo que se ha conocido como el Lawfare, que implica la utilización de la justicia penal como un arma política, para desacreditar al adversario político a través de atribuirle falsamente cargos de corrupción, e incluso para lograr que se dicte en su contra la prisión preventiva y una condena en su contra. Sobre el tema se ha publicado mucho, por ejemplo, sobre la prisión preventiva y condena al ahora presidente Lula en Brasil, la que fue anulada por graves quebrantos al debido proceso (Promer y otros 2018).

Con frecuencia se habla en Latinoamérica de Lawfare como arma política para desacreditar los gobiernos de izquierda. Sin embargo, en algunos gobiernos que se consideran de izquierda, como Venezuela y Nicaragua, se ha utilizado el sistema penal y la prisión preventiva para perseguir opositores políticos y defensores de los derechos humanos, ello como parte de un Derecho Penal del enemigo. Ello ha sido favorecido por la falta de independencia judicial en esos países (Comisión IDH 2020; Naciones Unidas. Oficina del alto comisionado de derechos humanos 2021).

Con respecto a la descalificación política del adversario político a partir de la persecución penal y el dictado de medidas cautelares, la Corte IDH, en el caso Andrade Salmón Vs. Bolivia de 1 de diciembre de 2016 (Pár. 178), hizo mención de que la mera existencia de un proceso penal por un delito de corrupción pública puede llegar a descalificar a una persona para participar electoralmente, o bien para ser nombrada en un puesto político de importancia. Indicó que esto debía ser considerado como parte de la consideración del plazo razonable en delitos de corrupción pública.

6. DERECHO PENAL DEL AMIGO Y TRATO FAVORABLE A LOS IMPLICADOS EN DELITOS DE CORRUPCIÓN PÚBLICA

El Derecho Penal del amigo, no parte de la contraposición entre Derecho Penal del ciudadano y Derecho Penal del enemigo, que hace Jakobs, sino se remonta a la contraposición que con respecto a lo político hacía Carl Schmitt entre amigo-enemigo (Schmitt 2014). El término ha sido utilizado con respecto a la impunidad, por ejemplo, en delitos de corrupción pública, a partir del trato favorable que se da a los implicados de estos delitos. Sobre ello debe considerarse lo dicho por Ana María Prieto del Pino:

> Característica fundamental del Derecho Penal del amigo es la transformación - a través de diversas vías – del instrumento punitivo en un tigre de papel frente a los sujetos que ocupan posiciones destacadas social, económica y políticamente, sacrificando la idoneidad, la necesidad y la proporcionalidad de su respuesta en aras de la preservación de sus intereses. De poco o nada sirve que un ordenamiento jurídico cuente con una batería de normas enderezadas a reprimir la corrupción si no existe la voluntad jurídico-política de aplicarlas, y/o si el camino de su efectiva aplicación está jalonada de obstáculos muy difíciles de superar (Prieto del Pino 2008).

El Derecho Penal del amigo se expresa en los delitos de corrupción pública no persiguiéndose penalmente a los implicados, o bien evitando su prisión preventiva, a pesar de la necesidad de su dictado. Se les da un trato suave a los que se les atribuyen estos delitos. Se establecen reglas de prescripción que favorecen que sus causas prescriban. Se modifican las leyes existentes para lograr impunidad. A ello se suman los indultos.

Usualmente, los políticos, como actores del populismo punitivo, han reclamado la prisión preventiva, como una forma de desviación de las problemáticas nacionales, utilizando a los imputados como chivos expiatorios. Se ha reclamado que se dicte la prisión preventiva, usualmente, con respecto a la delincuencia tradicional. Sin embargo, la prisión preventiva también ha alcanzado en los últimos tiempos a algunos políticos, lo que ha sido objeto de su preocupación. Esto ha hecho de que no hayan dejado de pretender, incluso legalmente, lograr un trato propio de un Derecho Penal del amigo.

En febrero de 2020, aproximadamente 10 días después de que Alberto Fernández asumió la presidencia de la República argentina, cinco senadoras oficialistas presentaron el proyecto de ley S-3435-19. Este, aunque trataba de justificarse en la necesidad de hacer respetar la jurisprudencia de la Corte IDH, pretendía, realmente, la anulación de la prisión preventiva en casos de corrupción, en que se hubiera dado la "publicación de contenidos por parte de uno o más medios de comunicación masiva que pudieran haber afectado la percepción pública respecto del principio de inocencia sobre el afectado por la resolución".

Puede apreciarse la vaguedad y amplitud de la nulidad prevista, que se basa, además, en la simple posibilidad, debiendo favorecerse en caso de duda al imputado. Se hace referencia a la afectación de la percepción pública y no de la imparcialidad de los jueces. En la justificación del proyecto se critica la prisión preventiva dictada en contra de referentes sociales, sindicales y políticos, entre otros supuestos por delitos de corrupción pública. La nulidad prevista por su vaguedad, lo que pretendía era evitar la prisión preventiva a determinados actores políticos, como parte del Derecho Penal del amigo.

Con respecto a ese proyecto, debe considerarse que, como lo ha reconocido la Corte IDH en diversas resoluciones, por ejemplo, en el caso Leguizamón Zaván y otros Vs. Paraguay, sentencia de 15 de noviembre de 2022, la prensa desempeña un papel importante en la lucha contra la corrupción pública. La denuncia por la prensa de actos de corrupción y la cobertura periodística no debe llevar por sí sola a afirmar la nulidad de la persecución penal y con ello a la imposibilidad de que se dicte la prisión preventiva. Lo anterior, sin perjuicio de que en el caso de que se revele que el juez se ha dejado llevar por la influencia mediática, debe ser separado del asunto, con la nulidad de las resoluciones en que se haya reflejado ello, incluyendo la prisión preventiva.

Como consecuencia de la persecución de los delitos de corrupción en Italia, especialmente a partir de la década de los noventa del siglo XX, lo que ha sido denominado el Tagentopoli, la clase política se vio amenazada con el dictado de la prisión preventiva. Por medio del decreto ley 440/1994 de 14 de julio de 1994, que debía ser convertido por ley dentro de los sesenta días siguientes, el gobierno Belusconi estableció que ciertos delitos, que considera que eran de evidente poca entidad, entre ellos los delitos contra la administración pública, no cabía disponer la prisión preventiva. Como consecuencia de la fuerte oposición, el 19 de julio de 1994, el gobierno tuvo que retirar el decreto (Zanchetta 1996).

En Perú, se alzaron también voces para limitar el dictado de la prisión preventiva, en contra de expresidentes y políticos, lo que adquirió gran importancia luego del suicidio de Alan García. No faltaron diputados que pretendieron modificar la normativa de la prisión preventiva. La prisión preventiva de diversos políticos hizo resaltar la problemática que envuelve la prisión preventiva, con respecto a los principios de presunción de inocencia y de proporcionalidad. Pero ello, debe llevar a concientizar sobre los problemas que envuelve la prisión preventiva para todos los imputados, no solamente con respecto a los políticos.

7. DERECHO PENAL DEL ENEMIGO COMO PROTECCIÓN DE LOS AMIGOS IMPLICADOS EN DELITOS DE CORRUPCIÓN PÚBLICA

En un mundo al revés, en Latinoamérica debe hablarse de la prisión preventiva, como represalia, contra aquellos que denuncian actos de corrupción o que investigan como fiscales actos de corrupción, o actúan como jueces en esos delitos. El Derecho Penal del amigo se expresa a partir de la persecución de denunciantes de la corrupción y de los investigadores de la corrupción (Comisión IDH 2011; Comisión IDH, 2019). Se protege a los amigos, para evitar procesos penales de corrupción en su contra. Ello como consecuencia de sobornos, de la lealtad política, de la protección de compañeros en actos de corrupción, etc. Amigos son los corruptos. Enemigos son los que combaten la corrupción. El mundo al revés. El mundo patas para arriba. La justicia invertida.

La Comisión Interamericana de Derechos Humanos ha mencionado la criminalización de los denunciantes de actos de corrupción, a partir de procesos utilizados para desacreditarlos o estigmatizarlos (Comisión IDH 2019). Se ha referido, además, al dictado arbitrario de la prisión preventiva en su contra.

En Guatemala se ha dispuesto la prisión preventiva, justificándola en delitos de corrupción, en contra de investigadores de la Comisión Internacional de la ONU contra Impunidad de Guatemala, luego de que este país decidió no renovar el mandato de esta, al haber estado investigando a altos funcionarios del gobierno. Las investigaciones de la CICIG habían puesto en descubierto más de 120 tramas de corrupción en los tres poderes del Estado. Se afirma que la CICIG murió a causa de su éxito (Comisión Internacional contra la impunidad en Guatemala 2019). Guatemala dispuso una orden de captura internacional en contra de 2 de los exdirectores de la CICIG, el actual ministro de defensa de Colombia y el exfiscal general de Costa Rica. También ordenó la orden de captura internacional en contra de otros investigadores. Varios de los exfiscales anticorrupción, exinvestigadores de la CICIG y exjueces se han exilado. Se habla del "pacto de los corruptos" en Guatemala, para lograr la impunidad y perseguir a los que combaten la corrupción. En este pacto la jefatura del Ministerio Público de Guatemala, que debería estar dirigida a combatir la corrupción, ha tenido un rol fundamental (Marroquín 2024).

Recientemente, también se ha hablado de un pacto de los corruptos en Perú, para lograr la impunidad, con una participación importante de representantes del Ministerio Público (García-Sayán 2024).

Se suma a todo un sistema paralelo y subterráneo, que actúa impunemente en diversos países latinoamericanos, de amenazas y atentados físicos y mortales en contra de los que luchan contra la corrupción pública y el crimen organizado. Sobre ello deben resaltarse, por ejemplo, los atentados contra periodistas y defensores del medio ambiente, pero también en contra de jueces, defensores y fiscales. El informe sobre la garantía de la independencia de los operadores de justicia en las Américas, dado por la Comisión IDH en 2013, hace referencia a ello, especialmente con respecto a la investigación de crímenes de lesa humanidad y los relacionados con el crimen organizado (Comisión IDH 2013a).

CONCLUSIONES

Soy un mensajero que trae malas noticias. En materia de prisión preventiva en Latinoamérica existe un Derecho Penal del enemigo[10], que se ha expresado, especialmente con respecto a la delincuencia tradicional, pero también ha recibido acogida en los delitos de corrupción pública. Lo siento por todos, pero las malas noticias no se quedan ahí.

Soy el mensajero de otra mala noticia. Existe también un Derecho Penal del amigo en Latinoamérica, que trata de evitar el dictado de la prisión preventiva de los corruptos, aun cuando fuera necesaria en el caso concreto. Se suma a ello el aseguramiento de la impunidad de los corruptos, evitando su juzgamiento y condena. En el mundo al revés se persigue a los que denuncian o investigan actos de corrupción, lo que incluye la iniciación de procesos penales en su contra y el dictado de la prisión preventiva.

No podemos justificarnos diciendo que simplemente describimos un fenómeno existente. Tampoco que, para salvar el Estado de Derecho, hay que quebrantar el Estado de Derecho para algunos, a través de un Derecho Penal del enemigo. Ello no es admisible ni siquiera contra los poderosos. No es admisible tampoco la utilización del poder estatal para la persecución de los enemigos y la protección de los amigos.

Luchar contra la corrupción pública es nuestro deber dentro de un Estado Democrático y Social de Derecho, pero esto dentro de los márgenes del Estado de Derecho. Al respecto la prisión preventiva no puede representar en los delitos de corrupción, ni en ningún otro de delito, una pena anticipada. La prisión preventiva es un mal necesario, tanto en la delincuencia tradicional, como en la delincuencia económica, incluyendo la relativa a los delitos de corrupción, pero su dictado

---

10 Günther Jakobs ha indicado que es un mensajero que trae la mala noticia de la existencia de un Derecho Penal del enemigo. Con ello, pretendió defender que él describía un fenómeno existente. Jakobs 2003a

debe ser excepcional y respetar los principios de presunción de inocencia y de proporcionalidad.

El Derecho Penal del enemigo y el Derecho Penal del amigo desgraciadamente han estado enraizados en Latinoamérica. Sin referirse propiamente a la prisión preventiva, debe recordarse que en una entrevista un expresidente argentino en 1973 dijo, en forma más que desafortunada: "Al amigo todo, al enemigo ni justicia" (Vítolo 2021)[11]. Un presidente latinoamericano ha expresado una nueva versión de esa frase desafortunada, un tanto menos radical, al menos en cuanto los enemigos: "a los amigos, justicia y gracia; a los enemigos, la ley a secas" (Sodi 2022).

Debemos desterrar esas expresiones de la legislación y la práctica latinoamericana, incluyendo la relativa a la prisión preventiva.

"Ni amigos, ni enemigos. A todos, un trato conforme al Derecho Internacional de los Derechos Humanos".

BIBLIOGRAFÍA

Chinchilla Calderón, R./García Aguilar, R. (2003). Disfuncionalidades en la aplicación de la prisión preventiva. San José, Investigaciones Jurídicas.

Círculo de Estudios Latinoamericanos (Cesla) (2023). Indicador de corrupción para América Latina. Cesla.

Comisión Interamericana de Derechos Humanos (2011). Segundo informe sobre la situación de las defensoras y defensores de los derechos humanos en las América.

Comisión Interamericana de Derechos Humanos (2013). Informe sobre el uso de la prisión preventiva en las Américas, aprobado el 30 de diciembre de 2013.

---

11 "Puede buscarse la expresión dada en la entrevista en youtube.

Comisión Interamericana de Derechos Humanos (2013a) Garantías para la independencia de las y los operadores de justicia: Hacia el fortalecimiento del acceso a la justicia y el estado de derecho en las Américas. Washington.

Comisión Interamericana de Derechos Humanos (2015). Criminalización de la labor de los defensores de derechos humanos. Washington.

Comisión Interamericana de Derechos Humanos (2019). Corrupción y derechos humanos: Estándares interamericanos, Washington.

Comisión Internacional contra la impunidad en Guatemala (2019). Informe temático. Guatemala. Un estado capturado. Informe_Captura_Estado_2019.pdf (cicig.org) (consultado 18-4-2024).

Comisión Interamericana de Derechos Humanos (2020). Personas privadas de libertad en Nicaragua en el contexto de la crisis de derechos humanos iniciada el 18 de abril de 2018. Washington.

Comisión Interamericana de Derechos Humanos (2021). Directrices básicas para la investigación de delitos contra personas defensores de derechos humanos en el triángulo norte. Washington.

García-Sayán, D. (2024). Pacto de corruptos en el poder. El País, 25 de abril de 2024. Perú: pacto de corruptos en el poder | Opinión | EL PAÍS (elpais.com), consultado el 24 de abril de 2024.

Garland, D. (2005). La cultura del control. Barcelona, Gedisa.

Jakobs, G. (2000). La ciencia del Derecho Penal ante las exigencias del presente (Traducción: Teresa Manso Porto). Bogotá, Universidad Externado de Colombia.

Jakobs, G. (2003). Derecho Penal del ciudadano y Derecho Penal del enemigo. En: Jakobs/Cancio. Derecho Penal del enemigo. Madrid, Civitas, pp. 19-56.

Jakobs, G. (2003a). Prólogo En: Jakobs/Cancio. Derecho Penal del enemigo. Madrid, Civitas, pp. 13-15.

Jakobs, G. (2007). ¿Derecho Penal del enemigo? Un estudio acerca de los presupuestos de juridicidad. En: Jakobs/Polaino Navarrete, M./ Polaino Orts, M. Derecho penal del enemigo. Córdoba, Editorial Mediterránea, p. 15-40.

Laynes Valentín, G. S. (2020). Análisis de la presión mediática en la prisión preventiva a partir de tres autos coyunturales que la ordenan en el Estado peruano. Huancayo, Universidad Peruana de los Andes.

Llobet Rodríguez, J. (2020). La Corte Interamericana de Derechos Humanos y las garantías penales. La Paz, Ulpiano Editores, 2020, pp. 605-693.

Marroquín, A. (2024). La corrupción elevada a política de Estado en Guatemala. El País, 22 de enero de 2023, La corrupción elevada a política de Estado en Guatemala | EL PAÍS América Colombia (elpais.com), consultado el 26 de abril de 2024.

Mendoza Maldonado, E. (2020). Análisis de la prisión preventiva en los casos Odebrecht: la aplicación del Acuerdo Plenario 01-2019. Lima. Trabajo de investigación para obtener el grado de bachiller en Derecho, Pontificia Universidad Católica del Perú.

Naciones Unidas. Oficina del alto comisionado de derechos humanos (2021). El sistema de justicia venezolano desempeña un papel importante en la represión del Estado contra los opositores al gobierno. ttps://www.ohchr.org/es/press-releases/2021/09/venezuelan-justice-system-plays-significant-role-states-repression. Consultado el 12 de octubre de 2024.

Nievas Fenoll, J. (2013). La duda en el proceso penal. Madrid, Marcial Pons, 2013.

Pacto de corruptos en el poder. El País, 25 de abril de 2024. Perú: pacto de corruptos en el poder | Opinión | EL PAÍS (elpais.com), consultado el 24 de abril de 2024.

Prieto del Pino, A. M. (2008). Aspectos criminológicos y político-criminales de la corrupción urbanística. En: Olaizola Nogares, Inés y otros. Corrupción y urbanismo. Bilbao, Universidad de Deusto, pp. 123-162.

Promer, Carol y otros (2018). Comentarios a una sentencia anunciada. El proceso Lula. Buenos Aires, Clacso.

Saldierna, Georgina (2023). En México se castiga más el aborto que la corrupción. Periódico La Jornada, 6 de abril de 2023. En: La Jornada: En México se castiga más el aborto que la corrupción

Schmitt, Carl (2014). El concepto de lo político (Traducción: Rafael Agapito). Madrid, Alianza Editorial.

Siqueira Neto. P.C. (2018). Delación, noticia de periódico, condena: ¡Elemental, querido Watson! En: Promer, Carol y otros. Comentarios a una sentencia anunciada. El proceso Lula. Buenos Aires, Clacso, pp. 333-340.

Sodi, D. (2024). "A los amigos justicia y gracia". El economista, 22 de marzo de 2022, "A los amigos justicia y gracia" (eleconomista.com.mx), consultado el 23 de abril de 2024.

Transparencia Internacional (2023). Índice de percepción de corrupción. 2023 Corruption Perceptions Index: Explore the... - Transparency.org, consultado el 16 de mayo de 2024.

Vitolo, D. (2021). A los los amigos todo, a los enemigos ¿ni justicia? La Nación, 21 de marzo de 2021. A los amigos todo, a los enemigos ¿ni justicia? - LA NACION (consultado el 12 de octubre de 2024).

World Prison Brief (2024). World Prison Brief | an online database comprising information on prisons and the use of imprisonment around the world (prisonstudies.org) (consultado 11-1-2024).

Zaffaroni, E. R. (2009). El enemigo en el Derecho Penal. Buenos Aires, Ediar.

Zaffaroni, E. R.l/Alagia, A./Slokar, A. (2005). Manual de Derecho Penal. Parte General. Buenos Aires, Ediar.

Zapata Vite, J. (2022). La prisión preventiva vulnera la presunción de inocencia en casos de corrupción de funcionarios en juzgados de investigación preparatoria nacional- Lima, Universidad Señor de Sipán, Tesis para optar al título profesional de abogado.

Zanchetta, P.L. (1996). Tagentopoli tiene traducción al castellano. En: Andrés Ibáñez, Perfecto (Editor). Corrupción y Estado de Derecho. Madrid, Trotta, pp. 85-99.

Logros y desafíos del combate de la corrupción pública en Brasil a partir del uso de la acción de improbidad administrativa[1]

NICOLÁS RODRÍGUEZ-GARCÍA
Catedrático de Derecho Procesal
Universidad de Salamanca (España)

VANIR FRIDRICZEWSKI
Investigador
Universidad de Salamanca (España)

Resumen: Brasil, especialmente desde la redemocratización que supuso la Constitución de 1988, ha introducido importantes cambios en su derecho sancionador. Se crearon diversos órganos con competencias sancionadoras y se estableció un sistema con múltiples ámbitos de responsabilidad. Una de estas innovaciones está referido a los llamados actos de improbidad administrativa, una peculiaridad del sistema jurídico-constitucional brasileño, sin parangón al menos en los países occidentales, que está directamente relacionada con la persecución de la corrupción pública. Por ello, este trabajo pretende examinar los principales aspectos de este sistema de responsabilidad, tratando de proporcionar al lector una comprensión de qué tipo de ilícito se trata, su régimen jurídico mínimo, así como las herramientas procesales para sancionar la práctica de estos actos, prestando especial atención a algunos

---

1 Este trabajo se ha desarrollado en el Centro de Investigación para la Gobernanza Global de la Universidad de Salamanca en el marco de los proyectos de investigación PID2022-138775NB-100 y RED2022-134265-T, financiados por el Ministerio de Ciencia e Innovación de España.

puntos nucleares de esta materia que han sido introducidos en una reforma legislativa en el año 2021.

Palabras clave: Persecución de la corrupción. Brasil. Improbidad Administrativa.

Abstract: Brazil, especially since the redemocratization brought about by the 1988 Constitution, has introduced important changes in its sanctioning law. Several bodies with sanctioning powers were created and a system with multiple areas of responsibility was established. One of these innovations refers to the so-called acts of administrative improbity, a peculiarity of the Brazilian legal-constitutional system, unparalleled at least in Western countries, which is directly related to the prosecution of public corruption. Therefore, this paper aims to examine the main aspects of this liability system, trying to provide the reader with an understanding of what type of wrongdoing is involved, its minimum legal regime, as well as the procedural tools to punish the practice of these acts, paying special attention to some nuclear points of this matter that have been introduced in a legislative reform of 2021.

Keywords: Fight Against Corruption. Brazil. Administrative Improbity.

INTRODUCCIÓN

La Constitución de 1988, al promover la redemocratización en Brasil, introdujo profundos cambios en el orden jurídico-constitucional del país, incluso y especialmente con relación al sistema de derecho sancionador (Osório, 1999, pp. 490 y ss.). Esta nueva Constitución ha mostrado una especial preocupación por el desempeño de la administración pública —y, en consecuencia, con la protección del patrimonio público—, tanto que estipuló, de manera expresa, los principios que los agentes públicos necesariamente tienen que observar en el ejercicio de sus funciones (Garcia & Alves, 2014, p. 107), instituyéndose un amplio sistema legal para responsabilizar a los agentes públicos —y también a los particulares— por la práctica de los más variados ilícitos.

Uno de estos cambios o innovaciones derivados de la nueva Constitución brasileña fue el relativo a los llamados actos de improbidad administrativa. En este sentido, significamos como hasta la Constitución de 1988 todas las demás constituciones republicanas brasileñas contemplaron estos hechos apenas como un crimen de responsabilidad del presidente de la República y de los funcionarios estatales de alto rango. Sin embargo, en la Constitución de 1988, en un movimiento innovador y desprendido de la tradición constitucional, la llamada improbidad administrativa fue tratada como un ilícito de responsabilidad del jefe del Poder Ejecutivo y, también, como ilícito extrapenal, inaugurando una inédita modalidad sancionadora, fuera del ámbito penal y estrechamente vinculado al Derecho Administrativo (Osório, 2010, pp. 101-103); ahora bien, sin que entre ambos se produzcan colisiones.

La Constitución de 1988, pues, trajo la previsión en el sentido de que los actos de improbidad administrativa pueden provocar la suspensión de los derechos políticos, la pérdida del cargo público, la indisponibilidad de los bienes y el reembolso al Estado, en la forma y gradación que establezca la normativa reguladora, sin perjuicio de la acción penal que corresponda por esos hechos[2]. Fue a partir de esta previsión constitucional, y de la posterior Ley 8.429, de 1992, reformada a través de la Ley 14.230, de 25 de octubre de 2021, que se desarrolló todo el sistema brasileño para el castigo de estos llamados actos de improbidad administrativa, lo que acontece a partir de la acción judicial por la práctica de acto de improbidad administrativa, una peculiar acción judicial de naturaleza civil y que, por lo tanto, es enjuiciada por los juzgados y tribunales brasileños con competencias civiles, o inclusive a través del Acuerdo de No

---

2 Artículo 37, párrafo 4.º. El texto de la Constitución puede ser revisado en *https://www.planalto.gov.br/ccivil_03/constituicao/constituicao.htm* [última consulta de 11 de septiembre de 2024].

Persecución Civil (ANPC), una herramienta de base consensual para la aplicación de la normativa sancionadora establecida en esta Ley.

Ahora bien, qué son los llamados actos de improbidad administrativa, cuál es su régimen jurídico y cuáles son las características y puntos débiles de la acción judicial y del ANPC creados para promover la responsabilización por un hecho de esta naturaleza son algunas de las cuestiones que intentaremos contestar a través de este estudio.

1. IDENTIFICACIÓN DE UN ACTO DE IMPROBIDAD ADMINISTRATIVA[3]

La Constitución brasileña de 1988 no define lo que es un acto de improbidad administrativa. Su artículo 37, párrafo 4.º, atribuyó al legislador la tarea de delimitar los contornos y las características de este ilícito, así como de fijar los criterios para su sanción, al fijar que los actos de improbidad administrativa implicarán la suspensión de los derechos políticos, la pérdida de la función pública, la indisponibilidad de los bienes y el resarcimiento al erario, *en la forma y gradación prevista por la ley*, sin perjuicio de la acción penal que corresponda.

En este sentido, como punto de partida para comprender lo que es este ilícito es importante subrayar que el referido dispositivo constitucional, fuente de todo el sistema brasileño de protección de la probidad administrativa y de la represión de estos ilícitos, se inserta topográficamente en una maraña de disposiciones constitucionales, todas ellas relacionadas con el buen funcionamiento de la administración pública y la protec-

---

[3] En cuanto a esta cuestión punto véase (Fridriczewski & Rodríguez-García, 2024, pp. 146-160).

ción del patrimonio público[4]. De ello se puede sacar una primera conclusión: el acto de improbidad administrativa es un ilícito practicado en contra la administración y del patrimonio público.

Algunas profundizaciones deben ser hechas en cuanto al tema, las cuales involucran, en verdad, el análisis del artículo 37 de la Constitución en su totalidad. Y ello porque este artículo fija los principales aspectos del régimen jurídico de la actividad de la administración pública brasileña, del cual deriva el imperativo de la buena administración, aplicable a todos poderes del Estado brasileño y a todo el sector estatal, no importando la naturaleza ni la cualidad del órgano público o de sus titulares (Osório, 2010, p. 48). Y la buena administración, en el contexto brasileño, está referido al derecho fundamental a la administración pública eficaz, proporcional, obediente a sus deberes, con transparencia, motivación, imparcialidad y respecto a la moralidad, a la participación social y a la amplia responsabilidad por sus conductas comisivas u omisivas (Freitas, 2009, pp. 20-23)[5].

De este artículo 37 de la Constitución, que fija imperativos y estándares para la actuación de la administración pública —ciertamente, de los agentes públicos en general—, y en especial de su párrafo 4.°, que inéditamente trata del tema probidad administrativa en la administración pública brasileña, parece

---

4 Sobre ello véase (Freitas, 2014).

5 Con relación a esta cuestión, Zavascki ya señaló como «el derecho a un gobierno honesto, eficaz y celoso por las cosas públicas tiene, en este sentido, un carácter transindividual al derivar, como sucede, del Estado democrático, por lo que él no pertenece a nadie individualmente: su titular es el pueblo, en cuyo nombre y en cuyo beneficio debe ejercerse el poder» (Zavascki, 2017, p. 100).

derivar al menos un deber fundamental[6]: el deber fundamental de probidad administrativa, el cual tiene la capacidad de imponer a los agentes públicos —y a los agentes privados que les sean equivalentes— una guía de conducta orientada a la realización de los principios, derechos y valores constitucionales, entre los cuales destaca el derecho fundamental a la buena administración (Fridriczewski, 2017, p. 29).

Del deber constitucional de probidad administrativa, además, derivan obligaciones de respetar y administrar correctamente la cosa pública, y todo ello con el objetivo de cumplir mandamientos e imperativos constitucionales que, al fin del día, tienen relación con la defensa del Estado democrático de Derecho y de una administración pública republicana, cumplidora de su papel de herramienta para la defensa y realización de los derechos fundamentales de los ciudadanos y de la colectividad. Es que los que están sujetos al deber de probidad administrativa estarán sometidos, también, a un conjunto de otros deberes públicos —positivos o negativos, generales o especiales— cuya concreción será obligatoria, de modo a proteger el sector público, más concretamente los valores en él albergados (Osorio, 2010, p. 109).

De estas observaciones suele derivar una primera conclusión: un acto de improbidad administrativa es un ilícito que viola o contraria el deber fundamental de probidad administrativa y qué, por lo tanto, daña fuertemente la administración

---

6 No es objeto de este estudio analizar la existencia, características y régimen jurídico de los llamados deberes fundamentales. Sin embargo, tal como ya hemos estudiado, admitimos la existencia de estos deberes especiales, incluso y particularmente en el régimen constitucional brasileño (Fridriczewski & Rodríguez-García, 2024, pp. 146-160). En este sentido, véase también (Fridriczewski, 2017, pp. 20-30).

pública brasileña y el Estado —la colectividad o la sociedad en general—.

En cuanto al punto lo que también subrayamos es la importancia y destaque constitucional del tema. Es que diferentemente del poder sancionador criminal —o incluso administrativo en general—, el poder punitivo por la práctica de actos de improbidad ya está plasmado y mínimamente diseñado en la propia Constitución, la cual fija el bien jurídico protegido e impone al legislador la tarea de estructurar la actividad sancionadora (Oliveria, 2009, p. 283), especialmente a través de la tipificación de los ilícitos y del establecimiento del íter procesal para juzgamiento de estos. Ahora bien, ¿cuál es el bien jurídico protegido por la Constitución y, en consecuencia, por la Ley 8.429, de 1992?

En verdad no hay uniformidad en la doctrina en cuanto a esta cuestión, habiendo una pléyade de enfoques y análisis[7]. A nuestro juicio, sin embargo, el punto esencial de origen para la adecuada comprensión del tema —y también el punto de llegada— es el contenido, la topografía constitucional y la importancia del artículo 37, párrafo 4.°, ya referidos.

Estamos hablando, por lo tanto, de normas y deberes, creadas por el poder constituyente y complementadas por el legislador ordinario, que tienen como fin la protección de la administración pública de manera amplia, conclusión esta que incluso deriva del artículo 1.° y su párrafo 5.°, de la Ley de Improbidad Administrativa, los cuales fijan que el sistema

---

7 Véase en este sentido las aportaciones de Capez, quien aporta distintas observaciones de la doctrina, y con diversos enfoques. Así, hay autores que refieren que improbidad administrativa es una inmoralidad administrativa cualificada; otros, por ejemplo, que improbidad administrativa es una inmoralidad administrativa cualificada por el daño al Estado y por la consecuente ventaja indebida para el agente público o el tercero (2010, pp. 267-274).

de responsabilización por actos de improbidad administrativa protegerá la integridad de la organización del Estado y el ejercicio de sus funciones, como forma de asegurar la integridad de los bienes públicos y sociales y que los actos de improbidad atentan contra la probidad en la organización del Estado y en el ejercicio de sus funciones y la integridad del patrimonio público y social de los Poderes Ejecutivo, Legislativo y Judicial, así como de la administración directa e indirecta, en el ámbito de la Unión, los Estados, de los Municipios y el Distrito Federal[8].

Véase que la Ley de Improbidad Administrativa, en cumplimiento a los mandamientos constitucionales, no deja duda de su ámbito de protección: la administración pública brasileña, directa, indirecta o fundacional de cualquiera de los Poderes de la Unión, Estados, Distrito Federal, municipios, territorio, de una empresa incorporada a la propiedad pública o de una entidad para cuya creación o financiación la administración pública haya aportado o aporte más del cincuenta por ciento del patrimonio o de los ingresos anuales. La administración pública nacional, en sus varios aspectos, es el bien jurídico protegido por estas normas constitucionales e infra constitucionales.

Por supuesto que el bien jurídico «administración pública nacional», que es objeto de esta especial protección, tiene una significación amplia e involucra varios aspectos, como por ejemplo el patrimonio público en el sentido financiero —los bienes o el dinero público en sentido estricto—, bien como principios jurídicos relativos al funcionamiento de la administración pública. Y eso tiene especial significación en el caso brasileño, por cuanto la Constitución, particularmente en su artículo 37, fija que la administración pública directa e indirecta de cualquiera de los Poderes de la Unión, Estados, Distrito Federal y Municipios obedecerá a los principios de legalidad,

---

8 Disponible en *https://www.planalto.gov.br/ccivil_03/leis/l8429.htm* [última consulta de 11 de septiembre de 2024].

impersonalidad, moralidad, publicidad y eficiencia[9]. Una derivación parece surgir a partir de estas disposiciones: la protección del amplio bien jurídico «administración pública» pasará o alcanzará la protección de estos principios.

Pero no es sólo eso. La Ley de Improbidad Administrativa, en cumplimiento al texto constitucional (artículo 37, párrafo 4.º), recoge disposiciones estableciendo qué en caso de daño a la administración pública este tendrá que ser indemnizado íntegramente, así como en el caso de enriquecimiento ilícito, lo que significa que el responsable por el acto de improbidad administrativa perderá los bienes o valores añadidos ilícitamente a su patrimonio[10]. Por tanto, la legislación de referencia en el tema, en el ámbito constitucional e infra constitucional, tiene como objetivo la protección del bien jurídico administración pública nacional y apunta, básicamente, una especial preocupación por la protección de los principios rectores de la actuación de la administración pública y del patrimonio público en el sentido financiero, a partir del cual se trata de evitar que se pueda producir un indebido enriquecimiento de los agentes públicos.

Este parece ser el ámbito y bien jurídico directamente protegido por la Constitución por medio de estos instrumentos jurídicos, así como por la propia Ley de Improbidad Administrativa, lo que entonces nos permite hacer otra aproximación a un concepto, aun no final, de lo que se considera que es un acto de improbidad administrativa: un acto ilícito que, a partir de la vulneración del deber fundamental de probidad administrativa, atenta en contra los principios rectores de la actuación

---

9 Disponible en *https://www.planalto.gov.br/ccivil_03/constituicao/constituicao.htm* [última consulta de 11 de septiembre de 2024].

10 Artículo 12, apartados I y II. Disponible en *https://www.planalto.gov.br/ccivil_03/leis/l8429.htm* [última consulta de 11 de septiembre de 2024].

de la administración pública, contra la propia organización y funcionamiento del Estado o su patrimonio, sea causando daño al Estado/administración pública, sea resultando en el enriquecimiento indebido de los agentes públicos[11].

Y esta idea parece que fue reforzada con la reforma de la Ley de Improbidad Administrativa, promovida por la Ley 14.230, de 2021, la cual, en su artículo 1.°, pasó a establecer que el sistema de responsabilización por actos de improbidad administrativa protegerá la integridad de la organización del Estado y el ejercicio de sus funciones, como forma de asegurar la integridad de los bienes públicos y sociales, al entender que los actos de improbidad atentan contra la probidad en la organización del Estado y en el ejercicio de sus funciones y la integridad del patrimonio público y social de los Poderes Ejecutivo, Legislativo y Judicial, así como de la administración directa e indirecta, en el ámbito de la Unión, los Estados, de los Municipios y el Distrito Federal[12].

---

11 Antes del advenimiento de la Ley 14.230, de 2021, un acto de improbidad administrativa, por ejemplo, así era definido por la doctrina: «Además de los actos que conducen al enriquecimiento ilícito, al daño al erario y los que resultan de la concesión o aplicación indebida de beneficios financieros o tributarios, la improbidad administrativa en el derecho brasileño abarca todas y cada una de las violaciones de los principios que rigen la administración pública, según lo establecido en el artículo 11 de la Ley 8.429/1992. [...] La improbidad es un tipo de ilegalidad calificada por la intención (dolo o, excepcionalmente, culpa grave) de violar la ley y por la gravedad del daño al ordenamiento jurídico. En otras palabras: la calificación de la improbidad depende de la demostración de mala fe o deshonestidad, y no se limita a la mera ilegalidad, así como a la lesión grave de los bienes protegidos por la Ley de Improbidad Administrativa [...]» (Neves & Oliveira, 2020, pp. 7-9).

12 Disponible en *https://www.planalto.gov.br/ccivil_03/leis/l8429.htm* [última consulta de 11 de septiembre de 2024].

Esta conceptuación de lo que sea un acto de improbidad administrativa, que, por supuesto, puede ser complementada, nos permite aproximarla de la concepción del fenómeno corrupción pública, con la siguiente relación que proponemos: corrupción pública es el género, del cual los actos de improbidad administrativa son la especie[13].

Más en concreto. El fenómeno corrupción pública puede ser comprendido cómo un atentado contra el Estado/administración pública por quebrantamiento de los deberes inherentes a la relación jurídica establecida entre el agente público y el Estado, siendo movido siempre por la expectativa de obtener un beneficio extra posicional a los participantes, lo cual *(i)* no necesariamente precisa ser alcanzado y *(ii)* no siempre es de naturaleza económica o *(iii)* representa perjuicio financiero al Estado, siendo que no necesariamente equivale a un hecho tipificado como delito por el Derecho Penal —o sea, es un fenómeno más amplio que determinados tipos penales relativos a los crímenes contra la administración pública, nacional o extranjera, por ejemplo— y para cuya práctica no es obligatoria la participación de un agente corruptor y de un agente corrompido, pudiendo, pues, verificarse solo con la participación

---

13 Hay autores en Brasil, sin embargo, que entienden que la corrupción es solo una de las caras de la improbidad administrativa, la cual tiene un espectro de mayor amplitud, abarcando conductas que no podrían ser clasificadas como corrupción. Concluyen, así, que improbidad administrativa es el género dentro del cual los actos de corrupción son la especie (Garcia & Alves, 2014, p. 51). Esta afirmación entendemos que no está equivocada si la confrontamos estrictamente, por ejemplo, con los tipos penales de corrupción pasiva y corrupción activa. Pero esta definición o concepción parecerá incorrecta si la confrontamos, por ejemplo, con el cuadro de conductas no exhaustivo presentado por Rose-Ackerman y Palifka para intentar comprender el fenómeno corrupción (2019, pp. 41-42).

del agente público (Fridriczewski & Rodríguez-García, 2023, pp. 29 y ss.).

Hay un punto elemental en esta concepción: el quebrantamiento de los deberes inherentes a la relación jurídica establecida entre el agente público y el Estado/administración pública. Lo que importa subrayar, en este sentido, es que los actos de corrupción pública siempre serán tildados con esta característica; es decir, serán actos voluntarios practicados en disconformidad con lo que legalmente deriva de la relación existente entre el agente público y el Estado, en una verdadera traición al Estado o administración pública y en perjuicio a él en sentido amplio. A su vez, la calificación o tipificación de este acto como ilícito de cualquier que sea la naturaleza —penal, administrativa o de otra naturaleza, como pasa con el llamado acto de improbidad administrativa aquí analizado— será consecuencia, básicamente, de las características y de los principios fundamentales del ordenamiento jurídico-constitucional, conclusión esta que deriva, entre otros, de disposiciones como el artículo 26 de la Convención de las Naciones Unidas contra la Corrupción, en el que establece que cada Estado Parte adoptará las medidas que sean necesarias, en consonancia con sus principios jurídicos, a fin de establecer la responsabilidad de personas jurídicas por su participación en delitos tipificados con arreglo a la Convención, siendo que con sujeción a los principios jurídicos del Estado Parte, la responsabilidad de las personas jurídicas podrá ser de índole penal, civil o administrativa.

En el caso brasileño es importante subrayar que este mandato fue desarrollado con un sistema de múltiples instituciones y múltiples ámbitos de responsabilidad para la sanción de hechos ilícitos, entre los cuales está la corrupción con sus variadas caras, siendo que el ámbito político-civil de responsabilización, que presupone la práctica de un acto de improbidad administrativa, es uno de estos campos en que puede ocurrir el castigo de determinados actos de naturaleza corrupta.

Así, hablar en Brasil de improbidad administrativa o de acto de improbidad administrativa es hablar de corrupción pública. Un acto de improbidad administrativa, por lo tanto, es una especie o modalidad de acto de corrupción[14] que, de conformidad con la tipificación adoptada por el legislador, puede resultar en un enriquecimiento indebido (artículo 9 de la Ley), un daño al erario (artículo 10 de la Ley) o, inclusive, en una vulneración de los principios rectores de la actuación de la administración pública (artículo 11 de la Ley). Por esto, se puede afirmar que un acto de improbidad administrativa es un acto voluntario —doloso, por lo tanto— que atenta contra el Estado/administración pública al quebrantarse los deberes inherentes a la relación jurídica establecida entre el agente público y el Estado, especialmente el deber de probidad administrativa, y que podrá representar una vulneración a los principios rectores de la actuación de la administración pública, daño al erario o, también, en un enriquecimiento indebido de los agentes involucrados en el hecho.

Y esta comprensión de un acto de improbidad administrativa como siendo una especie del género corrupción pública con estas características quedó más clara con el advenimiento

---

14 Algunos autores analizan el tema refiriéndose a la corrupción sólo como correspondiendo a los tipos penales de corrupción activa y pasiva, afirmando que corrupción e improbidad no se confunden, siendo figuras distintas y que sólo en algunos casos determinada conducta puede configurar tanto un acto de improbidad como un crimen de corrupción activa y pasiva (Justen Filho, 2022, pp. 11-12). A nuestro juicio esta interpretación no está equivocada, sino que es incompleta. En verdad, si es confrontada con los tipos de corrupción activa y pasiva previstos en el Código Penal ella se presenta como correcta. No obstante, como aquí hemos planteado, el fenómeno de la corrupción es mucho más amplio que estos tipos penales, lo que hace con que esta percepción sea parcial o insuficiente para una adecuada comprensión de la problemática que involucra corrupción y los llamados actos de improbidad administrativa.

de la Ley 14.230, de 2021, la cual, reformando en el punto la Ley de Improbidad Administrativa, definió que hay actos de improbidad administrativa cuando las conductas tipificadas en la Ley sean practicadas de manera dolosa, en el sentido de que concurre una voluntad libre y consciente de alcanzar el resultado ilícito tipificado en la norma, no bastando la simple voluntariedad del agente en la conducta[15] [16].

A partir de este entendimiento de lo que es un acto de improbidad administrativa, la cuestión que surge es cuál es el contenido considerado ilícito por la Ley —contenido de los tipos ilícitos— y quiénes pueden ser los sujetos activos de estos ilícitos, cuestiones que analizaremos a continuación.

2. LOS ACTOS DE IMPROBIDAD ADMINISTRATIVA EN ESPECIE

En línea con lo que ya hemos expuesto, la opción legislativa brasileña fue considerar como actos de improbidad administrativa los hechos que puedan resultar en enriquecimiento indebido (artículo 9 de la Ley), daño al erario (artículo 10 de la Ley) o, aun, violación a principios de la administración pública (artículo 11 de la Ley) cuando sean practicados de manera libre y consciente con miras a la obtención de un resulta-

---

15 Artículo 1.º de la Ley. Disponible en *https://www.planalto.gov.br/ccivil_03/leis/l8429.htm* [última consulta de 11 de septiembre de 2024].

16 Algunos autores entienden que al exigir para el castigo la voluntad libre y consciente de alcanzar el resultado ilícito tipificado en la norma, no siendo suficiente la simple voluntariedad en la conducta del agente, pero sí su intención deliberada de practicar una de las infracciones previstas en la Ley, el legislador aparentemente confundió los conceptos de dolo, actos voluntarios y conciencia sobre la ilicitud de los hechos. Véase, en este sentido, (Cavalcante Filho, Monteiro Neto, Oliveira & Pinheiro, 2021, pp. 24-25).

do prohibido. Estamos, pues, ante de una previsión que dejó clara la deshonestidad —la mala fe derivada o cuando menos el quebrantamiento del deber fundamental de probidad administrativa— con la administración pública como uno de los principales rasgos distintivos de los actos de improbidad administrativa[17]. La conducta libre y consciente del agente público pretendiendo alcanzar el resultado prohibido por la Ley —dolo— evidencia su proceder deshonesto y de mala fe con el Estado/administración pública, siendo estos los hechos elegidos por el legislador reformador como posibles a ser sancionados en los términos de la Ley de Improbidad Administrativa —especial—.

Debemos destacar que hay algunas peculiaridades en estas disposiciones legales que necesariamente tienen que ser destacadas.

---

17 Antes del advenimiento de la Ley 14.230, de 2021, la redacción de la Ley de Improbidad Administrativa, en su artículo 10, preveía la posibilidad de sancionar actos culposos de improbidad administrativa que causasen daño a la administración pública. La cuestión fue objeto de innúmeras controversias en la doctrina y en la jurisprudencia. El Superior Tribunal de Justicia (STJ), apoyado en la doctrina, fijó jurisprudencia en el sentido de exigir el elemento deshonestidad o mala fe por parte del autor (dolo) para caracterizar los actos de improbidad administrativa tipificados en los artículos 9 (enriquecimiento indebido) y 11 (violación de los principios) de la Ley 8.429, de 1992, admitiéndose, sin embargo, el elemento culpa para la caracterización de actos de improbidad administrativa que resultasen en daño a la administración pública (artículo 10). Como ejemplo apuntamos la sentencia del STJ en el Agravo Interno en el Recurso Especial n.º 1.362.044/SE, Magistrado Og Fernandes, Segunda Turma, juzgado en 9 de noviembre de 2021. Disponible en *https://scon.stj.jus.br/SCON/GetInteiroTeorDoAcordao?num_registro=201300048983&dt_publicacao=16/12/2021* [última consulta de 11 de septiembre de 2024]. En este sentido véanse también los apuntes de Ferreira (2019) y Cabral (2017: 247-268).

Empezando por el artículo 9.°, en su actual redacción, hecha por la Ley 14.230, de 2021, en el que se fija que constituye un acto de improbidad administrativa, que tiene como resultado un enriquecimiento ilícito obtenido mediante la práctica de un acto doloso, cualquier tipo de ventaja patrimonial indebida con ocasión del ejercicio de un cargo, mandato, función, empleo o actividad en las entidades a que se refiere el artículo 1.° de la Ley, el cual recoge un paquete de conductas que pueden llevar al resultado prohibido de un enriquecimiento indebido[18].

En cuanto a este dispositivo, lo que importa subrayar es que el compendio de las situaciones descritas y que pueden tener como consecuencia un enriquecimiento indebido de los agentes públicos no se presenta, a nuestro entender, como cerrado, interpretación que puede ser construida a partir de la propia literalidad de la norma, la cual, en el encabezado del artículo, después de describir la prohibición del resultado del enriquecimiento, añade la expresión «en particular» y, a continuación, pasa a describir conductas o situaciones que pueden llevar a este resultado. En verdad, lo que la norma hace es prohibir el enriquecimiento indebido básicamente a partir de que se puedan dar una de estas tres posibles conductas por parte del agente público: *(a)* que reciba una ventaja indebida, *(b)* que se apropie indebidamente de bienes o valores de la administración pública, o *(c)* que adquiera bienes de manera desproporcionada a su renta o situación patrimonial.

De esto puede resultar que el enriquecimiento ilícito no necesariamente estará acompañado de una situación de daño al erario (Costa & Barbosa, 2022, pp. 70, 71); (Justen Filho, 2022, pp. 82, 83); (Mudrovitsch & Nóbrega, 2022, p. 121), como por ejemplo en el caso de que alguien —un particular, hipotética-

---

18 Disponible en *https://www.planalto.gov.br/ccivil_03/leis/l8429.htm* [última consulta de 11 de septiembre de 2024].

mente— dé una ventaja indebida para que un agente público acelere el trámite de un procedimiento administrativo de interés del responsable por el pago de la ventaja (apartado I del artículo 9.º). De igual manera, no necesariamente se dará la participación de un tercero para la caracterización del ilícito, como por ejemplo en el caso de incorporación, de cualquier forma, en el patrimonio del agente público, de bienes, rentas, fondos o valores que formen parte del patrimonio de las entidades públicas referidas en la Ley (apartado IX del artículo 9.º), hecho que se aproxima a la figura penal del peculado —malversación de caudales públicos—[19].

A partir de estas observaciones y del examen del texto legal, lo que se puede afirmar es que en la configuración de este hecho de improbidad administrativa deben estar presentes, al menos, estos requisitos: *(a)* obtención o ingreso de una ventaja indebida o bien en el patrimonio del agente público, independientemente de la caracterización de daño al erario; *(b)* conducta dolosa del agente público o del tercero que hace el pago de la ventaja indebida; y *(c)* existencia de un nexo causal entre la obtención de la ventaja indebida y la conducta de aquél que ocupa un cargo o puesto público (Neves & Oliveira, 2022, p. 26).

Junto a lo ya comentado, aunque se trate de un ilícito de naturaleza político-civil —no penal, por lo tanto—, lo que se observa es que esta disposición normativa guarda relación, al menos, con tres hechos previstos en la Convención de las Naciones Unidas contra la Corrupción y tipificables como delitos. Por una parte, dos de ellos de tipificación *obligatoria*: la aceptación por un funcionario público, de forma directa o indirecta, de un beneficio indebido que redunde en su propio provecho

---

19 Código Penal de Brasil: Peculado. Art. 312: «Un funcionário público se apropia de dinero, valores o cualquier otro bien mueble, público o privado, del que esté en posesión por razón de su cargo, o lo desvía en beneficio propio o de terceras personas».

o en el de otra persona o entidad (art. 15.b) y la malversación —o peculado—, apropiación indebida u otras formas de desviación de bienes por un funcionario público (art. 17). Por otra parte, otro de tipificación *facultativa*: el enriquecimiento ilícito, o sea, el incremento significativo del patrimonio de un funcionario público respecto de sus ingresos legítimos que no pueda ser razonablemente justificado por él (art. 20).

La segunda modalidad o especie de ilícito previsto en la Ley de Improbidad Administrativa está descrito en su artículo 10, el cual, con la redacción otorgada por la Ley 14.230, de 2021, fija que constituye un acto de improbidad administrativa que causa perjuicio al erario toda acción u omisión dolosa que, de manera efectiva y demostrable, dé lugar a la pérdida de bienes, desvío, apropiación, malversación o deterioro de los bienes o haberes de las entidades a que se refiere esta Ley. La norma, pues, reserva las sanciones de la Ley de Improbidad Administrativa a los hechos practicados con dolo —esto es, mala fe, deslealtad o deshonestidad con el Estado/administración pública y que resultan daño al erario—, lo que no impide que otras conductas, menos gravosas e incluso practicadas con culpa, sean sancionadas de otras maneras o generen otras obligaciones, como aquellas previstas, por ejemplo, en la legislación civil, las cuales, por supuesto, se diferencian de las consecuencias y sanciones previstas en esta Ley especial. Junto a ello, el artículo presenta un rol de conductas que pueden llevar al resultado prohibido daño al erario[20].

Una observación que necesariamente debe ser hecha está relacionada con al alcance del dispositivo, el cual trata de tipificar como ilícitas las acciones u omisiones que resultan en daño al erario, o sea, abarca los bienes de valor económico-financiero que pertenecen a la Unión, a los Estados, al Distrito

---

[20] Disponible en *https://www.planalto.gov.br/ccivil_03/leis/l8429.htm* [última consulta de 11 de septiembre de 2024].

Federal, a los municipios y a las demás entidades referidas en la Ley de Improbidad Administrativa, concepto este que es más restringido cuando lo comparamos, por ejemplo, con el genéricamente llamado patrimonio público, expresión dotada con un sentido más amplio en el sistema jurídico brasileño y que abarca el conjunto de bienes e intereses de naturaleza moral, económica, estética, artística, histórica, ambiental y turística que pertenecen a las personas jurídicas de Derecho público referidas en la Ley de Improbidad Administrativa (Costa & Barbosa, 2022, pp. 89-91).

Lo que también debe ser apuntando es que, así como pasa con el artículo 9.º ya analizado, la redacción dada a las situaciones descritas en el artículo 10 y que pueden generar un daño al erario no es excluyente, interpretación que también puede ser construida a partir de la literalidad de la norma, la cual en el *caput*, después de describir la prohibición del resultado «causación, de manera dolosa, de un daño al erario», añade la expresión «en particular» para, a partir del mismo, describir conductas o situaciones que pueden llevar a este resultado. En verdad, lo que la norma hace es prohibir la práctica de acciones u omisiones dolosas que resulten en daño al erario, presentando un rol ejemplificativo de hechos que pueden ser llevados a cabo por agentes públicos y que tienen la potencialidad de causar este resultado[21], sin perjuicio de la causación del daño a través de otras conductas no previstas en la Ley.

---

[21] El STJ ya se manifestó en el sentido de entender que el conjunto de las conductas del artículo 10 de la Ley de Improbidad Administrativa es ejemplificativo. Véase, en este sentido, la sentencia del Recurso Especial 1.130.318, relator Magistrado Herman Benjamin, juzgado en 27 de abril de 2010. Disponible en *https://scon.stj.jus.br/SCON/GetInteiroTeorDoAcordao?num_registro=200901461676&dt_publicacao=27/04/2011* [última consulta de 11 de septiembre de 2024].

Llegamos al último ilícito recogido en la Ley de Improbidad Administrativa. El artículo 11 describe los llamados actos de improbidad administrativa que resultan en violación a los principios de la administración pública. De los ilícitos tipificados en la Norma este fue el que sufrió los mayores cambios con la reforma operada en 2021, por cuanto en la redacción original él describía un conjunto de conductas no exhaustivo que podrían resultar en violación a principios de la administración pública[22] [23], lo que era objetivo de muchas críticas, ya que a consecuencia de su carácter abierto había la posibilidad de que la aplicación del citado precepto legal llevase a situaciones de discrecionalidad —o arbitrariedad— del intérprete, dando lugar a una situación de inseguridad[24]. Esta situación o carácter de la norma cambió profundamente con el cambio legislativo de 2021, y ello porque la Ley de Reforma pasó a considerar el listado de las conductas a ser sancionadas como cerrado[25], hecho que inclusive fue enfatizado por el relator del proyecto de ley en la Cámara de los Diputados (Costa & Barbosa, 2022, p. 121)[26].

---

22 Disponible en *https://www.planalto.gov.br/ccivil_03/leis/l8429.htm* [última consulta de 11 de septiembre de 2024].

23 El carácter no agotador del contenido previsto en la redacción original del artículo fue reconocido por el Superior Tribunal de Justicia. Véase, en este sentido, la sentencia del Agravo Interno en el Recurso Especial n.º 1.793.893/CE, relator Magistrado Herman Benjamin, juzgado en 10/8/2021. Disponible en *https://scon.stj.jus.br/SCON/GetInteiroTeorDoAcordao?num_registro=201900004364&dt_publicacao=18/10/2021* [última consulta de 11 de septiembre de 2024].

24 Véase, en este sentido, Peixoto (2016).

25 Disponible en *https://www.planalto.gov.br/ccivil_03/leis/l8429.htm*[última consulta de 11 de septiembre de 2024].

26 Véase, en este sentido, el parecer presentado por el relator, Diputado Carlos Zarattini, disponible en *https://www.camara.leg.br/proposicoesWeb/prop_mostrarintegra;jsessionid=node01lo7s1czoyxmw75jtv7dfxg19577109.node0?codteor=2028078&filename=Tramitacao-PL+2505/2*

Curiosamente si antes de la reforma el blanco de todas las críticas fue el carácter abierto de la norma, ahora, cambiado en sentido opuesto, no han arreciado los cuestionamientos. Por ejemplo, se señala que situaciones graves que antes podrían ser sancionadas como acto de improbidad administrativa por vulneración de los principios de la administración pública, lo que, por ejemplo, sucede en casos de acoso moral o sexual llevado a cabo por un agente público en los cuales se da un desvío en la finalidad y un quebrantamiento de la imparcialidad, ahora ya no lo pueden ser al no estar explicitadas en texto del precepto[27].

021+%28N%C2%BA+Anterior:+pl+10887/2018%29 [última consulta de 11 de septiembre de 2024]. En cuanto a esta cuestión indicada, así fue señalada en el referido parecer: «[...] En este sentido, el principal cambio que cabe destacar en relación con el primer informe se refiere a los actos de improbidad administrativa que violan los principios de la Administración Pública (art. 11). Tras un largo debate con la comunidad especializada, se llegó al acuerdo de que la exclusión total de este tipo de improbidades no sería la mejor opción legislativa, dada la necesidad de imponer sanciones más severas a los funcionarios públicos que realicen actos que atenten inequívocamente contra los principios consagrados en el ordenamiento constitucional. Por ello, se optó por volver a la redacción anterior del artículo 11, pero estableciendo una lista cerrada de conductas que tipifican la improbidad como ilícitos contra los principios administrativos. La solución pretende, al mismo tiempo, tanto prestigiar la protección de los mandatos constitucionales como garantizar la necesaria seguridad jurídica a los gestores públicos».

27 A nuestro juicio, la redacción original del dispositivo efectivamente tenía un contenido muy abierto, lo que permitía un amplio margen de discrecionalidad para la imputación de la práctica de un acto de improbidad administrativa por violación de los principios rectores de la actuación de la administración pública, lo que genera cierto margen de inseguridad jurídica, algo que debe ser evitado en materia de derecho sancionador. Por eso nos parece que ha sido acertado el proceder del legislador reformador al prever una regulación cerrada de las conductas que caracterizan a estos ilícitos. Pero esto

Además, hay otra particularidad que debe ser subrayada en cuando al ilícito tipificado en este artículo: él puede caracterizarse independientemente de que se haga un daño al erario (Costa & Barbosa, 2022, p. 122) o haya un enriquecimiento indebido del agente público o de un tercero, como incluso está previsto expresamente en el párrafo 4 del artículo 11. Dicho de otra manera —y esto se aplica a todos los ilícitos tipificados en la Norma—, los ilícitos previstos en la Ley de Improbidad Administrativa pueden resultar en un enriquecimiento ilícito, un daño al erario o una violación a los principios de la administración pública, resultados estos que, a función de su gravedad y de las condutas llevadas a cabo, pueden acumularse o no.

3. LOS SUJETOS ACTIVOS DE LOS ACTOS DE IMPROBIDAD ADMINISTRATIVA

Como ya hemos apuntado, un acto de improbidad administrativa es una especie o modalidad de acto de corrupción pública que, de conformidad con la tipificación adoptada por el legislador, puede generar un enriquecimiento indebido (artículo 9.º de la Ley), un daño al erario (artículo 10 de la Ley) o, inclusive, una violación de los principios de la administración pública (artículo 11 de la Ley).

Ahora bien, lo que importa subrayar es que la Ley de Improbidad Administrativa, en su redacción original, fijó que los actos de improbidad practicados por cualquier agente público —servidor o no—, en contra la administración directa, indirecta o fundacional de cualquiera de los Poderes de la Unión, Es-

no quiere decir que la enumeración no hubiera podido hacerse extensiva a otras conductas, como por ejemplo el acoso sexual, hechos que a nuestro juicio son graves e incompatibles con la dignidad de las funciones públicas.

tados, Distrito Federal, Municipios, Territorio, de una empresa incorporada al patrimonio público o de una entidad para cuya creación o financiación la administración pública haya aportado o aporte más del cincuenta por ciento del patrimonio o de los ingresos anuales, serán sancionados en la forma prevista en esta Ley[28]. Este punto fue modificado en la reforma de 2021, pasando a ser regulado en los artículos 2.º[29] y 3.º[30] de la Ley, según los cuales para los efectos de esta Ley, se considera agente público al agente político, al servidor público y a todo aquel que ejerza, aunque sea temporalmente o sin remuneración, por elección, nombramiento, contratación o cualquier otra forma de investidura o vínculo, mandato, cargo, empleo o función en las entidades a que se refiere el artículo 1.º de esta Ley, siendo que las personas naturales o jurídicas que celebren convenio, convenio de cesión, convenio de gestión, convenio de sociedad, convenio de cooperación o adecuación administrativa equivalente para la administración o aplicación de recursos de origen público también están sujetos a la aplicación de las sanciones de la Ley.

Si bien se han producido cambios en la redacción de la norma de referencia, ello no ha frenado el advenimiento de nuevos cuestionamientos. Las críticas ahora parten del cambio de

---

28 Art. 1.º: «Los actos de improbidad cometidos por cualquier agente público, sea o no servidor público, contra la administración directa, indirecta o fundacional de cualquiera de los poderes de la Unión, de los Estados, del Distrito Federal, de los Municipios, de un Territorio, de una empresa incorporada al patrimonio público o de una entidad para cuya creación o financiación el erario haya contribuido o contribuya con más del cincuenta por ciento del patrimonio o de los ingresos anuales, serán castigados de acuerdo con esta Ley».

29 Disponible en *https://www.planalto.gov.br/ccivil_03/leis/l8429.htm* [última consulta de 11 de septiembre de 2024].

30 Disponible en *https://www.planalto.gov.br/ccivil_03/leis/l8429.htm* [última consulta de 11 de septiembre de 2024].

la anterior expresión «cualquier agente público» por la actual frase, para nada acotadora, «para los efectos de esta Ley, se considera agente público al agente político, al servidor público y a todo aquel que ejerza, aunque sea temporalmente o sin remuneración, por elección, nombramiento, contratación o cualquier otra forma de investidura o vínculo, mandato, cargo, empleo o función en las entidades a que se refiere el artículo 1.º de esta Ley».

Sin embargo, lo más importante que hay que enfatizar es que la Ley de Improbidad Administrativa, según nuestro criterio[31], es una norma sancionadora con características de generalidad[32], creada para ser aplicada a todos los agentes públicos brasileños, conclusión que derivaba de la redacción original de su artículo 1, el cual, textualmente, establecía que los actos de improbidad practicados por cualquier agente público, servidor o no, en contra la administración directa, indirecta o fundacional de cualquiera de los Poderes de la Unión, Estados, Distrito Federal, Municipios, Territorio, de una empresa incorporada a la propiedad pública o de entidad para cuya creación o financiación la administración pública haya aportado o aporte más del cincuenta por ciento del patrimonio o de los ingresos anuales, será sancionada en la forma de esta Ley.

---

31 En este sentido, ya se afirmó que la Ley de Improbidad Administrativa es un modelo de norma general, aplicable, en principio, a todos los agentes públicos brasileños, con excepción, sin embargo, de algunas situaciones específicas previstas en las Leyes o en la Constitución (Fridriczewski, 2017, pp. 31-40).

32 Otros autores consideran que la Ley de Improbidad Administrativa es, de hecho, una Ley General de Improbidad Administrativa (LGIA) y un Código General de Conducta, con normas legales, contundentes y orientadoras para todo el sector público en sus aspectos fundamentales. Véase, en este sentido, (Oliveira & Pires, 2014, pp. 427-452).

Si esto es así, no se puede ignorar la existencia de una hipótesis restrictiva prevista en la Constitución —y que es repetida en la legislación ordinaria—, que parece impedir la aplicación de la Ley de Improbidad Administrativa para el castigo de un agente público específico, como es el caso del Presidente de la República.

En efecto, exceptuando todas estas disposiciones constitucionales y legales que imponen la aplicación de la Ley de Improbidad Administrativa a cualquier agente público, la propia Constitución de Brasil, en su artículo 85, de manera expresa fija que son crímenes de responsabilidad los actos del Presidente de la República que vulneren la Constitución y, en especial, los practicados en contra la probidad en la administración[33], previsión esta repetida en la Ley 1.079, de 1950[34]. Por tanto, el propio legislador constituyente, al igual que el legislador ordinario, aportó un tratamiento específico para el tema cuando el involucrado en los actos que atentan en contra la probidad de la administración sea el Presidente de la República.

Indiscutiblemente, al tratar del régimen específico de responsabilización de una autoridad especial, en particular el Presidente de la República, el propio constituyente originario planteó una regla especial: los actos por él practicados en contra la probidad en la administración pública serán considerados ilícitos pero de otra naturaleza, concretamente crímenes de responsabilidad. Y esta definición del constituyente originario tuvo una inmediata consecuencia: estos actos practicados por el Presidente sólo pueden ser sancionados en este propio

---

33 Art. 85: «Son crímenes de responsabilidad los actos del Presidente de la República que atenten contra la Constitución Federal y, en particular, contra los siguientes: [...] V. la probidad en la administración».

34 Disponible en *https://www.planalto.gov.br/ccivil_03/leis/l1079.htm* [última consulta de 11 de septiembre de 2024].

y especial ámbito a través del proceso de destitución —*impeachment*—, juzgado en el ámbito del Senado Federal[35].

Conforme a ello, no está planteada una hipótesis de exención de responsabilidad por la comisión de un acto de improbidad administrativa. Estamos ante un sistema o régimen específico y especial de responsabilidad del Presidente de la República, en el que los actos practicados en contra la probidad de la administración son considerados otra modalidad de ilícito, que no tiene parangón con otra previsión en el texto constitucional o en la legislación ordinaria y que, por lo tanto, no es extensible a otros agentes públicos brasileños, los cuales están sujetos, por lo tanto, a la general aplicabilidad de la Ley de Improbidad Administrativa, como aquí ya se ha significado[36].

Lo que se puede afirmar, entonces, es que la Ley de Improbidad Administrativa, con excepción del Presidente de la República, es una norma sancionadora que tiene como destinatarios de sus sanciones[37] todos los agentes públicos brasileños

---

35 Art. 52: «Corresponde exclusivamente al Senado Federal: I. Procesar y juzgar al Presidente y al Vicepresidente de la República por delitos de responsabilidad, así como a los Ministros de Estado y a los Comandantes de la Marina, del Ejército y de la Fuerza Aérea por delitos de la misma naturaleza que les sean conexos».

36 Este entendimiento también ya fue manifestado por el Supremo Tribunal Federal de Brasil (STF). En este sentido, véase, por ejemplo, el juzgado en el Agravo Regimental en la Petición 3.240, Relator para la sentencia Magistrado Roberto Barroso, decisión publicada en 22 de agosto de 2018. Disponible en *www.stf.jus.br* [última consulta de 29 de abril de 2024].

37 Las sanciones, que no se confunden con la obligación de reparar el daño y que pueden ser aplicadas individual o acumulativamente, están previstas en el artículo 12 de la Ley de Improbidad Administrativa, y son las siguientes: «Con independencia de la reparación íntegra del daño patrimonial, si lo hubiere, y de las sanciones penales

involucrados en la comisión de uno de los ilícitos tipificados en esta Ley. En otras palabras, sin la presencia de un agente público brasileño en la comisión de los hechos tipificados en la Ley no hay acto de improbidad administrativa.

Si esto es así, no se puede olvidar también que referida Ley prevé la posibilidad de castigar a terceras personas involucradas en los hechos practicados por los agentes públicos. Y esta posibilidad deriva de su artículo 3.º, el cual establece que las disposiciones de la Ley son aplicables, en su caso, a quienes,

---

comunes y de responsabilidad, civiles y administrativas previstas en la legislación específica, al responsable del acto de improbidad se le imponen las siguientes sanciones, que podrán aplicarse individual o acumulativamente, según la gravedad del hecho: I. En el caso del artículo 9 de la presente Ley, la pérdida de los bienes o los valores incorporados ilícitamente al patrimonio, la pérdida del cargo público, la suspensión de los derechos políticos hasta 14 (catorce) años, el pago de una multa civil equivalente al importe del incremento patrimonial y la prohibición de contratar con las Administraciones Públicas o de percibir beneficios o incentivos fiscales o crediticios, directa o indirectamente, aunque sea a través de una persona jurídica de la que sea socio mayoritario, por un plazo no superior a 14 (catorce) años. II. En el caso del artículo 10 de esta Ley, la pérdida de los bienes o valores ilícitamente agregados al patrimonio, si concurre esta circunstancia, la pérdida de cargo público, la suspensión de los derechos políticos hasta 12 (doce) años, el pago de una multa civil equivalente al monto del daño y la prohibición de contratar con el poder público o de recibir beneficios o incentivos fiscales o crediticios, directa o indirectamente, aunque sea a través de una persona jurídica de la cual sea accionista mayoritario, por un período no superior a 12 (doce) años. III. En el caso del artículo 11 de esta Ley, el pago de una multa civil de hasta 24 (veinticuatro) veces el importe de la remuneración percibida por el agente y la prohibición de contratar con el poder público o de recibir beneficios o incentivos fiscales o crediticios, directa o indirectamente, aunque sea a través de una persona jurídica de la que sea accionista mayoritario, por un período no superior a 4 (cuatro) años». En particular, véase (Vogel & Schoucair, 2024, pp. 29 y ss.)

aun no siendo agente público, induzcan o colaboren intencionalmente en la práctica de un acto de improbidad administrativa[38]. Conforme a ello, a estos terceros se les responsabilizará como coautores o partícipes de los ilícitos practicados por el agente público, pues, como ya hemos apuntado, son los agentes públicos quienes tienen condiciones de practicar los ilícitos a través de la realización de conductas materiales —positivas o negativas— y del quebrantamiento, a consecuencia de ello, del deber de probidad y de los deberes inherentes a la relación jurídica que mantienen con el Estado/administración pública. Entonces, es esencial enfatizar el hecho de que si no hay un agente público no se dará un acto de improbidad administrativa. Esto, sin embargo, no impide que el tercero o particular sea, por ejemplo, el mentor intelectual del acto de improbidad administrativa, que sea el verdadero «director» de los ilícitos (Figuereido, 2009, p. 58), razón por la cual la doctrina califica a esta persona como sujeto activo impropio de un acto de improbidad administrativa (Lucon, 2020, pp. 197-214).

Muchas son las cuestiones que afloran con relación a la participación de los terceros en estos ilícitos. Hay un punto, sin embargo, que parece tener gran importancia y que sirve para demostrar la peculiaridad de esta posibilidad de responsabilización de estos terceros por la práctica de un acto de improbidad administrativa, lo que puede ser colegido a partir del análisis del acto de improbidad administrativa previsto en el artículo 9.°. Tal y como ya hemos referenciado, este artículo prohíbe el enriquecimiento indebido del agente público, básicamente a partir de la concurrencia de tres posibles resultados o conductas: *(a)* el recibir una ventaja indebida; *(b)* la apropiación indebida de bienes o valores de la administración pública;

---

[38] Art. 3.°: «Las disposiciones de esta Ley se aplicarán, en su caso, a quien, aun sin ser agente público, induzca o concurra dolosamente en la comisión de un acto de improbidad».

y *(c)* la adquisición de bienes de manera desproporcional a la evolución patrimonial o renta del agente público.

El que reciba una ventaja indebida el agente público, recordemos, equivale al delito del soborno pasivo. Sin embargo, este ilícito que la Ley sanciona no se correlaciona con que en la Ley de Improbidad Administrativa se consigne la tipificación del ilícito «pago de soborno» o «soborno activo». Y esto justamente en función del objetivo principal de la Ley, que es instituir un régimen de punición para los agentes públicos que practican los llamados actos de improbidad administrativa. Con este marco regulador lo que podemos observar es que, en estos casos, el particular *pagador* del soborno puede ser sancionado no por la práctica del soborno activo, pero sí, por su participación en el soborno pasivo llevado a cabo por un agente público.

En esencia: los terceros pueden ser responsabilizados como coautores o partícipes en los ilícitos practicados por el agente público, siempre observando la relación o exigencia de que sin un agente público no hay un acto de improbidad administrativa. No parece equivocado, así, afirmar que la posibilidad de exigir responsabilidades a un tercero es secundaria o dependiente de la que se haga con relación al agente público.

4. LAS HERRAMIENTAS SANCIONADORAS DE LA LEY DE IMPROBIDAD ADMINISTRATIVA: LA PECULIAR ACCIÓN JUDICIAL Y EL ACUERDO DE NO PERSECUCIÓN CIVIL (ANPC)

La acción judicial por la práctica de un acto de improbidad administrativa, prevista en los artículos 16 y 17 de la Ley de Improbidad Administrativa, fue la herramienta procesal contenciosa creada por el legislador brasileño para enjuiciar y responsabilizar a los involucrados en la comisión de uno de los ilícitos tipificados en esta Ley.

El régimen jurídico de esta acción, que puede ser presentada por el Ministerio Público o por la persona jurídica de Derecho público víctima del acto de improbidad administrativa[39], fue profundamente alterado con ocasión de las reformas de 2021.

El primer punto importante que plateamos es el cuestionamiento de cuál es la naturaleza jurídica de esta acción. Desde

---

[39] La redacción original de la Ley de Improbidad Administrativa tenía la previsión en el sentido de que la acción podría ser enjuiciada o por el Ministerio Público o por la persona jurídica de derecho público interesada, o sea, por la víctima del acto de improbidad administrativa (artículo 17), o aún en litisconsorcio (legitimidad activa concurrente y disyuntiva entre el Ministerio Público y la entidad pública víctima del acto ilícito). La reforma promovida por la Ley 14.230, de 2021, cambió esta previsión para fijar que sólo el Ministerio Público tendría esta legitimidad. La cuestión, sin embargo, fue sometida al Supremo Tribunal Federal a través de las Acciones Directas de Inconstitucionalidad 7.042 y 7.043. El STF, el 31 de agosto de 2022, reconoció que las entidades públicas que hayan sufrido pérdidas o daños como consecuencia de actos de improbidad también están autorizadas para presentar una demanda y celebrar acuerdos civiles de no enjuiciamiento (ANPC) en relación con estos actos. En este juzgamiento, que confirmó la decisión cautelar del relator, el STF declaró inválidas —inconstitucionales— disposiciones de la Ley 14.230, de 2021, que otorgaban al Ministerio Público legitimación exclusiva para la interposición de acciones por improbidad. En conformidad con la sentencia de Magistrado Alexandre de Moraes, relator de los procesos, la Constitución prevé la legitimación activa concurrente entre el Ministerio Público y las entidades públicas lesionadas para interponer este tipo de acciones y para la defensa del patrimonio público. Así, la supresión de esta legitimidad de la entidad pública vulnera la lógica constitucional de protección de los bienes y del patrimonio públicos. Información disponible en *https://portal.stf.jus.br/noticias/verNoticiaDetalhe.asp?idConteudo=493313&ori=1#:~:text=Por%20maioria%20de%20votos%2C%20o,propositura%20das%20a%C3%A7%C3%B5es%20por%20improbidade* [última consulta de 11 de septiembre de 2024].

el advenimiento de la Ley de Improbidad Administrativa en 1992 surgieron dudas y discusiones relacionados con esta pregunta, pudiendo apuntar la existencia de tres planteamientos divergentes: *(a)* el primero entiende que sus efectos son de carácter administrativo y patrimonial, es decir, civil en sentido amplio; *(b)* el segundo defiende que esta acción contiene, preponderantemente, contenidos de Derecho Penal; y *(c)* un tercer grupo adopta una posición ecléctica, sosteniendo que dependiendo de la autoridad que sea demandada o acusada de la práctica del hecho ilícito, esta acción tendrá naturaleza de acción por delitos políticos o de la responsabilidad patrimonial y administrativa (Mussi, 2020, pp. 59-74). A nuestro juicio, dos de estos posicionamientos contienen fallos o imperfecciones en sus premisas y, por ende, no son adecuados para justificar o caracterizar la naturaleza de esta acción judicial.

El primer equívoco, a nuestro juicio, es intentar ubicar la naturaleza de la acción judicial por la práctica de un acto de improbidad administrativa en el ámbito penal. Y esto porque, tal y como ya hemos defendido, la propia Constitución de Brasil, en su artículo 37, párrafo 4.º, fija que los actos de improbidad a administrativa conllevarán la suspensión de los derechos políticos, la pérdida de los cargos públicos, el embargo de bienes y el reintegro de las indemnizaciones al erario, en la forma y grados previstos en la ley, «sin perjuicio de las acciones penales que correspondan». Entonces, es la propia Constitución quien fija que el responsable por la práctica de un acto de improbidad administrativa estará sujeto a las consecuencias inherentes de este régimen de responsabilidad, y, a mayores, cuando sea procedente, a las que correspondan en el campo criminal[40], dejando claro que cuando se habla de responsabilización por la práctica de un acto de improbidad administrativa no se está hablando de responsabilización criminal, al ser ámbitos sancio-

---

40 (Krebs, 2015, pp. 96 y ss.) y (Guaragni & Santos, 2023, pp. 2 y ss.).

nadores diversos[41]. Además, la aplicación de sanciones, en el ordenamiento jurídico brasileño, no es una temática reservada exclusivamente al campo del Derecho Penal. La consecuencia que de esto deriva es que una acción judicial por la práctica de acto de improbidad administrativa tiene otra naturaleza que no es la de una acción o un proceso de naturaleza criminal.

De igual modo, a nuestro juicio, también es inadecuado defender la posición nombrada como ecléctica, según la cual, en función de la autoridad sea demandada o acusada de la práctica del hecho ilícito, esta acción tendrá naturaleza de acción por delitos políticos o de responsabilidad patrimonial y administrativa. Consideramos que la naturaleza de una acción o de una herramienta sancionadora deriva o puede ser identificada a partir del bien jurídico tutelado y del ámbito o campo de responsabilidad por ella cubierta, con las correspondientes normas que reglamentan su régimen jurídico, y no a partir de las características personales del sujeto responsable por la comisión del ilícito.

A consecuencia de todo lo expuesto y del doble descarte planteado creemos que la acción judicial por la práctica de un acto de improbidad administrativa pertenece al género civil: es una acción civil sancionadora. Una postura que es seguida por parte de la doctrina especializada, en la que por ejemplo se afirma que por ser una acción de naturaleza civil las sanciones que fija son también de naturaleza civil, puesto que se trata de una acción destinada a proteger derechos difusos y/o transin-

---

41 En este sentido afirmada, por ejemplo, que analizando el artículo 37, § 4 de la Constitución Federal, es imposible no entender que la acción de improbidad administrativa es de naturaleza estrictamente civil, ya que no excluye la posibilidad de interponer una acción penal, utilizando la expresión «sin perjuicio de la acción penal aplicable» (Santos, 2007, p. 65). Véase, en sentido similar, (Neves & Oliveira, 2022, pp. 149-150).

dividuales, motivo por el que debe clasificarse como una acción colectiva e incluso como un tipo de acción civil pública (Sarti & Simon, 2013, p. 156-173).

Estamos, por lo tanto, ante una acción de naturaleza civil y que, pese sus características de acción sancionadora, como se han encargado de subrayar en las reformas de 2021[42], se diferencia de los procesos penales. De hecho, estas acciones son tramitadas y juzgadas por los jueces con competencia civil.

Hecha esta observación en cuanto su naturaleza, hay que destacarse un punto o problema que acompaña esta acción desde su introducción en el sistema jurídico-constitucional brasileño. Nos referimos a la poca efectividad, especialmente para la recuperación de activos, aspecto que puede ser potencializado con las reformas promovidas en 2021.

Antes de estas reformas ya se apuntaba que la misma[43], siendo una acción tramitada en un juicio civil, presentaba una ventaja en comparación con el posible uso de la vía penal, en lo atinente al régimen de la prescripción. Ello porque como pasa con la gran mayoría de las normas de derecho sancionador, la redacción original de la Ley de Improbidad Administrativa, así como ahora después de las reformas de 2021, fijaba plazos para el enjuiciamiento de la acción[44], los cuales, cuando hayan

---

42 Artículo 17-D de la Ley 8.429, de 1992, con la redacción introducida por la Ley 14.230, de 2021: «La acción por improbidad administrativa es represiva, de carácter sancionador, dirigida a aplicar las sanciones personales previstas en esta Ley, y no constituye una acción civil, ya que no puede interponerse para controlar la legalidad de las políticas públicas y proteger los bienes públicos y sociales, el medio ambiente y otros intereses individuales difusos, colectivos y homogéneos».

43 Véase, en este sentido, Fridriczewski (2017: 169-203; 2020: 87-110).

44 Redacción original de la Ley de Improbidad Administrativa. Art. 23: «Las acciones destinadas a la ejecución de las sanciones previstas

transcurridos, impiden que se active este proceso de naturaleza sancionadora. Pero al tiempo, una vez enjuiciada la acción con observancia del plazo de prescripción, ésta era juzgada siguiendo las reglas establecidas en el Código de Proceso Civil brasileño, el cual señala que la decisión del juez que determina la notificación del acusado para defenderse en el proceso reglado por sus normas interrumpe la prescripción[45], el cual, a su vez, como regla general, sólo vuelve a reanudarse si el proceso se queda parado por la inercia del autor o después de que la sentencia se vuelva inapelable.

O sea, antes de las reformas de 2021 y diferentemente de lo que pasa en el proceso penal brasileño, el regular trámite de la acción prevista en la Ley de Improbidad Administrativa observándose los trámites de la legislación procesal civil evitaba que ocurriera la prescripción de la pretensión sancionadora del Estado, a lo que se podría y aún hoy se puede añadir la imprescriptibilidad de la pretensión para la reparación del daño causado al erario y derivado de un acto de improbidad administra-

---

en esta ley podrán ser interpuestas: I. Hasta cinco años después del término del ejercicio de mandato, cargo comisionado o cargo de confianza. II. Dentro del plazo de prescripción establecido en una ley específica para las infracciones disciplinarias sancionadas con el despido de la función pública, en el caso del ejercicio de un cargo o empleo permanente. III. Hasta cinco años desde la fecha de presentación a la Administración Pública de las cuentas definitivas rendidas por las entidades a que se refiere el párrafo único del art. 1 de esta Ley».

45 Art. 240: «La citación válida, aunque haya sido ordenada por un tribunal incompetente, provoca la litispendencia, convierte los hechos en litigiosos y constituye al deudor en mora, sin perjuicio de lo dispuesto en los artículos 397 y 398 de la Ley 10.406, de 10 de enero de 2002 (Código Civil). § Párrafo 1.º. La interrupción de la prescripción, efectuada por el auto que ordene la notificación, aunque haya sido dictado por un tribunal incompetente, tendrá efecto retroactivo en la fecha de interposición de la demanda».

tiva, así fijado por el artículo 37, párrafo 5.º, de la Constitución brasileña. Por tanto, si el órgano público demandante de la acción judicial por la práctica de acto de improbidad administrativa fuera diligente y adoptase todas las medidas que estaban a su alcance para estimular y darle un regular impulso al proceso, muy difícilmente se llegaría a una situación de impunidad o de ausencia de condena por concurrir la prescripción, pese al largo tiempo que llevaban y aún llevan estos procesos en su tramitación hasta su conclusión con una sentencia firme.

Y estos aspectos, especialmente en lo tocante al dictado de una sentencia que resuelve el caso, sin verse afectada por el transcurso del plazo de prescripción, fueran confirmados a través del estudio «La eficacia del sistema jurídico de prevención y combate a la improbidad administrativa», elaborado en el seno del proyecto «Pensando el Derecho», de la Secretaría de Asuntos Legislativos del Ministerio de Justicia de Brasil y publicado en 2011[46]. En este estudio fueran analizados 1038 sentencias de varios tribunales brasileños, y a partir de la lectura de las mismas se concluyó que en el 48,87% de los casos los pedidos formulados fueran juzgados como procedentes, o sea, que en ellos se aplicaron las sanciones requeridas por el órgano público demandante. Por otro lado, en el 14,95% de los casos analizados las peticiones fueran juzgadas parcialmente procedentes, llegando así a un porcentaje de éxito —total o parcial— del 63,82% de los casos analizados. Junto a ello, el estudio apuntó que en el 29,58% se produjo un rechazo total de las demandas por considerarlas improcedentes y en aproximadamente el 6,59% de los casos las acciones fueran archivadas por concurrir otras cuestiones variadas y sin que, por ello, las peticiones fueran objeto de análisis por los juzgadores.

---

46 La versión íntegra del estudio está disponible en *http://pensando.mj.gov.br/wp-content/uploads/2015/07/34Pensando_Direito1.pdf* [última consulta de 11 de septiembre de 2024].

De manera conclusiva el estudio apuntó que, si bien no existen datos para una comparación con las tasas de éxito de las demandas civiles en general, los datos analizados en la investigación permiten concluir que los porcentajes de éxito de las acciones de improbidad son superiores a los porcentajes de no éxito, lo que permite afirmar que el mecanismo de protección cognitiva de la probidad administrativa era eficiente.

Desafortunadamente, hay que poner de manifiesto como algunos problemas que se dan en la tramitación de procesos penales se han trasladado hacia la acción judicial por la práctica de un acto de improbidad administrativa; particularmente la lentitud de las actuaciones judiciales y la poca eficacia y efectividad de esta nueva herramienta en materia de recuperación de activos, a la cual tiene que ser especialmente tributaria por formar parte de la razón de ser de su creación legal. Estas —duras— aseveraciones se han visto corroboradas por las notas formuladas por el Consejo Nacional de Justicia (CNJ) que, en el estudio «Ley de Improbidad Administrativa: obstáculos a la plena efectividad en el combate a los actos de improbidad »[47], observó como en acciones de este tipo el reembolso de los daños causados al erario —recuperación de activos robados por actos de improbidad administrativa— se daba plenamente en sólo un 4% de los procesos, mientras que la recuperación parcial se produjo en un 6,4% de los casos. Por tanto, sólo en aproximadamente 10,4% de los procesos se obtiene alguna recuperación de activos, porcentaje este muy alejado del de los casos juzgados procedentes o parcialmente procedentes, como antes hemos indicado con su cuantificación.

Las conclusiones de este estudio señalan que, en cuanto a la efectividad de la decisión, con la reparación de los daños

---

[47] Disponible en *https://www.cnj.jus.br/wp-content/uploads/conteudo/arquivo/2018/02/0c9f103a34c38f5b1e8f086ee100809d.pdf* [última consulta de 11 de septiembre de 2024].

causados —recuperación de activos—, hay un grave defecto en el sistema procesal, pues incluso después de un largo proceso, pocas son las acciones en las que hay una reparación de daños sufridos por el Estado. Estas acciones, al menos en una parte considerable, se procesan durante décadas, lo que se refleja en la baja tasa de recuperación de activos, por mucho que como hemos indicado una parte significativa de ellas sea juzgada procedente o parcialmente procedente.

Y este estudio presentó una otra conclusión muy importante y preocupante: en cuanto al tiempo transcurrido entre la fecha de interposición de la demanda y la sentencia se observó un promedio de 1.548,63 días (4,24 años). Un dato muy negativo al estar, además, haciendo alusión no al tiempo empleado para que se dicte una sentencia firme sino la correspondiente al juez de primera instancia, en contra de la cual pueden ser presentados recursos ante los tribunales de apelación y, después, cuando proceda, ante los tribunales superiores (STJ o STF).

A partir de estos hallazgos, y si los correlacionamos con las reformas actuadas en 2021, es que empiezan a surgir, cuando menos, muchas dudas en cuanto a la aptitud y eficacia de la acción judicial por la práctica de actos de improbidad administrativa para combatir la corrupción y recuperar los activos detraídos ilegítimamente de las arcas públicas. Una valoración nada descabellada por cuanto los datos presentados fueron obtenidos antes de la reforma de 2021, cuando la acción judicial por la práctica de acto de improbidad administrativa tenía un régimen jurídico que, a todas luces, eran más proactivo para el enjuiciamiento de éstas.

El escenario judicial que parece estar surgiendo después de las reformas de 2021 y las nuevas reglas que se han aprobado va en dirección contraria a la apuntada, y muy probablemente caminará para una aún menor tasa de eficacia de la acción judicial por la práctica de actos de improbidad administrativa en cuanto herramienta para combatir actos de corrupción y permitir la recuperación de activos.

Desafortunadamente creemos que varias son las reglas procesales introducidas por el legislador reformador que están contribuyendo a incrementar la ineficacia de esta acción sancionadora. La más importante, sin duda, es la relativa a los plazos de prescripción, especialmente la prescripción intercalada o intercurrente, ahora incorporada de manera expresa en el artículo 23 de la Ley de Improbidad Administrativa. Específicamente, en su *caput* señala que el plazo de prescripción para el enjuiciamiento de la acción para la aplicación de las sanciones previstas en esta Ley de Improbidad Administrativa es de ocho años, contados desde que ocurra el hecho o, en el caso de infracciones permanentes, desde el día en que cesó la permanencia[48].

A continuación, este mismo artículo, en sus párrafos 4.º y 5.º, fija que este plazo de prescripción se interrumpe *(a)* con la interposición de la acción de improbidad administrativa, *(b)* con la publicación de la condena, *(c)* con la publicación de una decisión o sentencia de un Tribunal de Justicia o Tribunal Regional Federal que confirme una sentencia condenatoria o que modifique una decisión de improcedencia, *(d)* con la publicación de una decisión o sentencia del Superior Tribunal de Justicia que confirme una sentencia condenatoria o que modifique una sentencia de improcedencia o *(e)* con la publicación de una decisión o sentencia del Supremo Tribunal Federal que confirme una sentencia condenatoria o que modifique una sentencia de improcedencia, siendo que a partir de cada uno de estos eventos habilitados para interrumpir la prescripción

---

48 Art. 23: «La acción para la aplicación de las sanciones previstas en esta Ley prescribe en 8 (ocho) años, contados a partir de que hayan ocurrido los hechos o, en el caso de infracciones permanentes, a partir del día en que cesó la permanencia».

su plazo vuelve a transcurrir, pero por la mitad, o sea, 4 años. Esto significa, por lo tanto, que una vez interpuesta la acción, el juez tendrá cuatro años para instruirla y juzgarla, so pena de tener que extinguirla y archivarla por la llamada prescripción intercurrente[49].

Es sabido que la prescripción es una de las instituciones más importantes y beneficiosas para la sociedad y que tiene una enorme relevancia práctica, al aludir a las relaciones entre el tiempo y el Derecho. Con ella se pretende dar seguridad al sistema y garantizar la paz jurídica, ya que pone un límite a la litigiosidad e impide el ejercicio de pretensiones antiguas (Cano Campos, 2019, pp. 175 y ss.), sean ellas de naturaleza civil o de naturaleza sancionatoria. No dudamos ni se cuestiona que la fijación de marcos temporales para el cómputo de la prescripción sea una materia sujeta a la apreciación política y técnica de las cámaras legislativas como formadoras y conformadoras del orden jurídico. Sin embargo, en este concreto caso pareciera que en la toma de postura el legislador brasileño no tomó en cuenta de manera plena las dificultades y características del sistema judicial brasileño, que como tantos otros se caracteriza muy significadamente por la lentitud de sus actuaciones,

---

49 Art. 23: «§ 4.º. El plazo de prescripción establecido en este artículo se interrumpe: I. por la interposición de la acción de improbidad administrativa; II. por la publicación de la sentencia condenatoria; III. por la publicación de la decisión o la sentencia del Tribunal de Justicia o del Tribunal Regional Federal confirmando la condena o reformando la sentencia de despido; IV. por la publicación de la decisión o la sentencia del Superior Tribunal de Justicia confirmando la condena o reformando la sentencia de despido; V. por la publicación de la decisión o la sentencia del Supremo Tribunal Federal confirmando la condena o reformando la sentencia de despido.
§ 5.º. Interrumpida la prescripción, el plazo comenzará a correr nuevamente a partir del día de la interrupción, por la mitad del tiempo previsto en el *caput* este artículo».

problema endémico que ni de lejos ha sido resuelto con las reformas de 2021.

Nos pronunciamos con esta crudeza por cuanto según las reglas fijadas por el legislador de 2021, después de interpuesta la acción el juez tendrá cuatro años para tramitarla y juzgarla, bajo la amenaza de que más allá de ese periodo temporal la acción queda extinguida y archivada a consecuencia de su prescripción. Sólo la publicación de decisión de condena, como hemos señalado, interrumpe nuevamente la prescripción, a partir de la cual, también en cuatro años, deberán ser juzgados eventuales recursos por los tribunales de apelación, y así sucesivamente por los órganos jurisdiccionales superiores. Si la sentencia del juez de primer grado declara la improcedencia de la acción, no habrá lugar a la interrupción de la prescripción, lo que significa que para que no se dé finalmente la prescripción el eventual recurso interpuesto a un tribunal de apelación deberá ser juzgado en el plazo máximo de 4 años del enjuiciamiento de la acción.

Y es en este punto que la opción político-legislativa no parece para nada acertada y, por los argumentos y justificaciones dadas, presenta una gran potencialidad para generar más impunidad y enflaquecimiento del sistema anticorrupción brasileño, con la consecuente disminución del ámbito de protección del patrimonio público. Si traemos de nuevo los datos del estudio del Consejo Nacional de Justicia de Brasil citado y la media de 4,24 años del tiempo transcurrido entre la fecha de interposición de una acción por la práctica de improbidad administrativa y el juzgamiento por el juez de primer grado, se observa que es un tiempo promedio superior al plazo de prescripción intercurrente o intercalada ahora adoptada por el legislador, lo que es indicativo de que, si no se llevan a cabo y de manera urgente otros cambios significativos —materiales y normativos— que otorguen muchas más celeridad a las actuaciones de los juzgados y tribunales brasileños, buena parte —o quien sabe si la mayoría— de las acciones de improbidad, por decirlo gráficamente, ya nacerán muertas al quedar de la más que probable extinción por prescripción. Esto ciertamente disminuirá los ya diminutos indicadores de recuperación de activos en esta materia, lo que, en resumen, contribuye a la impunidad, a la inseguridad jurídica y a la desafección institucional. De este escenario descrito sólo estarán a salvo de la prescripción las pretensiones de resarcimiento de daños al erario, las cuales, como apuntando, son imprescriptibles.

Todos estos puntos débiles que están generando la disminución de la efectividad de la acción judicial también pueden proyectar efectos negativos con relación al novedoso Acuerdo de No Persecución Civil (ANPC). La reforma promovida por la Ley 14.230, de 2021, llevó a cabo una regulación amplia y clara de este nuevo instrumento jurídico preordenado para resolver de casos de corrupción. Lo importante a destacar es que, aunque posea características de un negocio jurídico bilateral, puesto que deriva de un concierto de voluntades entre el legitimado activo para la defensa del patrimonio público y de la probidad administrativa y el responsable por la práctica de un acto ilícito (Oliveira, 2022, pp. 689-732)[50], no se puede olvidar que el mismo se presenta como una herramienta alternativa a la acción judicial por la práctica de acto de improbidad administrativa para la solución de conflictos relativos a la aplicación de la Ley de Improbidad Administrativa. Es decir, la acción judicial por la práctica de acto de improbidad administrativa activa la vía *contenciosa* y *judicial* para que sea aplicado el derecho sancionador reglamentado por la Ley de Improbidad Administrativa, y ahora el ANPC es la novedosa herramienta *consensual*, y también *judicial*, para, de igual manera, aplicar el derecho sancionador establecido en la misma Norma.

---

50 En sentido similar véase (Mourão, Mattaraia y da Silveira, 2021, pp. 320-336).

El ANPC, por lo tanto, pese a sus características y sesgos de bilateralidad y consensualidad, en esencia sirve para que se aplique la normativa sancionadora y está sometido a las mismas reglas procesales de competencia de la acción judicial por la práctica de acto de improbidad administrativa, ya que requiere homologación judicial —por el tribunal competente, por supuesto—, sea realizado antes de que se inicie la acción judicial o también durante el trámite de esta acción. En concreto, hay que destacar, de conformidad con las disposiciones de la Ley el acuerdo puede ser firmado en el desarrollo de la investigación para averiguar el hecho ilícito, en la tramitación de la acción de improbidad o en el momento de la ejecución de la sentencia condenatoria firme. Y, como derivación de esta naturaleza, el ANPC genera consecuencias directas sobre la medida represiva en el ámbito del derecho sancionador, afectando y resolviendo, de este modo, a la pretensión punitiva del Estado, lo que acaba atrayendo al instituto a la órbita del derecho material (Osorio, 2020), aunque su existencia y, principalmente, validez, exija que se observen las reglas procesales. Todo ello tiene como resultado que los términos y condiciones negociadas, después de la homologación judicial y el dictado de la sentencia firme, estarán protegidos y disfrutarán de todas las garantías otorgadas constitucionalmente a la cosa juzgada.

En este punto la cuestión que subyace, en un escenario en el que se ha evidenciado la poca eficacia de la Ley de Improbidad Administrativa y su acción judicial, es si el ANPC tendrá condiciones de cambiarlo y así contribuir de manera general a la mejora del sistema de enfrentamiento a la corrupción de Brasil. En otras palabras, se han generado expectativas acerca de si el ANPC tiene condiciones para convertirse en una herramienta más eficaz que la acción judicial por la práctica de acto de improbidad administrativa.

Hasta hoy, inclusive por el poco tiempo transcurrido desde la adopción de esta institución, no se tienen datos ciertos y relevantes atinentes a su eficacia. Y elucubrar sobre la concreción de la potencialidad de los acuerdos es un ejercicio inane que, además, en un primer momento puede estar sesgado a consecuencia de impresiones positivas o negativas de orden personal, sin bases objetivas y contrastables. No obstante, los acuerdos y la propia Ley de Improbidad Administrativa, sin embargo, parecen tener particularidades que permiten hacer inferencias, y ello como consecuencia de las reformas efectuadas a la acción judicial por la práctica de actos de improbidad administrativa, las cuales seguramente engendrarán efectos a esta herramienta consensual, particularmente con relación a los incentivos y ventajas en la búsqueda de la solución consensual.

Es sabido que el fomento de mecanismos de consenso para contribuir a la solución de los conflictos, se den en el ámbito del derecho sancionador o en otros ámbitos o relaciones, tiene ínsitas ventajas para partes. Se habla, en este sentido, que la realización de un acuerdo otorga seguridad a los presuntos responsables de los hechos a enjuiciar, que mostrándose favorables a la concreción del acuerdo podrán obtener una sanción mitigada, lo que les permite de manera anticipada ganar certidumbre sobre el resultado del proceso. Además, la negociación de la resolución consensuada del caso permite a las partes establecer una solución a partir del acuerdo, lo que hace con que todos los actores resuelvan los conflictos de manera más célere, al no tener que hacer uso de los trámites procesales ordinarios, lo que inclusive en última instancia determina un ahorro de costes[51] [52].

---

51 Véase, en este sentido, las importantes y adecuadas aportaciones hechas por de Machado de Souza (2020).

52 Analizando la situación de los inocentes —o presuntos inocentes— que se conforman con acuerdos de reconocimiento de su responsabilidad, se habla, por ejemplo, que ellos así lo hacen para para evitar el riesgo de una condena grave, para evitar los costes del proceso y para minimizar los efectos materiales y procesales de terceras perso-

Y es a partir de estas aseveraciones, en comparación con los requisitos y límites del ANPC, que se puede intentar apuntar las ventajas e incentivos —o desincentivos— para la negociación y firma de estos acuerdos. Y tal y cual pasa con casi la totalidad de los mecanismos consensuales, la principal ventaja que parece surgir del ANPC es otorgar seguridad jurídica a las partes, especialmente para el presunto responsable, por cuanto el acuerdo alcanzado se verá sometido a un control judicial —a través de la homologación judicial— y solamente en caso de que el mismo se resuelva de manera positiva se incorporará a la sentencia judicial firme.

Con la firma de un ANPC, pues, es posible que la parte pasiva y su defensor incidan directamente en la determinación de la cantidad y la calidad de las sanciones y de las demás consecuencias que deberá tener que hacer frente, incluso y especialmente las cantidades económicas que deberá pagar, ya que la Ley impone, como condición obligatoria para la celebración del acuerdo (Neves & Oliveira, 2022, pp. 99-100), la restitución integral del daño sufrido y la reversión a la persona jurídica perjudicada, como víctima directa del acto de improbidad administrativa, del beneficio indebido obtenido por el autor del ilícito, escenario en el que se ahuyentan todas las incertezas inherentes a la tramitación de una acción judicial por la práctica de un acto de improbidad administrativa y a los posibles importes a pagar que puedan ser fijados.

De la disposición normativa que reglamenta el ANPC y de la propia redacción actual de la Ley de Improbidad Administrativa, sin embargo, parecen derivar dos cuestiones que pueden desincentivar que se persiga una solución de consenso.

---

nas. Véase, en este sentido, (Lascuraín Sánchez & Gascón Inchausti, 2018).

La primera de ellas puede parecer paradójica cuando se la compara con lo ya señalado referido a las sanciones y consecuencias que pueden ser ofrecidas a los responsables de los hechos. Y es que la Ley fija como condición mínima para la celebración de un acuerdo la restitución integral del daño producido y la reversión a la persona jurídica perjudicada del beneficio indebido obtenido por el autor de ilícito; como apuntamos anteriormente, son cuestiones regladas que proporcionan un elemento de seguridad a una parte de las negociaciones. Con relación a las demás sanciones, sin embargo, lo que hay son disposiciones normativas más abiertas que permiten su fijación y negociación teniendo en cuenta, por ejemplo, la gravedad del ilícito y la colaboración y comportamiento del responsable de los hechos. Es por ello que en esta parte de generación de un acuerdo las partes disfrutan de un mayor margen para la negociación, lo que puede tener un aspecto positivo por permitir que cada caso concreto sea valorado en su individualidad y con apreciación de las particularidades concurrentes. En sentido opuesto, esta redacción más abierta da cobertura para que cada órgano o agente público con atribución para actuar de conformidad con la Ley de Improbidad Administrativa pueda crear sus propios criterios para la valoración de los casos, lo que puede generar tratamientos distintos y no estandarizados que pueden desincentivar la búsqueda de soluciones consensuales, al no disponer los responsables de los hechos de un escenario jurídico que le aporte previsibilidad y certidumbre sobre las consecuencias jurídicas —y económicas— que le serán exigidas para la firma del acuerdo.

De igual manera, entendemos que hay un segundo aspecto relevante en orden a tamizar importantemente los incentivos iniciales que presenta el ANPC. Y es que como hemos ya referenciado en este estudio el legislador reformador de 2021, desafortunadamente, no siguió una buena trayectoria al promover las reformas relacionadas con la acción judicial por la práctica de acto de improbidad, especialmente por el tratamiento otorgado al régimen de prescripción. En este punto aparece el cuestionamiento de por qué buscar una solución consensual a través del ANPC si ahora es más difícil que se produzca una condena por sentencia firme como consecuencia del ejercicio de una acción judicial por la práctica de acto de improbidad administrativa; esto es, ¿los incentivos para negociar y firmar un ANPC son de tal magnitud que les puede compensar no asumir el riesgo de hacer uso de la vía judicial contenciosa que en muchos de los casos está abocada a su fracaso procesal?

Sólo con el tiempo y la experiencia práctica se podrán presentar respuestas basadas en datos estadísticos ciertos. No se puede olvidar, sin embargo, que la existencia de una amenaza de sanción más grave, como apuntan algunos estudios, parece ejercer una importante influencia en la decisión de buscar una solución consensuada[53], así como la propia existencia de la amenaza de una sanción efectiva parece tener potencialidad para influenciar en la decisión sobre la comisión o no de un ilícito de naturaleza corrupta[54], como es el caso de los actos de improbidad administrativa.

Desafortunadamente, el legislador reformador de 2021, de manera negativa, cambió profundamente la acción judicial por la práctica de un acto de improbidad administrativa, transformándola en una acción con una muy grande probabilidad de

53 (Dervan & Edkins, 2013); (Lascuraín Sánchez & Gascón Inchausti, 2018); (Machado de Souza & Rodríguez-García, 2022, pp. 165 y ss.). Todavía en este sentido, pero tratando específicamente de acuerdos de lenidad, razonamiento que, en parte, es aplicable al caso de la ANPC, se argumenta que un programa de acuerdos de lenidad sólo será efectivo si, además de la amenaza de sanciones severas para aquellos que no denuncian el esquema, al miembro del arreglo ilícito le preocupa que la conducta sea detectada por las autoridades a través de investigaciones independientes. Véase, en este sentido, (Martinez, 2018).

54 Rodríguez López (2004); (2008).

llevarla a situaciones de impunidad por el surgimiento de la prescripción intercalada ya referida. La misma, entendemos, especialmente en grandes casos de corrupción, no se presentará ante los responsables de los hechos como una seria amenaza para recibir sanciones graves, lo que indirectamente los llevará a rehusar a hacer un uso activo de un ANPC. Si así fuera, la teórica bonanza de los cambios legislativos de 2021 decaerá en la práctica con unos resultados negativos que harán que los compromisos internacionales firmados por Brasil, los cuales requieren la adopción de medidas para el fortalecimiento de medidas para el combate a la corrupción, se vean más ampliamente insatisfechos.

REFLEXIONES FINALES

La posibilidad de exigir responsabilidades a los agentes públicos por la práctica de actos de improbidad administrativa es una especificidad del sistema jurídico-constitucional brasileño que fue introducida a partir de la Constitución de 1988. Un acto de improbidad administrativa es, en esencia, una particularidad de la categoría general «corrupción pública» que pueden provocar un enriquecimiento indebido, un daño al erario e, inclusive, una violación de los principios de la administración pública. Y estos actos pueden ser sancionados, en la vía contenciosa, a través de la llamada acción judicial por la práctica del acto de improbidad administrativa. Se trata de una acción judicial de naturaleza civil que puede ser activada por el Ministerio Público o por una persona jurídica de Derecho público en contra la cual practicado el hecho ilícito.

Aunque esta acción judicial tenía condiciones de presentarse como una medida más eficaz que el proceso penal para combatir la corrupción y posibilitar la recuperación de activos, la práctica ha permitido constatar cómo la misma fue contaminada por la lentitud que es inherente al sistema procesal penal, lo que lastraba significativamente la eficacia en la recuperación de activos. Las reformas llevadas a cabo en 2021 en la Ley de Improbidad Administrativa consideramos que están impactar de forma negativa en la eficacia de la acción judicial por la práctica de acto de improbidad administrativa, al haber transformado la acción en una herramienta jurídica con reducidas posibilidades de éxito, principalmente a consecuencia de la introducción del instituto de la llamada prescripción intercalada o intercurrente, la cual muy probablemente proyectará efectos negativos y directos sobre el ANPC, acuerdo que innova y completa el rol de herramientas consensuales para sancionar, en Brasil, los hechos de naturaleza corrupta, el cual desafortunadamente fue normativizado en una Ley de Improbidad Administrativa reformada que ofrece pocas amenazas de sanciones eficaces, lo que puede afectar de forma importante en la toma de decisión de buscar una solución consensuada, frustrando o disminuyendo su atractivo.

BIBLIOGRAFÍA

Cabral, R. L. F. (2017). O elemento subjetivo do ato de improbidade administrativa. *Revista Justiça e Sistema Criminal*, vol. 9, n.° 16 (247-268).

Cano Campos, T. (2019). El comienzo del plazo para reclamar los daños causados por la Administración: el tópico de la 'actio nata'. *Revista de Administración Pública*, n.° 210 (175-216).

Capez, F. (2010): *Limites constitucionais à lei de improbidade.* São Paulo: Saraiva.

Cavalcante Filho, J. T., Monteiro Neto, J. T., Oliveira, J. M. F. & Pinheiro, V. M. (2021). *Comentários à Reforma da Lei de Improbidade Administrativa (Lei N° 14.230/2021).* Brasilia: Alumnus.

Costa, R. O. & Barbosa, R. K. (2022). *Nova Lei de Improbidade Administrativa: de acordo com a Lei n. 14.230/2021.* São Paulo: Almedina Brasil.

Dervan, L. E. & Edkins, V. A. (2013). The innocent defendant's dilemma: An innovative empirical study of plea bargaining's innocence problem. *Journal of Criminal Law & Criminology*, vol. 103 (1-48).

Dos Santos, C. F. B. (2007). *Improbidade administrativa: Reflexões sobre a Lei nº 8.429/92.* Maceió: Forense.

Ferreira, V. M. P. (2019). O dolo da improbidade administrativa: uma busca racional pelo elemento subjetivo na violação aos princípios da Administração Pública. *Revista Direito GV*, vol. 15, e1937.

Figueiredo, M. (2009). *Probidade administrativa: comentários à Lei 8.429/92 e legislação complementar.* São Paulo: Malheiros.

Freitas, J. (2002). *Discricionariedade administrativa e o direito fundamental à boa administração pública.* São Paulo: Malheiros.

Freitas, J. (2014). *Direito fundamental à boa administração pública.* São Paulo: Malheiros.

Fridriczewski, V. & Rodríguez-García, N. (2023). *En busca de estrategias 360 anticorrupción.* Valencia: Tirant lo Blanch.

Fridriczewski, V. & Rodríguez-García, N. (2024). *Repressão à corrupção no Brasil: Dificuldades e desafios na utilização de novas ferramentas.* Valencia: Tirant lo Blanch.

Fridriczewski, V. (2017). Represión de la corrupción y recuperación de activos en Brasil: dilemas y retos. En Berdugo Gómez de la Torre, I., Fabián Caparrós, E. A. & Rodríguez-García, N. *Recuperación de activos y decomiso: reflexiones desde los sistemas penales iberoamericanos.* Valencia: Tirant lo Blanch (169-203).

Fridriczewski, V. (2017). *Ação de improbidade administrativa e tutela do meio ambiente.* Arraes.

Fridriczewski, V. (2020). Acuerdos de lenidad en Brasil: Una herramienta eficaz para la recuperación de activos de la corrupción. En Rodríguez-García, N. & Rodríguez López, F. *Compliance y justicia colaborativa en la prevención de la corrupción.* Valencia: Tirant lo Blanch (87-110).

Garcia, E. & Alves, R. P. (2014). *Improbidade administrativa.* São Paulo: Saraiva.

Guaragni, F. & Santos, E. C. (2023). A descoberta de improbidades administrativas mediante delações anônimas e a nova lia: contributos a partir da investigação no âmbito criminal. *Revista Brasileira de Direito*, vol. 19, n.º 1 (1-27).

Justen Filho, M. (2022). *Reforma da Lei de Improbidade Administrativa.* Maceió: Forense.

Krebs, F. A. (2015). La importancia del embargo de bienes y del comiso en la lucha contra la corrupción: especial referencia a la ley de improbidad administrativa en Brasil. En Carrillo del Teso, A. E. & Myers

Gallardo, A. *Corrupción y delincuencia económica: prevención, represión y recuperación de activos.* Salamanca: Ratio Legis (95-112).

Lascuraín Sánchez, J. A. & Gascón Inchausti, F. (2018). ¿Por qué se conforman los inocentes? *InDret. Revista para el Análisis del Derecho,* n.º 3 (1-28).

Lucon, P. H. D. S. (2020). Improbidade administrativa no microssistema anticorrupção e viabilização dos acordos de leniência. En Bechara, F. R., Vilares, F. R., Soares, I. V. P., Zilli, M & Lucon, P. H. D. S. *Corrupção: diálogos interdisciplinares.* São Paulo: Almedina Brasil.

Machado de Souza, R. & Rodríguez-García, N. (2022). *Justicia negociada y personas jurídicas. La modernización de los sistemas penales en clave norteamericana.* Valencia: Tirant lo Blanch.

Machado de Souza, R. (2020). *La colaboración de personas jurídicas en casos de corrupción: el sistema brasileño de la Ley 12.846/2013* —tesis doctoral—. Universidad de Salamanca.

Martinez, A. P. (2018). Parâmetros de negociação de acordo de leniência com o MPF à luz da experiência do CADE. En Moura, M. T. A. & Bottini, P. C.: *Colaboração premiada.* São Paulo: Revista dos Tribunais (31-52).

Mourão, M. D. R., Mattaraia, F. D. P. L. I. & da Silveira, S. S. (2021). A aplicabilidade do acordo de não persecução cível em matéria de improbidade administrativa. *Revista Reflexão e Crítica do Direito,* vol. 9, n.º 1 (320-336).

Mudrovitsch, R. B. & Nóbrega, G. P. (2022). *Lei de Improbidade Administrativa comentada.* Rio de Janeiro: Lumen Juris.

Mussi, L. (2020). A natureza jurídica da ação de improbidade administrativa. *Revista Inclusiones* (59-74).

Neves, D. A. A. & Oliveira, R. C. R. (2020). *Improbidade administrativa: direito material e processual.* Maceió: Forense.

Neves, D. A. A. & Oliveira, R. C. R. (2022). *Comentários à reforma da Lei de Improbidade Administrativa.* Maceió: Forense.

Oliveira, B. (2022). Acordo de não persecução cível no Ministério Público. In *Justiça consensual.* São Paulo: JusPodivm (689-732).

Oliveira, J. C. de & Pires, A. F. (2014). A Lei de Improbidade Administrativa: sua aplicação e apontamentos para uma melhor eficácia. *Pensar-Revista de Ciências Jurídicas,* vol. 19, n.º 2 (427-452).

Oliveira, J. R. P. (2009). *Improbidade administrativa e sua autonomia constitucional.* Belo Horizonte: Editora Forum.

Osório, F. M. (1999). Corrupción y mala gestión de la res pública: el problema de la improbidad administrativa y su tratamiento en el Derecho administrativo sancionador brasileño. *Revista de Administración Pública*, n.º 149 (487-522).

Osório, F. M. (2007). *Teoria da improbidade administrativa: má gestão pública, corrupção, ineficiência.* São Paulo: Editora Revista dos Tribunais.

Osório, F. M. (2020). *Natureza jurídica do instituto da não persecução cível previsto na lei de improbidade administrativa e seus reflexos na lei de improbidade empresarial.* Migalhas. Disponible en *https://www. migalhas. com. br/depeso/321402/natureza-juridica-do-institutoda-nao-persecucao-civel-previsto-na-lei-de-improbidade-administrativa-e-seus-reflexos-nalei-de-improbidade-empresarial* [último acceso 11 de septiembre de 2024].

Peixoto, G. M. (2017). *Segurança jurídica e a tipificação de condutas para caracterização do ilícito de improbidade administrativa por violação de princípios* —tesis doctoral—. Universidade Federal da Bahia.

Rodríguez López, F. (2004). ¿Puede el derecho sancionador frenar la corrupción? Reflexiones desde el análisis económico del derecho. En Rodríguez-García, N. & Fabián Caparrós, E. A. *La corrupción en un mundo globalizado: análisis interdisciplinar.* Salamanca: Ratio Legis (15-26).

Rodríguez López, F. (2008). El conflicto entre proporcionalidad y eficacia en las sanciones por corrupción. En Rodríguez-García, N. & Fabián Caparrós, E. A. *Corrupción y delincuencia económica.* Bogotá: Universidad Santo Tomás (19-34).

Rose-Ackerman, S. & Palifka, B. J. (2009). *Corrupción y gobierno: causas, consecuencias y reforma.* Madrid: Marcial Pons.

Sarti, A. J. F., Sarti, L. & Simon, C. (2013). Natureza jurídica da ação de improbidade administrativa. *Revista da Faculdade de Direito da FMP*, vol. 8 (156-173).

Vogel, C. M. N. & Schoucair, J. P. S. (2024). A medida de indisponibilidade de bens na ação de improbidade administrativa e sua evolução no ordenamento jurídico brasileiro. En Cezar dos Santos, L. A. A. & Sormani Barbugiani, L. H. (coord.). *Estado de Direito na era contemporânea. Estudos em Homenagem ao Ministro André Mendonça.* Tirant lo Blanch: São Paulo (29-42).

Zavascki, T. A. (2017). *Processo coletivo: tutela de direitos coletivos e tutela coletiva de direitos.* São Paulo: Revista dos Tribunais.